国际贸易教程

（第2版）

主编 杨云母 王云凤

经济科学出版社

图书在版编目（CIP）数据

国际贸易教程/杨云母，王云凤主编．—2版．—北京：经济科学出版社，2012.8
高等院校财经类专业课程系列教材
ISBN 978-7-5141-1110-1

Ⅰ.①国… Ⅱ.①杨…②王… Ⅲ.①国际贸易-高等学校-教材 Ⅳ.①F74

中国版本图书馆 CIP 数据核字（2012）第 185657 号

责任编辑：杜 鹏
责任校对：徐领柱
版式设计：代小卫
责任印制：王世伟

国际贸易教程
（第2版）
主编 杨云母 王云凤
经济科学出版社出版、发行 新华书店经销
社址：北京市海淀区阜成路甲 28 号 邮编：100142
总编部电话：88191217 发行部电话：88191537
网址：www.esp.com.cn
电子邮件：esp@esp.com.cn
北京中科印刷有限公司印装
787×1092 16 开 24.5 印张 460000 字
2012 年 8 月第 2 版 2012 年 8 月第 1 次印刷
印数：0001—5000 册
ISBN 978-7-5141-1110-1 定价：36.00 元
（图书出现印装问题，本社负责调换。电话：88191502）
（版权所有 翻印必究）

前　言

国际贸易是一门研究国家间商品和服务交换活动规律的学科。其内容较为繁杂，既要有理论阐述，又要注重实际操作，内容的关联度也较低，学生在学习中难以掌握。编者根据20余年的教学经验，借鉴和参考了大量的同类教材，使得本教材具有以下特色：

第一，体系简明，易于学习。本教材由国际贸易一般概述、国际贸易理论、国际贸易政策与措施以及国际经贸发展四个部分共计15章构成。

第二，增设专栏与案例分析。这有助于学生对所学内容的理解，更好地将理论与实践相结合。

第三，引用最新资料。编者尽量把最新的、能够反映21世纪以来国际贸易新特征的图、表及数据引入本教材。

第四，注重对学生研究能力的培养。本教材适当加入了调动学生主观能动性的内容，目的是培养学生的研究能力，提高学生的科研素养。

本教材编写分工如下：杨云母编写第一章、第二章、第三章、第四章、第七章、第九章、第十三章和第十四章；王云凤编写第五章、第六章、第八章、第十章、第十一章、第十二章和第十五章。

在本教材编写过程中，得到了吉林财经大学教务处的大力支持，还得到了研究生关嘉麟、陈蕾、杨立国、孙佳和吉林财经大学信息经济学院教师师超等的帮助，在此一并表示感谢。

限于编者水平，本教材难免有种种不足，敬请读者批评指正。

编者
2012年6月

目 录

第一章 导论 ... 1
第一节 国际贸易的含义及特点 ... 1
第二节 国际贸易的产生、发展与现状 ... 3
第三节 国际贸易的作用 ... 11
第四节 国际贸易的基本名词及分类 ... 14

第二章 国际分工 ... 21
第一节 国际分工的形成与发展 ... 21
第二节 影响国际分工形成与发展的主要因素 ... 29
第三节 国际分工的类型 ... 33
第四节 国际分工与国际贸易的关系 ... 35
第五节 西方国际分工理论 ... 37

第三章 世界市场 ... 38
第一节 世界市场的形成与发展 ... 38
第二节 世界市场的构成及其交易方式 ... 44
第三节 世界市场价格 ... 53
第四节 贸易条件 ... 59

第四章 西方国际贸易理论 ... 62
第一节 原始积累时期的重商主义学说 ... 62
第二节 自由竞争时期的国际贸易理论 ... 64
第三节 垄断时期（19世纪后半叶至二战前）的国际贸易理论 ... 78
第四节 第二次世界大战以后的国际贸易理论 ... 84

第五章 国际直接投资与国际贸易 ... 95
第一节 国际直接投资的概述 ... 96

第二节 20世纪80年代以来国际直接投资的发展及成因 …………… 104
第三节 国际直接投资对国际贸易的影响 …………………………… 116

第六章 跨国公司与国际贸易 ……………………………………… 121
第一节 跨国公司的形成与发展 ……………………………………… 121
第二节 跨国公司的经营方式与特征 ………………………………… 128
第三节 跨国公司对国际贸易的影响 ………………………………… 134

第七章 国际贸易政策 ……………………………………………… 139
第一节 国际贸易政策的概述 ………………………………………… 139
第二节 对外贸易政策的类型及其演变 ……………………………… 142

第八章 关税措施 …………………………………………………… 153
第一节 关税概述 ……………………………………………………… 154
第二节 关税的种类 …………………………………………………… 157
第三节 征收关税的方法 ……………………………………………… 173
第四节 海关税则与通关手续 ………………………………………… 178
第五节 关税对国际贸易的影响 ……………………………………… 182

第九章 非关税壁垒措施 …………………………………………… 187
第一节 非关税壁垒的含义及其特点 ………………………………… 187
第二节 传统非关税壁垒的种类 ……………………………………… 188
第三节 新贸易壁垒 …………………………………………………… 197
第四节 非关税壁垒对国际贸易的影响 ……………………………… 202

第十章 鼓励和限制出口的措施 …………………………………… 205
第一节 鼓励出口的一般措施 ………………………………………… 206
第二节 促进对外贸易发展的经济特区措施 ………………………… 216
第三节 出口管制措施 ………………………………………………… 219

第十一章 贸易条约与协定 ………………………………………… 222
第一节 贸易条约与协定的概述 ……………………………………… 222
第二节 贸易条约与协定的种类 ……………………………………… 225

第三节　国际商品协定与商品综合方案 …………………………………… 231

第十二章　关税与贸易总协定和世界贸易组织 …………………………… 235
第一节　关税与贸易总协定简介 …………………………………………… 235
第二节　关税与贸易总协定的多边贸易谈判 ……………………………… 243
第三节　世界贸易组织简介 ………………………………………………… 247
第四节　世界贸易组织的决策机制和争端解决机制 ……………………… 260
第五节　世界贸易组织的首轮多边贸易谈判——多哈回合 ……………… 267
第六节　世界贸易组织的特点及在世界经贸发展中的作用 ……………… 280

第十三章　世界主要贸易国家及集团的对外贸易 ………………………… 287
第一节　美国的对外贸易 …………………………………………………… 287
第二节　日本的对外贸易 …………………………………………………… 299
第三节　欧洲联盟的对外贸易 ……………………………………………… 312
第四节　发展中国家和地区的对外贸易 …………………………………… 318

第十四章　区域经济一体化 …………………………………………………… 325
第一节　区域经济一体化的含义 …………………………………………… 325
第二节　区域经济一体化的形式 …………………………………………… 327
第三节　区域经济一体化组织简介 ………………………………………… 329
第四节　区域经济一体化对国际贸易的影响 ……………………………… 339
第五节　区域经济一体化理论 ……………………………………………… 343

第十五章　国际服务贸易 ……………………………………………………… 351
第一节　国际服务贸易一般概述 …………………………………………… 351
第二节　国际技术贸易 ……………………………………………………… 365
第三节　国际工程承包与劳务合作 ………………………………………… 370

参考文献 ………………………………………………………………………… 382

第一章 导 论

【本章教学目的】 通过本章的学习，使学生了解国际贸易产生和发展的过程，掌握国际贸易与国内贸易的异同、国际贸易的分类以及国际贸易的常用术语。

第一节 国际贸易的含义及特点

一、国际贸易的含义

国际贸易是指世界各国之间商品和服务的交换活动，是各国之间分工的表现形式，反映了世界各国在经济上的相互依靠。

传统的商品交换活动主要是指具体的有形商品的进出口贸易。随着生产力水平的提高、社会分工的加深和商品经济的发展，商品的含义也在不断扩大。广义的商品不仅包括有形商品，而且还包括无形商品。因此，现代国际贸易应包括商品和服务两方面的交换活动。

如果从一个国家或地区的角度来看，它对另一些国家或地区所进行的商品和服务的买卖活动，就是这个国家或地区的对外贸易。对外贸易和国际贸易在很多场合是可以互相替代的，但由于角度不同，有时则不能相互替代。

二、国际贸易的特点

国际贸易与国内贸易的一致性表现在：两者都是商品和服务的交换活动，对外贸易是在国内贸易发展的基础上产生和发展起来的，它们互相联系，相辅相成；两者交易的基本目的是一样的，都是为了取得利润或经济利益，为本国经济服务；两者交易的程序基本相同，两者一般都是从生产者向消费者转移，都要经过双方贸易协商、讨价还价、订立合同、执行合同、发货、结算付款等具体环节。

但国际贸易是不同国家之间进行商品和服务交换的行为,这就使得国际贸易存在自身的特点。国际贸易与国内贸易的不同点表现在:国际贸易难度更大;国际贸易更为复杂;国际贸易风险更大。

1. 国际贸易难度更大。

(1) 使用的语言不同。从事国际贸易时,由于交易双方来自不同的国家或地区,因此要用到外国的语言和文字,与多种语言文字打交道。

(2) 消费习俗不同。世界各国都具有其特异的文化、社会背景,处于不同的教育水平、经济发展水平和投入水平,而这些往往又成为影响人们生活方式、购买态度、消费倾向、消费习惯的重要因素。

(3) 受多种法制、法规的约束。国际贸易活动不仅要受本国制定的有关法制、法规的约束,还要受贸易对方国家制定的或某些国际组织(如国际商会等)制定的法制、法规、贸易惯例的约束。

2. 国际贸易更为复杂。这些因素主要有:

(1) 多种货币的换算。迄今为止,全球统一的世界货币尚未产生。各国政府都把货币主权看成是国家主权独立不可分割的一部分而严加维护,这就必然产生多种不同货币的计价、结算,产生国内贸易不会存在的多种货币的换算、兑换和汇率方面的问题。

(2) 多重交易环节。国际贸易比国内贸易至少多出了进口、出口报关这两道交易环节。各国海关对于货物进出口都有许多不同的规定。

(3) 多种价格表示形式。在国际贸易中,由于买卖双方货物交接地点、所负责任大小等不同,同样数量与质量的同种成交商品会有诸如FOB、CFR、CIF等不同的成交价格或称为价格术语。

(4) 运输工具与保险。在国际贸易中,一般都需要选择多种运输工具,在不同运输工具的费用和风险划分上都要有明确的规定。为了避免货物运输中的损失,还要对货物购买保险,这又涉及保险的范围及费用的承担等问题。

3. 国际贸易风险更大。上述国际贸易的"复杂"、"难度"的特点本身,又是构成国际贸易风险更大的重要原因。国际贸易风险更大主要表现在:

(1) 信用风险。国际贸易交易时间长,可以产生买卖双方的信用风险。

(2) 商业风险。货物交接方面的复杂可能导致货样不符、单证不符等,进口商拒绝收货会给出口商带来商业风险。

(3) 汇兑风险。货币换算复杂可以使进出口双方遭受汇兑风险。

(4) 运输风险。货物运输距离长可以导致运输过程中的运输风险。

(5) 价格风险。双方签约后货物价格有可能上下波动而产生价格风险。

(6) 政治风险。贸易双方所在国家政治、法令的变动将会产生政治风险。

因此，从事对外经济贸易活动的工作人员不仅要牢固地掌握对外经济贸易的专门业务技能，通晓外国语言文字，同时还要具备世界经济的基础理论知识；不仅要熟悉商品、生产、技术等方面的知识，而且还要了解各国的地理环境、宗教信仰和生活习惯，具有较为广博的知识。

第二节　国际贸易的产生、发展与现状

国际贸易是人类社会发展到一定阶段的产物。它的产生与发展，是社会生产力的发展和社会分工不断深化的结果。

一、国际贸易的产生

国际贸易是在一定的历史时期和条件下产生的，它的产生应具备以下条件：一是生产力的发展，社会分工的深化；二是商品生产和商品交换的扩大；三是商人和商人资本的出现；四是国家的产生。

综观历史，原始社会初期，由于社会生产力水平极其低下，人们必须通过集体劳动才能获得最基本的生活资料，并且是按照平均的原则在氏族公社成员之间进行分配。因此，在这个阶段，没有剩余产品，没有交换，也没有私有制和国家，也就不存在对外贸易。

到了原始社会中后期，由于社会生产力的发展，人类社会相继出现了三次大分工。人类社会的第一次大分工是畜牧业与农业相分离，畜牧部落专门从事牲畜的驯养和繁殖，这使得原始社会的生产力得到了发展，并且产品开始有了剩余，在氏族公社或部落之间便产生了剩余产品的交换，这种交换的性质仅属于政治实体之间的物物交换。人类社会的第二次大分工是手工业从农业中分离出来，于是便出现了以交换为目的的商品生产。随着商品生产和商品交换的不断扩大，人们急需有一种商品能够独立出来作为交换的媒介，于是货币产生了。这样，商品交换便由物物交换逐渐演变为以货币为媒介的商品流通。人类社会的第三次大分工是手工业与商业相分离。随着商品流通的进一步扩大，商品生产者发现，只有生产商品才能创造出价值，出售商品并不创造价值，于是他们就把专门出售商品的工作交给别人去做。这样便产生了不从事商品生产、专门从事商品交易的商人，以及进一步出现了商业资本。

三次社会大分工，每次都促进了社会生产力的发展和剩余产品的增加，同时也促进了私有制的发展。原始社会末期，作为阶级压迫的工具——国家代替了过

去的氏族制度。在国家出现后，商品超越国界的交换成为国际贸易。

二、资本主义生产方式前的国际贸易

1. 奴隶社会的国际贸易。奴隶社会的主要特征是奴隶主占有奴隶和生产资料，奴隶没有人身自由。在奴隶社会，生产力水平不断提高，手工业得到进一步发展，促进了商品经济的扩大。但在奴隶社会中，占统治地位的仍然是自然经济，生产的目的主要是为了消费，商品生产在整个生产中仍然微不足道，进入流通领域的数量还很少。同时，由于生产技术和交通工具的落后，使得国际贸易的范围受到很大的限制。

从商品结构来看，在奴隶社会，国际贸易的主要对象是奴隶，当时希腊的雅典就是贩卖奴隶的中心之一。此外还有王室和奴隶主阶级所追求的奢侈品，如宝石、贵金属、香料、装饰品、各种织物和丝料等。食品也是对外贸易的对象，如谷物、葡萄酒、橄榄油等在当时也很盛行。

从地理方向上来看，当时的国际贸易仅局限在欧洲的地中海和黑海沿岸，以及欧洲大陆和西北欧的少数城市与岛屿，贸易中心最初是腓尼基、迦太基（今天的突尼斯），以后逐渐转移到希腊、罗马。在我国，夏商时代已进入奴隶社会，当时国际贸易的范围主要集中在黄河流域。

在奴隶社会，国际贸易的发展是与暴力掠夺、海上抢劫、贩卖奴隶密切联系在一起的。受自然经济的制约，国际贸易在奴隶社会中的地位并不重要，但对奴隶社会的影响是深远的，它促进了手工业的发展，促进了商品经济的扩大，对奴隶社会向封建社会过渡起到了一定的推动作用。

2. 封建社会的国际贸易。封建社会时期的国际贸易比奴隶社会时期有了较大的发展。在封建社会前期，封建地租采取劳役地租和实物地租的形式，进入流通领域的商品并不多。到了中期，随着商品生产的发展，封建地租转变为货币地租的形式，商品经济得到了进一步的发展。在封建社会后期，随着城市手工业的发展，资本主义因素已开始孕育和生长，商品经济和对外贸易都有了较快的发展。

从商品构成上来看，参加国际贸易的主要商品除了奢侈品以外，还有日用手工业品和食品，如棉织品、地毯、瓷器、谷物和酒等。在封建社会，封建地主阶级占统治地位，对外贸易是为封建地主阶级服务的，这些商品主要是供国王、君主、教堂、封建地主和部分富裕的城市居民享用的。

从地理方向上来看，国际贸易的范围明显地扩大并且具有明显的区域性。贸易中心起初位于地中海东部。公元1世纪以后，随着意大利北部和波罗的海沿岸城市的兴起，贸易中心转移到意大利，国际贸易的范围扩大到地中海、北海、波罗的海和黑海沿岸。我国封建社会时期很长，早在西汉时期，中国就开辟了从长安经中亚通往西亚和欧洲的陆路商路——丝绸之路，把中国的丝绸、茶叶等商品输往西方各国，换回良马、种子、药材和饰品等。到了唐朝，除了陆路贸易外，还开辟了通往波斯湾的海上贸易。在宋、元时期，由于造船技术的进步，海上贸易进一步发展。在明朝永乐年间，郑和曾率领船队七次下"西洋"，经东南亚、印度洋到达非洲东岸，先后访问了30多个国家，用中国的丝绸、瓷器、茶叶、铜铁器等同所到的国家进行贸易，换回各国的香料、珠宝、象牙和药材等。

封建社会的国际贸易仍然反映了时代的特征。由于自给自足的自然经济占统治地位，社会分工和商品经济仍不发达，国际贸易的范围、规模、商品种类都有很大的局限性。那个时代的国际贸易主要是为满足王室贵族、地主阶级奢侈的需要服务，在社会经济中不占重要地位，但它对于促进商品经济的发展，促进各国之间经济、贸易关系的发展，仍然有着重要的作用。国际贸易真正获得巨大的发展，是出现在资本主义生产形成和发展时期。

三、资本主义生产方式下的国际贸易

人类社会由封建社会经过原始积累进入资本主义社会后，国际贸易的规模、交换商品的品种、贸易的地理范围以及贸易在各国国民经济中的地位都得到了空前的扩大和提高。

1. 原始积累时期的国际贸易。在资本主义原始积累时期（16世纪至18世纪中叶），由于工场手工业的广泛发展，劳动生产率得到了提高，商品生产和商品交换也发展起来，进一步促进了国际贸易的发展。不仅国际贸易的范围迅速扩大，交换的商品品种和数量也比以前增加了。

从商品结构上来看，参加国际贸易的商品结构有所改变，范围有所扩大。工业原料和城市居民消费品的比重有所上升，一些新商品，如烟草、可可、茶叶、咖啡等，出现在欧洲市场上。

从地理方向上来看，国际贸易的范围和规模空前地扩大了。15世纪末期至16世纪初期，哥伦布发现新大陆，瓦斯哥·达·加马从欧洲经由好望角到达亚洲，麦哲伦完成环球航行，这些地理大发现对西欧经济发展和全球国际贸易产生了十分深远的影响。大批欧洲冒险家前往非洲和美洲进行掠夺性贸易，运回大量金银财富，甚至还开始从事买卖黑人的罪恶勾当，同时还将这些地区沦为本国的殖民地，妄图长久地保持其霸权。这样，既加速了资本原始积累，又大大推动了国际贸易的发展。

2. 资本主义自由竞争时期的国际贸易。资本主义自由竞争时期（18世纪60年代至19世纪70年代）是资本主义生产方式得到确立的时期。欧洲国家先后发生的工业革命和资产阶级革命推动了资本主义机器大工业的建立，生产力迅速发展，物质产品大为丰富，真正的国际分工开始形成，交通运输和通信联络手段也有了突飞猛进的发展，使世界市场真正得以建立起来。在这种条件下，国际贸易有了巨大发展。

从商品结构上来看，参加国际贸易的商品的结构发生了很大变化。这一时期以前的国际贸易中主要交易的商品虽然绝对量有所增加，但是，在贸易中所占的份额已经有所下降。工业品贸易的比重显著上升，其中，以工业品中纺织品的增长速度最快，并占有重要地位。另外，钢铁、煤炭、机器、粮食等商品的贸易也有很大增长。

从地理方向上来看，这一时期的国际贸易中，英、法、德、美居于重要地位，其中英国占有垄断地位。英国最早完成了工业革命，依靠其雄厚的经济技术优势取得了世界霸主的地位，被称为"世界工厂"。19世纪70年代，英国在国际贸易中所占的比重达到了25%，几乎相当于法、德、美三国的总和。

在这一时期，贸易方式也有了进步，由过去的现场看货成交发展成为凭样品买卖，各种信贷关系随之发展起来；由于国际贸易的频繁，开始出现为其服务的运输、保险和借贷等专业化企业；国家之间为将贸易渠道稳定下来，并与更多的国家开展友好贸易往来，贸易条约和协议的签订更加普遍。欧洲国家进一步推行殖民政策，使广大殖民地日益成为资本主义宗主国的销售市场和原料来源地，形成了不合理的国际分工，国际贸易中的斗争也趋于激烈。

3. 垄断时期的国际贸易。19世纪末20世纪初，各主要资本主义国家从自由竞争时期过渡到垄断资本主义时期。这一时期，国际贸易发生了重大变化，并明显地带有垄断的特征。具体表现在：

（1）垄断组织进一步扩大垄断范围。由于生产和资本的高度积聚与集中，垄断组织在经济生活中起着决定性作用，它们不仅控制了国内贸易，而且控制了国际贸易，将一国垄断变成了多国垄断。国际贸易成了垄断组织追求最大限度利润的重要手段。在国际贸易中，垄断组织通过垄断价格不断扩大不等价交换。

（2）殖民地、附属国被卷入资本主义世界经济体系。随着生产力的发展，国际分工形成了完整的体系，统一的、无所不包的世界市场最终形成。垄断组织把资本输出和商品输出直接结合起来，加重了对殖民地、附属国的掠夺，同时，殖民地、附属国不仅在国际贸易上，而且全部经济都卷入到错综复杂的国际经济联系中，形成了资本主义的世界经济体系。

（3）资本主义国家间竞争加剧。各国垄断组织在世界范围内激烈竞争，势均力敌的各方为避免在激烈的竞争中两败俱伤,达成暂时妥协,建立国际垄断同盟,从经济上瓜分世界。

关税壁垒与非关税壁垒等贸易政策和措施进一步加深了帝国主义国家之间的矛盾,而随着帝国主义国家发展不平衡的日益加剧,帝国主义国家之间为重新瓜分世界市场的斗争更趋尖锐化,并引起了世界大战的爆发。

四、二战后国际贸易的发展

二战后,由于科学技术的巨大发展和生产力水平的迅速提高,极大地促进了世界范围的社会化大生产和国际化大生产的发展。经济生活的国际化使各国之间在经济上互相联系、互相依赖的关系日益广泛和密切。作为国际经济联系的纽带——国际贸易,无论是在规模和范围方面,还是在内容和形式方面,都有了空前迅速的发展和变化。

1. 国际贸易快速发展。第二次世界大战以后,世界经济又一次发生了巨大变化,国际贸易再次出现了飞速增长,其速度和规模都远远超过19世纪工业革命以后的贸易增长。1950~2007年的57年中,全世界的商品出口总值从约610亿美元增加到139 000亿美元,增长了220多倍!即使扣除通货膨胀因素,实际商品出口值也远远超过了工业革命后乃至历史上任何一个时期的国际贸易增长速度。

不仅如此,国际贸易的增长速度还超过了同期世界GDP增长的速度。这意味着国际贸易在各国GDP中所占的比重不断上升,国际贸易在现代经济中的地位越来越重要。世界贸易组织在《2001年度报告》中指出,1990~2000年,世界货物出口量年平均增长率为6.8%,而世界国内生产总值年均增长率为2.3%。

2. 国际贸易商品结构不断优化。二战以后,伴随着第三次科学技术革命的发生,各个国家尤其是发达资本主义国家产业结构不断优化,国际贸易中工业制成品所占的比重大大增加。1950年,工业制成品出口占世界全部商品出口价值的34.9%。20世纪60年代,这一比例增加到50%以上。70年代,世界能源价格上涨,使得工业制成品所占的比重在50%~60%之间徘徊。80年代中期以后,工业制成品在贸易中所占的比重又开始攀升。到2002年,国际贸易中3/4以上(76.5%)的商品是工业制成品。在工业制成品贸易中,工业革命后曾经处于重要地位的纺织品、服装等轻纺工业产品和钢铁等产品的地位逐渐下降,取而代之的是主要包括汽车在内的交通和机器设备、电气电子产品以及化工产品。另外,随着生产力的发展,国际贸易的内容不断丰富了,除了包括货物贸易外,还包括服务贸易。这段时期,服务贸易迅速发展,成为国际贸易中的重要组成部分。二战后初期，服务贸易在世界贸易中几乎没有引起重视。但从20世纪70年代开始，服务贸易日益成为国际贸易中的一个重要组成部分。世界服务贸易出口额从1980年的3 650亿美元扩大到2007年的32 600亿美元，27年间增长了8.9倍。随着服务业的发展，其专业化程度日益提高，经济规模不断扩大，从而效率不断提高，为国际服务贸易的发展打下了坚实的基础。

3. 国际分工向纵深发展。国际贸易是国际分工的表现，国际分工是国际贸易的基础。第二次世界大战以后，国际分工向纵深发展，其特点如下：(1) 参加国际分工的国家遍及世界各国，形成了世界性的分工；(2) 国际分工中的水平型分工成为国际分工的主要形式，在三大类国家货物出口中，制成品均占1/2以上；(3) 国际分工从产业间分工向产业内部发展，出现了产业内部的分工；(4) 国际分工从货物分工向服务领域发展；(5) 二战以前，发达国家处于国际分工的中心，而殖民地、落后国家处于国际分工的外围，二战以后，随着殖民体系的瓦解和经济的发展，发展中国家中的新兴工业化国家和地区开始向国际分工的中心发展；(6) 随着服务业的发展，国际服务业分工日益深化；(7) 国际分工机制从二战以前的殖民统治、不平等条约和价值规律的作用转变为以主权国家为主，通过价值规律的作用、跨国公司全球生产体系和资本国际化进行。

4. 跨国公司成为国际贸易的主要力量。20世纪末以来，跨国公司在国际贸易中的地位不断上升，其特点表现为：

(1) 跨国公司数目剧增。跨国公司总数从1993年的35 000家增加到1996年的44 508家，2001年进一步增加到65 000家，在全球的子公司达到850 000家。国外子公司的员工从1990年的2 400万增加到2001年的5 400万。

(2) 跨国公司在世界生产、贸易和投资中居于主要地位。跨国公司子公司生产总值2001年达到34 950亿美元，占当年世界国内生产总值的1/10。国外子公司的销售额为185 170亿美元，相当于当年世界出口贸易额的2倍。2001年，跨国公司子公司出口额为26 000亿美元，相当于当年世界出口贸易额的1/3。跨国公司对外直接投资从1990年的17 000亿美元增加到2001年的65 820亿美元。

(3) 跨国公司开始结成新型的"战略联盟"，以提高竞争力。首先，跨国公司通过兼并与收购在国外建立自己的生产网络，以保护、巩固和增加自己的竞争能力。跨国兼并与收购活动最活跃的行业为能源、经销、电信、医药和金融服务。其次，一些跨国公司以协定（股份和非股份）方式加强联合。

(4) 跨国公司在一些国家的出口中占有重要地位。跨国公司在所有产业出口中所占的比重，加拿大在1995年达到44%，法国在1998年为21%，美国在1999年为15%。

(5) 世界最大的跨国公司的母国几乎全是发达市场经济国家。2000年，按国外资产排名的世界25家最大跨国公司中，除1家来自中国香港，其余24家均来自发达市场经济国家。其中，美国最多，拥有6家；英国和法国各拥有4家；其余分别属于日本、西班牙、法国、意大利、瑞士和荷兰。

(6) 跨国公司通过把发展中国家和经济转型国家纳入其全球生产与营销体系，客观上帮助这些国家提高了出口竞争力。

5. 世界市场竞争向综合化、集团化和有序化发展。世界各国为了能以对外贸易带动经济发展，在世界市场上进行着激烈的竞争，出现了以下特点。

(1) 竞争日益综合化。主要表现在：第一，把货物、服务与知识产权有机地结合起来；第二，把贸易自由化与允许的保护结合起来；第三，把关税措施与非关税措施综合使用；第四，把跨国公司的发展与提高中小企业竞争力结合起来；第五，国内市场竞争与国外市场竞争有机地结合起来；第六，把价格竞争与非价格竞争有机地结合起来。

(2) 竞争日益集团化。第一，加强经贸集团的组建，使地区经贸集团数目急剧增加。第二，地区经贸集团的类型更加多样化。第三，地区经贸集团形成的基础发生结构性的变化。由相邻国家组成经贸集团走向跨州和地区的国家组成经贸集团；从社会制度相同的国家组成经贸集团到社会制度不同的国家融为一个经贸集团；从经济发展水平相近的国家组成经贸集团到经济发展水平相差很大的国家之间组成经贸集团。第四，经贸集团内部通过贸易和投资等方面的自由化，统一市场，使内部贸易不断扩大，经贸集团内部贸易占其整个对外贸易的比重均在提高。

(3) 竞争向有序化方向发展。第一，积极利用世界贸易组织，在世界贸易组织规则的基础上进行"开放、公平和无扭曲的竞争"。第二，国际贸易法律、规则和标准日益趋同化，它们与各国国内相关法规的相融性在加强。

6. 多边贸易体制加强，贸易自由化成为贸易政策的主流。第二次世界大战以后，为了促进世界经济的恢复与重建，1947年签订的《关税与贸易总协定》，成为多边贸易体制的组织和法律基础。通过关税与贸易总协定主持下的多边贸易谈判，关税不断下调，非关税壁垒受到约束，推动了关税与贸易总协定缔约方的贸易自由化。经济全球化的发展，要求多边贸易体制得到加强。1995年建立的世界贸易组织，取代了关税与贸易总协定，使多边贸易体制更加巩固和完善，使贸易自由化向纵深发展。

7. 国际贸易格局发生变化。二战后，西欧国家在国际贸易中的市场份额相对有所下降；美国的出口份额相对减少，而进口份额相对增加。与此同时，日本、东南亚国家和中国在国际贸易中的市场份额逐渐增加。以中国为例，2001年"入世"以来，中国对外贸易额每年都以不少于2 000亿美元的数字递增。中国2008年出口额在世界货物贸易出口额中以1.43万亿美元列第二位（见表

1-1),2009年则跃居首位。

表1-1　　　　　中国货物进出口总额（2001~2008年）　　　　单位：亿美元

年份	进出口总额	出口总额	进口总额	差额
2001	5 096.5	2 661.0	2 435.5	225.5
2002	6 207.7	3 256.0	2 951.7	304.3
2003	8 509.9	4 382.3	4 127.6	254.7
2004	11 545.5	5 933.2	5 612.3	320.9
2005	14 219.1	7 619.5	6 599.5	1 020.0
2006	17 604.0	9 689.4	7 914.6	1 774.8
2007	21 737.3	12 177.8	9 559.5	2 618.3
2008	25 632.6	14 306.9	11 325.6	2 981.3

资料来源：国家统计局。

2005年，中国服务贸易出口世界排名列第八位，进口列第七位，位次均比2004年上升一位。服务贸易出口812亿美元，进口853亿美元，分别占世界的3.4%和3.6%；逆差41亿美元，比2004年减少57.1%（见表1-2）。2007年，中国服务贸易进出口总额达2 509.1亿美元，比2006年增长30.9%，中国服务贸易出口额和进口额的全球占比分别为3.7%和4.2%，分别位于全球的第七位和第五位。

表1-2　　　　　2005年世界主要国家服务贸易排名　　　　单位：亿美元

	进出口		出口		进口	
	排名	金额	排名	金额	排名	金额
总值		47 750		24 150		23 600
美国	1	6 420	1	3 533	1	2 887
德国	2	3 415	3	1 429	2	1 986
英国	3	3 335	2	1 834	3	1 501
日本	4	2 425	5	1 066	4	1 389
法国	5	2 166	4	1 137	5	1 029
意大利	6	1 857	6	934	6	923
中国	7	1 666	8	812	7	853
西班牙	8	1 565	7	912	11	563
荷兰	9	1 442	9	750	8	692
印度	10	1 350	10	676	10	674

资料来源：商务部网站。

第三节 国际贸易的作用

国际贸易在国际社会的不同历史发展阶段和不同性质的国家中所起的作用不尽相同，但却具有一些共性，即国际贸易的一般作用。

一、国际贸易促进了世界经济的发展

1. 国际贸易加速了生产力的国际化进程。生产力的国际化是生产社会化的延伸，当生产力的社会化超出国家范围，作用于国际社会时，即为生产力的国际化。生产力的国际化表现首先从商品的国际交换开始，商品的国际交换促进了各国之间相互依赖的关系。随着商品交换的不断扩大，一国之内有限的生产能力难以满足需求，需要各个国家之间直接在生产领域进行广泛的合作，使生产力的发展扩大到国际范围。特别是二战后第三次科技革命的爆发，相继出现了电子工业、航天工业、核工业等新兴工业部门，这些新兴工业部门的生产，有时需要数国之财力、物力、科技等才能实现。这就使各国不得不加强国际经济技术合作，使国际化进程加快。此外，随着国际贸易的发展，商品的品种和花样不断增多，更新换代不断加快，这也需要各国在生产领域进行广泛的合作。

2. 国际贸易加速了国际分工的深化。国际分工是世界各国之间的劳动分工。这种分工主要是通过国际贸易来实现的。早期的分工大多是部门之间的分工，例如工业和农业的分工，工业部门之间的分工。从生产方面来看，这种分工还没有超出国家的范围，即各国的产品是在各自的国家内部生产的，通过国际贸易才可实现国际分工，并确定不同国家在国际分工中所处的地位和起到的作用。随着社会生产力的发展，各国在生产领域中进行了更广泛的分工，不仅打破了国家界限，而且深入到企业内部、车间工种、生产工序和工艺，又是国际贸易使这种纵横交错的国际分工紧密地联系在一起，极大地推动了世界经济的发展。

3. 国际贸易加强了国际间科学技术的交流与发展。在人类经济活动中，科学技术同生产是分不开的。只有将科学技术的成果应用于生产之中，才能使生产不断发展。因此，人们总是在不断地进行科学发明和创造。但是，科学技术的发明、创造和应用首先是在个别国家开始的，然后才通过各种渠道，主要是国际贸易，推广到其他国家或地区。目前，科学技术已经作为商品在国际间直接进行交换。国际贸易不仅促进了国际间科学技术的交流，也起到了保护和发展科学技术的作用。

二、国际贸易有力地推动了各国经济的发展

1. 对外贸易对资金和资本的积累作用。

(1) 对外贸易本身可以提高利润率。首先,提高利润率可以分别通过进口和出口来实现。以进口为例,通过进口可以使本国的不变资本(成本)和可变资本(成本)的要素变得比较低廉,从而提高一国的利润率。其次,通过进口,可以引进大量的先进技术,节省大量研究费用。以日本为例,二战后,日本引进先进技术花了近60亿美元,而自己研制这些技术,要花去1060亿美元,日本通过引进技术,节省科研费用1000亿美元。再次,可以利用价值规律,以较少的劳动换取较多的劳动。价值规律不仅在国内生产和交换中起作用,在国际贸易中也起作用。其结果是,劳动生产率高的国家单位生产成本低,但当该国把产品销售到国际市场上去时,可以以高于本国的成本出售,从而获得额外利益。最后,可以到其他国家投资、设厂从事对外贸易,以绕过对方国家的关税和非关税壁垒的限制,利用当地廉价资源,节省运费,提高利润率。

(2) 对外贸易是利用外资的基础。我们知道,一个国家吸收国外资金数额的多少,取决于控制其外债的年还本付息额不高于其外贸年收入的10%~20%。如果该国外债的年还本付息额超过对外贸易年收入的20%,该国的信用就会下降,还债能力欠佳,借钱就不容易了。因此,对外贸易发展了,外汇收入会增加,就有潜力借到或利用更多的外资。

(3) 通过国家设置的海关征收关税,可以提高一国的财政收入,增加资金和资本的积累。

2. 对外贸易能促进社会产品的实现。从政治经济学的角度分析,社会产品的实现分两步:一是价值形态的实现,即原来投入到商品的资本的实现,具体是 $C+V$ 如何得到补偿。二是实物形态得到补偿。在生产产品过程中所使用的机器、原料、零部件要能从实物上得到补偿,不能生产一段时间后出现原料和设备供应中断的现象。

对外贸易有利于这两步的实现,具体办法是:首先,对外贸易本身可以扩大国外市场,如果国内市场饱和了,商品卖不出去,就需要寻找国外市场,产品价值才能得以实现。其次,通过对外贸易可以使实物形态得到补偿,即可以买回原料、零部件和机器设备。

3. 对外贸易有助于提高各国的劳动生产率。通过示范作用,通过国际价值规律,让世界各国看到,劳动生产率高的国家能够在国际贸易中赚更多的钱,这就使各国都千方百计地提高各自的劳动生产率,从而推动和促进各国不但挣自己

的钱,还善于挣别国的钱。

对外贸易提高各国的劳动生产率还表现在以下四个方面:(1)可以引进先进的科学技术;(2)可以引进先进的管理方式;(3)可以进口比较好的原材料;(4)可以引进人才、管理技术等。

4. 一国某一部门外贸的发展可以带动其他相关产业部门的发展。其带动原理在经济学中称前连锁和后连锁,即国民经济部门之间的相互依靠、相互联系。某一工业部门外贸扩大后,可通过它的前连锁和后连锁,带动国民经济其他部门的扩大和发展。

前连锁作用是指,由于外贸部门的扩大和发展,可以为国内其他部门进口所需的原材料、新技术、设备,或提供资金等,从而推动其他部门进一步向前发展。如钢铁工业发展之后,可以推动机器制造业和汽车工业等的发展。

后连锁作用是指,如果外贸部门扩大出口后,需要大量的投入,从而要求国民经济其他部门向其提供原材料和部件,这种由于外贸部门的扩大而引起与带来其他部门的扩大和发展,我们将其称为后连锁。某一部门外贸发展了,其他相关部门也随之发展,如钢铁发展会引起采掘业和运输业的发展等。

前连锁和后连锁结合起来就构成了一种间接连锁,可以把整个国民经济各部门全部带动起来。这正好像水池内投入一粒石子,波纹逐步扩散开来,整个水面就形成一系列波纹。

5. 对外贸易是接受经济传递的重要渠道。当前世界各国的发展已经密切地交织在一起,互相联系,互相渗透,互相促进,互相传递,各国间的经济传递日益加强,对外贸易是接受这种传递的重要渠道。

国际间的经济传递过程是,从经济增长源国家向周围各国传递、辐射。即这些经济增长源国家在世界经济发展中起着重要作用,如果它们的经济周期到了复苏和高涨阶段,它们所表现出来的重要现象就是进口扩大。结果,使进口产品的市场价格上升(需求量大,价格上升),促使提供生产这些产品的国家实行资本与劳动力的重新配置。这种传递过程对该产品出口国的经济带动增大。

历史上曾经出现过外贸带动经济增长的情况。英国最初工业生产水平较高,经济发展快,由于同美国、加拿大等一些国家进行贸易,反过来促进和带动了这些国家的经济发展。有学者把这种传递过程称为经济增长的"发动机"。

第二次世界大战以后,亚洲"四小龙"(中国香港、中国台湾、韩国、新加坡)通过与日本、美国的贸易,带动和促进了它们的经济迅速发展,也说明了这种传递产生的巨大作用。

当然,通过对外贸易接受经济传递的效果如何,还要受制于国家本身的对外开放度、与经济增长源国家之间的贸易关系、该国出口商品在经济增长源国家的进口中所占的比重、国家本身的经济体制、该国的决策素质和管理水平等因素，同时，还存在着经济负传递的可能。

三、国际贸易能够促进国际政治经济关系的平衡发展

1. 国际贸易是发展中国家要求平等的斗争武器。二战后，随着殖民体系的瓦解，广大发展中国家在政治上相继独立，但经济上还没有完全独立，为了争取完全的独立，发展中国家联合起来建立各种国际组织，如石油输出国组织、七十七国集团等，通过对原料、能源、粮食等的控制，共同向发达国家进行有理、有利的斗争。几十年来，发达国家在广大发展中国家的压力下不得不做出一些让步，如取消一些歧视性措施、给予发展中国家普遍优惠制待遇等，使双方形成了一种相互依赖、相互制约的关系，从而使发展中国家在国际政治、经济中的地位不断提高，同发达国家的贸易关系也不断得到改善。

2. 国际贸易能促进各国之间的友好往来。各国之间的友好关系多数是通过贸易往来连接起来的。国家之间可以通过贸易往来相互合作、相互联系，在相互了解、相互尊重的前提下，平等地建立外交关系。另外，通过贸易往来也能加强各国人民之间的相互了解，加深各国人民相互之间的友谊，从而促进各国友好关系的发展，有利于维护世界和平。

第四节 国际贸易的基本名词及分类

一、出口贸易、进口贸易和过境贸易

按货物移动方向，国际贸易可以分为出口贸易、进口贸易和过境贸易。

1. 出口贸易（export trade）。出口贸易是指一国把自己生产的商品输往国外市场销售，又称输出贸易。如果商品不是因外销而输往国外，则不计入出口贸易的统计之中，如运往境外使馆、驻外机构的物品，或者携带个人使用的物品到境外等。

2. 进口贸易（import trade）。进口贸易是指一国从国外市场购进用于生产或消费的商品，又称输入贸易。如果商品不是因购入而输入国内，则不计入进口贸易。同样，若不是因购买而输入国内的商品，则不能称为进口贸易，也不列入进口贸易的统计之中，如外国使领馆运进自用的货物以及旅客携带个人使用的物品进入国内等。

出口贸易与进口贸易是就每笔交易的两面而言。对卖方而言，就是出口贸易；对买方而言，就是进口贸易。

输入本国的货物再输出时，称为"复出口"（re-export trade）；反之，输出国外的货物再输入本国时，称为"复进口"（re-import trade）。一国往往在同类产品上既有出口也有进口，如出口量大于进口量，叫做净出口；反之，出口量小于进口量时，叫做净进口。

3. 过境贸易（transit trade）。某种商品从甲国经由丙国输往乙国销售，对丙国来说，就是过境贸易。在过境贸易中，又可分为直接过境贸易和间接过境贸易。直接过境贸易是指甲国的商品进入丙国境内后不存放海关仓库而直接运往乙国；间接过境贸易是指甲国的商品进入丙国境内后存放仓库，然后再运往乙国。在过境贸易中，由于丙国未通过买卖取得货物的所有权，因此，过境商品一般不列入丙国的进出口统计中。

二、总贸易和专门贸易

按国境和关境划分，国际贸易可以分为总贸易和专门贸易。

1. 总贸易（general trade）。总贸易是指以国境为标准统计的进出口贸易。凡因购买输入国境的商品一律计入进口，凡因外销输出国境的商品一律计入出口。总贸易可以分为总进口和总出口。总进口是指一定时期内跨国境进口的总额。总出口是指一定时期内跨国境出口的总额。将这两者的总额相加，即总进口和总出口之和，称为总贸易额。世界上有些国家，如英国、日本、加拿大、美国、澳大利亚和中国等，采用总贸易方式来统计。

2. 专门贸易（special trade）。专门贸易是指以关境为标准统计的进出口贸易。凡因购买输入关境的商品一律计入进口，凡因外销输出关境的商品一律计入出口。专门贸易可以分为专门进口和专门出口。专门进口是指一定时期内跨关境进口的总额；专门出口是指一定时期内跨关境出口的总额。专门贸易额就是专门进口额与专门出口额的总和。这样，外国商品直接存入保税仓库（区）的一类贸易活动不再列入进口贸易项目之中。显然，专门贸易与总贸易在数额上不可能相等，但两者都是指一国在一定时期内对外贸易的总额。世界上有些国家，如法国、意大利、德国等，采用专门贸易方式来统计。

联合国所公布的各国贸易额一般都注明是总贸易额还是专门贸易额。

三、有形商品贸易和无形商品贸易

按交易内容划分，国际贸易可以分为有形商品贸易和无形商品贸易。

1. 有形商品贸易（tangible goods trade）。有形商品贸易是指实物商品的进出口，因为实物商品是有形的，可以看得见。在国际贸易中，有形商品种类繁多，通常可以分为初级产品和工业制成品两大类。初级产品是指没有经过加工或加工很少的农、林、牧、渔和矿产品；工业制成品主要是指经过工业加工的产品。为了便于统计和分析，联合国秘书处于 1950 年公布了《国际贸易标准分类》（Standard International Trade Classification，SITC）。1960 年、1975 年、1985 年分别对其作过三次修订。在这个标准分类中，把有形商品分为 10 大类、67 章、261 组、1 033 个分组和 3 118 个项目。其 10 大类商品的划分依次为：食品及主要供食用的活动物（0 类）；饮料及烟类（1 类）；燃料以外的非食用粗原料（2 类）；矿物燃料、润滑油及有关原料（3 类）；动植物油脂及油脂（4 类）；化学品及有关产品（5 类）；主要按原料分类的制成品（6 类）；机械及运输设备（7 类）；杂项制品（8 类）；没有分类的其他商品（9 类）。其中，0～4 类为初级产品，5～8 类为工业制成品。

SITC 几乎包括了所有的有形商品贸易。每种商品都有一个五位数的目录编号。第一位数表示类，前两位数表示章，前三位数表示组，前四位数表示分组，五位数一起表示某个商品项目。例如，活山羊的标准分类编号为 001.22。其中，0 表示类，名称为食品及主要供食用的活动物；00 表示章，名称为主要供食用的活动物；001 表示组，名称为主要供食用的活动物；001.2 表示分组，名称为活绵羊及山羊；001.22 表示项目，名称为活山羊。

2. 无形商品贸易（intangible goods trade）。无形商品贸易是指买卖一切不具备物质形态的商品的交换活动，例如运输、保险、金融、文化娱乐、国际旅游、技术转让、咨询等方面的提供和接受。无形商品贸易可以分为服务贸易和技术贸易。一般来说，服务贸易（trade in services）是指提供活劳动（非物化劳动）以满足服务接受者的需要并获取报酬的活动。为了便于统计，世界贸易组织的《服务贸易总协定》把服务贸易定义为四种方式：过境交付，即从一国境内向另一国境内提供服务；境外消费，即在一国境内向来自其他国家的消费者提供服务；商业存在，即一国的服务提供者在其他国家境内以各种形式的商业或专业机构提供服务；自然人流动，即一国的服务提供者以自然人的方式在其他国家境内提供服务。技术贸易（technology trade）是指技术供应方通过签订技术合同或协议，将技术有偿转让给技术接受方使用。无形商品贸易在国际贸易活动中已占据越来越重要的地位。

有形商品贸易和无形商品贸易的主要区别在于：有形商品的进口额和出口额表现在海关的贸易统计上，是国际收支的主要构成部分；无形商品贸易通常不显示在海关的贸易统计上，但它是国际收支的一部分。

四、直接贸易、间接贸易和转口贸易

按有无第三方参加，国际贸易可以分为直接贸易和间接贸易。在间接贸易中，对于第三国来说，从事的就是转口贸易。

1. 直接贸易（direct trade）。商品生产国与商品消费国不通过第三国进行买卖商品的行为，叫做直接贸易。

2. 间接贸易（indirect trade）。商品生产国与商品消费国通过第三国进行买卖商品的行为，叫做间接贸易。

3. 转口贸易（entrepot trade）。商品生产国与商品消费国通过第三国进行的贸易，对第三国来说，则是转口贸易。即使商品直接从生产国运到消费国去，只要两者之间并未直接发生交易关系，而是由第三国转口商分别同生产国和消费国发生的交易关系，仍属于转口贸易。

五、陆路贸易、海路贸易、空运贸易、邮购贸易和国际多式联运

按运输方式划分，国际贸易可以分为陆路贸易、海路贸易、空运贸易、邮购贸易和国际多式联运贸易。

1. 陆路贸易（trade by roadway），指通过陆上各种交通工具（火车与汽车等）运输商品的行为。陆路贸易经常发生在各大陆内部陆地相连的国家之间。

2. 海路贸易（trade by seaway），指通过海上各种船舶运送货物的贸易行为。它是国际贸易最主要的运输方式。

3. 空运贸易（trade by airway），指通过航空器具运送货物的行为。贵重或数量小的货物，为了争取时效，往往采用航空运货的方式。

4. 邮购贸易（trade by mail order），指通过邮政系统进行的贸易。它适宜于样品传递和数量不多的个人购买等。

5. 国际多式联运，是海、陆、空各种运输方式结合运送货物的行为。国际"物流"革命促进了这种运输方式。

六、自由结汇方式贸易和易货方式贸易

按清偿工具划分，国际贸易可以分为自由结汇方式贸易和易货方式贸易。

1. 自由结汇方式贸易（cash settlement）。在国际贸易中，如果是以货币作为清偿工具，叫做自由结汇方式贸易。在当今国际贸易中，能作为支付工具的货币

主要有美元、日元、英镑、欧元等。

2. 易货方式贸易（barter trade）。在国际贸易中，如果是以货物经过计价作为清偿工具，叫做易货贸易。它大多起因于某些国家外汇不足，无法以正常的自由结汇方式与其他国家进行贸易。现在各国之间经济依赖性加强，有支付能力的国家有时也不得不接受这种贸易方式，因此，易货方式贸易在国际贸易中十分兴盛，大致已接近世界贸易额的 1/3。易货方式贸易的特点是：把进出口直接联系起来，双方有进有出，进出基本平衡，互换货物的品种相当。

七、贸易额和贸易量

1. 贸易额（value of trade）。贸易额又叫贸易值，是用货币表示的反映贸易规模的指标。各国一般都用本国货币加以表示，但为了便于国际比较，许多国家按汇率折算成国际上通用的美元来计量。贸易额通常分为对外贸易额和国际贸易额两种。

对外贸易额（value of foreign trade）是一个国家在一定时期内（如 1 年）出口贸易额和进口贸易额的总和。从世界范围来看，一国的出口即意味着其他国家的进口。

国际贸易额（value of international trade）则专指世界各国出口贸易额的总和，它亦称世界贸易额。

一定时期内一国出口额和进口额之和，就是该国这一时期的对外贸易额。但从国际范围来说，由于一国的出口就是另一国的进口，如果把世界各国的出口额和进口额加在一起作为国际贸易总额，就会造成重复计算。又因为世界上绝大多数国家都是用到岸价格计算进口值的，其中除货值外，还包括运费和保险费，因而不能把各国的进口额相加作为国际贸易额。所以，计算国际贸易额通常是把各国出口额相加。

用国际贸易额来反映一国对外贸易的规模和水平，既简洁明了，又便于国际比较，因而它最为通用。可是，如果有关货币的价值发生变动，这个指标就可能会有虚假的反映。例如，由于本国货币或者美元的汇率发生变动，同样数量的出口商品就表现为不同的出口贸易额，有时这个差额相当巨大。

2. 贸易量（quantum of trade）。由于进出口商品的价格经常变动，因此，国际（对外）贸易额不能准确地反映国际（对外）贸易的实际规模及其变化趋势。如果以国际（对外）贸易的商品实物数量来表示，则能避免上述矛盾。但是，参加国际（对外）贸易的商品种类繁多，计量标准各异，无法计算。所以，只能选定某一时点上的不变价格作为标准来计算各个时期的国际（对外）贸易量，以反映国际（对外）贸易实际规模的变动。具体来说，就是以基期的价格为基数计算出比较期的价格指数。然后，用比较期的价格指数除比较期的贸易额，从而计算出以基期的不变价格为基础的比较期贸易额，以此作为比较期的贸易量。最后，把比较期的贸易量与基期的贸易额比较，就可以较真实地反映比较期贸易规模的变化。

联合国等机构的统计资料，往往采用贸易额和贸易量两种数字，以供对照参考。

八、贸易差额

贸易差额（balance of trade）指一定时期内一国出口（货物或服务）总额与进口（货物或服务）总额之间的差额。贸易差额用以表明一国对外贸易的收支状况。当出口贸易总额超过进口贸易总额时，称为贸易顺差，也可称为出超；当进口贸易总额超过出口贸易总额时，称为贸易逆差，也可称为入超。通常，贸易顺差以正数表示，贸易逆差以负数表示。如果出口贸易总额与进口贸易总额相等，则称为贸易平衡。

九、对外贸易结构和国际贸易结构

对外贸易结构是指一国对外货物贸易或服务贸易的结构比较，可分为对外货物贸易结构和对外服务贸易结构。以对外货物贸易结构为例，如果一个国家的年出口额为100亿美元，其中初级品占40亿美元，制成品占60亿美元。则我们可以说，该国出口商品构成是初级品占40%，制成品占60%。

国际贸易结构是指国际货物贸易或服务贸易的结构比较，可分为国际货物贸易结构和国际服务贸易结构。

十、对外贸易地区分布

对外贸易地区分布由对外贸易地理方向和对外贸易地位构成。对外贸易地理方向（direction of foreign trade）表明一国出口货物或服务的去向地和进口货物或服务的来源地，从而表明一国或地区与其他国家或地区之间经济贸易联系的程度。例如，2008年中国的十大贸易伙伴分别是欧盟、美国、日本、东盟、香港地区、韩国、台湾地区、澳大利亚、俄罗斯和印度（见表1-3）。这些国家或地区与我们的贸易联系较为密切。

表1-3　　　　　　　2008年中国对主要贸易伙伴进出口总值表

国家（地区）	金额（亿美元）			比上年增减（%）		
	进出口	出口	进口	进出口	出口	进口
欧盟	4 255.8	2 928.8	1 327.0	19.5	19.5	19.6
美国	3 337.4	2 523.0	814.4	10.5	8.4	17.4
日本	2 667.8	1 161.3	1 506.5	13.0	13.8	12.5
东盟	2 311.2	1 141.4	1 169.7	13.9	20.7	7.9
香港地区	2 036.7	1 907.4	129.2	3.3	3.4	0.9
韩国	1 861.1	739.5	1 121.6	16.2	31.0	8.1
台湾地区	1 292.2	258.8	1 033.4	3.8	10.3	2.3
澳大利亚	596.6	222.4	374.2	36.1	23.6	44.8
俄罗斯	568.3	330.1	238.3	18.0	15.9	21.0
印度	517.8	315.0	202.8	34.0	31.2	38.7

资料来源：《经济观察》（22版），《环球时报》2009年7月3日。

对外贸易地位（international trade by country or region）表明世界各洲、各国或地区在国际贸易中所占的比重。

贸易结构和地理分布的状况受到经济基础、科学技术水平及生产能力等因素的制约，同时也受到贸易地位和贸易政策的影响。贸易结构的转变会带来地理方向的转变；地理方向的转变也会引起贸易结构的转变。20世纪50年代，日本是美国产品销售的主要市场、原料供应地和投资场所。但到了60年代后期，日本反过来向美国市场销售商品，获取原料，并把它作为主要的投资场所。我国实行改革开放政策以来，日本、欧盟和美国成了我国最大的贸易伙伴，进出口贸易结构也随之发生了巨大变化。

思 考 题

1. 简述当代国际贸易发展的新特点。
2. 国际贸易是怎样产生的？
3. 什么是有形商品贸易？什么是无形商品贸易？
4. 试分析对外贸易的作用。
5. 各阶段国际贸易发展的特点是什么？
6. 我国对外贸易发展的现状如何？
7. 简述国际贸易的分类。
8. 国际贸易和国内贸易有哪些区别？

第二章 国际分工

【本章教学目的】 通过本章的学习，使学生掌握国际分工的产生、发展过程及特点，国际分工的类型，影响国际分工形成和发展的因素，以及国际分工与国际贸易的关系。

第一节 国际分工的形成与发展

国际分工（international division of labor）是指世界各国之间的劳动分工。它是社会分工发展到一定阶段，国民经济内部分工超越国家界限的结果。国际分工是国际贸易和世界市场的基础。

从世界经济格局来看，每个国家或地区都与其他一些国家或地区在经济上既有联系又有分工。如果一个国家已同外界发生经济贸易往来，无论它本身是否意识到或是否愿意，实际上，就是已经参加了国际分工。比如，美国的道格拉斯飞机公司曾经向我国上海一家飞机制造工厂订购飞机起落架和螺旋桨，并向其他国家购买别的零部件，该公司本身则生产机身、仪表设备等，像这种由多个国家生产零部件，然后组装成成品，就是国际分工的一种形式。

简言之，国际分工就是生产的国际专业化。它是社会化大生产发展的必然结果，是一个历史的范畴。因此，国际分工的形成和发展不是一蹴而就的，而是经历了漫长的发展过程。具体来说，有以下几个发展阶段。

一、萌芽时期（16世纪至18世纪中叶）

在资本主义以前时期，由于社会生产力水平较低，自然经济占主导地位，商品生产很不发达，各个民族、各个国家的生产方式和生活方式差距不大，因此，只存在着不发达的社会分工，总的来说，不存在现代意义上的国际分工。

15世纪末至16世纪上半期的地理大发现，促使欧洲一些国家的手工业生产向工场手工业生产过渡，这种过渡体现了社会生产力水平的提高，同时也为近代国际分工提供了地理条件和国际市场。从此，欧洲社会进入资本原始积累时期。

可见，地理大发现是西欧社会生产力发展和由此而加深的社会经济矛盾所促成的，它是推动封建主义向资本主义过渡的一个重要因素。其经济后果是，世界市场领域有所扩大；国际贸易规模有所扩大。当时的欧洲殖民者用暴力手段在他们所能到达的美洲、非洲、亚洲进行掠夺和贸易，在殖民地发展了面向国外市场的专业化生产，建立种植棉花、烟草、甘蔗等农作物的庄园，开发矿山，生产金银，并把生产出来的农作物和金银运回本国，出现了宗主国和殖民地之间最初的分工形式。

但是，当时工业革命尚未发生，自然经济在各国仍然占统治地位，那时的国际分工和整个社会生产相比并不具有决定性影响，其实只是存在着不发达的社会分工和不发达的地域分工，带有明显的地域性质，因此，我们把这种国际专业化看做国际分工的萌芽。

二、初步形成时期（18世纪60～70年代至19世纪60～70年代）

18世纪60年代，英国最早开始了工业革命，人类的社会生产力得到了空前的发展。蒸汽机的发明和应用，进一步促使这一革命由一个部门推向另一个部门，遍及采掘、冶金、机械和交通运输等事业，开始了用机器生产的机器时代。到19世纪，继英国之后，法、德、美、日等国也相继完成了工业革命。于是，以小生产为基础的自然经济开始崩溃，原先自然经济条件下的民族孤立性开始消失，各国开始被纳入到国际分工的轨道。

工业革命的完成，标志着资本主义经济体系的确立，它加快了商品经济的发展。社会分工的发展，也促进了国际分工的形成。此时的国际分工有如下特点：

1. 大机器工业的建立为国际分工的发展奠定了物质基础。大机器巨大的生产能力产生了两方面的要求：一方面，大量生产出来的商品很快会使国内市场饱和，因此，迅速扩大的生产能力需要扩大的销售市场与之相匹配；另一方面，大机器工业也引起了对生产原料的大量需求，要求开辟新的廉价的原料来源。大机器工业所生产的物美价廉的商品成为资产阶级征服国外市场的"重炮"，这些有力的武器轰掉了工业脚下的民族基础，消灭了古老的民族工业，打破了落后地方和民族闭关锁国的企图，打开了一个又一个新的国外销售市场，建立了一个又一个新的国外原料来源地，把各类型的国家卷入世界市场之中。同时，大机器工业改革了运输工具，提供了电报等现代化高效率的通信工具，使国际分工成为可能。

总之，大机器工业的建立，交通运输和通信事业的发展，以及欧洲殖民强国在亚洲、非洲、拉丁美洲采取强制手段实行种植园经济和推行国际专业化，在客观上都对国际分工和世界市场的形成具有十分重要的作用,从而把经济发展水平不同的国家或多或少地纳入国际分工之中。于是,形成了一种同机器大生产中心相适应的国际分工。国际分工初步形成了。此时的国际分工是工业与农业的分工。它使地球的一部分变为主要是进行农业生产的区域,另一部分主要是进行工业生产的区域。随着大机器工业的建立,殖民地成了工业资本剥削的对象,不仅大量的工业品涌入殖民地、半殖民地,而且,资本主义国家还按照自己的需要,积极采取措施把殖民地、半殖民地变成自己的粮食和原料供应地。

2. 英国成为国际分工的中心。由于英国首先完成了工业革命,它的生产力和经济迅速发展,竞争力大大加强,在国际经济中处于绝对优势地位,因此,当时英国与殖民地的国际分工是最具代表性的。到19世纪中叶,英国一半以上的工业品要靠在国外市场上销售,国内所消费的原料很大部分也要由国外供应。可见,当时的英国可谓是"世界工厂",马克思写道:"英国是农业世界伟大的中心,是工业太阳,日益增多的生产谷物和棉花的卫星都围着它运转。"① 英国所生产的钢铁、煤炭、机器、纺织品均在世界上占有极大的比重;它的商船几乎垄断了当时的世界航运;它的工业产品畅销全球。而其殖民地、附属国则成为英国工业品的销售市场和专门向它提供原料、农产品的基地。这实质上是一种资本主义宗主国对殖民地、半殖民地国家或地区进行侵略、掠夺、剥削结合在一起的不平等的国际分工。

3. 随着国际分工的发展,世界市场上交换的商品种类发生了变化。在国际分工形成之前,为了满足地方贵族阶级和商人阶级的需要,在世界市场上交易的多数是奢侈品,而到了这个时期,奢侈品已被国际贸易中的大宗商品所代替,它们包括:小麦、棉花、羊毛、咖啡、铜、木材等。在19世纪中期以后,这些大宗商品在世界市场上的流转额迅速增长。

三、体系形成时期(19世纪70年代至二战前)

第二次科技革命是以电力、钢铁、化学和交通运输业为代表的工业革命。尤其是电力的应用,更足以代表这个阶段最新的技术进步。在动力方面,电力逐步代替了蒸汽动力,被广泛应用于照明、车辆、电信等方面。这一次科技革命标志着社会生产力又一次极大地提高。社会生产力的巨大发展促进了资本主义生产的高速增长,促进了统一的世界市场的形成,也使国际分工发展成为门类比较齐全的分工体系。

---

① 《马克思恩格斯选集》(第四卷),人民出版社1962年版,第279页。

第二次科技革命后，由于电力、汽车制造、钢铁和轻工业等工业的发展，使原来的工业国中，重工业的比重逐渐增加，并取代轻工业而居于主导地位。

在工业国中，出现了一些新兴工业部门，各国的工业也有所侧重，形成了工业国之间的分工；在宗主国与殖民地、半殖民地之间，虽仍是工业生产国与食品、原料生产国之间的分工，但它们的分工比前一时期有所发展；西方资本主义国家还通过资本输出在一些殖民地、半殖民地办起了工厂，使这些殖民地、半殖民地出口产品中的初步加工工业品逐渐发展起来。总之，第二次科技革命导致了世界市场和世界经济体系的最终形成，国际分工也发展成为门类齐全的分工体系。这个阶段，国际分工有如下特点。

1. 发达资本主义国家通过强制手段和资本输出，把资本主义生产方式扩大到殖民地、半殖民地，使殖民地、半殖民地变为畸形的和片面的单一经济。上述殖民地、半殖民地国家主要作物和出口商品只限于一两种或两三种产品，而这些产品绝大部分被销售到工业发达国家的市场上去。这样就造成了殖民地、半殖民地的依赖性，一方面是经济生活对少数几种产品的依赖；另一方面是对世界市场特别是对工业发达国家的高度依赖。因而，它们的收入状况高度依赖于这些产品在世界市场上的行情。

2. 分工的中心从英国变为西欧、北美的一系列资本主义强国，各个资本主义强国分别在一个或几个工业部门形成了自己的优势。比如，挪威专门生产铝，比利时专门生产铁和钢，芬兰专门生产木材和木材加工产品，美国成为谷物的生产大国，德国在化学工业及电器、精密仪器等方面比较领先，英国在钢铁、机械等部门保持领先地位。

3. 随着国际分工体系的形成，参加国际分工的每个国家都有许多生产部门首先是为世界市场生产的，而每个国家所消费的生产资料和生活资料都全部或部分地包含着许多国家劳动者的劳动。其结果是，加强了世界各国间的相互依赖关系，加强了对国际分工的依存性。国际贸易在各国经济中的地位越来越重要了。

总的来看，这一时期，发达资本主义国家与殖民地、半殖民地的垂直分工进一步深化，殖民地、半殖民地对发达国家的经济依赖性进一步加强。同时，发达资本主义国家之间的水平分工开始得到发展，各个发达国家在某些工业部门的发展中显示出了自己的优势，它们出口自己具有优势的工业产品，形成一种彼此依赖的国际分工的格局。

四、深入发展阶段（二战后）

第二次世界大战以后，世界政治、经济形势发生了巨大的变化。第三次科技革命的兴起，出现了电子、信息、服务、软件、宇航、生物工程和原子能等新型产业，渗透到经济生活的各个方面，使生产力又有了巨大的增长，而二战后的国际经济秩序又比较有利于国际分工和国际贸易的发展。因此，世界经济获得了前所未有的发展。国际分工在这种形势下显示出一些新的特点。

1. 从分工的格局上，发达国家之间的国际分工发展迅速，并在现代国际分工中居主导地位。在二战前的一两百年间，发达国家与发展中国家的垂直分工居主导地位，发达国家之间的水平分工居次要地位。1938年，发达国家之间的贸易额占资本主义世界国际贸易总额的39%，发达国家与发展中国家的贸易额占49%，发展中国家之间的贸易额占12%。而1980年，上述几种类型的国际贸易额占资本主义世界国际贸易总值的比重分别为53%、39%和8%。可见，发达国家之间的国际分工在二战后已成为国际分工的主流。造成这种情况的原因有许多，其中一个很重要的原因是二战后新的科学技术革命。大量新的科学技术转化为生产力，需要大量的研究开发资金和巨大的人力、物力投入。可以说，没有一个国家的企业能够不依赖外部条件单独进行这种耗资巨大的新技术的研究开发工作。这样就迫使发达国家之间在研究与开发项目上进行国际合作。在这个过程中，不同发达国家各自在某些工业部门具有领先地位，从而使发达国家工业部门之间的分工得到发展。

2. 从分工的形式上，二战后发达国家之间除了工业部门之间的分工，还发展了工业部门内部的分工，一个工业部门的内部分工变得更为精细，因而发达国家某一工业部门的生产也需通过国际分工来进行。这是因为，在越来越多的生产领域中，以国内市场为界限的生产已经不符合规模经济的要求，所以，在一国国内部门之间的分工向部门内部分工发展的同时，越来越多地跨越国界，形成国际间工业部门内部的分工，因而都能以较大的规模去生产，取得规模经济的效果。具体来说，分工形式有以下三种。

(1) 不同型号、不同规格产品的专业化。同样一种产品往往具有不同的型号和规格，不同国家对同一类产品按不同型号或规格进行分工，从事专业化生产，以适应本国和世界市场的需要。例如拖拉机，20世纪60年代初，国际市场上轮式和履带式拖拉机分别有300多种和100多个型号。大体上，美国着重发展大功率的轮式和履带式拖拉机；英国发展中型轮式拖拉机；联邦德国的出口以小功率的轮式拖拉机居多。英国和联邦德国生产的拖拉机大部分是输往国外市场的，而且进口国中有些还是拖拉机生产国。

(2) 零、配件和部件生产的专业化分工。由于各国科技和工艺水平的差异，一国对某一种零、配件或部件的生产具有优势，另一国对另一种零、配件或部件的生产具有优势，因此就产生了零、配件和部件生产的专业化生产。比如福特公司的汽车，由美国、加拿大、法国、英国、比利时等十几个国家生产的部件组装而成。各国生产各自负责的部件，最后由福特公司组装成汽车出售。再如，"R-1800"载重汽车，它的发动机是瑞典制造的，控制设备是德国的产品，底盘和弹簧是美国生产的，意大利生产车身，而由英国装配成成品。二战后，这种形式的专业化生产在许多产品的生产中得到了广泛的发展。例如，在喷气式飞机、原子能发电站设备、电子计算机、汽车、拖拉机、收音机、电视机等大批量生产时所需的各种零、配件或部件往往在不同国家中进行专业化生产。这种情况的出现，主要原因在于：一是生产中的某种技术可能这个国家不如别的国家先进，为使整个产品保持先进，就从别国进口先进的零件、部件进行装配；二是从生产成本来看，可能由这个国家生产制造不如从具有优势的国家进口划算，于是，就进口比较便宜的零部件进行装配。

（3）工艺过程的专业化。这种分工是指不同国家对生产工艺过程的不同阶段进行专业化生产。例如，制造锻件、铸件、毛坯出口，由国外厂商再按其需要进行精加工，这就是工艺过程的专业化。某些工厂生产中间产品的业务也带有这样的性质。比如，在化学工业方面，某国一些工厂专门生产半成品，然后，把这些半成品出口给设在其他国家的化工厂去生产各种化学制成品。举世闻名的德国拜耳公司就是将它所生产的中间产品提供给世界各地上万家化工厂，由这些化工厂制造出各种化学制品，这就属于工艺过程的专业化。

上述国际间部门内分工的主要形式，尽管不一定完善，但在一定程度上反映出国际分工的发展以及当前国际分工的概貌。由此可见，国际分工的迅速发展导致各国之间在经济上相互依存的关系日益加深，使对外贸易在各国国民经济中的作用日益加强。

3. 从分工的性质上来看，发达国家与发展中国家的分工也有了变化。二战前那种工业国和农业国之间的分工形式已为二战后的资本、技术密集型与劳动密集型的分工所取代。发达国家优先发展资本、技术密集型产品，发展中国家则发展食品、饮料、纺织品、服装、皮革、玻璃以及其他农矿产品的初级加工工业等一些劳动密集型产品。

二战后，大批殖民地国家独立，这些国家要求在经济上摆脱对单一经济的依赖，发展民族工业，因此，传统的垂直分工开始削弱。发展中国家开始发展自己的民族制造业。二战后的世界经济表明，有一部分发展中国家在实行工业化过程中取得了成功，如亚洲的韩国、新加坡，美洲的墨西哥、巴西等国，以至于我们常把它们称为"新兴工业化国家"。但是，从总体上来看，广大的亚、非、拉发展中国家尚未完成工业化过程，它们生产的产品主要以劳动密集型产品为主。

4. 从国家的经济所有制上来看，二战后参加国际分工的国家的经济所有制形式呈现多样化。二战前,虽然已有一个社会主义国家——苏联,但当时的苏联基本上没有参加国际分工。二战后,随着一批社会主义国家的成立,使资本主义生产关系一统国际分工的时代结束了。为了发展生产力,实现经济现代化,社会主义国家参加了国际分工,只是在开始的时候社会主义国家主要是在彼此之间开展分工。

我国在党的十一届三中全会以后,实行改革开放,广泛而深入地参加国际分工,使我国社会主义建设事业获得前所未有的高速发展。事实证明,社会主义国家在独立自主和平等互利的基础上,在有利于其民族经济发展的条件下,通过对外贸易积极地参加国际分工,是社会生产力发展的客观要求和结果,也符合世界各国经济相互依赖、互利合作的趋势。这种在维护本国独立、主权的前提下的国际分工,可以使各方都获得自己的利益,实现"双赢"的局面。

5. 从经济一体化上来看,区域性经济集团内部分工趋势加强。二战后经济全球化和区域性经济一体化的趋势同时并存,在经济全球化进展的同时,区域性经济集团化的进程明显加快。一般来说,这些经济集团不同程度地存在着内向性和排他性。对内逐步下降和取消关税与非关税壁垒措施,促进集团内成员之间商品贸易、服务贸易与投资的自由化,对外继续采取关税与非关税壁垒等排他性措施,在不同程度上阻碍着经济集团与非成员之间分工和贸易的发展,其结果导致了经济集团内成员之间贸易发展加强的趋势。

6. 从商品形式上来看,国际分工从有形商品领域向服务业领域扩展,并出现了相互结合、相互渗透的趋势。二战后,随着科学技术的进步和各国经济相互依赖性加强,国际服务贸易迅速发展,推动着服务业国际分工的发展,国际分工从有形商品生产分工向服务业分工扩展。由于各国经济发展不平衡,不仅在商品生产上表现出差异,在服务业上也表现出差异。发达国家知识技术密集型服务业发展迅速,以高新技术服务、资本密集型服务参加服务业国际分工。发展中国家劳动密集型服务业发展较快,以建筑工程承包、劳务输出等劳动密集型服务参加服务业国际分工。

随着科技发展和各国产业结构的调整,服务几乎渗透到社会再生产过程的各个领域,促进了生产国际化和服务国际化交织发展,出现了商品生产的国际分工和服务业国际分工相互结合、相互渗透的趋势。这种趋势又推进了整个国际分工进一步深化和发展。

7. 从发展趋势上来看,20世纪80年代以来,国际分工主要呈现以下两种态势。

(1) 国际分工由于资本移动多样化而呈现出明显的梯度分工。现在国际资本移动包括四个方面:发达国家之间的资本移动;发达国家向发展中国家的资本移动；发展中国家向发达国家的资本移动；发展中国家之间的资本移动。资本通过与生产、资源、技术以及人才等有效结合，形成庞大的国际性营运资本，使国际分工呈现出明显的四个层次的国际梯度分工模式。

发达国家之间国际分工的直接动机是扩大生产销售、提升产业等级、缓解贸易摩擦。这种国际分工与 20 世纪 60 年代相比，其明显特征是，国际分工的途径是联盟与相互控股，而不再是各自为政的市场分割。欧洲"空中客车"的研制成功与形成销售规模以及高清晰度电视的联合开发被认为是当代国际分工的典范。随着经济区域化的发展，这种国际分工不仅体现在生产与市场方面，而且渗透到产品标准、产品开发与科技联合等方面。

发达国家向发展中国家的资本移动所形成的国际分工的特征是服务于资源的利用和新市场的拓展。以日本为例，许多大厂商已发展到面向全球的国际化经营，它们除了在本土保持高、精、尖的领先地位以外，还把相当一部分设计开发、生产制造与销售服务转移至世界上最有利可图的区域，以利于更好地占领市场和更多地利用世界资源。

近 20 年来，发展迅速的发展中国家向发达国家的资本移动形成一种新型的国际分工。这种国际分工不再是发达国家供给制成品，发展中国家提供自然资源与人力资源，而是发展中国家为实现进口替代与出口导向的经济发展和扩大出口贸易而与发达国家进行的涉及技术、零部件加工与装配等方面的经济合作。至于说发展中国家间的资本移动所形成的国际分工目前尚处在起步阶段，其本质是优势互补，即不仅互相提供技术与资源，共同研制与开发，而且还相互开放市场，以实现区域范围内资源的合理配置。

(2) 部门内部分工是 20 世纪 90 年代国际分工的主导力量。如前所述，二战后国际分工的形式已经从部门间的分工转向部门内部的分工。进入 20 世纪 80 年代以后，微电子、新材料、生物与信息工程等新兴产业已成为各国企业界和金融界所关注的热点，这些新兴产业的发展极大地推动了部门内部国际生产专业化分工，尤其表现在"国际综合产品"在当代国际贸易中所占的比重进一步加大。随着经济一体化进程的加快，"国际综合产品"在数量、规模等方面必将进一步得到加强。

改革开放以来，我国积极参与国际分工，在对外生产合作、技术合作等方面获得了长足的发展。当然，在参与国际分工的过程中也暴露了一些我国现存的弱点，例如，由于产业结构分散而且重复，有的产业在参与国际分工的同时难以形成规模经济的优势，尤其是在国际市场上相互低价竞争；国际上的跨国公司利用其规模经济的优势，通过转包或转移定价的方式，最大限度地递减中方企业的出口价，以达到其利润转移的目标；由于我国工业档次低，使参与国际分工的规模与出口效益极不相称,延缓了国产化的进程以及培育并推动国内一批企业升级的步伐等。这些都有待于我们进一步采取对策,加以改观。

第二节 影响国际分工形成与发展的主要因素

影响国际分工形成与发展的主要因素有:生产力、自然条件、人口、劳动规模和市场、跨国公司与资本国际化以及国际生产关系等。在这些因素中,生产力的发展是决定性因素,国际生产关系则决定国际分工的性质。现分述如下。

一、生产力是影响国际分工形成与发展的决定性因素

1. 国际分工是生产力发展的必然结果。国际分工形成与发展的过程充分证明,国际分工产生和发展的决定性因素是生产力。分工是以生产力的发展为前提的。科学技术之所以会成为一种在历史上起推动作用的力量,归根到底因为它是生产力。而生产力是生产方式中最活跃、最革命的因素,每一次科技革命都涌现出一些新兴的工业部门,这些工业部门的出现和发展,不但它本身是新的、巨大的生产力,而且还带动其他生产部门,推动整个社会生产迅速发展。科学技术的进步使生产更加专业化,分工更细。这大大加深了各部门、各企业之间的相互依赖性,使生产和销售都进一步社会化了。生产社会化必然导致国际化程度的加深。生产力的扩大、国内市场的相对狭小,必然促使这些国家、企业走向国际市场,寻找出路。

2. 生产力发展决定国际分工的格局。生产力发展水平的高低决定了商品生产的成本,而商品生产成本的高低决定了该商品在世界市场上的竞争力。取得竞争优势的出口国,可以在较长一段时期内形成生产该商品的固定分工格局;没有取得竞争优势的国家,或者竞争优势略差一些的国家,完全可以通过提高该商品生产中的生产力而降低成本,逐步建立自己在该商品生产与出口中的优势,改变国际分工的格局。相反,已经在某种商品生产与出口中取得竞争优势的出口国,如果生产提高速度较慢,被其他国家赶上来,会逐步失去优势,成本会逐渐高于其他国家,最终失去出口机会,这也会改变已有的国际分工格局。另外,科学技术是生产力,历史上的科学技术革命都曾深刻地改变了社会物质生产领域的许多状况,促使社会产生了新的产品和新的产业部门,同时使劳动过程和生产工艺不断变革,从而使社会分工和国际分工发生变化。

3. 生产力水平决定一国在国际分工中的地位。历史上,英国最早完成工业

革命，生产力得到巨大发展，使其成为"世界工厂"，英国在国际分工中便居于主导地位。继英国之后，欧美资本主义国家工业革命相继完成，生产力迅速发展，它们便与英国一起成为国际分工的中心和支配力量。第二次世界大战以后，原来的殖民地、半殖民地国家在政治上取得独立，努力发展本国经济，生产力得到较快的发展。一些新兴的工业化国家经济发展迅速，它们过去在国际分工中的不利地位逐步得到改善。

4. 生产力的发展还使国际分工的内容日益增多，形式更加多样化。随着生产力的发展，各种经济类型的国家都加入到国际分工行列，国际分工已把各国紧密地结合在一起，形成了世界性的分工。随着各国生产力的发展，各国参加国际分工的形式从"垂直型"向"水平型"过渡，出现了多类型、多层次的分工形式。

历史和现状都说明，每当新的科学技术问世，生产力水平的提高，都会导致国际分工发生相应的变化。生产力是国际分工形成与发展的决定性因素。

二、自然条件对国际分工起着不容忽视的作用

这里所指的自然条件包括一个国家的气候、土壤、国土面积、地上和地下的资源、地理位置等。

任何社会的经济活动都是建立在一定的自然条件之上的。马克思指出：正像威廉·配第所说，劳动是财富之父，土地是财富之母。这里所说的土地就是自然条件。自然条件是国际分工产生和发展的基础。这种基础作用尤其在早期的国际分工中显得较大。随着科学技术的发展，自然条件的作用相对削弱。因此，我们既不能忽视自然条件在国际分工中的作用，也不能唯自然条件论。在注意到自然条件对国际分工的影响的同时，绝不能忽视发展中国家的兴起和科学技术对国际分工所起的作用越来越大。

一定的自然条件只是提供了进行生产和国际分工的可能性，并不提供这方面的现实性。要把可能性变为现实性还需要其他条件的配合。像生产铁矿、煤炭、石油的前提是应该有这方面的矿藏，但要使这些矿藏开发出来再销售到世界市场上，没有一定的科学技术和生产力水平是不可能的。例如，海底油田的开发使英国和挪威成为石油出口国，但在勘探和开采海底油田的技术发明以前，这两个国家却是石油进口国。再如，许多农产品的生产需要一定的自然条件，像咖啡、橡胶、可可需要一定的热带气候条件，而水稻、茶叶也需要一定的特殊气候条件，因此，农产品生产上的国际分工受自然条件的影响大一些。

但是，从整个世界经济发展趋势来看，自然条件在国际分工中的作用逐渐下

降。因为自然条件主要影响农矿等初级产品的生产，而现代经济的发展产生了大量合成的替代品。比如，合成橡胶的发明与生产就使许多国家减少了对天然橡胶的进口。而且现代经济增长越来越依靠技术进步而不是增加原材料的投入。人们不断发明更加节能的生产方式，对产品更强调高科技的含量和高附加值，自然条件在现代国际分工中的影响是不断下降的。

三、人口、劳动规模和市场制约着国际分工的发展

首先，各国人口分布的不平衡，制约着国际分工的发展。世界人口在各国分布是很不平衡的。有的国家人口众多，密度很大，劳动力显得比较丰富；有的国家人口密度低，因而劳动力显得比较稀缺。各种产品的生产对劳动力的需求是不同的。劳动力丰富的国家在生产劳动密集型产品方面具有比较优势，而劳动力稀缺的国家则在生产其他要素密集的产品方面具有优势，这样就会在这两类不同的国家中产生分工。而且，人口受教育水平的高低也会影响国际分工。因为受教育程度高的劳动力从事的复杂劳动相当于多倍的简单劳动，而且适合于生产技术密集型的高科技产品。于是，教育事业发达、劳动力素质高的国家可以发展高科技产品的生产和出口，而劳动力素质低的国家只能生产一般的劳动密集型产品。

其次，劳动规模或生产规模也制约着国际分工的发展。不论何种劳动，只要它大规模地进行，就会产生分工，如果继续扩大下去，就具备了国际分工的可能性。现代工业要求大规模生产以便获得规模经济的好处。随着劳动规模越来越大，分工越来越细，任何一个国家都不可能包揽所有的生产，必须参与国际分工。

最后，在人口和劳动规模都具备的前提下，国际分工的实现受制于国际市场的规模。国际商品市场的规模则取决于投入交换的商品的数量、有支付能力的人口密度以及交换距离等。在世界市场的调节下，各国就会根据规模经济的要求去发展一个或几个产业部门的生产，通过市场满足所有国家对这些产品的需求。规模经济还反映在各国合作生产某一产品，使其产量达到经济批量，从而在国际市场上具有竞争力。比如，生产大型喷气式客机需要大量的研究开发资金和大量的科研力量，西欧各国如果各自单干，也许能生产出这种飞机，但由于西欧各国的市场相对较小，它们生产的飞机达不到经济批量，势必在世界市场的竞争中失败。而西欧各国联合开发生产的"空中客车"飞机，由于各国不断进行了专业化分工，又有整个西欧大市场作为基础，就达到了规模经济的效应。现在欧洲"空中客车"飞机已成为美国波音飞机公司的有力竞争者。

四、资本国际化是国际分工深入发展的重要条件

19世纪末期以来,国际资本移动已经成为重要的世界经济现象。二战后,跨国公司的迅速发展使其规模空前扩大。跨国公司主要投资于制造业,而且是具有新技术的制造业。跨国公司的资本输出主要表现为发达资本主义国家之间的互相投资,由此产生的主要是水平型国际分工。这种投资流向反映到国际贸易方面,就是发达国家之间的制成品贸易发展迅速,并成为当前国际贸易的主要部分。

跨国公司为了保证对产品市场的控制,通常避免把生产过程的所有环节都放在同一个国家。它们通常在总公司保留最重要的研究与开发及其他关键环节,而把其他生产环节分散到不同国家,并通过公司内部交易等控制活动,把各国的国内生产活动联系在一起,从中获得高额利润。在这种情况下,各国间的分工就反映了跨国公司垂直一体化体系的内部分工。

此外,发展中国家和社会主义国家一方面积极引进外资,发展经济;另一方面也到国外投资设厂,经营业务,从而使国际资本移动在国际间不断加强,对国际分工的深入发展起到了重要作用。

五、国际生产关系决定了国际分工的性质

国际生产关系主要包括:生产资料所有制形式、各国在国际分工中的地位,以及它们在国际分配、国际交换和消费中的各种关系。国际分工是生产力发展的结果,它反映了生产力发展的水平,同时,它与生产关系也有着密切的联系。既然国际分工是社会分工超出国家界限的结果,那么,社会生产关系也会超出国界而形成国际生产关系。

现代国际生产关系是复杂的,既包括资本主义生产关系,也包括社会主义生产关系,还有一些其他的形式。但总的看来,在当代国际分工中,资本主义生产关系居支配地位。

资本主义生产方式下的国际分工具有双重性:一方面,它具有进步性。内涵是,资本主义国际分工打破了各国闭关自守的状态,消除了各国隔阂,把各个国家与民族在经济上联合起来,促进了世界生产力的发展。另一方面,它又具有剥削和不平等性质。内涵是,资本主义国际分工是在资本主义生产方式不发达的国家,按照与资本主义生产方式的国家相适应的程度来进行消费和生产的过程中形成的。换句话说,资本主义国际分工是在资本主义基本经济规律的情况下形成和发展起来的。正因如此,发展中国家和社会主义国家在积极参加国际分工的同

时，对历史上形成的剥削与不平等的国际分工要进行斗争。

六、经济贸易政策可以推进或延缓国际分工的形成和发展

在一定经济基础上产生的上层建筑，如国家力量、经济政策、国际组织等，能给经济基础以反作用力，促进和推动经济基础的发展。在国际分工方面也是如此。当年英国等欧洲殖民帝国为了形成有利于自己的国际分工，就运用国家力量强迫其殖民地按照宗主国的需要去发展单一农作物。殖民主义者还用武力打开别国大门，强迫受侵略国家接受殖民主义者的贸易条件，把别国纳入有利于其剥削的国际分工体系中。二战后，民族独立运动风起云涌，一大批殖民地国家获得了独立，它们为了摆脱殖民统治留下来的单一经济结构和对宗主国的经济依赖，纷纷提出发展民族工业的政策措施，于是这些发展中国家的制造业获得了很大的发展。

国际政治、经济秩序也起着延缓或推进国际分工的作用。例如，第二次世界大战以前，各资本主义国家为了转嫁经济危机，实行以邻为壑的高关税政策，各国进行竞争性货币贬值，国与国之间的关系十分紧张，结果极大地阻碍了国际分工的发展。二战后各国达成了《关税与贸易总协定》，建立了国际货币基金组织和世界银行。这些超越国家的国际经济组织协调了各国的贸易政策，通过了多次关税和非关税减让谈判，大幅度地降低了各国的关税水平，减少了非关税壁垒，保持了汇率稳定，推进了贸易自由化。

第三节 国际分工的类型

国际分工可分为"垂直型"、"水平型"和"混合型"三种。

一、"垂直型"国际分工

一般来说，发达国家与发展中国家之间的国际分工，被称为垂直型分工。这种分工主要表现为国际间农、矿业和制造业的分工。工业先进国家与工业落后国家间的贸易关系主要就是以这种分工关系为基础的。19世纪建立起来的国际分工即是一种垂直型的国际分工。当时，英国是"世界工厂"，其他国家则成为英国的销售市场和原料、食品的供应地。在这种国际分工中，资产阶级采取各种手段，使绝大多数不发达的殖民地、半殖民地国家成为农业国或矿产国，处于"外

围"的地位。前者强迫后者按照自己的需要来分工,进行生产和消费,形成了"中心"支配"外围"、"外围"依附"中心"的国际分工格局。

二战后的国际经济虽已完全不同于19世纪,但是,由于发展中国家在产业结构上还未完全从单一经济中摆脱出来,工业发达国家从发展中国家进口原料并向其出口工业制成品的情况依然存在,所以,垂直型国际分工仍然是工业发达国家与发展中国家之间的一种重要分工形式。当前最典型的"垂直型"分工的国家是日本,它从世界各国进口原料,制成制成品,再出口到世界各国,从而形成了进口大量原料、生产大批制成品出口(如钢铁、钢铁制品、汽车、船只、家用电器等)的贸易结构。

二、"水平型"国际分工

一般来说,发达国家间在工业品生产上的分工,被称为水平型分工。发达国家相互之间的贸易关系主要是以这种分工为基础的。发达资本主义国家在工业发展方面存在着以下情况:工业发展有先有后、各国技术水平存在着差别、各国工业部门发展不平衡以及各国的资源情况不等。因此,它们之间在工业生产方面就产生了分工。各国以其重点工业部门的产品去换取其非重点工业部门的产品,于是工业部门之间的分工发展起来了。

第二次世界大战以后,国际分工迅速发展。国际分工从产业各部门之间的分工发展到各个产业部门内部的分工。产业部门内部分工发展的前提是,参加分工的各个国家有类似的生产结构和先进的技术水平。发达国家之间的生产专业化和协作就属于这一类国际分工。

三、"混合型"国际分工

这种类型的国际分工,是从一个国家来看,它在国际分工体系中,既有"垂直型"分工,也有"水平型"分工。事实上,大多数西方国家都可以属于这一类型,其中德国较为典型。德国同其他西方国家从事生产专业化和协作属于"水平型"分工,如德国大众公司同日本丰田公司和美国的通用、克莱斯勒公司所搞的汽车专业化分工协作;而在它同中国等发展中国家进行经济贸易往来时,则属于"垂直型"分工——进口原料,出口制成品。

二战以后,国际分工的变化趋势主要是,"水平型"和"混合型"国际分工在国际分工中的比重逐步提高。

第四节　国际分工与国际贸易的关系

国际分工是国际贸易的基础，国际贸易的发展受国际分工的影响。

一、国际分工与国际贸易的发展速度

从国际贸易的发展来看，在国际分工发展快的时期，国际贸易发展也快；相反，在国际分工缓慢发展时期，国际贸易也发展较慢或处于停滞状态。因此，国际分工是当代国际贸易发展的主要推动力。

在资本主义自由竞争时期，由于形成了以英国为中心的国际分工体系，英国成为"世界工厂"，对外贸易出现高涨，其在资本主义世界对外贸易中的比重从1820年的18%提高到1870年的22%。相反，1913~1938年间，世界生产发展缓慢，国际分工处于停滞状态，国际贸易量在这个时期年平均增长率只有0.7%。第二次世界大战以后，国际分工有了飞速发展，国际贸易的发展速度也加快了，并快于以前各个时期。

二、国际分工与国际贸易商品结构

国际分工使国际贸易中的商品结构发生重大变化。由于国际分工从"垂直型"向"水平型"和"混合型"转变，必然会引起国际贸易中商品结构的重要变化。二战以后，这种变化表现在以下四个方面。

1. 工业制成品在国际贸易中所占的比重超过初级产品所占的比重。二战以前，由于殖民主义宗主国与殖民地落后国家的国际分工以"垂直型"分工为主，故初级产品在国际贸易中所占的比重一直高于制成品。从1953年起，工业制成品贸易在国际贸易中所占的比重就超过初级产品贸易所占的比重。如今，这一比重已接近80%。

2. 发展中国家出口中的工业制成品增长。随着发达国家与发展中国家分工形式的变化，发展中国家出口中的工业制成品不断增加，所占比重从1970年的18.5%提高到2000年的69.2%。

3. 中间性机械产品的比重提高。随着国际分工的深化以及跨国公司在国际分工中地位的提高和作用的加强，工业内部、公司内部贸易增加，中间性机械产品在整个机械工业制成品贸易中所占的比重不断提高，在各主要发达国家制成品

贸易中约占70%以上。

4. 服务贸易发展迅速。服务贸易近年来有了迅速发展，特别是在发达国家。服务贸易在各发达国家对外贸易中都占很大比例。世界服务贸易额从1967年的700亿~900亿美元剧增到2005年的2.41万亿美元。

三、国际分工与国际贸易地区分布

在国际分工处于中心地位的国家，其国际贸易也占据主要地位。从18世纪到19世纪末，英国一直处于国际分工中心国家的地位，它在资本主义世界对外贸易中一直独占鳌头。随着其他国家在国际分工中地位的提高，英国的地位相对下降，但直到1925年它在国际贸易中仍占15%。从19世纪末以来，发达资本主义国家成为国际分工的中心国家，它们在国际贸易中一直居于支配地位。发达资本主义国家在世界出口中所占的比重，1950年为60.8%，1980年为62.6%，1991年上升到72.4%。

四、国际分工与国际贸易分配利益

国际分工可以扩大整个国际社会劳动的范围，发展社会劳动的种类；可以使贸易参加国扬长避短，发挥优势，有利于世界资源的合理配置；可以节约全世界的劳动时间，从而提高国际社会的生产力。因此，国际分工的发展是一个进步的过程。但是，由于国际分工的产生和发展是在资本主义生产方式下进行的，它代表了生产力发展的进步过程，同时也体现了资本主义社会的生产关系，因此，国际分工也成为旧的不平等的国际经济贸易秩序的重要组成部分。

在资本主义国际分工体系中，帝国主义国家之间的分工是比较平等或平等的关系。但是，在帝国主义国家与殖民地、半殖民地、落后国家间的分工却是中心和外围的关系，两者之间是控制与被控制、剥削与被剥削的关系。这种不平等的分工关系决定了帝国主义国家与殖民地、半殖民地、落后国家不平等的贸易关系。

帝国主义国家凭借其在市场上的独占地位，在国际贸易中高价卖出，低价买进，进行不平等交换；通过对外贸易转嫁经济危机，把国际贸易中的利益大部分、有时甚至是全部占为己有，使殖民地、落后国家的贸易条件不断恶化，大大影响了这些国家的经济发展。

二战以后，随着发展中国家在政治上取得独立、民族工业的不断发展、在国际政治经济舞台上的不断斗争，其在国际分工中的地位有所改善，贸易利益随之增多，但是还未发生根本性、实质性的变化。从整体上来看，发展中国家的经济发展仍面临许多困难，如技术落后、资金短缺、外债短缺、经营管理经验不足等。此外，还有人口问题、粮食缺乏，甚至在国际贸易中出现西方工业国家向以农立国的发展中国家输出粮食的反常现象。在国际贸易中，发展中国家基本上仍是以初级产品出口和制成品进口为主，国际商品价格的"剪刀差"依然存在。另外，发达国家经济实力雄厚，资金多，劳动生产率高，产品成本低，在国际分工中获得更多的比较利益。一些发达国家的跨国公司还经常利用它们的优势采用逃税或避税方式垄断市场。在相当长的一段时间里，许多发达国家获得非法利润，这种情况遭到发展中国家的强烈反对。在跨国企业发展的早期阶段，许多发展中国家之所以不欢迎发达国家的跨国公司在自己国家里建立独资的分公司，而是以"合资经营"的形式进行合作，就是这个道理。

第五节　西方国际分工理论

西方经济学家关于国际分工、国际贸易的理论主要有"地域分工论"、"比较成本说"、"要素禀赋论"以及战后新理论等，详见本书第四章。

思　考　题

1. 试分析二战后国际分工深入发展的原因。
2. 二战后国际分工有哪些新特点？
3. 试论国际分工与国际贸易的关系。
4. 简述国际分工的主要类型。
5. 影响国际分工形成和发展的主要因素有哪些？

第三章 世界市场

【本章教学目的】 世界各国参与国际分工的形式表现为世界市场上的贸易活动。通过本章的学习,使学生了解世界市场的形成、发展过程及其主要特征;了解世界市场的构成、交易方式及其价格。

第一节 世界市场的形成与发展

自从人类社会有了商品生产和商品交换及其他经济活动以来,就产生了与其相适应的市场。可见,市场的产生和发展,需要具备两个条件:一是商品经济的存在和发展;二是社会分工的存在和发展。而世界市场是商品经济活动与社会分工超越国家界线和区域界线而扩展到整个世界的结果。世界市场是世界各国商品交换的场所或领域,它包括:由国际分工联系起来的各个国家商品流通的总和;在世界市场范围内,各个国家的市场成为世界市场的组成部分;世界市场上商品的交换活动表现为国际贸易。世界市场的形成和发展大致经历了四个阶段。

一、世界市场的萌芽时期(16世纪至18世纪60年代)

世界市场是指世界各国进行商品交换的场所。世界市场萌芽于 16~17 世纪。地理大发现以前,人们对世界的认识是很不全面的,因此,当时只有区域性市场,还没有世界市场。在各个区域性市场之间,产品价格是不统一的,即使在一个国家的不同市镇之间,同种产品的价格也可能会有很大差异。比如,在中世纪的英国,在两个相隔只有十几英里的城市,小麦的价格可以相差 40%。一个国家只有在形成统一的国内市场之后,才可能逐步形成统一的国内市场价格。当然,这并不意味着全国各地的价格完全相同,而是指全国各地通过国内市场的流通使各地的价格维持一种动态的平衡。

马克思和恩格斯指出,"美洲的发现,绕过非洲的航行,给新兴的资产阶级开辟了新的活动场所。东印度和中国的市场、美洲的殖民化、对殖民地的贸易、交换手段和一般商品的增加,使商业、航海业和工业空前高涨。"① 地理大发现为世界市场的产生和形成奠定了基础。欧洲航海事业的发展,使各个区域性的市场不断扩大范围,并使各个区域性的市场彼此联系起来。于是,亚洲、美洲国家的各种产品,非洲、大洋洲的许多商品,都开始到欧洲市场上了,而其他地方对欧洲国家的各种产品特别是工场手工业产品的需求也增加了,这导致国际贸易迅速增加,并开始形成了世界市场。欧洲各国为了争夺市场而展开激烈竞争,最终由大西洋沿岸的一些城市取代了原来地中海沿岸的一些城市,成为当时世界市场的中心。里斯本、安特为普、阿姆斯特丹、伦敦变成具有世界商业意义的大都市。与世界性贸易相适应的海上运输、银行、保险公司、交易所和股份公司相继出现。这时候在世界市场上交易的商品大多数是奢侈品,占支配地位的是商业资本,它对开拓市场和资本的原始积累起了很大的作用,并促使封建主义生产方式向资本主义生产方式过渡。我们把这一时期看做世界市场的萌芽期。

世界市场萌芽时期的主要特点是:世界市场上流通的商品是小生产者和工场手工业者所生产的产品,商品数量有限,工场手工业者生产的产品数量越来越多,在世界市场上商人资本占据主导地位。

二、世界市场的发展时期(18世纪60~70年代至19世纪60~70年代)

18世纪60年代在英国开始的工业革命标志着资本主义生产方式的胜利。此后,产业资本逐渐取代了商业资本的地位,开始在世界市场上占据统治地位。资本主义生产方式确立为占统治地位的生产方式后,世界市场迅速发展。这是由于:

第一,大机器工业需要一个不断扩大的市场。大机器工业只有在经常扩大生产、夺取新市场的条件下才能生存,因此,这种扩大再生产的压力驱使资产阶级超越已有的市场范围去寻找新市场。生产技术和工艺的发展与进步就意味着需要更大的市场来容纳这个新的生产力。事实表明,19世纪资本主义国家每一次新的工业快速增长,都是与国外新市场的开辟即世界市场的扩大同时发生的。

第二,大机器工业需要日益扩大的原料供应。大机器工业既需要不断扩大的世界销售市场,同时也需要不断扩大其原材料的供应来源。大机器工业是吸纳各种农产品和矿产品原料的巨大市场。英国等国工业革命以后,工业迅速增长,使它们越来越多地到世界市场特别是到殖民地、半殖民地购买大生产所需的原材料。这样,资本主义大机器工业把越来越多的生产原料卷入到世界市场上,使市

---

① 马克思、恩格斯:《共产党宣言》,人民出版社1964年版,第24~25页。

场交换的商品种类日益增多。

第三，大机器工业造就了诸多的国际销售中心。工业革命以后，工厂规模和数量的扩大使人口不断向城市集中，在发达资本主义国家形成了许多大工业中心城市。这些大工业中心城市不仅批量向国外输出工业品，而且城市所需的大量食品及其他消费品也已不可能单靠国内生产来供应，因而需要不断地从世界市场去采购输入。

第四，大机器工业带动了劳动力跨国流动，从而扩大了世界市场。社会生产力的快速增长，加快了人们对荒芜原野的开发，推动了世界人口的转移，扩大了世界劳动市场，加强了对人口稀少地区资源的开发。19世纪，国际间的移民运动有了极大的发展，数以百万计的欧洲移民到了北美、大洋洲及其他地方。中国、印度等国的大批劳动力也以各种形式移往世界各地。这种国际劳动力市场的发展，无疑也促进了世界各国之间的贸易规模不断扩大。

第五，大机器工业促进了交通运输业的发展。大机器工业为加强国内地区之间以及国际间的经常性经济联系所需的交通运输工具提供了物质技术基础。大工业需要把大量原材料及产品作远距离的运输。蒸汽机的发明和应用，推动了铁路的大发展；轮船取代了帆船；电报的发明极大地便利了世界市场各部分之间的联系。商品生产和交换越来越具有世界规模，世界各国之间的经济联系以及它们之间的相互依赖程度都加强了。

第六，大机器工业使黄金和白银的职能进一步增强。世界市场的扩大，使作为世界货币的黄金和白银的职能增强了。随着黄金和白银变成世界货币，商品世界价格的形成便成为可能；世界价格形成后，价值规律的作用扩展到世界市场。

世界市场发展时期的特点是：世界市场上的主导角色由商业资本转移到产业资本，世界市场上流通的商品已不是小生产者和工场手工业者所生产的产品，而是大机器生产的产品和工业所需的原料及粮食。

三、统一世界市场的形成时期（19世纪80年代至20世纪初）

这一时期垄断代替了自由竞争。第二次科技革命发生以后，资本输出加强，国际分工进一步发展，形成了统一的无所不包的世界市场。其形成的主要标志是：

1. 帝国主义列强已把世界瓜分完毕。20世纪初，全球任何一个国家或地区都已处在资本主义生产关系的支配之下。欧洲一些国家和美国在19世纪中期开始的新科技革命中迅速发展了自己的生产力，使它们的生产力水平开始接近最早实现工业化的英国。到19世纪末20世纪初，美国、德国的经济实力已超过英国。这些发达资本主义国家进入垄断阶段以后，加强了资本输出。为了保证本国产品的销售市场和原料产地，帝国主义纷纷掠夺殖民地，在全球划分势力范围。到 20 世纪初，世界上已没有哪个国家和地区可以脱离世界市场而进行经济活动了。

2. 多边贸易和多边支付体系形成。由于国际分工的发展和世界市场的出现，西欧大陆和北美一些经济发达国家从经济不发达国家购买越来越多的原料及食物，出现了大量的贸易逆差。与此同时，英国从西欧和北美一些新兴工业国输入的工业品持续增加，经常呈大量的逆差。但英国又是经济不发达国家工业品的主要供应国，呈现大量的顺差。这样，英国就用它对经济不发达国家的贸易顺差所取得的收入来支付它对其他经济发达国家的贸易逆差。而经济不发达国家又用对西欧大陆和北美的贸易顺差来弥补对英国的贸易逆差。英国此时成为多边支付体系的中心。

3. 国际金本位制度建立，世界货币形成。世界市场的发展与世界货币的发展是紧密联系在一起的。只有在世界市场充分发展以后，作为世界货币的黄金的职能才能充分地展开。这一时期建立的国际金本位制度是使世界多边贸易、多边支付体系充分发挥作用的货币制度。它一方面给世界上各种货币的价值提供了一个互相比较的尺度，并能使各国货币的比价保持稳定；另一方面国际金本位制度也给世界市场上各国的商品价格提供了一个互相比较的尺度，从而使各国同一种商品的价格保持一致，把各国的价格机制联系到一起。

4. 形成了比较完善的销售渠道。19 世纪末 20 世纪初，世界上已形成了比较健全、固定的销售渠道，这一时期大型的交易场所——商品交易所、国际拍卖市场、博览会形成了，商品的交易方式不断增多。国际拍卖市场、博览会把世界各地的客商及产品汇集到一起。这一切都使世界各地同类产品的价格有趋于一致的倾向，形成了许多产品的世界市场行情。这有利于航运、保险、银行及各种机构的健全，以及交通设施和运输工具的进一步完善。而且，人们通过长期实践，已在世界市场上大体形成了一整套有利于各国贸易往来的规则和惯例，保障了国际贸易的顺利进行。这一切都使世界市场的各个部分紧密结合在一起，各国的进出口贸易无不受到世界市场行情变化的影响。

5. 资本主义的各种经济规律制约着世界市场的发展。资本主义社会中各种固有的规律，诸如基本经济规律、经济发展不平衡规律、价值规律等，在世界市场上居于主导地位，制约着世界市场的发展。

统一世界市场形成时期的主要特点是：垄断资产阶级占据统治地位，世界市场的范围和容量不断扩大，许多殖民地、落后国家不仅被进一步卷入国际商品流通之中，而且被卷入资本主义大工业生产中，从而形成了统一的、无所不包的世界市场。

四、世界市场进一步扩大（二战后）

二战后，整个世界经济、政治形势发生了重大变化，世界市场也随之向纵深发展和扩大，并呈现如下特点。

1. 世界市场的类型更加多样化。

按照不同类型的国家划分，当代世界市场可分为发达资本主义国家市场、发展中国家或地区市场和社会主义国家市场。

按照不同地区划分，当代世界市场可分为欧洲市场、北美市场、亚洲市场、非洲市场和拉丁美洲市场等。这些地区性市场还可以进一步划分，如欧洲市场可分为西欧市场、北欧市场和东欧市场。

按照垄断与否和垄断程度划分，当代世界市场可分为垄断市场、半垄断市场、自由竞争市场和封闭市场等。

按照经济集团划分，当代世界市场可分为欧盟（欧共体）市场、北美自由贸易区市场、亚太经合组织市场等。

按照商品结构划分，当代世界市场可分为制成品市场、半制成品市场和初级产品市场。这些大类商品又可进一步细分，如制成品市场又可分为机械产品市场、纺织品市场等。

按照交易对象划分，当代世界市场又可分为商品、劳务交易市场和金融市场。金融市场又可分为货币市场、资本市场、证券市场以及外汇市场等。

总之，以上是按照不同标准和需要划分的市场。这些市场只能是局部性的世界市场，是当代世界市场的重要组成部分。各国或地区间往往通过特定类型的市场和交易方式在世界市场上发生经济贸易联系。

2. 世界市场上国际贸易商品结构发生了重大变化。

（1）工业制成品在国际贸易中所占的比重超过初级产品所占的比重。二战前，初级产品与工业制成品在世界贸易中所占的比重基本保持在60%以上与40%以下。二战后，工业制成品在世界贸易中所占的比重逐步上升，而初级产品所占的比重逐步下降。

（2）燃料在初级产品贸易中所占的比重急剧上升，二战后，在世界初级产品贸易中，燃料所占比重一直上升，从1955年的22.2%上升到1970年的27.6%，更进一步上升到1987年的39.9%。其中主要原因是二战后能源结构的变化和石油工业的发展、合成材料代替了天然原料以及1973年后石油价格急剧上升。

（3）在制成品贸易中，机械产品在各大类商品中增长最快，在世界出口贸易中所占的比重不断提高。造成这种现象的主要原因有：二战后在世界工业结构中，石化工业和金属制成品工业的重要性加大；中间性机械产品在国际贸易中的增加；新机械产品的大量出现；居民对耐用消费品的需求增加等。

（4）服务贸易发展迅速。二战后，由于世界经济特别是发达国家第三产业的兴起，以及各种生产要素在国际间流动的加强，使服务在世界范围内正经历着国际化和互相渗透、互相依赖的过程。这些无疑导致了世界服务贸易的迅速发展。

3. 世界市场上国际贸易的方式更加灵活和多样化。

（1）国际贸易的方式更加灵活和多样化，在原有贸易方式的基础上，又出现了许多新的贸易方式，如补偿贸易、对外加工装配贸易以及现代租赁贸易等。

（2）以现代科学技术和多边国际经济合作为基础的各国间的经贸联系在当代世界市场上得到广泛的加强。二战后的第三次科技革命以来，科学技术日新月异。随着科技的进步以及国际分工的深化与发展，现代化大生产要求资金、技术、劳务和知识产权进行国际间的联合，共同开发某种市场。这就迫使发达国家相互间在投资、科研等方面进行国际经济技术合作。发展中国家和社会主义国家也积极参加各种形式的国际经济技术合作，从而使国际经济技术合作这种高层次的国际经贸往来得到发展。

4. 资本主义的各种经济规律在当代世界市场上仍发挥着重要作用。

（1）当代世界市场具有自发性和不稳定性。世界市场的产生和发展是随着资本主义生产方式的产生和发展而自发地发展起来的，资本主义所固有的各种经济规律自发地在世界市场上起着重要作用。社会主义国家的建立和殖民地国家在政治上的独立，在一定范围内和一定程度上削弱了主要资本主义国家在世界市场上的作用与影响，资本主义各种经济规律在特定条件下也受到某种程度的制约。但是，发达资本主义国家仍在世界市场上起主导作用，资本主义经济规律仍在自发地影响着世界市场的发展和变化。

世界市场的不稳定性主要是由于资本主义发展不平衡和竞争等经济规律作用的结果，其主要表现为：国际贸易额增长的不稳定性；各类商品贸易额增长的不稳定性；各类商品价格的不稳定性；各国在世界市场上所处地位的不稳定性。

（2）当代世界市场的垄断和竞争更加激烈。资本主义发展到帝国主义阶段，垄断代替自由竞争而居于统治地位，世界市场便成为主要资本主义国家垄断组织统治和竞争的场所。垄断不但没有消除竞争，反而使竞争更加激烈，并出现了许多新的变化，其主要表现为：竞争的对象进一步扩大（如发达国家与发达国家、发达国家与发展中国家等）；竞争的内容更加多样化（如新产品不断涌入、跨行业经营等）；竞争的方式更加复杂（如价格竞争、非价格竞争等）；竞争的组织垄断化。

5. 世界市场中的"自由市场"缩小，"封闭市场"扩大。由于垄断的加强和跨国公司的大量出现,以及经济贸易集团的不断组成,在世界市场上,通过"自由市场"进行的贸易相对减少,而通过"封闭市场"所进行的贸易日益扩大。其主要原因是:(1)经济贸易集团内部贸易量不断增大;(2)跨国公司内部贸易在各国出口贸易和世界贸易中所占的比重不断增大;(3)在国际市场大宗交易中,长期合同逐渐代替传统的、短期的商业性合同。

第二节 世界市场的构成及其交易方式

一、世界市场的构成

(一)有固定组织形式的世界市场

1. 商品交易所。商品交易所是世界市场上进行大宗商品交易的一种特殊场所,是一种有组织的商品市场。这种交易市场于17世纪最早出现在荷兰的阿姆斯特丹(粮食交易所),后来随着资本主义方式的确立和国际分工的深化得到了长足的发展。商品交易所的交易一般具有以下特点。

(1)商品交易所是一种有组织的市场。它是在指定的固定地点、规定的时间内(一般是每天上午、下午各营业一次),按照规定的方式,由特定的交易人员进行的大宗商品交易市场。在交易所中进行商品买卖,必须严格遵守交易所的规章制度,其一般方法是在大厅里口头喊价公开交易。能够进场进行买卖交易活动的,应是交易所的会员。会员除自己进行商品交易外,往往还充当经纪人,替非会员进场交易,以获得佣金收入。

(2)商品交易所交易的商品一般是可标准化的初级产品。在商品交易所进行交易的商品,往往具有同质性,即特征一样、质量相同,如有色金属、谷物、纺织原料、食品、油料、橡胶等。目前主要通过交易所进行交易的商品大约有50多种,占世界商品流通额的15%~20%。

目前,随着国际生产专业化的提高,交易所的交易也日趋专业化,每类主要商品都有着自己专门的交易中心。例如,谷物的交易中心为芝加哥、伦敦、利物浦、温尼伯、鹿特丹、安特卫普、米兰;有色金属的交易中心为纽约、伦敦、新加坡;天然橡胶的交易中心为新加坡、伦敦、纽约、吉隆坡;棉花的交易中心为纽约、新奥尔良、芝加哥、利物浦、亚历山大、圣保罗、孟买;生丝的交易中心为横滨、神户等。

（3）商品交易所除进行实物交易外，绝大部分是期货交易。实物交易可以是现货交易，也可以是未来交货，其特点是进行实际商品的买卖活动，合同的执行是以卖方交货、买方收货付款来进行的。期货交易是一种按照期货合同达成交易后远期进行交割（执行）的交易。这种交易，合同的执行可以是交付实物，但更多的情况却是一种买空卖空的投机性业务，或套期保值业务。目前，商品交易所进行的交易中约80%是期货交易。

2. 拍卖行。拍卖至今已有几百年的历史，它是一种在规定的时间和场所，按照一定的规章和程序，通过公开叫价竞购，把事先经买主看过的货物逐批或逐件地卖给出价最高者的交易过程。拍卖行就是从事这种交易的市场。在拍卖行进行交易具有以下特点。

（1）拍卖行是一种有组织的市场。拍卖业务不是由买卖双方洽谈进行的，而是由经营拍卖业务的专门组织——拍卖行按照一定的规章和程序进行的。拍卖行设有专门的拍卖场所、专业人员和设备。因此，买卖双方在参加拍卖交易前，需事先了解并掌握拍卖行的有关章程和规定。

拍卖是根据拍卖行公告的时间和地点进行的。不仅成交的时间短，而且往往交易的数量大，可吸引来自世界各地的买主和卖主，成为具有国际影响的交易方式之一。

（2）拍卖行交易的商品较为特殊，一般难以标准化。以拍卖方式进入国际市场的商品，大多数为品质不易标准化、易腐烂不耐储存、生产厂家众多、产地分散或需要经过较多环节才能逐渐集中到中心市场上进行交易的商品，如羊毛、鬃毛、毛皮、茶叶、烟草、蔬菜、水果、鱼类、古玩工艺品、地毯以及石油、黄金等。一些国家的政府在处理库存物资或海关及其他机构处理罚没货物时也采用这种交易方式。

目前，主要通过拍卖成交的商品一般有固定的拍卖地。例如，羊毛的国际拍卖地为伦敦、利物浦、开普敦、墨尔本、悉尼等；毛皮的国际拍卖地为纽约、伦敦、蒙特利尔、哥本哈根、奥斯陆、斯德哥尔摩等；茶叶的国际拍卖地为伦敦、加尔各答、科伦坡等；烟草的国际拍卖地为纽约、阿姆斯特丹、不来梅、卢萨卡等。

（3）拍卖是一种看货成交的现货买卖。拍卖属单批、实物的现货交易，具有当场公开竞购、一次确定成交的性质。拍卖物须事先运至拍卖地，并由参加竞购者验看，拍卖后卖方或拍卖举办人对货物的品质一般不负赔偿责任。拍卖对于买主的要求较高，买方必须对货物有关情况进行调研，做到心中有数，否则容易吃亏。按质论价、优质优价的特点在拍卖中表现得尤为突出，故对卖方较为有利。此外，拍卖所需费用一般较其他交易的费用高。

3. 博览会（国际集市）、展览会。博览会是一种定期地在同一地点、在规定的期限内举办的有众多国家和厂商参加展、销结合的国际市场。举办博览会的目的是，使参加者展示科技成就、商品样品，以便进行宣传，发展业务联系，促成贸易。博览会（国际集市）这种交易市场起源于欧洲中世纪。最初只是在重大节日期间举行，后来逐渐发展成为一种定期定点的展销市场。莱比锡和米兰的博览会均已具有几百年的历史了。展览会一般是不定期举办的，它与博览会的区别在于只展不销，通过展览会促成会后的交易。目前，西方主要国家的贸易部或商务部一般都设有专门机构负责组织筹办博览会和展销会。美国每年举办的这种活动达数千次之多。

从商品和举办范围来看，博览会和展览会大致可分为以下七种：

（1）样品国际博览会。这是一种看样成交的集市。举办博览会时，参加国、厂商以及参展样品、技术很多，规模亦较大。国际上较大的莱比锡博览会、里昂博览会的正式名称就是样品集市（sample fair）。

（2）综合性国际博览会。这是一种有许多国家和厂商参加的，包括工、农、林、牧、服务业等各方面产品的国际集市，通常规模很大。米兰国际博览会即属于这种博览会。

（3）消费品国际博览会。这类博览会以日常或耐用消费品以及工艺装饰品为展销内容，除面向世界各国的庞大的博览会外，也有面向国内消费者的展览会。如原联邦德国的家庭用品集市、英国的理想家庭博览会等。

（4）主要工业部门产品国际博览会。这类博览会一般规模较大，是各种新技术、新产品荟萃展销的市场。如每年在世界各地举办的航空航天、电子、自动化设备、汽车等博览会都属于这种博览会。

（5）一般工业部门产品展销会和集市。这类博览会规模可大可小，展品多属一般劳动密集型产业的产品，如照相用品、玩具、衣帽鞋类的展销会和集市等。

（6）国别展览、展销会。这是指一个国家在另一个国家中举办的综合性展览会或各类产品、各行业的展销会。

（7）独家公司展览、展销会。这是指大企业专门为本企业的产品举办的展览、展销会。

目前，国际博览会、展销会的发展趋势是专业化程度不断提高，反映时代发展的高、精、尖产品和设备所占的比重加大。世界上有一定影响的博览会、展览会多在以下地点举办：汉诺威、莱茵、法兰克福、巴黎、里昂、波尔多、维也纳、布鲁塞尔、哥德堡、帕多瓦、米兰、乌得勒支、东京、温哥华、巴塞罗那、大马士革、莱比锡、萨格勒布、波兹南等。

（二）没有固定组织形式的世界市场

除了有固定组织形式的国际商品市场外，通过其他方式进行的国际商品交易都可以纳入没有固定组织形式的国际商品市场。这种市场大致上可以分为两大类：一类是单纯的商品购销；另一类则是与其他因素结合的商品购销形式，如三来一补、投标招标、易货贸易、租赁贸易等。

二、世界市场上商品的交易方式

世界市场上根据交易双方的标的和支付能力等情况的不同，形成了不同的交易方式，主要有以下十种。

1. 单纯的商品购销。单纯的商品购销是指交易双方不通过固定市场而进行的商品买卖活动，它是通过独立洽商而进行的。这种交易通常包括如下环节：买卖双方自由选择成交对象，对商品的品质、规格、数量、价格、支付、商检、装运、保险、索赔、仲裁等方面都要进行谈判，在相互意见一致的基础上签订合同成交。单纯的购销形式是世界上最基本、最普遍的国际商品交换方式。

2. 包销。包销是指卖方在指定的地区范围和期限，把指定的商品出售给指定的买方。

包销的主要特点是：（1）售定性质。包销方式下，交易双方之间的关系是本人之间的买卖关系，而不是本人与代理之间的代销关系。双方对销售的产品，在确定价格后，各自承担市场价格涨落和经营中的各种风险。（2）独家销售权利。包销方式的卖方享有在一定期限内在指定地区内的独家销售权利。（3）签订包销协议。包销协议的主要条款包括商品种类、包销地区、包销期限、专营权、最低购买数量、购买金额及价格等。

采用包销方式，有利于调动包销商经营的积极性，有利于利用包销商的销售渠道达到巩固、开拓和扩大市场的目的，并可减少多头经营产生的自相竞争的弊病。但是，如果出口商不能适当地采用包销方式，可能会出现被包销商控制价格和市场的风险，反而影响了出口。

3. 代理。世界市场上的代理一般是指货主在进口当地市场指定代理人，在一定的地区范围和一定期限内，积极推销货主指定的商品。双方不是买卖关系，而是委托人与被委托人的关系。销售代理是委托人授权代理者代表他向第三者招揽生意、签订合同或办理与交易有关的各项事宜，由此而产生的权利与义务直接对委托人发生效力。因双方不是买卖关系，故代理商不垫付资金、不承担风险和不负责盈亏，只获取代理佣金。

与包销相比，代理的主要特点是：（1）代理人只能在委托人的授权范围内代表委托人从事商业活动。（2）代理人一般不以自己的名义与第三者签订合同。（3）代理人通常是运用委托人的资金从事业务活动。（4）代理人不管交易的盈亏，只收取佣金。（5）代理人只是在中间介绍生意、招揽订单，并不承担履行合同的责任。

4. 寄售。寄售是指货主为开拓国际市场，先把货物运往国外市场，委托指定商号代销其货物，在货物售出后才收回货款，并支付代销商代垫费用和佣金。寄售人与代销人之间的关系以及各方的权利与义务由双方签订的寄售合同建立。

寄售方式的特点主要包括：（1）代销性质。寄售的关系并非买卖关系，而属于代销关系，是一种委托与被委托的关系。（2）货物所有权仍属于货主。在寄售方式下，虽然货主把货物运交给国外指定商号，但货物的所有权和风险并未转移，仍属于货主。一方面，代销人不能侵犯货主的所有权；另一方面，货物发生的风险，除非因代销人的过失而造成，否则仍由货主承担。（3）先出后结。委托人根据寄售合同，先把货物运往国外市场的寄售商号，待货物售出后，代销人扣除费用和佣金，再把售出货款汇给货主。

5. 拍卖。拍卖是指专门从事拍卖的机构——拍卖行在一定的时间和地点，按照一定的章程和规则，以公开叫价竞购或"密封递价"的办法，把现货售给出价最高的买者的一种贸易方式。

（1）拍卖的程序。拍卖交易的过程大约可以划分成以下三个阶段：第一，拍卖的准备阶段。卖方按拍卖举办人的要求，将拍卖物运到指定的仓库，拍卖举办人对拍卖物进行分类、分级、分批（件），以备逐批（件）拍卖。拍卖举办人将货物情况印成目录，列明商品的种类、各批的批号和件数、拍卖的次序以及详细的拍卖条件，在举行拍卖前的10天左右送交竞购者。买方得到目录后，持目录到仓库听取商品介绍、抽检、验看拍卖物。第二，拍卖的成交阶段。在规定的日期和指定地点，拍卖举办人举行拍卖活动，按照拍卖目录的次序逐批（件）对货物进行拍卖。第三，交货阶段。拍卖成交后，买方应开立认购书或正式签订合同，并交付部分货款。一般要求买方在成交数日内按照仓库交货的条件、限期在指定仓库凭提货单或栈单提货并付清其余货款。

（2）拍卖的方法。在拍卖时，可采用各种方法成交，其中，较为常见的有三种方法。第一，增价拍卖。增价拍卖是一种最常见的叫价方法。即先喊出最低价格，然后逐渐提高喊价而成交。具体又可分为买方叫价和卖方叫价两种。买方叫价又称为有声拍卖，由拍卖人在拍卖时宣布最低价格后，由竞买者根据拍卖条件所规定的加码额度竞相加价，直至竞买者都不愿意再加价时，拍卖人即把商品卖给出价最高的买主。卖方叫价又称无声拍卖，它是由拍卖人逐渐提高喊价，竞买者可以用各种约定的姿态表示接受。第二，减价拍卖。减价拍卖又称荷兰式拍卖。这种拍卖是先由拍卖人喊出最高价，然后再喊出逐渐降低的价格，直到有人购买为止。第三，密封递价拍卖。密封递价拍卖又称投标式拍卖。即在规定时间内，买主把密封标单寄交拍卖人，向拍卖人递价，由拍卖人选择其中出价最高的买主达成交易。这种方式已失去了公开竞买的性质。竞买人能否买到货物，除了决定于价格因素外，还要取决于其他因素。目前，有些国际拍卖，例如阿姆斯特丹的皮毛、烟草的拍卖就习惯采用这种方法。此外，各国政府在处理库存物资或海关处理货物时，也多采用此种方法。

6. 招标与投标。招标是招标人按事先规定的条件公开征求应征人，选择最优者成交；投标是投标人根据招标人提出的要求，提出自己相应的价格和条件，通过竞争，争取被招标者选中成交。招标与投标是一种贸易方式的两个方面。在国际市场上，一些国家（尤其是发展中国家）的政府机构、公用事业单位的采购和工程以及国际经济组织的援建项目，大多通过招标与投标确定承包人。

（1）招标、投标业务的程序。招标、投标业务的基本程序包括招标、投标和开标三个环节。首先，招标人在政府公报或有关报纸、刊物上发表招标公告（有时是直接通知有关公司企业），说明所要购买的货物或建设的项目。有投标意向的企业可以向招标人索要招标文件。投标人填好标书等文件后，采用密封递价办法，在规定的投标截止期前寄交招标人或其代理。开标有公开和非公开两种办法。公开开标是指投标人监督开标。非公开开标是指招标人在没有投标人参加的情况下，自行选择中标人，这时决定中标的因素就不完全取决于经济因素。如果开标后招标人对所有投标人的条件都不满意，可以全部拒绝，宣布招标失败，另行重新招标。招标人确定了中标人之后，需要向对方发出采购意向书，然后正式签订合同，中标人也要交纳约为合同金额 10% 的履约保证金。

（2）招标、投标业务的种类。目前，国际上采用的招标、投标业务方式主要有三种：第一，国际竞争性招标。它是指招标人邀请几个乃至几十个投标人参加投标，通过多数投标人竞争，选择其中对招标人最有利的投标人达成交易，它属于竞卖的方式。这种国际竞争性招标又分公开招标和选择性招标两种。第二，谈判招标。谈判招标又叫议标，它是非公开的、非竞争性的招标。这种招标由招标人物色几家客商直接进行谈判，谈判成功，交易便达成。它不属于严格意义上的招标方式。第三，两段招标。两段招标是指无限竞争招标和有限竞争招标的综合方式，采用此类方式时，先用公开招标，再用选择性招标，分两段进行。

7. 期货交易。期货交易是一种以交易所制定的标准合同作为中介的以后交货的交易。标准合同是各个交易所自行制定的，对各种交易条件、品质增减办法、数量、包装等做出了规定。因此，买卖双方在交易时只需确定价格、交货期以及合同的批数。

期货交易主要分为两大类：一类是以转移价格风险为目的的套期保值业务；另一类是以盈利为目的的投机性业务。

套期保值又称"海琴"交易。这种业务的做法是在现货市场和期货市场上同时进行两个等量但相反的买卖,即在买入或卖出现货的同时,在商品交易所卖出或买入同等数量的期货,经过一段时间后,当商品价格上下波动时,在现货买卖中出现盈亏,可由期货买卖中出现的盈亏进行冲抵,这可以保证价格水平,避免价格风险。

例如,某企业在2月份签订了出售豆油的合同,6月份交货。该企业从现货市场上购进大豆20万吨,每吨为169.50英镑。该企业担心在4个月后交货时由于大豆价格下跌而受到损失,因此,在买进现货的同时,又在商品交易所卖出大豆的期货20万吨。每吨为168.50英镑。6月份交货时,大豆价格果然下跌,现货价格降至每吨165.50英镑,期货价格降至每吨164.50英镑。这时该企业在现货交易上的损失可由期货交易上的盈利抵偿。在上述例子中,如果大豆价格上涨,现货价格涨至每吨175.50英镑,期货价格涨至每吨174.50英镑时,则该企业在现货市场上的盈利就会被期货市场上的亏损所抵消。

可见,从事套期保值业务并非是为了盈利,而是为了避免风险。因此,这项业务多为生产经营企业所从事。

投机业务是指投机者利用商品交易所期货价格波动进行的买空卖空活动。与套期保值业务不同,投机者一般不做现货交易而只做期货交易,他们愿意承担价格波动的风险,力争在价格波动中获得利益。

8. 补偿贸易。补偿贸易一般是指一方在信贷的基础上从国外另一方买进机器、设备、技术、原材料或劳务,约定在一定期限内用其生产的产品、其他商品或劳务分期清偿货款的一种贸易方式。

(1) 补偿贸易的特点。补偿贸易是在第二次世界大战后逐渐发展起来的一种新的贸易方式,其主要特点如下:

第一,补偿贸易与信贷相结合。一方购进机器、设备等商品,是在对方或由银行提供信贷的基础上进行的。

第二,补偿贸易与生产相结合。补偿贸易在大多数情况下交换的商品是利用其进口的机器设备制造出来的产品,因此,补偿贸易能否顺利进行,与该项工程项目能否及时投产、产品的质量和数量能否达到一定标准有密切关系。设备出口方对所供应的设备、技术等也往往承担供应零件和培训人员及其他技术协助,以保证生产的顺利进行。

第三,补偿贸易当事的双方是买卖关系。机器、设备、技术等的进口方不仅承担支付义务,而且承担付息的责任。

(2) 补偿贸易的类型。补偿贸易依据做法不同可分为三种主要类型。

第一,返销,或称回购,即由设备的进口方利用对方提供的设备或技术生产产品,并用产品分期偿还设备或技术的价款。

第二,互购,指设备等的进口方支付所购商品的货款不是用该设备直接生产的产品,而是用双方商定的其他产品或劳务来偿还。

第三,综合补偿。综合补偿有多种做法,例如,设备等的进口方偿付货款,一部分用设备等直接生产的产品,另一部分用其他产品或劳务偿还;进口设备的货款中,部分用商品补偿,部分用现汇支付;有第三方参与,负责接受、销售补偿产品或提供补偿产品等。

(3) 补偿贸易的利弊。补偿贸易的主要优点是,能够利用外国的资金和设备引进一些适宜的先进技术,一定程度上可以通过对方的销售渠道使本国产品进入国际市场。另外,由于是以销定产,所以有利于企业内部机制的转换,使企业更好地适应国内外竞争。

但补偿贸易引进的往往并非是最先进的技术,引进的项目比较难以与本地区经济社会发展计划协调。返销商品如果是市场上竞争激烈或需占用借方出口额度的,双方比较难以达成协议。

9. 加工贸易。加工贸易是以加工为特征的再出口业务。即从国外进口或接受一些本国不能生产或生产有限的原料、辅料或零件等,加工装配成适合外销的成品后再出口。

当前,国际上采用加工贸易的形式很多,在我国进出口业务中常见的有以下三种:

(1) 进料加工。进料加工又叫"以进养出",是指进口原料后经加工成成品再出口。例如,进口原料,加工成精糖或方糖后出口;进口棉花,加工成纺织品后出口等。

(2) 来料加工。来料加工通常是指加工方接受外商提供的原料、辅料和包装材料,按外商要求的质量、规格、款式进行加工生产。然后,把成品交给对方,收取加工费。有的是全部由对方来料;有的是一部分由对方来料,另一部分由加工方采用本国原料和辅料。这种部分来料的做法又叫"带料加工"。

(3) 装配加工。这是指由一方提供装配所需设备、技术和有关的原料,元件或零件,由另一方装配成成品后交货。

进料加工与来料加工和装配加工主要有以下两点区别:第一,进料加工是由加工方自进原料,自行安排加工和出口,自负盈亏;而来料加工和装配加工则是由外商供应原料、辅料或元件及零件,按双方规定的花色品种、数量加工,在约定的时间交货,收取加工费。第二,进料加工的原料进口和成品出口没有必然联系,是两笔买卖;而来料加工和装配业务的原料、元件或零件与成品出口则往往是一笔买卖或是两笔密切相关的买卖。原料、元件或零件的供应人往往是成品的承受人或包销人。

10. 租赁贸易。租赁是指出租人把某种商品出租给承租人在一定期限内使用，并收取租金。这是一种把商品的购销与一定时间内出让使用权相结合的贸易方式。

租赁贸易产生的时间比较早，但现代国际租赁业务则出现在二战后。1952年，世界上第一家专业性的租赁公司——美国租赁公司在旧金山开业，开创了租赁贸易的新纪元，20世纪60年代以后逐渐遍及欧洲、亚洲，是近年来国际贸易中一种日益兴盛的贸易方式。我国于1981年正式成立了中国租赁公司并积极开展国际租赁业务。

（1）租赁业务的特点。租赁业务主要有以下四个特点：第一，出租的商品主要是一些价格昂贵的大型机器设备，如成套设备、电子计算机、石油勘探设备、起重运输设备、飞机、轮船等大型运输工具。第二，租赁商品的期限比较灵活，根据双方协商可长可短，一般为3～5年，长的可达10年或20年不等。第三，在租赁期内，出租人只对商品始终保留所有权，承租人只对商品享有占有权和使用权。第四，租期满后，承租人有权在退租、续租或留购三种中任意选择。

（2）租赁贸易的方式。国际租赁业务的方式主要有融资和经营租赁两种。

融资租赁又称金融性租赁、资本性租赁、完全支付租赁等，是国际租赁业务中使用最多和最基本的方式。这种租赁方式是指由承租人自行向制造厂商或其他供货人选定需要的设备，确定其品种、规格、型号，谈妥价格和交货条件，然后同出租人签订租赁合约，由租赁公司向制造厂商按其与承租人洽谈好的条件签订购货合同，订购设备，出租人再根据租赁合约的规定，把设备租给承租人使用的一种方法。

融资租赁方式的优点在于：第一，承租人可以根据需要和意图选择最适合于自己使用的生产设备或物品。第二，承租人相当于从出租人那里获得信贷，包括企业所需设备的全部资金，而且偿还期限较长，还可以解决企业在筹建或扩大生产中资金不足的困难。第三，租赁期满后，租赁设备的去留可以由承租方自由选择，承租人的自主性较大。

经营性租赁，也称服务性租赁或非完全支付租赁。这种租赁方式通常适用于一些需要通过专门技术进行保养或技术更新较快的设备租赁。在经营性租赁业务中，租赁公司负责设备的所有维修、保养、管理等技术服务，还要承担因设备产生的各种风险。因此，经营性租赁的租金通常比融资性租赁高得多。经营性租赁的设备一般为泛用商品，如电脑、汽车、海轮等。

经营性租赁的优点在于：由于租用期相对较短，还可以中途解约，使承租人能够敢于对新的技术设备进行尝试性使用，也使承租人便于设备更新，经常使用最新的技术设备。

第三节　世界市场价格

一、国别价值与国际价值

1. 商品国际价值形成的基础。商品的国际价值是在国别价值的基础上形成的。任何国家所生产商品价值的内容，都是由抽象的社会劳动所决定的。当资本主义破坏了分散的自然经济，并把地方市场结合成全国市场，随后又结合成世界市场之后，社会劳动便获得全面的发展，它不仅是作为个别国家的劳动，而且作为世界上一切国家的劳动。当商品交换变成世界性交换的时候，社会劳动便具有普遍的国际性质。

2. 国别价值和国际价值的比较。商品的国别价值和国际价值作为一般人类劳动的凝结物，在本质上是完全相同的，但两者在以下方面存在差异：

（1）两者在量上不同。国别价值量是由该国生产该商品的社会必要劳动时间所决定的，而国际价值量是由世界劳动的平均单位决定的。在世界市场上，这个平均的劳动单位就是在世界经济的一般条件下生产某种商品时所需的特殊的社会必要劳动时间。

（2）两者在表现形式上不同。商品的国别价值是以该国货币表示的。而在世界市场上，商品普遍地展开它们的价值，因此，商品的国际价值形态直接以世界货币表示。

（3）影响因素不同。从影响国别价值量的主要因素来看，各国在同一时间里生产的国际价值量是不相等的，它源于各国经济发展程度的不同。由于各国经济发展水平的差异，有些国家的国民平均劳动强度和平均劳动生产率高于国际水准，有些则低于国际水准。从影响国际价值量变化的主要因素来看，主要源于以下四个方面：第一，国际分工与世界市场联系的广度和深度。在广阔的资本主义世界市场的形成、国际贸易的巨大发展的前提下，形成了世界性的国际价值。二战后，随着国际分工广度和深度的发展，世界市场的日益扩大，各国的国民价值更多地体现为国际价值。第二，国际价值量与劳动生产率。国际价值量随着国际社会必要劳动时间的变化而变动；国际社会必要劳动时间随着世界各国社会必要劳动时间的变化而变化。而生产商品的社会必要劳动时间的变化，是由劳动生产率的变化决定的。第三，国际价值量与劳动强度。国际价值量还受各国劳动强度的影响。劳动强度是指劳动的紧张程度，也就是指在同一时间内劳动力消耗的程度。单位时间消耗的劳动多，劳动强度就大；反之，则小。第四，国际价值量与贸易参加国的贸易量。国际社会必要劳动时间的形成与参加国际贸易国家的贸易量有着密切关系：如果绝大多数国际贸易商品是在大致相同的正常的各个国家的社会必要劳动时间下生产出来的，则国际社会必要劳动时间就是该商品各个国家的社会必要劳动时间，在这种情况下，商品国别价值基本上是一致的；假定投到国际市场上的该商品的总量仍旧不变，然而在较坏条件下生产的商品的国别价值，不能由较好条件下生产的商品的国别价值来平衡，导致在比较坏的条件下生产的那部分商品，无论同中间生产条件大生产的商品相比，还是同较好条件下生产的商品相比，都构成一个相当大的量。那么，国际价值就由在较坏条件下生产而出口的大量商品来调节；假定在高于中等条件下生产的商品的出口量，大大超过在较坏条件下生产的商品的出口量，甚至同中等条件下生产的商品的出口量相比也构成一个相当大的量，那么，国际价值就由在最好条件下生产的那部分商品来调节。

二、国际价值是世界市场价格变动的基础和中心

1. 国际生产价格是国际价值的转化形态。世界市场价格是商品国际价值的货币表现，商品的国际价值是世界市场价格变动的基础和中心。但是，在资本主义世界市场上，国际商品的交换不是按照国际价值而是按照国际生产价格来进行的。因为，随着资本主义的发展和资本主义国内市场的形成，利润转化为平均利润，商品价值转化为生产价格。在以各国市场组成的世界市场上，随着商品国别价值向国际价值的转化，世界市场上商品的交换不是以国际价值而是以各国平均生产价格的国际生产价格进行交换，商品的国际生产价格成为世界市场价格变动的基础和中心。

2. 世界市场价格围绕着国际生产价格上下波动。商品的国际生产价格是世界市场价格变动的基础和中心，价值规律要求在世界市场上商品交换依据商品的价值进行。但这并不是说，在每一次商品交换时，世界市场价格都是与国际生产价格相一致的。因为，商品的价格虽然以价值为基础，但在资本主义制度下，竞争和生产无政府状态的规律在起作用，商品的供给和需求经常是不平衡的，因而使世界市场价格经常高于或低于国际生产价格。当商品的供给超过需求时，世界市场价格会低于国际生产价格；反之，当商品的需求超过供给时，世界市场价格就可能上涨到国际生产价格以上。但是，价格本身的变动又会反过来影响供给和需求的变化，使它们逐渐趋于平衡，从而使世界市场价格接近国际生产价格。当

某种商品供不应求时，引起世界市场价格上涨，许多国家的商品的生产者被较高的利润所吸引，就会增加这一商品的生产，于是该商品的供给逐渐增加，从而使世界市场价格由上涨转为下落；相反，当某种商品供过于求时，引起世界市场价格下落，许多国家的商品生产者因无利可图或利润较少，就会减少这一商品的生产，从而使世界市场价格进一步下降最终转为回升。马克思深刻地指出：如果你们不是只考察每天的变动，而是分析较长时期里的市场价格的运动……那么一切种类的商品，平均说来总是按它们各自的价值，即它们的自然价格出售的。在世界市场上，商品的价格时而高于国际生产价格，时而低于国际生产价格，但不能长久地过分地背离国际生产价格。垄断价格的出现没有也不可能使世界市场价格长久地背离国际生产价格。

可见，世界市场价格是围绕着国际生产价格上下波动的。但是，商品的世界市场价格是由世界市场上商品的供求关系决定的。影响世界市场上商品供求关系的主要因素有以下五方面。

（1）垄断。资本主义垄断组织为了获取最大限度的利润，采取各种办法控制世界市场价格。这些办法主要有：第一，直接的方法。如瓜分销售市场；降低商品价格，使竞争者破产，然后夺取这些市场并规定这些商品的垄断价格；用夺取原料产地的方法垄断原料市场，开采原料并按垄断价格出售原料；获取国家订货，并按垄断价格出售这些商品；直接调整价格，即规定一定的价格，低于这一价格便不出售商品；跨国公司内部采用调拨价格，公司内相互约定采购商品和劳务时所规定的价格。第二，间接的方法。如限制商品的生产额和出口额；限制开采矿产和阻碍新工厂的建立；在市场上收买"过多"商品并出口"剩余"产品。

（2）经济周期。马克思指出，资本主义的生产经过一定的周期性和循环——"沉寂状态，逐渐活跃，繁荣，生产过剩，崩溃，停滞，沉寂状态等等"，世界市场价格和市场利润都随着这些阶段而变化，有时低于自己的平均水平，有时高于自己的平均水平。

（3）各国政府采取的政策和措施。二战后，各国采取许多经济、贸易政策和措施，如支持价格政策、出口补贴、进出口管制、外汇政策、税收政策、战略物资收购及抛售政策等，它们对世界市场价格的影响较大。

（4）商品的质量与包装。一般而言，在世界市场上，都是按质论价，优质高价，次质低价。但是，如果没有良好的包装装潢，按质论价也会受到影响。因此，质量与包装都是影响世界市场价格的重要因素。

（5）商品销售中的各种因素。这些因素包括：付款条件、运输条件、销售季节、使用的货币、成交数量、客户爱好、地理位置、广告宣传效果、服务质量等。此外，自然灾害、政治动乱、投机等因素也应考虑在内。

三、国际贸易商品的价格构成

国际贸易中的商品价格比国内贸易中的商品价格的构成因素复杂得多。在实际业务中,国际价格常常是通过一些价格术语,如 FOB 价格、CIF 价格等,作为交易中的价格条件来表示商品的价格构成和费用负担。使用不同的价格术语,其涉及的费用支出是不同的,因而商品价格构成的因素也就有所不同。但从总体上来说,任何一种商品的价格都是由一些基本因素构成的,研究这些基本因素,就可以掌握任何一种价格条件下的商品价格。现以 CIF 价格为例,价格的基本因素通常包括购货成本、出口费用、国外费用和预期利润等四大类。

1. 购货成本。购货成本是指进口商在购买出口商品时支付的货款及因购货而付出的附加费用等。例如,进口商向生产企业购进货物时,如果从生产企业至出口商指定仓库的货物运费由生产企业负担,则该运费包括在货物的成本价格之内;如果这笔运费由出口商自行负责,则运费被视为购货的附加费用,包括在购货成本之中。购货成本还包括为购进货物而支出的各种其他费用,如差旅费、电话费、电传费等。

2. 出口费用。出口费用是指出口商在购进货物之后到把货物运离出口口岸之前所支出的费用。这种费用的项目较多,主要包括以下一些内容:第一,仓储处理费,指商品出口前在仓储中进行的整理、挑选、库内搬运和管理费用等。第二,包装费用,指出口商品的包装材料袋、打包费、包装修补费与包装改换费以及刷唛头费用等的统称。第三,国内运杂费,指把货物从仓库运至出口码头(或机场)所需的费用。第四,商品检验保证费用,包括商品检验费、质量检验费、领取签证费、原产地证明书费、公证费等各项费用。第五,装货费用,指把出口商品装上船舶、飞机所需的费用。第六,出口捐税,如码头捐等。第七,管理费用,包括商品出口所需要的邮电费、广告费、差旅费、样品宣传费、银行押汇手续费及水电费等。第八,购货利息,指出口商从支付货款收购商品时起到收回出口货款时止的银行贷款利息负担。第九,预计损耗,指出口商品在仓储或运输期间可能发生的自然损失,这些损失都要预先估算,留有余地。第十,职工的工资及福利费用开支等。

上述各项费用都是在商品出口前可能支出的费用,但并非每一笔交易都需要全部支出,而是根据每笔交易的具体情况相应增减费用支出项目。这笔费用在我国的外贸部门通常叫做"商品流通费"。

3. 国外费用。国外费用是指出口商品从装运港到国外的交货目的地之间所支出的费用。主要包括海洋运输、陆路运输、航空运输及多式联运等的运输费用和保险费用。此外，还包括中间商的佣金和买主的折扣费用等。

4. 预期利润。预期利润是指出口商制定价格时在上述三项费用之外另加的利润。预期利润的高低取决于国际市场行情、商品的数量及品种、与买方的关系及付款条件等。有时，预期利润可能是负数，以预期亏损。

以上四项构成了 CIF 出口商品价格的基本因素，但价格构成要根据每笔交易的不同而有所增减，根据不同情况而灵活运用。

四、世界市场价格的种类

世界市场价格按照其形成的方式可分为实际成交价格、参考价格和外贸统计价格。

1. 实际成交价格。实际成交价格是指在商品交换中产生的一种交换价格，由买卖双方经共同协商所确定，是商品交换能否达成的关键性因素。实际成交价格主要包括以下两种。

（1）直接成交价格。直接成交价格由以下三部分组成：第一，通过谈判、磋商形成的价格。这是指独立经营的出口商和进口商之间经谈判磋商后达成的商品交易价格。在价格磋商时，买卖双方通常以具有一定代表性的世界价格如商品集散地价格、商品交易所价格等为依据，根据市场行情的具体情况，经讨价还价后确立形成。这种价格由于受各种实际情况的影响，如贸易条件的改变、经济危机、粮食增产减产、一国外贸政策发生变化等，使其有高度的不稳定性和不一致性。第二，长期合同价格。这是指买卖双方通过签订长期合同确立的某种商品在一段时期内相对稳定的价格。长期合同一般都在 10 年以上，是买方为了保证能够得到某种商品的长期供应而与该商品的主要生产者签订的。长期合同价格一般较稳定，其价格略高于同类商品价格的平均水平。此外，由于自由竞争受到限制，这种价格对世界市场行情变化的反应不太灵敏。第三，垄断价格。这是指跨国公司及其他垄断组织根据市场供求关系及商品的价格弹性制定的商品价格。这种价格受世界市场价格变化的影响较小。垄断价格是被扭曲了的世界市场价格，但垄断价格也占有相当的比重。垄断价格由买方垄断价格和卖方垄断价格构成。

（2）自由市场价格。自由市场价格主要包括：第一，商品交易所价格。这是指通过公开的价格竞争形成的一种实际成交价格。这种价格不够稳定，受世界市场行情变化的影响较大，因此能够及时反映市场供求关系的变动状况。同时，商品交易所是大量初级产品集中交易的场所，因此，这种价格又是一种具有代表性的世界市场的成交价格。第二，拍卖价格。拍卖价格与交易所价格相似，也是通过公开的价格竞争形成的，是一种实际成交价格。世界上的许多商品是通过拍卖销售的。可见，拍卖价格同样是一种具有代表性的世界市场价格。第三，开标价格。招标或投标是国际贸易中一种重要的方式。招标人为了购买货物或是工程发包，预先招来一批供货人或承包人进行投标，然后，与递价及各方面条件对招标人最为有利的投标人达成交易，由这种方式产生的价格叫开标价格。因此，开标价格也是一种实际成交价格。采用招标方式购买货物或劳务，参加投标的人较多，竞争性较强，成交价格一般较低。由于招标方式在世界上广泛采用，因此，开标价格在一定意义上讲也可以说是具有一定代表性的世界市场价格。

2. 参考价格。参考价格是国家的政府组织和大企业在报纸、杂志、专门通报、价目表、样本等上面公布的商品售价。这种价格不是实际成交价格，而是卖主的报价。参考价格一般比实际成交价格要高得多，具有很大的虚伪性，在实际交易中被称为"基价"。

在实际的货物买卖中。买卖双方在进行价格磋商时，通常是以参考价格为基础，再根据当时的市场行情和买主的订货条件进行不同程度的价格削减与让度，最终得出实际成交价格。实际成交价格与参考价格之间的差距依赖于很多"因素"，其中最主要的是世界市场行情和卖方可能给予的折扣。世界市场行情的变化是两种价格差异大小的决定因素。当市场行情看涨时，商品求过于供，形成卖方市场，卖方因此会减少给予买方的折扣，使实际成交价格接近于参考价格；当市场疲软时，商品供过于求，竞争较为激烈，形成买方市场，卖方为了提高产品的竞争能力，会尽可能增加折扣，使实际成交价格大大低于参考价格。

然而，不论市场行情看好还是疲软，实际成交价格始终低于参考价格，二者之间的差额便是卖方给予买方的折扣。国际上使用的价格折扣办法很多，较常见的有以下八种：(1) 购买商品的付款方式为现金支付时，一般给予 2%～5% 的优惠；(2) 批量购买商品时，一般给予较大的折扣优惠；(3) 对一些具有季节性的商品，如服装、水果等，在不同的季节中给予的价格优惠不同；(4) 普通折扣，通常用于工业制成品的销售，一般为 20%～30%，有时可高达 40%；(5) 卖方向老客户、经常性的买主提供赠与性折扣，在购买工业设备时，这种折扣可占到交易额的 15%～30%；(6) 卖方向自己的长期销售代理或中间人提供的经销折扣；(7) 购买已过时的设备或二手设备时给予的折扣；(8) 隐蔽性折扣，诸如运费优惠、提供无息贷款、无偿提供劳务、免费提供样品等均属此种。

在货物买卖中，掌握各种折扣的方法，进行磋商时就会争取主动。总之，参考价格是具有一定实际意义的，它作为买卖双方进行价格磋商的依据，避免了价格谈判漫天要价、无所适从，同时，也是制定出口价格的重要参考资料。

3. 外贸统计价格。外贸统计价格是指通过国外的外贸统计数字计算出来的某类或某种商品的平均价格。

外贸统计数字是通过各国的国家统计资料、海关统计资料以及联合国和一些国际组织的统计资料反映出来的各国的进出口数字、资料。一般情况下,它主要是根据各国海关统计资料编制而成的。

外贸统计价格是某类商品的平均价格。在商品类别单一、等级较少的情况下,这种价格可以接近商品的单价。它的特点是:虽然表示的不是商品的具体价格,但可以反映商品的平均价格水平,使我们能够以此来正确判断各国进出口商品价格和国际市场价格的变化情况。在国际贸易中,商品的实际成交价格往往是保密的。同一种商品卖给不同的买主,其价格也不会相同。利用外贸统计数字计算出来的平均价格与实际成交价格接近。它对于判断那些贸易额较大且商品的品种、等级较少的商品具有一定的重要作用,即使所计算的某类商品品种繁多、商品结构变化较大,其平均价格也会有一定的参考价值。

第四节 贸易条件

贸易条件(terms of trade)又称贸易比价或交换比价,是指一国在对外贸易中,出口1单位商品(价格、购买力、要素)与所能换回的进口商品(价格、购买力、要素)数量之间的比率。在基期确定后,如果比较期的比率大于1,则该时期的贸易条件与基期相比有利;反之,如果比较期的比率小于1,则比较期的贸易条件不利。故贸易条件是一个相对的概念。在一定程度上,贸易条件能反映出该国的价格优势和竞争能力的变化趋势。

一、净贸易条件

净贸易条件是出口价格指数与进口价格指数之比。其计算方法是:
$$N = (Px/Pm) \times 100$$
式中,N 为净贸易条件指数,Px 为出口价格指数,Pm 为进口价格指数。

举例说明:假定某国净贸易条件以 1990 年为基期是 100,2000 年时出口价格指数下降 5%,为 95;进口价格指数上升为 10%,为 110,那么这个国家 2000 年的净贸易条件指数为:
$$N = (95/110) \times 100 = 86.36$$

这表明,该国 1990~2000 年间净贸易条件从 1990 年的 100 下降到 2000 年的 86.36,2000 年与 1990 年相比,贸易条件恶化 13.64。

二、收入贸易条件（购买力贸易条件指数）

收入贸易条件是在净贸易条件的基础上，考虑贸易量指数的变化。计算方法是：

$$I = (Px/Pm) \times Qx$$

式中，I 为收入贸易条件指数，Qx 为出口数量指数。

还以上例说明。在进出口价格指数相同的条件下，该国的出口数量指数从 1990 年的 100 提高到 2000 年的 120，在这种情况下，该国 2000 年收入贸易条件指数为：

$$I = (95/110) \times 120 = 103.63$$

计算结果说明，该国尽管净贸易条件恶化了，但由于出口量上升，本身的进口能力 2000 年比 1990 年增加了 3.63，也就是说，收入贸易条件好转了。

三、单项因素贸易条件

单项因素贸易条件是在净贸易条件的基础上，考虑劳动生产率提高或降低后贸易条件的变化。计算公式为：

$$S = (Px/Pm) \times Zx$$

式中，S 为单项因素贸易条件指数，Zx 为出口商品劳动生产率指数。

举例说明：假定进出口价格指数与上述例题相同，而该国出口商品劳动生产率指数由 1990 年的 100 提高到 2000 年的 130，则该国的单项因素贸易条件指数为：

$$S = (95/110) \times 130 = 112.27$$

这表明，1990~2000 年间，尽管净贸易条件恶化，但此期间出口商品劳动生产率提高，这不仅弥补了净贸易条件的恶化，而且使单项因素贸易条件好转。它说明了出口商品劳动生产率提高在贸易条件改善中的作用。

四、双项因素贸易条件

双项因素贸易条件不仅考虑到出口商品劳动生产率的变化，而且考虑到进口商品劳动生产率的变化。其计算公式为：

$$D = (Px/Pm) \times (Zx/Zm) \times 100$$

式中，D 为双项因素贸易条件指数，Zm 为进口商品劳动生产率指数。

假定上例中进出口价格指数不变,出口商品劳动生产率指数也不变,进口商品劳动生产率指数从 1990 年的 100 提高到 2000 年的 105,则双项因素贸易条件指数为:

$$D = (95/100) \times (130/105) \times 100 = 106.92$$

这表明,如果出口商品劳动生产率指数在同期内高于进口商品劳动生产率指数,则贸易条件仍会改善。

思 考 题

1. 简述世界市场的形成过程及其各阶段的特点。
2. 简述世界市场上的各种交易方式。
3. 商品交易所有何特点?
4. 国际市场价格有哪几种主要类型?
5. 贸易条件的含义是什么?
6. 20 世纪 80 年代以来发达国家、发展中国家或地区贸易条件变化的趋势如何?

第四章 西方国际贸易理论

【本章教学目的】通过本章的学习,让学生了解西方资本主义各发展阶段国际贸易的基本理论,包括自由贸易学说和保护贸易学说,进而提高他们的专业理论水平和分析问题、解决问题的能力。

第一节 原始积累时期的重商主义学说

重商主义是 15~17 世纪欧洲资本主义原始积累时期的对外贸易学说,代表着商业资本的利益。

资本主义原始积累时期,孕育在封建社会内部的资本主义因素日趋发展,要求不断扩大海外市场。随着新大陆、新航路的发现,商业活动的范围空前扩大,西欧对美洲、非洲的殖民掠夺使大量金银流入西欧,积累了巨额的货币财富。这导致商品货币经济的蓬勃发展和封建自然经济的加速瓦解,社会财富的重心由土地转向金银货币,社会各阶层的经济生活对商业资本都有了很大的依存。因此,货币财富成为各阶层共同追逐的对象,成为社会经济生活的支配力量,赤裸裸的拜金主义成了社会风尚。这时商业资本已经不像过去那样只存在于自然经济的缝隙之中,而是在不断破坏自然经济的条件下,大规模地存在并发展着。正如马克思所说,商业资本在封建生产的最初变革时期,即近代生产的发生期曾经发生过压倒一切的影响。社会经济的剧烈变化必然反映到上层建筑中来,在经济思想上就表现为重商主义的兴起。英国是当时经济最发达的国家,重商主义发展得最为成熟。

重商主义分为早期和晚期。早期重商主义流行于 15 世纪到 16 世纪中叶,其代表人物首推英国的斯塔福(Willian Stafford, 1554~1612 年)。早期重商主义贸易政策主张的鲜明特征是:强调限制进口甚于鼓励出口,禁止金银输出。这一时期的重商主义者坚持认为,一国的所有进口都会减少它所积累的货币或"财富",而所有出口则会增加它所积累的货币或"财富",因此,增加国民财富的贸易政策应该是尽可能少地输入且尽可能多地输出,最好的政策是只输出不输入。由于早重商主义者特别强调金属货币余额,因此,又被称为重金主义或货币差额论。

晚期重商主义盛行于16世纪下半叶之后,代表人物可推英国的托马斯·孟(Thomas Mun,1571~1641年),其代表著作是《英国得自对外贸易的财富》(England's Treasure by Foreign Trade),马克思称之为"重商主义的圣经"。晚期重商主义的鲜明特征是:强调鼓励出口甚于限制进口,为达到扩大出口的目的,赞成适当输出金银。认为,既然对外贸易是增加国民财富的主要源泉,一国政府就应该大力鼓励对外贸易,而增加国家财富的外贸政策不仅应该鼓励出口,而且应该鼓励那些可以增强本国未来出口能力的进口;只要出于扩大贸易的目的,适当的金银输出是有利的;只要在贸易中始终保持顺差,即出口大于进口,就会增加一国货币存量,进而增加一国的财富。由于晚期重商主义强调贸易差额甚于货币差额,因此,晚期重商主义又被称为贸易差额论。

重商主义无论早期和晚期,都认为财富就是货币,就是金银,在对外贸易中一国的所得必然是另一国的所失,故唯有通过对外贸易才能取得财富。但晚期学者在认识上比早期更向前推进了一步,在政策实践上也较早期完善,这是商业资本发展得更加成熟的表现。首先,早期重商主义将货币与商品绝对地对立起来,要求在外贸中绝对地多卖少买,使金银流入国内,晚期重商主义则将货币与商品联系了起来。托马斯·孟说:"有了货物的人是不可能会缺钱的",可见,晚期学者已经不自觉地接近了"货币就是商品"这一命题,当然他们并没有也不可能正确地理解它。其次,早期学者是孤立地对待货币运动的,千方百计地要把它保存在国内窖藏起来,正如恩格斯所说:"就像守财奴一样,双手抱住他心爱的钱袋,用妒忌和猜疑的目光打量着自己的邻居,他们不择手段地骗取那些和本国通商的民族的现钱,并把侥幸得来的金钱牢牢地保持在关税线以内。"① 晚期学者则已开始认识到货币运动与商品运动的内在联系,托马斯·孟的两句名言概括了这一联系:"货币生产贸易,贸易增多货币。"② 而且他们还认识到货币必须投入流通才能增值。正如恩格斯所说:"他们开始明白,一动不动地放在钱柜里的资本是死的,而流通中的资本却会不断增值……人们开始把自己的金币当做诱鸟放出去,以便把别人的金币引回来。"③ 最后,早期重商主义单纯用金银的多寡来衡量财富,片面地追求货币差额。晚期重商主义则认为,贸易是一国取得和保存金银的主要手段,必须结合贸易顺差来衡量一国的财富,故追求贸易顺差。

重商主义的思想及相应的政策体系加速了资本的积累,促进了资本主义生产方式的建立,故在一定的历史时期起到了进步作用。但它对社会经济现象的探索

---

①③ 《马克思恩格斯全集》(第1卷),人民出版社1956年版,第596页。
② [英] 托马斯·孟:《英国得自对外贸易的财富》(中译本),商务印书馆1978年版,第16页。

只局限于流通领域,而未进入到生产领域,这是其根本的错误。正如马克思所指出,现代经济的真正科学,是在理论考察由流通过程过渡到生产过程时开始的。只有当产业资本代替了商业资本而居统治地位时,古典政治经济学才有可能产生,也才能产生资产阶级外贸学说。

第二节 自由竞争时期的国际贸易理论

进入17世纪后,资本主义在英、法两国有了很大发展。特别是在英国,资本主义经济的增长更为显著。原始积累正在逐步完成其历史使命,让位于资本主义。产业资本在社会经济中不断扩大自己的阵地,但旧的封建生产关系仍然束缚着生产力的发展。为了扫除资本主义前进道路上的障碍,英、法分别于1640年和1789年先后爆发了资产阶级革命。这个历史性的变革必然会反映到经济思想中来,这就是重商主义的衰落和古典学派的兴起。

马克思指出,古典经济学是在17世纪后期形成的,到了18世纪下半叶分别在英国的亚当·斯密和法国的重农学派手中才取得了较为完善的形态,在19世纪初期达到了高峰。其杰出代表为英国的大卫·李嘉图。古典学派的外贸学说主要是由斯密的"地域分工论"和李嘉图的"比较成本说"构成的,它们是英国工业资产阶级争取自由贸易的"理论"武器。

这一时期与斯密、李嘉图的自由贸易学说并存的还有以美国人汉密尔顿和德国人李斯特为代表的保护贸易学说。这反映了各国资本主义发展水平的差异和不同国家资产阶级的利害冲突。当时,英国是最发达的资本主义国家,英国的资产阶级不但不害怕自由竞争,而且力图通过自由贸易来扩大自己的市场。而当时美国经济比较落后,德国则是封建小邦林立,尚未形成统一的民族国家,故这些国家要求保护自己的幼稚产业,保护贸易学说正是适应这一需要而产生的。

一、自由贸易理论

随着西欧尤其是英国资本主义的发展,重商主义学说已不能适应工业资产阶级经济和外贸发展的需要。于是,一些资产阶级思想家开始探寻对外贸易与经济发展的内在联系,试图从理论上说明自由贸易对经济发展的好处,由此产生了自由贸易理论。

自由贸易理论起始于法国的重农主义,完成于古典政治经济学。在古典政治经济学以前,法国的重农主义学者休谟(D. Humo)提出自由贸易的主张。重农主义提倡商业的自由竞争，反对重商主义的贸易差额论，并反对课征高额关税。古典政治经济学派首先由亚当·斯密在其名著《国富论》中提出国际分工，实行自由贸易的理论。后来李嘉图继承并发展了该理论。

1. 亚当·斯密的地域分工论（绝对成本说）。亚当·斯密（Adam Smith, 1723~1790年）是资产阶级经济学古典学派的主要奠基人之一，是从工场手工业到大机器工业过渡时期的英国经济学家。他的代表著作是1776年出版的《国民财富的性质和原因的研究》，简称《国富论》。1776年正是英国资本主义成长时期，英国手工制造业正在开始向大机器工业过渡，英国产业的发展在很大程度上受到了残余的封建制度和流行一时的重商主义限制政策的束缚。处在青年时期的英国资产阶级为了清除前进道路上的障碍，迫切需要一个自由的经济学说体系为其鸣锣开道。《国富论》就是在这个历史时期负有这样的阶级历史任务而问世的。斯密代表着工业资产阶级的要求，在他的著作《国富论》中猛烈抨击重商主义，鼓吹自由放任。"地域分工论"是亚当·斯密自由贸易学说的重要组成部分。

斯密采用了由个人和家庭推及整个国家的方法论证了地域分工的合理性。他指出，如果一件东西在购买时所费的代价比在家里生产时所费的小，就永远不会想在家里生产，这是每个精明的家长都知道的格言。裁缝不想制作他自己的鞋子，而向鞋匠购买。鞋匠不想制作他自己的衣服，而雇裁缝制作……

在斯密看来，个人及家庭如此，国家亦然。他认为，既然每个家庭都认为只生产一部分它自己需要的产品而用那些它能出售的产品来购买其他产品是合算的，同样的道理应该适用于每个国家。以制针为例，每个工人单独劳动时，一日绝对制不成20枚，说不定连1枚也造不出来。但经过较精细的分工后，一人一日竟可制成4 800枚针，劳动效率提高了百余倍。这表明，劳动生产率的极大提高正是来自分工的作用。

同样，一国内部的劳动分工原则也应适用于各国之间。那么，国际分工如何进行呢？斯密强调，国际分工的基础是各自占有优势的自然禀赋和后天获得的有利条件。前者是指自然赋予的有关气候、土壤、矿产、地理环境等方面的优势。一个国家在生产某些特定商品时，或许有非常巨大的自然优势，使得其他国家无法与之竞争。后者是指通过自身努力而掌握的特殊技艺，或称之为技术。各国应当按照各自的优势进行分工，然后交换各自的商品，从而使得各国的资源、劳动、资本都得到最有效的利用。相反，不注意发挥优势进行生产，只能导致国民财富的减少。据此，斯密得出结论，每个国家都应充分利用其在生产上的优越条件，进行专业化生产，生产成本低的国家输出其产品，生产成本高的国家则宜输入该种产品。通过贸易，各国都可获利。用斯密的话说就是：如果外国能以比我们自己制造还便宜的商品供应我们，我们最好就用我们有利地使用自己的产业生产出来的物品的一部分向它们购买。比如，苏格兰可以用暖房栽培葡萄，然后酿出上等美酒，但成本要比国外高 30 倍。如果苏格兰禁止一切外国酒进口而自己来生产，那就十分荒唐可笑。

可见，斯密是从劳动分工开始论述国际贸易问题的。他认为，国民财富的增长有两条途径：一是提高劳动生产率；二是增加劳动数量。其中，提高劳动生产率的作用尤其大，而劳动生产率的提高则主要取决于分工。因此，地域分工应成为国际贸易的基础。也就是说，唯有在地域分工的基础上所进行的国际商品交换才是"自然的"、"有益的"。而只有在自由贸易的条件下，各国才能充分享用这种地域分工的利益。反之，一切限制贸易自由的措施都会损害和剥夺这种"惠及万国"的利益。

斯密的地域分工论有一个基本前提，即一个国家必须在某种产品的生产方面占有绝对优势。为了更多地增加国民财富，一国应该专业化生产和出口那些本国具有绝对优势的商品，进口那些本国具有绝对劣势即外国具有绝对优势的商品。所以通常称之为"绝对优势理论"。一国的自然优势和后天获得的优势又总是体现为生产某产品的成本优势，即该国生产特定产品的实际成本绝对低于其他国家生产该种产品所花费的成本，因此，这个理论又称"绝对成本说"。

现以美国与英国生产小麦和棉布为例，对亚当·斯密的绝对成本理论分析如表 4-1 所示。

表 4-1　　　　　　　按绝对成本理论进行国际分工的利益

品名＼国家	美国	英国
小麦（蒲式耳/工时）	6	1
棉布（码/工时）	4	5

表 4-1 表明，美国在小麦生产上处于绝对有利地位，因为在美国每工时可生产 6 蒲式耳小麦，而在英国每工时只生产 1 蒲式耳小麦，即美国生产小麦的绝对成本低于英国。英国则在棉布生产上处于绝对有利地位，因为在英国每工时可生产 5 码棉布，而在美国每工时只生产 4 码棉布，即英国生产棉布的绝对成本低于美国。所以，在自由贸易条件下，英国应专门生产棉布并出口一部分以换取美国的小麦，美国则应专门生产小麦并出口一部分以换取英国的棉布。

显然，分工后，小麦和棉布的生产效率在总体上均提高了，即劳动生产率提高了。因此，在原有资源的基础上能生产出较分工前更多的小麦和棉布。如果两国按照 1∶1 交换小麦和棉布，美国用 6 蒲式耳小麦可换取英国的 6 码棉布，比分工前的国内交换多获 2 码棉布或节约 1/2 工时,而英国用 6 码棉布换取美国 6 蒲式耳小麦,即相当于 30 码棉布(因为 6 蒲式耳小麦在英国生产需 6 工时,而 6 工时在英国可生产 30 码棉布),实际获益 24 码棉布或节约 4.8 工时。可见,实行国际分工后,通过国际贸易,英、美两国可同时受益,利益就来自于发挥生产中的绝对优势,使生产效率提高而增加的产量。

不难看出,亚当·斯密关于国际分工和国际贸易利益的分析基本上是正确的。他对国际贸易的产生原因首先作了理论探讨,同样应予肯定。同时,他指出,国际贸易可以是一个"双赢"的局面,而不是一个"零和游戏"。可以说,斯密把国际贸易理论纳入了市场经济的理论体系,开创了对国际贸易的经济分析。

作为亚当·斯密自由贸易学说重要组成部分的地域分工论在历史上起过进步作用,它是英国工业资产阶级反对封建残余、鼓吹自由贸易的重要理论之一。斯密的绝对成本理论反映了当时英国新兴资产阶级反对封建贵族和重商主义者、发展资本主义的要求。当然,在该理论中,斯密把自然条件说成是国际分工形成的决定因素是错误的,他完全忽视了阶级社会中经济关系的阶级实质。

亚当·斯密的绝对成本理论还有很大的局限性。如果一个国家没有一种产品在生产上处于绝对优势,那么,应该怎么办呢?这个国家应该奉行保护贸易政策,限制外国货物进口,还是听任外国进口,遏制本国工农业生产的发展呢?这是亚当·斯密未能解决的问题。李嘉图在这方面继承和发展了斯密的思想,提出了"比较成本理论"。

2. 大卫·李嘉图的"比较成本说"。大卫·李嘉图(David Ricardo,1772~1823 年)是英国工业革命深入发展时期的经济学家,他出身于伦敦一个有钱的交易所经纪人的家庭。他由于交易所的投机活动而致富,25 岁左右就成为百万富翁,然后致力于学习和科学研究。他最初热衷于自然科学,在亚当·斯密《国富论》的影响下,对政治经济学产生兴趣。1817 年,大卫·李嘉图的代表作《政治经济学及赋税原理》(以下简称《原理》)出版。在《原理》中,他从"对外贸易和利润率"、"国际收支自动调节论"和"比较成本说"等方面集中阐述了自己的自由贸易观点,使其成为他整个经济学说中的重要组成部分。

比较成本说是在英国资产阶级争取自由贸易的斗争中产生与发展起来的。1815 年,英国政府为了维护土地贵族的利益而修订实施了《谷物法》。《谷物法》颁布后,英国粮价上涨、地租猛增,这对地主贵族有利,但严重地损害了工业资产阶级的利益。昂贵的谷物,使工人的货币工资被迫提高,成本增加,利润减少,削弱了工业品的竞争能力。昂贵的谷物,增加了英国各阶层居民的吃粮费用,减少了对工业品的购买。《谷物法》还招致外国采用高关税阻止英国工业品进口的报复，这些都大大伤害了英国工业资产阶级的利益。

于是，英国工业资产阶级和土地贵族阶级围绕《谷物法》的存废展开了激烈的斗争。为了废除《谷物法》，工业资产阶级在全国各地组织"反《谷物法》同盟"，通过刊物广泛宣传《谷物法》的危害性，鼓吹谷物贸易自由的好处。而地主贵族阶级千方百计阻止谷物自由贸易，证明它对英国社会没有好处。他们反唇相讥：既然英国能够自己生产粮食，甚至比其他国家更便宜地生产粮食，为什么还要从外国进口？

这时，工业资产阶级迫切需要从理论上论证谷物自由贸易的优越性。于是，作为工业资产阶级代言人的李嘉图提出了"比较成本说"。他认为，英国不仅要从外国进口粮食，而且要大量进口，因为英国在纺织品生产上所占的优势比在粮食生产上所占的优势更大。因此，英国应专门发展纺织品的生产，并以纺织品的出口来换取本国所需要的粮食。为了论证自由贸易的优越性，李嘉图进一步发展了亚当·斯密的"地域分工论"，提出了按比较成本进行国际分工的学说。

亚当·斯密认为，国际贸易发生的原因在于因地域、自然条件不同而形成的商品成本的绝对差异。一个国家输出的商品一定是在生产上具有绝对优势，即生产成本绝对低于他国的商品。李嘉图发展了这个观点，认为每个国家不一定生产各种商品，而应集中力量生产那些利益较大或不利较小的商品，然后通过对外贸易交换，这样，在资本和劳动力不变的情况下，生产总量将增加。如此形成的国际分工对贸易各国都有利。李嘉图认为，自由贸易能保证这种利益的实现。

作为英国古典经济学的完成者，李嘉图考察国际贸易产生的原因同亚当·斯密一样，也是从论述个人的分工和专业化开始，而且也明确指出，国际分工和国际交换活动应该根据各国的自然优势和后天获得的优势来进行。所不同的是，斯密讲的优势是指绝对的优势，即生产成本绝对低于别国，而李嘉图心目中的优势则是一种相对的优势，也就是比较优势。李嘉图反对把国际贸易产生的原因和基础建立在各国绝对优势的差别上，认为这种理论无法解释所有产品都不具有绝对优势的国家同样要参与国际交换的现实。

李嘉图指出，从个人之间的分工来看，每个人都可以拥有生产某种产品的比较优势。例如，在制鞋和制帽两方面甲都比乙强，不过制帽只强 1/5，而制鞋要强 1/3，甲的更大优势在制鞋，乙的更小劣势在制帽。所以，甲专门制鞋而乙专门制帽，然后双方通过交换都能得到更多的鞋和帽。这就是说，尽管乙在两方面都具有绝对劣势，但那种绝对劣势较小的商品生产（制帽）实际上就是乙能得到"比较利益"的相对优势。因此，贸易活动中的相对优势，既是指更大的绝对优势，又是指较小的绝对劣势。这种优势是由生产商品所耗费劳动的相对差异带来的，反映了它在生产成本上的相对差异，所以又称为"比较成本说"。李嘉图进一步强调,这种优势标准其实更加适用于国际贸易。这是因为,劳动、资本、资源等生产要素不可能轻易地在国与国之间随意流动,经济处于绝对劣势的国家既不会也不可能把它们的居民全部移送到富国,它们唯有正视本国实情,通过国际分工与贸易来增加本国财富。所以发挥相对优势是至关重要的。

李嘉图还举了一个著名的例子说明自己的观点。假定英国与葡萄牙同时生产酒和毛呢,由于生产条件的差异,两国生产同量酒和毛呢的生产成本不同。生产1单位酒和1单位毛呢,英国各需120人劳动一年和100人劳动一年,葡萄牙各需80人劳动一年和90人劳动一年(见表4-2)。

表4-2　　　　　　　　按比较成本理论进行国际分工的利益

	国家	酒产量（单位）	所需劳动人数（人/年）	毛呢产量（单位）	所需劳动人数（人/年）
分工前	英国	1	120	1	100
	葡萄牙	1	80	1	90
	合计	2	200	2	190
分工后	英国			2.2	220
	葡萄牙	2.125	170		
	合计	2.125	170	2.2	220
国际交换	英国	1		1.2	
	葡萄牙	1.125		1	

按照斯密的绝对成本理论,在以上情况下,英、葡之间不会发生分工和贸易。这是因为,在英国,酒和毛呢的生产成本都比葡萄牙高,处于绝对劣势;在葡萄牙,两种产品的生产成本都比英国低,处于绝对优势。英国没有什么东西卖给葡萄牙,葡萄牙也不必向英国购买。

但是,李嘉图认为,即使在这种情况下,两国仍然能够进行分工和贸易,并可以从中获得好处。他指出,各国并不一定要生产出成本绝对低的产品,而只要生产出成本相对低的产品,就可以进行分工和贸易。葡萄牙生产酒所需劳动人数比英国少40人,生产毛呢只少10人,即分别少1/3和1/10,显然,葡萄牙在酒的生产上优势更大一些,虽然它在毛呢生产上也具有优势;英国在这两种产品的生产上都处于劣势,但在毛呢生产上劣势较小一些。根据李嘉图的比较优势理论,应"两利取重,两害取轻"。即英国虽都处于绝对不利地位,但应取其不利较小的毛呢进行生产;葡萄牙虽都处于绝对有利地位,但应取其有利较大的酒进行生产。按这种原则进行国际分工,两国产量都会增加。

从表 4-2 中可知，分工后两国所费劳动人数较分工前并未增加，但酒从 2 单位增加到 2.125 单位，增加了 0.125 单位；而毛呢从 2 单位增加到 2.2 单位，增加了 0.2 单位。英、葡两国再进行交换，均有利。

必须指出，李嘉图的"比较成本说"是一种简化了的理论模式，有着许多重要的假定作为前提条件。大致说来，主要有如下八条：

（1）世界上只有两个国家，它们只生产两种产品。此即所谓的两个国家、两种产品模型或 2×2 模型；

（2）两种产品的生产都只有一种要素投入，即劳动；

（3）两国在不同产品上的生产技术不同，存在着劳动生产率上的差异；

（4）给定生产要素的供给量，生产要素可以在国内不同部门流动但不能在国家之间流动；

（5）规模报酬不变；

（6）完全竞争市场；

（7）无运输成本；

（8）两国之间的贸易是平衡的。

可以看到，李嘉图的"比较成本说"不仅论述了国际贸易能够互惠互利，而且阐明这种国际贸易利益具有适用于所有国家的普遍意义。更重要的是，他指明了取得国际贸易利益的关键所在，那就是在自由贸易条件下扬长避短、发挥自己的相对优势。这是其国际贸易理论的核心思想，它准确地概括出国际贸易的基本原则，极具启迪意义。

但该理论也存在着局限性。首先，它未能揭示出国际分工形成和发展的真实原因。其次，它未能揭示出价值规律的国际内容。在提出"比较成本说"的过程中，李嘉图认识到，他所提出的葡萄牙用 80 人一年劳动生产的酒和英国用 100 人一年劳动生产的毛呢相交换，同他的劳动价值论有矛盾。因此，他认为，支配一个国家中商品相对价值的法则不能支配两个或更多国家间互相交换的商品的相对价值。原因何在？李嘉图认为，一个国家包含少量劳动的商品之所以能够与另一个国家包含多量劳动的商品相交换，是由于各国的利润率不同。据他说，在一个国家内部，利润率会按照等量资本得到等量利润的规律而趋于均衡；但是，在各个国家内部，由于有种种因素阻碍着资本的流动，因此，各个国家的利润率不同，从而其商品的交换价值会有差别。最后，它还忽视了动态分析。李嘉图没有认识到劳动生产率不是固定不变的，劳动生产率是一个可变的因素。一个国家能够通过引进技术、技术革新等提高劳动生产率，从而改变比较成本的比率，使国际分工格局发生变化。

专栏 4-1

古今沟通与中外交流
赵人伟

最近对如何做经济学研究的问题作了一些零星的思考。因为不够系统，只是一些片断的思想，所以称之为"断想"。不过，我想还是应该尽可能地通过一些线索把这些片断的想法串起来。我认为，"古今"和"中外"这两条线索是任何研究都不可缺少的。所以，不妨在"古今沟通"与"中外交流"的框架下来谈这些想法。当然，由于题目比较大，内容较零星，所以，只能在每一个题目下讲几个实例。如果大家不在意这些实例之间的"断"，而能看到这些实例之中的"想"，我也就心满意足了。

一、关于"古今沟通"

历史不会完全重复，但历史又往往惊人地相似。人们的思想，包括经济思想，古今之间也往往有沟通之处。当代的许多摩登理论，往往可以从 200 年以前乃至 2000 年以前的思想中找到它们的雏形。早期的许多理论，当它们同当代的思想和方法接通时，往往变得更加光彩夺目。在这里，我仅仅举出两个实例。

实例之一：管子的"一树百获"与当代的"人力资本"理论

管子说："一年之计，莫如树谷；十年之计，莫如树木；百年之计，莫如树人。一树一获者，谷也；一树十获者，木也；一树百获者，人也。"

管子的这一论述，被后人通俗地概括为"百年树人"。于是，人们往往就顾名思义地把"百年树人"理解为"培养人才需要很长时间"的意思。记得我在上中学时学校的大门上面就有"百年树人"四个大字。但是，几十年来我对"百年树人"的理解都没有超出上述顾名思义的范围。直到 1992 年，《北京周报》的一位编辑请我对刚刚出版的世界银行发展报告写一篇评论。我在阅读该报告时发现，该报告某章的开头引出了上述管子的那段话。这才促使我去查阅管子的原著。阅读原著之后我领会到，我原来对管子的上述思想的理解是表面的和片面的。管子上述经济思想的精髓是"树"和"获"的关系。这种关系在现代的经济理论中往往用投入和出产、成本和收益、投资和回报等关系来表述。可见，管子的"一树百获"思想同当代的"人力资本"理论颇有沟通之处。"树谷"和"树木"是对实物资本（physical capital）的投资，"树人"是对"人力资本"（human capital）的投资。"一年"、"十年"、"百年"是指投资回收期有长有短，"一获"、"十获"、"百获"是指投资回报率有高有低。"莫如"是对不同投资方案的比较。当时还不可能有精密的计算，而且在一个农业社会中只能把对人力资本的投资同对农业资本的投资相比较,不过,在2000年以前这样一些朴素的思想中居然蕴涵着投资回收期、投资回报率、投资方案的比较等思想的萌芽,就不能不令人肃然起敬。当代的人力资本理论、教育经济学都可以从中得到思想的营养。"人力资本的实质是为提高人力资源的生产率而对其所作的投资。它是期待未来有所收益而付出的代价,故又称对人力资源的投资,与所有各种投资一样,其关键的问题在于,所作的投资在经济上是否值得。"当然,管子对这个问题作了肯定的回答。他认为,对人力资源的投资是非常值得的。

追溯管子的上述经济思想并把它同当代人力资本理论联系起来,我们还可以作如下的联想:在古与今之间进行沟通的过程中,对我国的传统文化究竟应该如何取其精华、弃其糟粕?本来,任何传统文化中都有这样两个方面。然而,分清哪些是精华从而加以取之,哪些是糟粕从而加以弃之,则是后人的任务。如果后人连这一工作都不去做,甚至任人把糟粕当精华来宣扬,那就对不起古人,也对不起自己了。

上述经济思想中的一个重要问题是效益观念问题。应该说,在中国的传统文化中,既有讲究效益的优良传统,又有不讲究效益的不良传统。秦始皇筑长城、1958年的"大跃进"和大炼钢铁,都是不讲效益的典型事例,具体来说,是只讲产出、不讲投入(或不惜工本)的典型事例。筑长城时根本不去考虑孟姜女的苦难;大炼钢铁时也不理会6 000万人上山所付出的代价。甚至中国传统文化中像"颗粒还家"这样的观念,也应该作一分为二的分析。"颗粒还家"理念中勤俭持家这一面当然应该加以肯定,但由于它缺乏投入和产出之间的边际分析,从而又含有"不惜工本"的因素或具有"不惜工本"的一面,因此,应该加以扬弃。

然而,中国文化中讲究效益的传统也是不可忽视的。上述管子经济思想中的投资观念是很讲究效益的。1959年彭德怀等人批评大炼钢铁"得不偿失"也是有效益观念的,换言之,是建立在所得和所失(所付)相比较的基础之上的。孙冶方的"最小—最大"(以最小的劳动消耗取得最大的经济效果)便是这种效益观念在理论上的概括。遗憾的是,当年彭德怀、孙冶方等人的正确观点居然遭到了无情的批判。对彭德怀的批判根据是所谓"不仅要算经济账,而且要算政治账";对孙冶方的批判根据是要以阶级斗争的"红线"来代替"最小—最大"的"黑线"。对于这样一种强词夺理的批判,自然遭到广大经济学家的抵制。令我印象最深的是当年骆耕漠所说的一段针锋相对的评论:"所谓政治账,就是从全面和长远来看的经济账。"

实例之二:从李嘉图的比较成本学说到曼昆的机会成本阐述

大学经济系的学生在学习经济学原理、经济思想史的国际贸易理论时,老师总要介绍李嘉图的比较成本学说或比较优势原理。自由贸易的这一中心论点在过去两个世纪以来并没有多少变化。不过，对它的阐述则显得更加清晰和精练。

在我的学生时代，老师讲述这一原理时引用的就是李嘉图自己用的例子：

葡萄牙生产酒和布这两种商品所需的劳动时间都比英国要少，因而具有绝对优势。葡萄牙在酒的生产上具有比较成本优势（因为在酒的生产中葡萄牙对英国的成本比率低于在布的生产中两国的这一成本比率），而英国则在布的生产上具有比较成本优势（因为在布的生产中英国对葡萄牙的成本比率要低于在酒的生产中两国的这一成本比率）。因此，以英国的布来交换葡萄牙的酒，双方都可以从中获益。

在李嘉图的比较成本学说中，实际上已经暗含有机会成本的思想，不过当时还没有出现机会成本的概念罢了。一种东西的机会成本是为了得到这种东西所必须放弃的东西。因此，直接用机会成本原理来解释比较成本学说或比较优势原理是再简单明了不过的事情了。不过，在我所接触到的一些经济学教科书中，多数仍然沿用李嘉图的原本解释，仅仅有时在例子上有些变化。即使是像萨缪尔森和斯蒂格利茨所写的著名教科书，也是如此。有趣的是，John Sloman 所写的教科书（在英国出版）在介绍完李嘉图的比较利益原理以后，曾在一个提问里把这一原理同比较成本原理联系起来，问学生如果用（放弃了的）布来衡量，酒的机会成本在葡萄牙是多少，在英国是多少。

直接用机会成本原理来阐述比较利益原理在曼昆的《经济学原理》中具有简明而生动的表现。他举了两个例子，一个是生产上的例子，另一个是更加贴近生活的例子。

生产上的例子：

他说，农民生产土豆的机会成本低于牧羊人，因为，生产 1 磅土豆，根据放弃的牛肉来计算，农民只放弃 1/2 磅牛肉，而牧羊人则要放弃 8 磅牛肉；而牧羊人生产牛肉的机会成本低于农民，因为，生产 1 磅牛肉，根据放弃的土豆来计算，牧羊人只放弃 1/8 磅土豆，而农民则要放弃 2 磅土豆。所以，农民在种植土豆上有比较优势，牧羊人在生产牛肉上有比较优势。

更加贴近生活的例子：

他说，迈克尔·乔丹是一个优秀的运动员。他在其他活动中也是出类拔萃的。例如，当他修剪自家的草坪时，每次只要 2 小时；如果请隔壁的小姑娘杰尼弗来修剪，每次需要 4 小时。但这并不意味着乔丹应该由自己来修剪草坪。因为，在同样的 2 小时内，乔丹可以通过拍摄电视商业广告赚到 1 万美元；在同样的 4 小时内，杰尼弗则只能在麦当劳店工作并赚取 20 美元。在这个例子中，乔丹修剪草坪的机会成本是 1 万美元，而杰尼弗修剪草坪的机会成本是 20 美元。乔丹在修剪草坪上有绝对优势，杰尼弗在修剪草坪上有相对优势，因为她的机会成本低。只要乔丹在雇佣杰尼弗修剪草坪时每次付给杰尼弗大于 20 美元少于 1 万美元的报酬，双方都会得到好处。

从以上实例可以看出，即使在基本原理没有什么变化的情况下，用新的成果来解释和阐述原来的理论，使之更加清晰，并使之同新的成果建立联系（在这个实例中，是把作为自由贸易理论基础的比较优势原理同作为一般选择理论基础的比较优势原理建立联系），应该说也是一种进展。按中国人的习惯说法，这叫做融会贯通，深入浅出。而要做到这一点，古今沟通是一个重要的条件。试想：如果曼昆不把两个世纪以前的比较成本学说同当代的机会成本原理沟通起来，能做到如此的融会贯通和深入浅出吗？

如果让我们的思想进一步奔驰，我们不但可以发现李嘉图的比较成本学说中含有机会成本的思想，而且可以发现自己老祖宗的传统文化中也有这种思想的因素。所谓的"有所不为才有所为"，不就是说，必须放弃另一种东西才能得到你想要的某种东西吗？这不是含有机会成本思想的萌芽吗？无非我们的老祖宗还来不及把这种思想加以现代化和量化，还停留在一般的经济哲学层面上。如果把这种思想同现代的选择理论、决策理论和贸易理论联系起来，并配上科学的计算方法和工具，应该说是具有生命力和现实意义的。

二、关于中外交流

搞研究除了古今沟通这一条纵轴或经线以外，还需要有中外交流这一条横轴或纬线。中外交流也是一个大题目。在这里，我仅就最近在学术交流中所遇到的事请谈几个实例。

实例之一：关于不平等增加（收入差距扩大）的原因分析

这些年来我从事居民收入分配问题的研究，而且参加了国际合作的项目。原来认为，我们在国际学术交流方面还有一定的优势。然而，随着交流的发展和深入，才进一步发现，这方面的差距还不小。现在仅举分析不平等增加或收入差距扩大的原因这一个实例来谈一谈。

根据我们原来掌握的情况，国外许多学者长期以来研究的是收入不平等程度的变化同经济增长的关系，即从经济增长或发展的角度来分析收入差距的变化。而我们则分别从经济增长、经济改革和经济政策三个方面来分析中国 20 年来收入差距扩大的原因，应该说具有中国的特色。前不久我应邀去北美作短期讲学，也是按这个思路讲的。讲完以后，美国的一位教授送我一本小加尔布雷思（James K. Galbraith）写的书，书名是《Creat Unequal：The Crisis In American Pay》。这本书主要是从政策的角度来分析美国 30 年来收入差距为什么会扩大，读后对我原来的思路产生了很大的冲击。

小加尔布雷思的基本观点可以概述如下：近30年来美国收入差距的扩大并不是由非人力的市场力量（impersonal market forces）所引起的，也不是生产因素所引起的，而主要是政策因素所引起的。所谓政策因素，主要是放弃充分就业的目标，用高利率的政策来控制通货膨胀。这种政策造成不平等增加，从而毁坏了美国的中产阶级，使中产阶级成为反通货膨胀政策的牺牲品。中产阶级的沦落还削弱了美国的民主制度。美国已从一个中产阶级的民主社会变成一个崇尚权威主义的半民主社会（authoritarian quasi democracy）。

　　小加尔布雷思的书引发我连续地作了如下几个层次的思考：最初，觉得既然人家也不仅从经济增长的角度，而且专门从政策的角度来研究收入差距的扩大问题，颇有自己原来的想法是坐井观天之感；接着，又觉得人家讲的主要是宏观经济政策和公共政策，而我们讲的主要是转型期还存在的来自于计划经济的"政策惯性"问题，因此，我们的分析仍然不失具有中国的特色；然而，再进一步想下去，又觉得我们的研究仍然面临着严峻的挑战——因为，迄今为止，我们还缺乏对宏观经济政策特别是货币政策和财政政策如何影响居民收入差距的系统研究。可以想象，在一个相对稳定和成熟的社会经济中，这方面的研究将变得越来越重要。但是，应该承认，这方面的研究对我们来说即使不能说是空白，也可以说是一个弱项。

　　从这个小小的实例可以看出，学术的发展和进步是离不开国际交流的。只有在这种交流和比较中，我们才能发现自己的长处和短处，才能找到差距，变压力为动力，提高我们的学术水平。

　　实例之二：关于中国价格改革中的"一调二放"

　　在对外学术交流中，常常会遇到这样的问题：怎么使我们的东西让外国人也弄明白？许多我们自己看起来明白易懂的东西，但要使外国人也弄懂就不那么容易了。像"一调二放"、"关停并转"、"八七计划"、"光彩事业"等，都需要费一番工夫才能让人家弄明白。我认为，在这个过程中，不仅有两种不同语言背景之间的交流，而且有两种不同文化背景之间的交流，还有两种不同的经济学教育背景之间的交流。而每一个人要把这三对不同背景都吃透是一件很不容易的事情。

　　在外讲学时，经常要遇到上述问题。例如，外国学者，甚至在外国学习或工作的中国学者，经常向我问到中国价格改革的"一调二放"或"调放结合"应如何理解的问题。仅仅简单地用"调"和"放"两个词来解释人家很难理解。于是，我不得不从中国的经济改革采用的是渐进的转轨方式讲起，然后讲到价格改革也不能采取激进的"一步到位"的方式，而只能采取渐进的"调放结合"的方式。然后再解释"调"和"放"的经济含义。所谓"调"，就是在计划价格的框架内，逐步提高价格的水平，以改变计划经济时代所遗留下来的被扭曲了的相对价格关系,就20世纪80年代初调整(提高)农产品的计划收购价格来说,就是要改变农产品同工业品之间的相对价格关系,从而缩小两者之间的"剪刀差"。所谓"放",就是逐步缩小计划价格的比重、扩大市场价格的比重。所以"放"的实质是改变价格的形成机制——从计划价格改变成市场价格。经过这样反反复复的解释,至少有的人认为已经弄明白了。然而我自己还很难说已经找到了满意的回答。

这一类工作,在改革开放的环境中成长起来的中青年人做起来比我们要顺当得多。我深有体会,在现阶段,不仅中国的经济在转型、中国的经济学在转型,而且中国的经济学家也在转型。处在转型中的经济学家在国际交流中所遇到的困难,比起新型的经济学家来说当然要大得多。不过,为了推动学术的进步,吃点苦头总是应该的。历史造成的困难只能通过历史的发展才能解决。

实例之三:从"零和"到"双赢"和"多赢"

1999年11月15日,中美关于中国加入世界贸易组织的谈判终于达成了协议。一时间,新闻媒体大量报道这是一种"双赢"的局面;有人甚至说这是一种"多赢"的局面。这种观念的确立,的确令人欣慰。在当今的世界上,无论是在国家之间还是在国家内部,无论是在超国家的(supra-national)层面上还是在次国家的(sub-national)层面上,有许多事情往往需要协商、协调和谈判。而要使这一过程取得成功,就必须有"双赢"的观念,不然就只能破裂。

依我之浅陋,要真正树立起"双赢"的观念,就必须摆脱"零和"(Zero-sum Games)思维的束缚。我最早接触"零和"这一概念是在20年以前一边学习英语一边翻译阿萨·林德贝克所著的《新左派政治经济学》的时候。当时不知其意义,仅仅按字面翻成"得失相销的游戏",或"交易双方一方之所得为另一方之所失"。对于博弈论,我完全是外行。仅仅从经济学教科书和经济学辞典的介绍来看,零和博弈是一种极端的情形,尽管它是博弈论的历史起点。在零和博弈中,双方没有机会作为伙伴关系来行动——双方没有合作的可能性。然而,在现实的经济生活中,并不是所有的关系都是你死我活、谁战胜谁的关系,而往往是不同程度的合作关系。我们常常说的优势互补,就是一种合作关系。本文前面所说的比较成本学说或比较优势原理,也是建立在具有合作的可能性的基础之上的。

由此可见,我们说的"双赢",绝不是一种权宜之计,而是有牢固的理论依据和深远的战略考量的,它既顺应经济全球化的国际潮流,又符合本国和本民族的切身利益。

不论是"零和"还是"双赢",都是外来文化。只要我们学好、用好,都可以做到"洋为中用"。我认为,最重要的一点是学习和运用都要对路。在没有合作可能性的场合强求"双赢"是一种不对路;在有合作可能性的场合坚持"零和"也是一种不对路;满嘴说的是"双赢"、满脑子装的是"零和",更是一种不对路,甚至是一种不对号。只有虚心学习、努力运用,才能做到"食洋而化",利国利民。

资料来源:《经济学家茶座》(第一辑),山东人民出版社 2003 年版,第 112~120 页。

二、保护贸易理论

在 19 世纪资本主义竞争时期,当英国极力主张自由贸易的时候,相对落后的资本主义国家德国和美国却反其道而行之,先后实行了保护贸易政策。1776 年美国建国后,第一任财政部部长汉密尔顿(A. Hanmilton,1757~1840 年)代表独立发展美国经济的资产阶级的要求,在 1791 年 12 月提出的《制造业报告》中认为,为使美国经济自立,应当保护美国的幼稚工业,其主要方式是提高进口商品的关税。德国在 19 世纪 70 年代以后,新兴的产业资产阶级为避免外国工业品的竞争,使之能充分地发展,不断要求实施保护贸易政策。李斯特的保护幼稚工业学说就是在这一背景下提出的。资本主义自由竞争时期的德、美两种保护贸易思想,就其影响而言,李斯特的保护幼稚工业学说更具有代表性。

李斯特(F. List,1789~1846 年)是德国历史学派的先驱者,早年在德国提倡自由主义。自 1825 年作为外交官出使美国后,受到汉密尔顿的影响,并亲眼见到美国实施保护贸易政策的成效,乃转而提倡贸易保护主义。他在 1841 年出版了《政治经济学的国民体系》,系统地提出了他的保护幼稚工业学说。

1. 对古典学派自由贸易理论提出批评。

(1) 李斯特认为,"比较成本说"不利于德国生产力的发展。他指出,向外国购买廉价的商品,表面上看起来是要合算一些,但是,这样做的结果是,德国的工业不可能得到发展,而会长期处于落后和从属于外国的地位。如果德国采取保护关税政策,一开始会使工业品的价格提高,但经过一段时期,德国的工业得到充分发展,生产力将会提高,商品生产费用将会下降,商品价格甚至会低于外国进口商品的价格。

(2) 李斯特批评古典派自由贸易学说忽视了各国历史和经济上的特点。古典派自由贸易理论认为,在自由贸易下,各国可以按地域条件、按比较成本形成和谐的国际分工。李斯特认为,这种学说是一种世界主义经济学,它抹杀了各国的经济发展与历史特点,错误地以"将来才能实现"的世界联盟作为研究的出发点。李斯特根据国民经济发展的程度,把经济的发展分为五个阶段,即"原始未开化时期、畜牧时期、农业时期、农工业时期、农工商业时期"[①]。各国经济发

[①] 李斯特:《政治经济学的国民体系》(中译本),商务印书馆 1961 年版,第 155 页。

展阶段不同,所采取的贸易政策也应不同。处于农业阶段的国家应实行自由贸易政策,以利于农产品的自由输出,并自由输入外国的工业产品,以促进本国农业的发展,并培育工业化的基础。农工业阶段的国家,由于本国已有工业发展,但并未发展到能与外国产品相竞争的地步,故必须实施保护关税制度,使它不受外国产品的打击。而农工商业阶段的国家,由于国内工业产品已具备国际竞争能力,国外产品的竞争威胁已不存在,故应实行自由贸易政策,以享受自由贸易的最大利益,刺激国内产业进一步发展。

李斯特认为,英国已达到农工商业阶段;法国在第四阶段与第五阶段之间;德国与美国均在第四阶段;葡萄牙和西班牙则在第三阶段。据此,李斯特主张德国应实行保护幼稚工业政策,促进德国工业化,以对抗英国工业产品的竞争。

(3) 主张国家干预对外贸易。自由贸易理论视国家为被动的警察,李斯特则把国家比喻为国民生活中如慈父般的有力指导者。他认为,国家的存在,比个人的存在更为重要。国家的存在,是个人与人类全体的安全、福利、进步以及文化等的第一条件。因此,个人的经济利益应从属于国家的真正的财富的增加与维持。他认为,国家在必要时可限制国民经济活动的一部分,以保持其经济利益。在对外贸易方面,国家也应进行干预。

2. 李斯特保护幼稚工业学说的主要对象、手段与时间。李斯特保护幼稚工业学说所保护的对象是刚刚开始发展且存在强有力的外国竞争者的幼稚工业。保护幼稚工业的主要手段是通过禁止输入与征收高关税的办法,并用免税或征收轻微进口税的方式鼓励复杂机器进口。李斯特提出的保护时间以30年为最高期限。

3. 对李斯特保护幼稚工业学说的评价。李斯特保护幼稚工业学说的积极意义在于:首先,它在德国工业资本主义发展过程中起过积极的作用。它促进了德国资本主义的发展,有利于资产阶级反对封建主义势力的斗争。其次,它保护的对象以将来有前途的幼稚工业为限,对国际分工和自由贸易的利益也予以承认。从这点来看,这一理论是积极的,对经济不发达国家具有重大参考价值。

但李斯特的保护幼稚工业学说也存在着许多缺陷:首先,这一理论中有关生产力的概念是错误的,对影响生产力发展的各种因素的分析也是混乱的;其次,这一理论以经济部门作为划分经济发展阶段的基础是错误的,歪曲了社会经济发展的真实过程。

第三节 垄断时期(19世纪后半叶至二战前)的国际贸易理论

这一时期,资产阶级外贸学说继续发展"比较成本说",表现在新古典学派对"比较成本说"进行修饰和补充,有的学者在"一般均衡理论"基础上提出新的贸易学说。在诸多的外贸学说中,赫克歇尔—俄林的要素禀赋论颇有影响。

1929~1933年资本主义的大危机,强烈地震撼了资本主义统治的基础。垄断资本为了维护自己的生存,大规模地利用国家机器干预国民经济,国家垄断资本主义空前地得到加强,出现了凯恩斯主义。在对外贸易学说和政策上,凯恩斯主义也日益占据统治地位。

一、自由贸易理论

古典学派的国际分工和国际贸易理论在西方经济学界曾长期占据支配地位。直到20世纪30年代,才受到两位瑞典经济学家的挑战,他们就是赫克歇尔(Eil Filip Heckscher, 1879~1952年)和他的学生俄林(Beltil Gotthard Ohlin, 1899~1979年)。赫克歇尔是俄林的老师,著名的瑞典经济学家。他在1919年发表的《对外贸易对国民收入之影响》的著名论文中,提出了资源禀赋论的基本论点,俄林接受了这些论点,于1933年出版了《域际贸易与国际贸易》一书,创立了资源禀赋论理论,即赫克歇尔—俄林模型。该理论是通过建立2+2+2模型,即两个国家,生产两种产品,使用两种生产要素,在自由竞争条件下再加上其他各种假设表述的。它与以往的国际贸易理论相比,更接近于资本主义国际贸易的实质,并且对各国的外贸具有一定的指导意义,因此被称为现代国际贸易理论。

赫克歇尔—俄林模型有狭义和广义之分。所谓狭义的赫克歇尔—俄林模型亦称生产要素供给比例理论,所谓广义的赫克歇尔—俄林模型除此之外还包括要素价格均等化定理。

1. 要素供给比例理论。要素供给比例理论是通过对相互依存的价格体系的分析,用生产要素的丰缺解释国际贸易产生的原因和进出口商品结构。具体分析如下。

(1) 商品价格的国际绝对差异是国际贸易产生的直接原因。所谓商品价格的国际绝对差异是指把同种商品用不同国家货币表示的价格都换算成同种货币表示的价格的不同。从价格低的国家出口到价格高的国家,当两国间的价格差别大于各项运输费用时,国际贸易就能带来利益,因此,价格的绝对差异是产生国际贸易的直接原因。

(2) 各国商品价格比例不同是国际贸易产生的必要条件。商品价格的差异是国际贸易产生的直接原因,但并非存在商品价格的国际差异国际贸易就能够发生,还须必要条件,即交易双方国内商品价格(成本)比例必须不同(在完全竞争市场条件下,商品价格等于生产成本)。也就是说,必须符合比较成本优势的原则。

（3）各国商品价格比例不同是由要素价格比例不同决定的。俄林认为，各国不同的商品价格比例是产生国际贸易的必要条件。那么，各国不同的商品价格比例是由什么决定呢？它是由各国不同的要素价格的比例决定的。各国要素价格比例，是指这些生产要素用本国货币表示的单位价格比例。

为什么各国要素价格比例不同会使各国商品价格比例不同？俄林假设各国生产的物质条件是相同的，或者说生产函数各国是相同的，但各种生产要素价格的比例不同，而各国商品价格等于生产要素价格乘以相同的生产函数，所以各国商品价格比例是不同的。举例说明如下。

假设两个国家例如美国和英国，生产两种产品如小麦和布（纺织品），投入两种生产要素如土地和劳动。现将两国的要素价格、生产函数以及小麦和布（纺织品）的国内价格比例列表，如表4-3所示。

表4-3 美、英两国的要素价格、生产函数以及小麦和布国内价格比例表

表4-3a

国别	美国（美元）		英国（英镑）	
要素	土地	劳动	土地	劳动
要素价格	1.00	2.00	4.00	1.00

表4-3b

国别		美国		英国	
生产要素		土地	劳动	土地	劳动
生产函数（单位）	小麦	5	1	5	1
	布（纺织品）	1	10	1	10

表4-3c

商品价格比例	美国（美元）	小麦	$1.00 \times 5 + 2.00 \times 1 = 7.00$ （1）
		布	$1.00 \times 1 + 2.00 \times 10 = 21.00$ （3）
	英国（英镑）	小麦	$4.00 \times 5 + 1.00 \times 1 = 21.00$ （3）
		布（纺织品）	$4.00 \times 1 + 1.00 \times 10 = 14.00$ （2）

表4-3a说明美国和英国两种生产要素价格比例不同，在美国，单位土地价格是1美元，单位劳动价格是2美元，要素价格比例是1:2；在英国，单位土地价格是4英镑，单位劳动价格是1英镑，要素价格比例是4:1。

表4-3b中是小麦和布（纺织品）的生产函数。两国的生产函数是相同的，生产小麦两国都需要5单位土地和1单位劳动，生产布（纺织品）都需要1单位

土地和 10 单位劳动。

表 4-3c 中是两国小麦和布（纺织品）的国内价格比例。美、英两国小麦和布（纺织品）国内价格比例等于两国国内生产要素价格乘以相同的生产函数。这样，美国小麦和布（纺织品）的价格比例为 7.00 美元:21.00 美元 = 1:3；而英国这两种产品的价格比例则是 21.00 英镑:14.00 英镑 = 3:2。可见，美、英两国小麦和布（纺织品）价格比例不同是由两国生产要素价格比例不同决定的。

(4) 要素价格比例不同是由要素供给比例不同决定的。所谓要素供给比例不同，是要素相对供给不同，也就是说，同要素需求相比，各国所拥有的各种生产要素的相对数量是不同的。俄林认为，在要素的供求决定要素价格的关系中，要素的供给是主要的。在各国要素需求一定的情况下，各国的要素禀赋不同，对要素价格的影响是不同的。供给丰富的生产要素价格便宜；相反，稀缺的生产要素价格就昂贵。比如，澳大利亚地广人稀，资本较少，因此地租较便宜而资本和劳动的价格较贵，所以说要素价格比例不同是由要素供给比例不同决定的。因此，一个国家生产和出口大量使用本国供给丰富的生产要素的产品价格就低，就有比较优势；相反，生产大量本国稀缺生产要素的产品价格就高，出口就不利。一国出口的是本国丰富的生产要素生产的商品，进口的是本国稀缺的生产要素生产的商品，这就是俄林用要素比例分析进口商品结构的结论。

2. 生产要素价格均等化定理。赫克歇尔—俄林的贸易模式还可对贸易对生产要素价格和收入分配的影响做出令人惊奇的预测。俄林认为，不同国家的不同要素禀赋是产生国际贸易的原因，因为每个国家在那些密集使用其拥有的丰富要素的商品生产上存在比较优势，而"贸易最直接的后果是各地商品价格趋于一致"。换言之，国际贸易将导致各国生产要素的相对价格和绝对价格的平均化。根据两种要素、两种商品、两个国家的贸易模型，俄林认为，在一系列假设条件下，自由贸易不仅会使商品的价格均等，而且会使生产要素价格均等，以致两国的所有工人都能获得同样的工资率，所有的土地单位都能获得同样的地租报酬，而不管两国的生产要素供应量和需求模式如何。这就是所谓的生产要素价格均等化理论。

20 世纪 40 年代，美国著名经济学家萨缪尔森发表了《再论国际要素价格均等》一文，他认为，在特定条件下，国际要素价格均等化是必然的。这些条件是：(1) 两种要素、两种商品、两个国家；(2) 每种生产要素供应量不变，国际间不能流动；(3) 两种商品要素密集度不同，两国技术条件相同；(4) 没有贸易限制；(5) 两国都生产两种产品。根据这些条件，萨缪尔森用数学方法证实了"两国生产要素价格必然完全相等"的结论。由于萨缪尔森对赫—俄原理的引申，这个理论也被称为"赫—俄—萨"原理（H-O-S Theorem）。

要素禀赋论在各国参加分工、进行专业化生产的依据上比李嘉图按"比较成本说"进行分工更为深入和全面，能正确地指出生产要素在各国进出口贸易中居于重要地位。

但该学说也有缺陷。第一，要素禀赋差异理论反对劳动价值论，抹杀了劳动收入和财产收入的区别；第二，抹杀与掩盖了国际分工和国际贸易的重要原因；第三，忽视了科学技术在国际分工、国际贸易发展中的重要性。

二、保护贸易理论

资本主义垄断时期的保护贸易理论以凯恩斯（John Maynard Keynes，1883~1946年）的"对外贸易乘数理论"（foreign trade multiplier）为代表。

1. 对外贸易乘数理论提出的背景。凯恩斯是英国资产阶级经济学家，是凯恩斯主义的创始人。他的代表作是《就业、利息和货币通论》，于1936年出版。在1929~1933年资本主义大危机前，凯恩斯是一个自由贸易论者。大危机以后，他改变了立场，转而推崇重商主义。凯恩斯没有一本全面、系统地论述国际贸易的专著。但是，他和他的弟子们有关国际贸易方面的观点与论述却为超保护贸易政策提供了重要的理论依据。

凯恩斯主义认为，传统的资产阶级外贸理论不适用于现代资本主义社会。因为，古典派的贸易理论是建立在国内充分就业这个前提下，国与国之间的贸易应当是进出口平衡，以出口抵偿进口。即使由于一时的原因或由于人为的力量使贸易出现顺差，也会由于黄金等贵金属流动和由此产生的物价变动得到调整，进出口仍归于平衡。他们认为，不要为贸易出现逆差而担忧，也不要为贸易出现顺差而高兴，故主张自由贸易政策，反对人为的干预。凯恩斯及其追随者指出，古典派自由贸易理论已经过时了。首先，20世纪30年代大量失业存在，自由贸易理论"充分就业"的前提已不复存在；其次，古典派自由贸易理论以"国际收支自动调节说"说明贸易顺、逆差最终均衡的过程，但却忽视了在调节过程中对一国国民收入和就业所引起的影响。凯恩斯主义认为，应当仔细分析贸易顺差与逆差对国民收入和就业的影响及作用：贸易顺差能增加国民收入，扩大就业；而贸易逆差则会减少国民收入，加重失业。因此，他们赞成贸易顺差，反对贸易逆差。

2. 对外贸易乘数理论的主要内容。对外贸易乘数理论是凯恩斯投资乘数在对外贸易方面的运用。为证明增加新投资对就业和国民收入的好处，凯恩斯提出了投资乘数理论。

凯恩斯把反映投资增长和国民收入扩大之间的依存关系称为乘数或倍数。即新增加的投资引起对生产资料的需求增加,从而引起对消费品需求的增加,又导致从事消费品生产的人们的收入增加,如此推演下去,结果由此增加的国民收入总量会是原增加投资量的若干倍。到底能增加多少倍,则取决于"边际消费倾向"。如果"边际消费倾向"为0,国民收入就不会增加;如果"边际消费倾向"为1,国民收入将为无限大;如果"边际消费倾向"介于0与1之间,则国民收入增加的倍数将在1和无穷大之间(0<倍数<∞)。

$$国民所得的增加(\Delta Y) = 乘数(K) \times 投资的增加量(\Delta I)$$

$$乘数 = \frac{1}{1 - 边际消费倾向}$$

举例说明如下。如果投资的增加量为1,"边际消费倾向"为零,则乘数为1,有:

$$国民所得增加 = \frac{1}{1-0} \times 1 = 1$$

如果投资的增加量为1,"边际消费倾向"为1,则乘数为∞,有:

$$国民所得增加 = \infty \times 1 = \infty$$

如果投资的增加量为1,"边际消费倾向"为1/2,则乘数为$\frac{1}{1-\frac{1}{2}} = 2$,有:

$$国民所得增加 = 2 \times 1 = 2$$

在国内投资乘数理论的基础上,凯恩斯的信徒们引申出对外贸易乘数理论。他们认为,一国的出口和国内投资一样,有增加国民收入的作用;一国的进口则与国内储蓄一样,有减少国民收入的作用。当商品劳务出口时,从国外得到的货币收入会使出口产业部门收入增加,消费也增加。这必然引起其他产业部门生产增加,就业增多,收入增加……如此反复下去,收入增量将为出口增量的若干倍。当商品劳务进口时,必然向国外支付货币,于是收入减少,消费随之下降,与储蓄一样,成为国民收入中的漏洞。他们得出的结论是,只有当贸易为出超或国际收支为顺差时,对外贸易才能增加一国就业量,提高国民收入,此时,国民收入的增加量将为贸易顺差的若干倍。这就是对外贸易乘数理论的含义。

如何计算对外贸易顺差对国内就业和收入影响的倍数?凯恩斯的追随者提出许多公式,仅举一式说明。

设 ΔY 代表国民收入的增加额,ΔI 代表投资的增加额,ΔX 代表出口的增加额,ΔM 代表进口的增加额,K 代表乘数。则计算对外贸易顺差对国民收入的影响倍数的公式为:

$$\Delta Y = [\Delta I + (\Delta X - \Delta M)] K$$

在 ΔI 与 K 为1时,则贸易顺差越大,ΔY 越大;反之,如果贸易差额是逆差时，则 ΔY 要缩小。因此，一国越是扩大出口，减少进口，贸易顺差越大，对本国经济发展的作用越大。凯恩斯主义的对外贸易乘数理论为超保护贸易政策提供了理论依据。

对外贸易乘数理论虽然为垄断资产阶级奉行超保护贸易政策提供了理论依据，但这一理论是有一定的局限性的：首先，假定国内已经处于充分就业状态，这时出口继续增加意味着总需求的进一步增加，从而将出现过度需求，引起通货膨胀。其次，从世界市场的角度出发，假定其他一切条件不变（包括世界的总进口价值不变），这时，除非降低出口商品的价格，否则，出口无法继续增加。但是，如果降低出口商品的价格，私人企业会因利润率的下降而不愿扩大产量。所以，对外贸易乘数的作用只有在世界总进口值增加的条件下才能发生作用。最后，不可否认，对外贸易顺差在一定条件下可以增加国民收入，增加就业。但如果为了追求贸易顺差，不加节制地实行"奖出限入"政策，势必导致关税、非关税壁垒盛行，使贸易障碍增多，发生各种贸易战，最终必将阻碍整个国际贸易的发展。

第四节 第二次世界大战以后的国际贸易理论

二战后，资本主义世界经济迅速恢复和发展，生产国际化不断加强，科技革命发挥着越来越大的作用。这一切使得国际贸易学说得到了较为充分的发展。二战后国际贸易理论可分为两个重要发展阶段：一是"里昂惕夫之谜"及其释"谜"阶段（二战后至20世纪80年代前），其主要特点是加强了对国际贸易学说的检验，使其分析方法得以发展；二是新国际贸易理论提出阶段（20世纪80年代以后），其主要特点是国际贸易理论研究的前提假设发生变化，使其对现实经济更具指导意义。

一、"里昂惕夫之谜"与释"谜"

1. "里昂惕夫之谜"的提出。二战以后，随着经济计量方法等经验检验手段的发展，西方学者纷纷从不同角度用经验资料来验证李嘉图的比较利益和赫克歇尔—俄林学说。一些著名的国际贸易理论家所作的几项有重要影响的验证工作似乎证实了李嘉图理论的有效和正确。但是，关于赫克歇尔—俄林学说的验证则出现复杂情况，不少经验性工作非但未能证明该学说的有关命题，反而得出完全相对立的结论，其中最著名的是瓦西里·里昂惕夫的研究。

瓦西里·里昂惕夫（Wassily Leontief）是美国哈佛大学行政管理学院经济学教授。他因提出"投入—产出分析法"获1973年诺贝尔经济学奖。20世纪50年代初，里昂惕夫运用他首倡的投入—产出分析法，试图验证赫—俄学说。他把生产要素分为资本和劳动两种，对200种商品进行分析，计算出每百万美元的出口商品和进口替代商品所使用的资本与劳动量，从而得出美国出口商品和进口替代商品中所含的资本与劳动的密集程度。

按照赫—俄学说，一国出口的是密集使用本国丰裕的生产要素所生产的商品，进口的是密集使用本国稀少的生产要素所生产的商品。一般认为，美国是一个资本丰裕的国家，它应该出口资本密集型商品，进口劳动密集型商品。因此，里昂惕夫期望他的验证将表明，出口产业部门将有相对多的资本量被释放出来，而进口替代产业部门会相对需求较多的劳动量。可是，他所发现的恰好是完全相反的结果（见表4-4）。

表4-4　　美国出口商品和进口替代商品对国内资本与劳动的需求量

	1947年		1951年	
	出口	进口替代	出口	进口替代
资本（美元）	2 550 780	3 091 339	2 256 800	2 303 400
劳动（人/年）	182.313	170.004	173.91	167.81
人均年资本量	13 991	18 184	12 977	13 726

从表4-4中可以看到，在1947年，美国出口每100万美元的商品，在国内使用资本2 550 780美元，劳动力182个，即每个工人耗用的资本量为13 991美元。同时，美国每进口100万美元商品的国内替代品，则用3 091 339美元资本和170个劳动力，即每个工人耗用的资本量为18 184美元。这样，在每100万美元的商品中，进口替代品与出口品之间人均资本量的比值为1.30（18 184÷13 991）。这意味着，美国出口的是劳动密集型商品，进口的则是资本密集型商品。里昂惕夫后来又用1951年的有关资料再次验证，所得结果（进口替代品与出口品之间的人均资本量比值是1.06）仍然同生产要素禀赋说的推论相矛盾。于是，里昂惕夫所得的验证结果被称为"里昂惕夫之谜"。

2. 对"里昂惕夫之谜"的解释及有关学说。"里昂惕夫之谜"从一个侧面暴露出赫—俄学说不能完整地解释国际贸易的商品结构和流向的真正原因，暴露出该学说缺乏动态分析的缺陷，这是里昂惕夫所未预料到的。"里昂惕夫之谜"带动了其他经济学家对国际贸易各种现象的动态分析，出现了一些新的观点。这些新观点各从一个侧面解释了国际贸易中的一些现象和造成的原因，其共同特点是强调科学技术在国际贸易中的重要作用。

(1) 劳动熟练说（skilled labor theory）。劳动熟练说首先由里昂惕夫自己提出，后来由美国经济学家基辛（D. B. Keesing）等加以发展。他们用劳动效率和劳动熟练或机能的差异来解释"里昂惕夫之谜"和影响进出口商品结构的理论。

里昂惕夫认为，"谜"的产生可能是由于美国工人的劳动效率比其他国家的工人高所造成的。他认为，美国工人的劳动生产率大约是其他国家工人的3倍。因此，在以劳动效率为单位衡量的条件下，美国就成为劳动要素相对丰富、资本要素相对稀缺的国家。

后来，基辛对这一问题作了进一步研究。他利用美国1960年的人口普查资料，将美国企业职工区分为熟练劳动和非熟练劳动。熟练劳动包括科学家、工程师、厂长或经理、技术员、制图员、机械工人、电工、办事员、推销员、其他专业人员和熟练的手工操作工人等。非熟练劳动指不熟练和半熟练工人。他还根据这两大分类对14个国家的进出口商品结构进行了分析，得出了资本较丰富的国家倾向于出口熟练劳动密集型商品、资本较缺乏的国家倾向于出口非熟练劳动密集型商品的结论。

(2) 人力资本说（human capital theory）。人力资本说是美国经济学家凯南（P. B. Kenen）等人提出来的。他们以人力投资的差异来解释美国对外贸易商品结构，其结论也符合赫—俄生产要素禀赋的理论。他们认为，劳动是不同质的，这种不同质表现为劳动效率的差异，这种差异主要是由劳动熟练程度所决定，而劳动熟练程度的高低又取决于对劳动者进行培训、教育和其他有关的开支，即取决于智力开支的投资。因此，高的效率和熟练劳动，归根到底是一种投资的结果，是一种资本支出的产物。凯南认为，国际贸易商品生产所需的资本应包括有形资本和无形资本，即人力资本。人力资本主要是指一国用于职业教育、技术培训等方面投入的资本。人力资本投入，可提高劳动技能和专门知识水平，促进劳动生产率的提高。由于美国投入了较多的人力资本，而拥有更多的具有熟练技术的劳动力，因此，美国出口的产品含有较多的熟练技术劳动。如果把熟练技术劳动的收入高出简单劳动的部分算作资本并同有形资本相加，经过这样处理之后，美国仍然出口资本密集型产品。这个结论是符合赫—俄生产要素禀赋理论的，从而把"里昂惕夫之谜"颠倒过来，这就是人力资本说。

(3) 技术差距说（theory of technological gap）。技术差距说又称技术间隔说，是美国经济学家波斯纳（M. U. Posner）提出，格鲁伯（W. Gruber）和弗农（R. Vernon）等人进一步论证的。他们认为，技术领先的国家，具有较强的开发新产品和新工艺的能力，形成或扩大了国际间技术的差距，而有可能暂时享有生产和出口某类高技术产品的比较优势。波斯纳认为，人力资本是过去对教育和培训进行投资的结果，因而可以将其作为一种资本或独立的生产要素；而技术是过去对研究与发展进行投资的结果，也可以作为一种资本或独立的生产要素。但是，由于各国对技术的投资和技术革新的进展不一致，因而存在着一定的技术差距。这样，就使得技术资源相对丰裕或者在技术发展中处于领先的国家，有可能享有生产和出口技术密集型产品的比较优势。

（4）需求偏好相似论（demand preference similarty）。需求偏好相似论是由瑞典经济学家林德（S. B. Linder）提出，用国家之间需求结构相似来解释工业制成品贸易发展的理论。他认为，赫—俄原理只适用于工业制成品和初级产品之间的贸易，而不能适用于工业制成品的贸易。这是因为，前者的贸易发展主要是由供给方面决定的，而后者的贸易发展主要是由需求方面决定的。

林德认为，工业制成品生产的初期是满足国内的需求，一旦国内市场大到可以使工业得到规模经济和竞争的单位成本时，才会想到扩大销售范围，将产品推向国际市场。由于该产品是为满足国内喜好和收入水平而生产的，故该产品较多地出口到那些喜好相似的国家。这些国家的需求结构和需求偏好越相似，其贸易量就越大，如果这些国家的需求结构和需求偏好完全一样，一国可能进出口的商品，也就是另一国可能进出口的商品。

林德认为，影响一国需求结构的主要因素是人均收入。人均收入水平与消费品、资本品的需求类型有着密切的联系。人均收入水平较低的国家，其选择的消费品质量也较低；同时，为了实现充分就业和掌握生产技术，也只能选择通用的简单的资本设备。人均收入水平较高的国家，其选择的消费品质量与档次也较高；而资本设备需求结构也更先进。因此，一国的需求结构和人均收入是直接相关的。人均收入越相似的国家，其消费偏好和需求结构越相近，产品的相互适应性就越强，贸易交往也就越密切。

（5）产品生命周期说（product cycle theory）。产品生命周期说由美国经济学家弗农（R. Vernon）提出，并由威尔士（L. T. Wells）等人加以发展。

弗农认为许多新产品的生命周期经历三个时期。

第一，产品创新时期。少数在技术上领先、创新国家的创新企业首先开发新产品，新产品开发出来后便在国内投入生产，这是因为国内拥有开发新产品的技术条件和吸纳新产品的市场。该创新企业在生产和销售方面享有垄断权。新产品不仅满足了国内市场需求，而且出口到与创新国家收入水平相近的国家和地区。在这一时期，创新企业几乎没有竞争对手，企业竞争的关键也不是生产成本。同时，国外还没有生产该产品，对该新产品的需求完全靠该创新国家企业的出口来满足。

第二，产品成熟时期。随着技术的成熟，生产企业不断增加，企业之间的竞争性增强了。对于企业来说,产品的成本和价格变得日益重要。与此同时,随着国外该产品的市场不断扩展,出现了大量仿制者。这样一来,创新国家企业的生产不仅面临着国内原材料供应相对或绝对紧张的局面,而且还面临着产品出口运输能力和费用的制约、进口国家的种种限制及进口国家仿制品的取代。在这种情况下,企业若想保持和扩大对国外市场的占领,就必须选择对外直接投资,即到国外建立子公司,当地生产,当地销售,在不大量增加其他费用的同时,由于利用了当地各种廉价资源,减少了关税、运费、保险费用的支出,因而大大降低了生产成本,增加了企业产品的竞争能力,巩固和扩大了市场。

第三,产品标准化时期。在这一时期,技术和产品都已经实现了标准化,参与此类产品生产的企业日益增多,竞争更加激烈,产品成本与价格在竞争中的作用十分突出。在这种情况下,企业通过对各国市场、资源、劳动力价格进行比较,选择生产成本最低的国家或地区建立子公司或分公司从事产品的生产活动。此时,往往由于发达国家劳动力价格较高,生产的最佳地点从发达国家转向发展中国家,创新国的技术优势已经不复存在,国内对此类产品的需求转向从国外进口。创新企业若想继续保持优势,选择只有一个,即进行新的发明、创新。

二、新国际贸易理论

1. 部门内贸易理论(intra-industry trade theory)。长期以来,各国都遵循比较成本的原则生产各自相对有优势的产品来参与国际分工,形成了国际范围内的"部门间贸易"(Inter-industry trade)。但是,二战后特别是 20 世纪 70 年代以来,部门内贸易得到了迅速发展。所谓部门内贸易(Intra-industry trade),是指一个国家既出口同时又进口同一类商品。它通常又被称为双向贸易(two-way trade)或贸易重叠(trade overlap)。

20 世纪 70 年代以来,部门内贸易已在世界贸易中占据了相当重要的地位。首先,部门内贸易在发达国家的工业制成品贸易中处于主导地位,尤其是在发达国家的制成品贸易中,部门内贸易的比重尤其大。例如,美国、英国、法国、加拿大等发达国家的制成品贸易中,部门内贸易指数分别为 65.6%、82.4%、75.4% 和 66.4%,大大高于它们与世界整体贸易的部门内贸易指数,尤其是欧盟成员之间的部门内贸易指数更高一些。其次,许多发展中国家,尤其是新兴工业国家和地区,部门内贸易的发展也相当迅速。

部门内贸易的兴起对传统的国际贸易理论提出了挑战。从李嘉图的比较成本理论到俄林的要素供给比例理论以及二战后产品生命周期等理论,都是以不同产品的相互交换为起点来分析国际贸易的,亦即各国在不同产业间的贸易中怎样形成和发挥自身的比较优势，增进本国的物质利益。传统的国际贸易理论显然不能对部门内贸易的发展加以解释。于是，20 世纪 60 年代开始，特别是 70~80 年代，出现了大量有关部门内贸易的理论。

该理论认为，造成部门内贸易的原因可同时从供求两方面考察：从供给方面来看，由于参与国际贸易的厂商通常处在垄断竞争条件下，因而造成了产品的差异化；从需求方面来看，由于消费者的偏好具有多样性以及各国的消费需求形式常常有一部分相重叠所致。

垄断竞争厂商的根本特点之一是其产品的差异化。产品的客观差别又可分为两种类型，即垂直差别和水平差别。分在同一类别中的产品具有一样的根本特性，产品根本特性在其程度上的差别就是垂直差别。即同一产品在档次上的差别，主要体现在产品质量等级上。比如，所有小汽车都属于具有一样的根本特性的同类产品，但有豪华型、普及型之分。同时，具有完全相同的根本特性并属于同一档次的同类产品，又会有一系列不同的规格和款式等，各规格、款式之间的差别就称为水平差别。比如，同为豪华型汽车或普及型汽车，又各有多种不同的颜色和外形。工业制成品所具有的差异或多样化程度要远远超过初级产品，这是形成部门内贸易的重要原因。

消费者的偏好也是极其多样化而互有差别的。这种差别同样可以分为垂直差别和水平差别两类。消费者偏好的垂直差别主要体现在消费者对同类产品中不同质量等级的选择上，而水平差别则主要体现在消费者对同类、同一质量等级产品不同规格或款式的选择上。消费者的这种消费偏好的多样性需要有相应的产品多样化加以满足。

同时，我们也应看到，不同国家的产品层次结构和消费层次结构是存在重叠现象的。对发达国家来说，由于不同发达国家的经济发展水平相近，其产品层次结构和消费层次结构大体相同。这就是说，甲国厂商提供的各种档次的同一类产品基本上能够为乙国的各种层次的消费者所接受；反过来，甲国的各种层次的消费者也能接受乙国厂商提供的各种档次的同类产品。这种重叠是发达国家之间存在部门内贸易的前提和必要条件。至于发达国家与发展中国家之间，两者的产品层次结构和消费层次结构也有部分重叠。比如，一个发展中国家的高收入阶层中的消费者和一个发达国家低收入阶层的消费者都要购买某种牌号的经济车就是一例。至于不同国家的消费者对同一规格的产品有相同的需求则更是普遍现象。这是导致部门内贸易的不可忽视的重要因素。

最后，规模经济是部门内贸易存在的必要基础。因为，一方面，规模经济促进了各产业内部发展专业化生产，使建立在部门内专业化分工基础上的部门内贸易得以迅速发展；另一方面，规模经济和产品差异化之间存在着密切的联系。由于规模经济的制约作用,每一国的大型企业只能生产出系列有限的产品来,同时,各国生产的产品又各具特色。产品差异的存在,既是促进企业走向专业化、大型化的因素,从而能获得经营上的规模效益;又为生产者的相互竞争提供了市场,为消费者的多样化选择提供了物质保证,是导致部门内贸易的基础性原因。

部门内贸易理论说明了二战后出现的国际贸易新现象,反映了在第三次科技革命后国际分工不断深化所带来的国际贸易格局的变化。从理论体系上来看,部门内贸易理论仍属于自由贸易理论的范畴,因为它把落脚点放在贸易利益的获得上。

专栏4-2

贸易特征的变化

贸易重要性的迅速提高,使得另外一个变化引人注目。这一变化的重要性直到最近才开始被人们完全理解,这就是贸易特征的变化:贸易已不再是古典理论所设想的和现在教科书中仍然在讲的那种交换。

传统的国际贸易理论把贸易看做国家之间从彼此的差异中互利的一种方法。因为各个国家在气候、文化、技术、资源等方面的差异,每个国家在生产一些对该国情况特别适合的产品上具有比较优势。这种理论使人们认为,贸易主要是反映各国独有的优势产品之间的交换,比如,发达国家出口制成品,而不发达国家出口原材料。

现在的情况是,国家的基本特征仍然主要决定了国际贸易的基本模式。有熟练劳动力的国家倾向于出口技术密集型的产品,土地资源丰富的国家出口农产品,等等。然而,第二次世界大战以后,国际贸易的相当一部分(而且越来越多)不可简单地归因于出口这些产品国家的潜在优势;相反,贸易似乎反映的是来源于规模经济或在激烈的技术竞争中暂时取得领先地位而形成的没有规律的或暂时的优势。

为了理解这种变化,让我们看一下英国的贸易变化过程。我们不难看到,在古典经济学盛行的19世纪,英国由于拥有熟练的劳动力、充裕的资源和丰富的经验,在制造业方面具有比较优势。因此,英国主要出口工业制成品并进口原材料。然而,20世纪70年代,英国出口的主要是制成品,进口的主要也是制成品。即使再仔细研究贸易数据,也很难找到英国出口和进口的工业制成品有什么确定的模式。事实上,在许多情况下,非常相似的产品既有出口又有进口。

这种并无潜在比较优势产品的大量双向贸易的原因并不难找到:一方面是大

规模生产的优势,而这种优势使国家之间的劳动分工基本上是随机的;另一方面是积累的经验所带来的优势,它有时使最初偶然的优势变成了永久的优势。还有就是创新带来的短暂的优势。重要的是,对贸易政策的传统经济分析所依据的贸易理论,并未考虑到这些引起国际分工的因素。

资料来源:[美]保罗·克鲁格曼,《战略性贸易政策与新国际经济学》,中国人民大学出版社、北京大学出版社2000年版,第10~11页。

2. 国家竞争优势论(the competitive advantage of nations)。国家竞争优势论的代表人物是美国经济学家迈克尔·波特(Michael Porter)。迈克尔·波特认为,决定一国竞争优势的有四个基本因素和两个附加因素。四个基本因素包括生产因素、需求状况、相关与辅助行业以及企业的策略、结构和竞争;两个附加因素是机遇和政府。

生产因素是指一个国家是否适合某个行业的竞争。波特指出,尽管这些要素条件是决定贸易的重要前提,但是,它们并非像古典贸易要素禀赋理论所说的那样;它们是决定竞争力的唯一前提。对于波特来说,最重要的是一个国家如何不断创新、发展并利用自己的生产要素(例如熟练劳动力)。

需求状况是指一个公司在最初的本国市场上所面临的竞争程度。一个公司只有在高度竞争的市场中才能得以生存并不断发展,也只有这样才能获得竞争优势。波特认为,如果一个国家中国内消费者层次高,需求大,则该国的企业能赢得竞争优势。高层次的和有需求的消费者们迫使当地企业满足产品的高质量标准,生产新颖的产品。波特指出,日本高阶层的和有知识的人士购买照相机有助于刺激日本照相机行业提高产品质量和引入创新模式。一个类似的例子可以在手机设备行业中看到,高层次的和有需求的斯堪的纳维亚当地消费者们促使芬兰的诺基亚和瑞典的爱立信投资于手机技术,并在其他发达国家出现手机需求前很久就开始了。结果,诺基亚、爱立信与摩托罗拉一起,成为全球移动电话设备行业的统领者,详见诺基亚的案例。

相关行业与辅助行业是指所有相关行业以及供应商的竞争能力。任何一个公司都与其他公司和行业发生着各种各样的关系,要获得并维持竞争优势就必须保持良好的行业工作关系,紧密联系供应商,保证产品流与信息流的及时性。如果这种相互作用不仅仅是停留于表面,而是建立在公司自愿的基础上,那么它就可能为竞争优势创造良好的条件。瑞典加强合成钢制品(如滚珠轴承和切割工具)导致了瑞典特种钢行业的强大;美国半导体行业的技术领导地位一直持续到20世纪80年代中期,为美国个人电脑和其他几种技术先进的电子产品的成功打下了基础;同样,瑞士制药业的成功与它的相关染料工业技术在国际上领先有密切关系。

波特模式中国家竞争优势的第四个广义特征是一个国家内企业的策略、结构和竞争。波特在这里提出了两个要点：第一个要点是各个国家体现了不同的"管理思想体系"的特征，这将有助于或无助于它们建立国家竞争优势。例如，波特指出，由于德国和日本企业的高层管理人员中工程师出身的人占多数，这些企业往往强调改进制造业流程和产品设计。相反，许多美国企业高层管理者中金融背景的人占主导地位。联系这一现象，他指出，许多美国企业不重视改进制造工序和产品设计，尤其是在20世纪70~80年代。他还认为，金融优势导致一种普遍追求最大短期金融回报的现象。按照波特的说法，这些不同思想管理体系的一个结果是美国的工程技术产业竞争力相对较弱。而在这些产业中，制造流程和产品设计都是很重要的（如汽车工业）。

波特的第二个要点是活跃的国内竞争与一个行业内竞争优势的创造和维持之间存在较强的关联性。活跃的国内竞争导致企业寻求各种方式来提高效率，使它们成为较好的国际竞争者。国内竞争给企业造成压力。企业不得不创新、提高质量、降低成本以及投资用于提升高级要素。所有这些都有助于创造世界级的竞争者。波特引述日本的例子：没有一个地方国内竞争的作用比日本更明显，那里许多企业全力竞争而不顾是否盈利。在强调市场份额的目标下，日本公司不断争斗，以便超越对方。市场份额波动很大，其过程背后显然隐藏着商业压力，精心制作的排行榜衡量了哪些公司最受大学毕业生的喜爱。新产品和新工序的开发率是惊人的。

总之，一个国家的综合环境条件既可以阻碍也可以支持公司创造和维持国际竞争能力。波特指出，没有任何一种管理、所有权或经营战略是放之四海而皆准的，它取决于这种战略在特定国家、特定时刻是否具有足够的适应性和灵活性。

专栏 4-3

芬兰诺基亚的崛起

移动电话（手机）设备产业是20世纪90年代成长最快的产业之一。手机用户迅速增加，1990年只有1 000万用户，至2002年年底，全球有10亿多用户，到2004年年底，用户数达15亿。

诺基亚在手机销售市场中占支配地位，诺基亚的根基在芬兰———一个人们在谈论尖端技术公司时通常想不到的国家。20世纪80年代，诺基亚是芬兰一家从事各种杂乱业务的联合企业，其业务包括头饰制造、造纸、消费电器和电子通信设备，到2002年它成长为一家专业的远距离通信设备制造商，销售额逾300亿美元，盈利超过50亿美元。这个先前的联合企业是怎样在手机设备产业中取得全球领导地位的？多数的回答归因于芬兰和其北欧邻国的历史、地理及政治经济。

事情发生在1981年，当时北欧一些国家创建了世界上第一个国际移动电话网络。它们有充分的理由成为开拓者，在人口稀少、荒凉的寒冷地区，安置传统的有线电话服务成本太高，这使电子通信更有价值。当人们驾车通过寒冷的北极，或者偏远的北方地区的房主在遭遇恶劣气候时需要通过电话请求帮助，结果瑞典、挪威和芬兰成为世界上采用移动电子通信的第一批国家。例如，它们发现，在遥远的北方偏远地区，传统有线服务的每部电话用户成本达到800美元以上，而同一地区无线移动电话服务的每个用户成本只有500美元。到1994年，斯堪的纳维亚12%的人口拥有了手机，相比之下，美国这个世界第二大市场只有不足6%的人口拥有手机。这种领先地位继续保持，到2002年年底，芬兰85%的人口拥有手机，而美国只有55%。

作为长期从事电子通信设备的供应商，诺基亚为这方面的发展作了正确的定位，而且芬兰的其他要素也有助于诺基亚发展它的竞争优势。芬兰与其他发达国家不同，从来没有一个全国性电话垄断公司，国家电话服务长期由大约50家自治的地方电话公司提供，这些公司由公民投票选出的委员会制定价格（自然意味着低价）。这批独立的、成本意识很强的电话服务提供者使得诺基亚在本国不得不居安思危。由于芬兰人典型的实用主义观念，这些电话公司一直愿意从成本最低的供应商那里采购，不管是诺基亚、爱立信、摩托罗拉还是其他公司。这种情况与大多数发达国家盛行的做法形成鲜明对照，一直到20世纪80年代末和90年代初，发达国家的国内电话垄断商通常从占统治地位的当地供应商那里购买设备或自己制造。诺基亚面对这种竞争压力，尽一切可能降低成本，同时继续开发尖端的移动电话技术。

这些压力的结果是明显的，现在诺基亚是数字移动电话的领导者，领导了未来的潮流。现在很多人认为，芬兰是无线电话服务的主要市场。如果想看无线电话的未来，不必去纽约或旧金山，到赫尔辛基吧，在那里，芬兰人不仅用手机通话，还用它浏览网页、进行电子商务交易、控制家用取暖和照明系统、从支持手机的自动售货机购买可乐。诺基亚已经获得这样的领导地位是因为斯堪的纳维亚地区开始转向数字技术比其他国家和地区早5年。受成本意识强的消费者的激发，如今诺基亚在世界手机设备生产商中成本是最低的，这使它成为比摩托罗拉（其在全球最大的竞争对手）更有盈利能力的企业。2002年第三季度，诺基亚生产并销售每部手机的平均成本为114美元，而在前一年大约要131美元，与它实力最接近的竞争对手——摩托罗拉2002年第三季度生产并销售每部手机的平均成本则为139美元。

资料来源：[美]查尔斯·W. L. 希尔，《国际商务》，中国人民大学出版社2005年版，第165页。

思 考 题

1. 试比较早期重商主义与晚期重商主义。
2. 简述斯密的绝对成本理论。
3. 简述李斯特的保护幼稚工业学说。
4. 试论李嘉图的比较成本理论的历史地位。
5. 试述部门内贸易理论的主要内容。
6. 与传统的国际分工理论相比,国家竞争优势论有哪些新特点?

第五章 国际直接投资与国际贸易

【本章教学目的】 通过本章的学习,使学生掌握国际直接投资的基本知识,包括国际直接投资的含义、种类、特点等,理解并掌握国际直接投资对国际贸易的影响。

国际直接投资的发展比国际贸易晚,只在 19 世纪末与 20 世纪初形成了较大规模的对外投资流动。但 20 世纪下半叶以来,尤其是"冷战"结束以后至目前,国际直接投资迅速发展,日益成为世界经济与贸易增长的一个重要动力源泉。随着投资流动规模的迅速扩大,国际直接投资对国际经济各方面的影响也不断加深,最直接、最明显的是对国际贸易的影响。

专栏 5-1

对外直接投资和爱尔兰的奇迹

从 20 世纪 90 年代到 21 世纪初,爱尔兰是经济增长最快的发达国家之一。长期以来,作为一个经济停滞并以人口输出和相对贫穷著称的西欧国家,1990~2001 年的国内生产总值年平均增长率达到了 7.24%。这段增长期刚开始的时候,爱尔兰以购买力平价计算的人均国内生产总值为 12 678 美元。而到了这段期间的末尾,这个指标达到了 32 133 美元,甚至超过了英国 (24 421 美元)、德国 (25 715 美元) 和法国 (25 074 美元)。增长的驱动力主要来自爱尔兰迅速扩张的出口。1985 年,爱尔兰的产品和服务的出口值为 100 亿美元,到了 2001 年,这个数字达到了 828 亿美元。这段时间,爱尔兰出口的商品种类也发生了巨大的变化,初级产品(农产品)占出口总额的比重从先前的 20.5% 降到 6%,高科技制成品的出口比重则从 23% 上升到了 36%。

这种出口引起的经济繁荣是由外来直接投资带动的。直接投资从 1985 年的 1.64 亿美元上升到了 2000 年创纪录的 240 亿美元,虽然 2001 年降低到了 97.8 亿美元(这主要是因为 2001 年全球对外直接投资活动普遍骤减)。一些大型跨国公司把爱尔兰看成向其他欧洲国家出口的理想基地,大部分直接投资就是由它们带来的。在那些主要投资者中,许多都是来自美国的高科技跨国企业,其中包括英特尔、戴尔、微软、盖特韦(Gateway)、苹果、IBM 和 EMC,另外还有一些大制药企业,如强生(Johnson & Johnson)、百时美施贵宝(Bristol-Myers Squibb)和礼来(Eli Lilly)。到了 21 世纪初,跨国企业在爱尔兰的子公司的出口额已经占到了爱尔兰出口总额的 80%以上。其中,英特尔和戴尔在爱尔兰的分厂的出口值各自达 40 亿美元,微软将近 25 亿美元,礼来和强生各自都超过了 10 亿美元。爱尔兰的主要出口商中有 2/3 是外国跨国企业的子公司。

爱尔兰何以在吸引直接投资方面如此成功?首先,爱尔兰受益于一些有利的地区因素。爱尔兰是欧盟的成员国,那里的子公司能够获得进入欧洲市场的有利途径。其次,爱尔兰拥有受过良好教育的劳动力(包括各种工程师)、相对低廉的工资水平和公司税率、良好的基础设施(如道路、供水、电力、通信设施等)、英语作为主要语言的优势(这对美国的跨国企业特别重要)以及友好地对待外商的政府。

最后一项是爱尔兰成功的关键,从 20 世纪 80 年代起,爱尔兰就采取了依靠直接投资促进出口并驱动经济增长的工业化战略。这一战略的核心步骤是建立获得大量资金以吸引直接投资的投资开发署(IDA,在 2000 年投资开发署获得了 1.6 亿美元授权进行吸引外国跨国企业投资的活动)。在投资开发署的努力下达成的关于对外投资者的各项税收减免和无条件补贴,再加上其他特定的地域优势,吸引了众多跨国企业进入。投资开发署还积极寻找高科技行业的投资者,并且很早就意识到爱尔兰是跨国公司客户服务呼叫中心的适宜之选,戴尔等公司就在爱尔兰设立了重要的客户服务呼叫中心。

投资开发署更重要的贡献是于 1990 年说服英特尔在爱尔兰开设了第一家分厂。而之后,英特尔的投资鼓励了更多其他高科技企业在爱尔兰设厂。爱尔兰政府制定了一项政策:对在爱尔兰开发的产品的专利收入免税。这一政策刺激了外国跨国企业在爱尔兰设立研发中心。到 20 世纪 90 年代中期,这一引资过程开始自我推动,高科技企业的集中吸引了其他高科技企业的到来。在这里,它们离自己的供应商和辅助产品提供者很近,甚至离自己的竞争对手也很近。

资料来源:查尔斯·W.L 希尔,《国际商务》,中国人民大学出版社 2005 年版,第 238 页。

第一节 国际直接投资的概述

近年来,国际直接投资发展很快,其增长速度超过了国际贸易,已成为国别、区域和全球经济增长的重要引擎。联合国贸发会议（United Nations Conference on Trade and Development, UNCTAD）发布的《2005年世界投资报告：跨国公司与研发国际化》指出，2004年全球外国直接投资流入量回升至6 480亿美元，比2003年增长2%，扭转了连续三年下滑的颓势。其中，流入发展中国家的外国直接投资增长40%，达2 330亿美元，占全球外国直接投资流量的36%，是1997年以来的最好水平。流入发达国家的外国直接投资下降14%，为3 800亿美元。美国仍然是最大的外国直接投资接受国，其次为英国和中国。2004年，全球外国直接投资流出量为7 300亿美元，增长18%。其中约50%来自美国、英国和卢森堡。发达国家仍是主要的净资本出口国，净资本流出超过净资本流入2 600亿美元。同时，国际直接投资也成为将各国经济联系在一起的一个重要机制，因而大大推动了经济全球化的进程。

一、国际直接投资的含义及分类

（一）国际直接投资的含义

国际直接投资一般又称为对外直接投资或外国直接投资（foreign direct investment, FDI），指一国居民（含自然人和法人）以一定生产要素投入用于他国的生产或经营，并掌握一定经营控制权的投资行为。主要表现为资金、技术、经营管理知识的综合体由投资国的特定产业部门向东道国的特定产业部门实行转移。

国际直接投资中投资者都以获得对国外企业的经营控制权为目的。根据国际货币基金组织（IMF）的解释，这种经营控制权是指投资者拥有一定数量的股份，因而能行使表决权并在企业的经营决策和管理中享有发言权。从国际直接投资的定义可知，构成国际直接投资的条件是：（1）生产要素的跨国流动；（2）投资方对投资企业拥有有效控制权。

对于第一个条件，一般没有什么异议，但对于第二个条件即有效控制权的问题存有争议。争议的焦点是投资一方在企业中拥有多少比例就可以被认定为是拥有有效控制权或直接投资，也即直接投资中的控股比例应当是多少。另外，有效控制权与股份拥有比例是否构成确定的数量关系。

在国际直接投资活动中，投资者对企业的有效控制权一般与投资者对企业股份的拥有权相符，拥有的股份比例越高，控制权越大。一个全部由投资者单独出资设立的企业，其全部所有权都归属于投资者所有，该投资者拥有企业的全部股权和控制权。对于两个以上投资者共同投资设立的企业，其控制权的划分依据拥有企业股份的多寡而定。在这种情况下，其中的一方可能处于多数股权、对等股权或少数股权的地位。一般而言，这种股权地位的差别是投资者拥有不同控制权的直接原因。然而，在国际直接投资实践中，投资所要求的有效控制权与股份拥有比例不一定构成确定的数量关系，因为按照国际投资实践的通行原则，有效的控制权是指投资者实际参与企业经营决策的能力和在企业经营决策与管理中的实际地位。只要投资者能在企业的经营决策和管理中显示出自己的存在，能够起到积极的作用，就可以认为拥有了有效的控制权。由于不同企业的组织形式和股权结构的不同，在不同国家对有关相对控股的标准和跨国投资中的控股标准是有区别的。

正因为如此，各国划定直接投资的标准就带有一定的随意性。例如，国际货币基金组织为25%的投票权，法国为20%，美国为10%。如果是在一家纯国内企业中，股权是充分分散化的，则只要一方比例（哪怕只有5%）超过任何一家厂商，则我们就可以认为该公司拥有了相对的控股权。显然，即便一家厂商达到了以上的投资比例，也并不意味着拥有经营管理控制权，充其量只能说是部分拥有了经营管理权。所以，我们在讨论直接投资对东道国的国际化产业市场结构效应时，只能就国际化产业和投资企业的国际化经营状况，特别是其投入资源的优势和在合资企业经营中的地位来具体考察。

（二）国际直接投资的主要种类

国际直接投资可以按不同的标准分类。

1. 按股权比例分类。根据股权比例不同国际直接投资可以分为两类：国际独资企业、国际合资企业。

国际独资企业是指外国投资者依照东道国法律在东道国设立的全部资本为外国投资者所有的企业。国际独资企业是国际直接投资的一种传统方式，其最明显的特征是，作为单独的出资者，其所有权和经营管理权由外国投资者独占，同时也由该投资者独自承担责任与风险。

国际独资经营企业由于经营管理大权独揽，投资者可以按照自己的方式进行管理。另外，投资者到东道国去投资，必然有其独特的垄断优势，包括技术优势、销售渠道等。采用国际独资经营的方式，有利于投资者保守商业秘密，从而保持其竞争优势。建立独资企业的方式为跨国公司尤其是大跨国公司所偏爱，它们有时宁愿放弃投资机会也不愿以合资方式进行直接投资。但是，经营上往往受到东道国比较严格的限制，容易受到当地民族意识的抵制，经营的风险较大。国际独资企业主要形式有国外分公司和国外子公司。

（1）国外分公司。国外分公司是指由母公司为扩大经营范围或生产规模在东道国依法设立的,并作为母公司的一个不可分割部分的国外企业。国外分公司不具有法人资格,没有自己独立的公司名称与章程,其主要业务完全由母公司决定,并以母公司的名义进行业务活动。国外分公司的资产全部属于母公司,母公司对分公司的债务承担无限责任。

设立分公司的有利之处在于:设立分公司时只需缴纳少量登记费,手续比较简单;母公司只要控制了分公司的管理人员,就可以全面地控制分公司的经营活动;东道国对分公司在该国以外的财产没有法律上的管辖权,因此,分公司在东道国之外转移财产比较方便;由于分公司与母公司同属一个法律实体,不是独立核算的法人,所以分公司在国外的纳税一般少于子公司。许多国家的税法都规定,国外分公司的亏损额可在母公司税前利润中扣除。

设立分公司的不利之处有:分公司在注册时须披露母公司的全部业务活动和财务收支状况,给母公司的业务保密带来损害;母公司要对分公司债务承担无限责任,分公司在终止或撤离时只能出售其资产,而不能出售其股份,也不能与其他公司合并;分公司业务受母公司支配,在东道国又被当作外国公司来看待,所以难以开展业务。

(2)国外子公司。国外子公司是指由母公司投入全部股份资本,依法在东道国设立的具有法人资格的独资企业。国外子公司具有独立的法人资格,有自己独立的公司名称和公司章程,有自身的股东大会和董事会,有自己独立的管理机构,有自己独立的资产,自负盈亏、独立地以自己的名义进行各种民事活动。

设立子公司的有利之处在于:子公司可以独立地得到东道国银行贷款,或是在当地的证券市场上融资,且其偿债责任只限于子公司的资产;子公司在东道国终止营业时,可灵活选择采用出售其股份、与其他公司合并或变卖其资产的方式回收投资;在国际避税地设立避税地子公司有利于母公司开展避税活动;由于子公司在东道国是以一个本国公司的身份开展业务,所以受到的限制比较少,比分公司更能开拓当地市场;由于子公司有较大的自主权,在经营管理上可以充分发挥其创造性。

设立子公司的不利之处在于:因为子公司在东道国是一个独立法人,设立程序较复杂,费用较高;在国外设立子公司必须建立起东道国《公司法》所规定的行政管理机构,还必须对东道国大量的法律法规进行研究,这无形之中增加了子公司的行政管理费用;子公司需要公开自己的财务状况,这必然会增加子公司的竞争压力。

国际合资企业是指两个或两个以上属于不同国家或地区的公司、企业或经济组织依据东道国法律,并经东道国政府批准而在东道国境内设立的企业。国际合资企业是股权式合营企业,它的特点是各方共同投资、共同经营、共担风险、共享利润。国际合资企业是当前国际直接投资中最常用的形式。国际合资企业可采用无限责任公司、有限责任公司以及股份有限公司等形式。无限责任公司是指由两个以上的股东组成的对公司债务承担无限责任的公司。有限责任公司是指由两个以上的股东组成的仅对投入公司中的资本承担债务的公司。股份有限公司是指通过法定程序,向公众发行股票筹集资本,股东的责任仅限于其出资额的一种公司组织。

采用国际合资的方式进行直接投资具有较大的灵活性,合资对象既可以是东道国的当地企业,也可以是东道国政府机构。一般认为与后者的合作可以减少差别待遇,较容易进入当地市场或得到优惠待遇。从投资者的角度看,建立合资企业有以下几点好处:可利用合资对象的销售网和销售手段进入特定地区市场或国际市场,开拓国外市场;合营各方可以在资本、技术、经营能力等方面相互补充,增强合资企业自身的竞争力;有利于获得当地的重要原料、资源或生产基地;可以吸收对方的经营管理技能,获得有经验的技术人员、管理和销售人员;有助于投资者进入某一新的业务领域,取得新技术;有利于扩大企业的生产规模,较迅速地了解国外市场信息和满足国外市场的需求变化;可获取税收减免等优惠待遇;分散或减少国际投资中的风险;可更好地了解东道国的经济、政治、社会和文化,有助于投资者制定正确的决策;有当地资本投入,有可能会避免被东道国政府征收或被排挤,减少或克服差别待遇和法律障碍;有助于缓解东道国的民族意识和克服企业文化差异带来的经营困难。

当然,合资企业也有一些不利因素,主要表现在投资各方的目标不一定相同,经营决策和管理方法上有可能不一致,市场意向和销售意向方面可能产生分歧,投资的长、短期利益难以统一等方面,因而容易导致投资者之间的摩擦。所以,合资企业经营的成功往往取决于投资者各方的共同意愿和共同努力。

2. 按组建方式分类。根据建立方式国际直接投资可以分为两类:在东道国建立新企业、收购东道国已有企业。

(1) 在东道国建立新企业。在东道国建立新企业的投资方式又称"绿地投资",是指由外国投资者投资全部资本或部分资本,在东道国创立一个拥有全部或部分控制权的企业的投资方式。既可采取独资的方式,也可采取合资或合作的方式(关于国际独资企业与国际合资企业问题将在本章第二节中讲解)。

在东道国建立新企业和收购与兼并东道国已有企业相比,具有以下优缺点。优点是:避免受到东道国法律和政策限制;手续比较简单;享受东道国的优惠政策。缺点是:从立项到施工到正式营运需要的时间较长,即周期长;不能像收购海外企业那样利用当地企业的销售渠道,不利于迅速占领东道国市场;不利于新产品、新业务的扩展;市场竞争激烈,风险大。

（2）收购与兼并东道国已有企业。收购与兼并东道国已有企业是指外国投资者通过一定的程序和渠道依法取得东道国某企业的部分或全部所有权的行为。我们把出资收购的企业称为收购公司，把被收购的企业称为目标公司。国际企业收购已经成为国际直接投资的一种主要方式，具体又可分为直接收购和间接收购两种方式。直接收购是指收购公司直接向目标公司提出拥有所有权的收购要求，双方经过磋商达成协议，最后完成所有权的转移。如果收购公司提出的是部分所有权要求，目标公司可以允许收购公司取得其增发的股份。如果收购公司提出的是全部所有权要求，双方就应本着互惠互利的原则进行有关收购条件和形式的磋商，达成协议，并按协议进行所有权的转移。间接收购是指收购公司并不向目标公司直接提出收购要求，而是通过在证券市场上收购目标公司股份的方式取得对目标公司的控制权的一种行为。

收购与兼并东道国已有企业，与在东道国建立新企业相比，具有以下优缺点。

优点包括：第一，进入迅速。可以大大缩短项目的建设周期，迅速扩大企业的生产和经营规模。第二，获得市场份额。可以利用目标企业原有的销售渠道快速打入当地市场。第三，可以提高现有技术水平，促进研究与开发能力的形成和深化；可获得现成的经营人才以及技术、商标等无形资产。第四，减少竞争对手。将对手兼并之后，必然减少了竞争对手的数量。第五，迅速扩大企业产品种类。当收购公司把目标公司并在自己门下之时，即为收购公司超越原有的产品生产范围、实行多样化经营之时，显然，收购现有企业是迅速而有效的途径。第六，廉价获得。通过收购后再次出售目标公司的股票或资产，收购公司获得了更多利润。第七，减少收购公司与当地文化不同而造成的摩擦。利用熟悉当地市场原有管理制度的管理人员，从而可以避免由于对当地情况缺乏了解而造成的种种麻烦。

缺点包括：第一，价值评估困难。由于目标企业与收购企业所在国的会计准则和财务制度存在差异，收购企业有时很难准确评估目标企业的真实情况。第二，管理困难。收购行为受东道国法律和政策限制，不适合收购公司的管理要求，以致造成管理上的问题，甚至导致经营失败。第三，公司规模和地点上的制约。目标公司原有的一些条件，如企业的规模、生产的地点等，有时往往不完全符合跨国公司战略布局的需要，这也对企业的并购形成了制约条件。第四，容易受当地舆论的抵制。第五，对目标企业进行改造存在障碍，如剩余人员的安置问题等。

3. 按投资动机分类。根据投资动机国际直接投资可以分为自然资源导向型、市场导向型、追求生产效率导向型、地缘导向型、宗主国导向型、全球战略导向型。

（1）自然资源导向型。自然资源导向型是指为了开发油田、矿产等自然资源以及林业、水产资源，在当地投资。投资企业为寻求稳定的资源供应，可以在世界任何地方进行投资。这类投资被称为自然资源导向型投资。

（2）市场导向型。市场导向型是指以扩大商品销售、占领市场为目的而进行的投资。这一类型的投资有三种情形：第一，利用当地各种廉价资源，降低成本生产，在当地销售；第二，实现规模经济，降低单位产品成本，提高产品的竞争力；第三，绕过东道国的贸易壁垒，开拓市场。

（3）追求生产效率导向型。追求生产效率导向型是指为利用境外廉价劳动力、土地等资源，降低企业的生产成本，维护或提高企业竞争能力进行投资。由于劳动力的流动受到限制，土地等自然资源没有流动性，为利用这些资源，就必须到拥有这些资源的国家去投资。

（4）地缘导向型。这种投资以地理位置、空间距离来决定投资。这种情况多发生在工业较为发达并具有向外辐射功能的地区。例如，美国对墨西哥及某些拉美国家的投资，西欧国家对西欧和东欧的投资。

（5）宗主国导向型。宗主国导向型是指殖民国家为了控制殖民地或附属国的政治经济，对殖民地或附属国投资。在近代史上，一些发达国家往往采用这种方式进行投资。例如，英国在北美、印度、澳大利亚、中国香港和新加坡的投资，法国在北非的投资。第二次世界大战以后，殖民时代已经结束，但历史上遗留下来的经济与文化纽带仍然在起作用。例如，法国又重新回到越南进行投资建厂。

（6）全球战略导向型。全球战略导向型是指企业为了实现其全球发展战略、取得最佳经营效果而进行投资，是跨国公司进行全球扩张的一种经营战略。跨国公司将其全球范围的经营活动视为一个整体，依据资源和市场的分布情况在世界范围内进行灵活、有效和统一的经营，有计划地对生产、销售和技术开发等方面进行直接投资。一般来说，这种类型是国际直接投资发展到较高层次的体现。

4. 按投资部门结构分类。根据投资部门结构，国际直接投资可以分为垂直型对外直接投资和水平型对外直接投资。

（1）垂直型对外直接投资。垂直型对外直接投资又分为两种：一种是一国投资者为了在生产过程的不同阶段实行专业化而将生产资本直接输出到另一国进行设厂或建立企业的投资活动。这种对外直接投资在资源的开采、提炼、加工和制成品制作过程中使用得较多。另一种是把劳动密集型产品的某些生产阶段采用投资的方式转移到劳动力成本较低的国家或地区进行。这种投资方式，在发达国家和一部分新兴工业化国家或地区进行产业结构调整时经常采用，如电子元器件和产品的设计、制造由美国或日本的电气公司完成，而将其运到中国香港、韩国或中国台湾的附属公司进行组装。这种类型的垂直型对外直接投资一般是依据每一生产阶段的不同特点和要求，利用有关国家或地区的资源、加工条件、优惠措施等进行的。

(2) 水平型对外直接投资。水平型对外直接投资是指一国的公司或企业作为投资者将生产资本输出到另一国，在投资东道国建立子公司，根据当地情况从事某种产品的设计、规划、生产和销售等全部经营活动。

(三) 国际直接投资的基本特点

由于科学技术的迅速发展和新技术革命的兴起，生产国际化的发展和世界市场竞争的加剧，发展中国家和转型国家的对外开放及市场经济的发展，跨界兼并和收购，导致国际直接投资迅速发展。20世纪80年代以来，国际直接投资对经济发展的影响力大幅度上升，与国际间接投资相比以及从发展过程来看，大致具有以下四个显著特点。

1. 国际直接投资是一种"真实"的资本移动。国际直接投资往往是与生产要素的跨国移动联系在一起的，并以对经营管理有效控制权为核心，以获取利润为主要目的的资本外投。之所以被称为直接投资，是指投资所形成的新的资本是用于生产事业上，可以直接增加社会的物质财富，或提供社会所需要的劳务。直接投资中所移动的生产要素包括资本（厂房、设备等）、技术和专利、管理人员等。

但是，国际直接投资不一定总有资本移动。一般来说，证券投资总表现为资本在不同国家之间的移动；而直接投资在不少情况下开始并不发生资本在国际间的移动。例如，国外投资者利用其无形资产（技术知识、经营准则、商标和销售渠道等）作为投资，而在东道国的资本市场上筹集相应的资金来创办企业。一旦该企业盈利，则可利用该企业的利润来进行再投资。另外，有些投资者为回避风险（特别是担心东道国没收其资产），采用一种类似于外汇市场上套期保值的方式，即在投入一定有形资产的同时，又以该资产作抵押从东道国借贷相当的借款。这样，一旦东道国出现危及其投资的风险，则可以通过免除债务来补偿投资资产的损失。

2. 国际直接投资是一种不完全的竞争。国际直接投资与国际间接投资不同，首先表现在国际直接投资不是单纯的资本国际间移动，而是包含着投资企业的资本、技术和管理才能等生产要素的转移，而且投资企业要对转移到国外生产地点的生产要素实施控制；其次，直接投资是企业发展到一定规模和具有某些垄断优势时的海外扩张行为，跨国公司是垄断企业海外扩张的产物。因此，国际直接投资是一种不完全的竞争。一般来说，一家当地公司要比一家外国公司占有天时、地利及人和方面的优势。那么，如何解释大量发生的国际直接投资现象呢？分析起来，主要表现为跨国投资的公司具有在不完全竞争条件下的竞争优势。概括起来包括：(1) 跨国投资可以比较充分地利用国际分工的好处；(2) 跨国投资企业可以最大限度地发挥技术垄断优势；(3) 跨国投资企业可以较易回避各种贸易和资金流动的限制；(4) 跨国投资企业可以开辟多种融资渠道。

3. 国际直接投资者承担的风险较大。这表现在三方面：一是国际直接投资周期长、资本流动性差，一旦发生东道国政局不稳定或政策变化，投资者很可能收不回投资。二是国际直接投资未来收益的不确定性使得投资者经常遇到汇率变动的风险，而又无法采取有效的避险措施。国际间接投资的未来收益则是基本固定的，投资者可以采取一些防范措施来避免汇率变动的风险。三是投资者直接参加经营管理，便于管理、控制，并且有利于改善出口商品结构，但是，这种直接管理有可能引起文化、社会意识上的冲撞，甚至因此发生劳资纠纷，从而影响投资收益。

4. 国际直接投资带动了技术出口和管理经验的传播。国际直接投资直接参与企业的生产经营，因而可以带动投资国的技术出口。对投资接受国来说，国际直接投资有利于促进技术进步，而且引进了先进的管理技术与经验，有利于提高企业的经营管理水平。

第二节 20世纪80年代以来国际直接投资的发展及成因

一、20世纪80年代以前国际直接投资回顾

为了适应19世纪中期资本主义对外扩张的需要，在西欧，早期国际直接投资出现并在工业革命不断发展的基础上发展起来。但在这一时期国际投资的主要形式是以间接投资为主，国际直接投资无论是在规模上还是在地域范围上都是很有限的。

到了19世纪末20世纪初，由于第二次科技革命的蓬勃兴起和迅速推进，各主要资本主义国家的政治经济状况及世界经济形势发生很大变化，对外投资国家的数量增加且对外投资规模逐渐扩大，从19世纪末到第一次世界大战爆发之前的这段时间里，国际直接投资有了一定的发展。首先，从投资规模和增长速度来看，1870年，主要对外投资国英国、法国、荷兰三国的对外投资总额约为79亿美元。由于德国、美国相继加入，到1900年，主要资本主义国家对外投资总额

增至237亿美元。第一次世界大战爆发前的1913年，主要资本主义国家对外投资总额进一步增至368亿美元，是1870年的近5倍，年均增长11%，大大高于1825~1855年间7%的年均增长率。其次，从投资来源来看，这一时期英国和法国在整个国际投资中的地位明显下降，投资来源出现分散化趋势。1825年、1855年和1870年，英国在主要资本主义国家对外投资中所占的比重分别为56%、64%和62%，到1914年，英国在国际投资中所占的比重下降到43%，同期法国在国际投资中所占的比重先升后降，1825年为11%，1855年和1870年分别上升到27%和31%，1914年又下降到20%[①]。与英、法两国的情况相反，新兴资本主义国家美国在国际投资中的地位迅速提升。1900年以前，美国基本上没有对外投资，而到1914年，美国的对外投资在国际投资中所占的比重迅速上升到7%。再次，从投资流向来看，国际投资流向那些资本主义已经发展和正在发展但却落后于当时先进国家的地区。最后，从对外投资方式来看，以间接投资为主，但直接投资有了一定的发展。以英国为例，19世纪70年代以前直接投资所占的比例很小，到1913年，直接投资占投资总额的30%[②]。

1914~1945年，是人类历经苦难的时期。在这短短的30年时间里，发生了两次世界大战和一场深重的经济危机（1929~1933年的大危机）。这些灾难性的事件，给世界各国的生产和对外贸易及国际直接投资发展造成极大的负面影响，使全球生产、对外贸易及国际投资发展处于下降和停滞状态。首先，从投资规模和增长速度来看，两次世界大战之间，帝国主义对外投资数额增长缓慢，几乎处于停滞状态，且中间出现过急剧萎缩。从第一次世界大战结束到1938年，英、法、德、美、日五国对外投资总额共计只增长约35亿~62亿美元，年平均仅增长2亿美元左右，如果考虑到20世纪30年代美元贬值的因素，基本上处于停滞不前的状态。而且，第一次世界大战后初期曾比战前减少约1/3，直到20世纪20年代末才恢复到了第一次世界大战前400亿美元的水平[③]。其次，从投资来源与分布来看，主要的五个投资国，即英、法、德、美、日，投资流向大部分都是它们各自的殖民地。最后，从投资方式来看，这一时期的国际直接投资有了较大发展。以美国为例，1919年，美国对外直接投资约70亿美元，占其对外长期投资的60%，虽然受到1929年爆发的经济危机的影响，美国对外直接投资在其对外长期投资中所占比重在1930年仍高达52.6%，到1939年，对外直接投资在其对外长期投资中所占的比重上升到了65.2%。其他国家也有了一定的发展。

第二次世界大战结束以后，随着各国经济的恢复与发展，新的投资大国迅速

---

①②③ 宋则行、樊亢主编：《世界经济史》（上卷），经济科学出版社1995年版，第376、380、230页。

崛起,对外直接投资的范围进一步扩大,投资不断增强,国际直接投资进入到一个新的大发展时期。二战后以来,国际直接投资的增长速度持续超过国际贸易的增长,而且投资规模也大大超过以前任何时期。在二战结束到20世纪50年代末期,国际直接投资基本处于恢复发展时期。但到了20世纪60年代,尤其是60年代中期开始到70年代末,国际直接投资经历了一个快速增长期。1967年,发达国家私人对外直接投资总额约为1 053亿美元,1973年增至2 069亿美元,6年间增长约1倍,年均增长16%。70年代中期以后,发达国家相继进入"滞胀"状态,而1973~1979年这6年中,国际直接投资却以更快的速度增长。1973年,发达国家私人对外直接投资总额为2 069亿美元,1979年增至4 215亿美元,年增长约18%,大大超过同期发达国家工业生产和对外贸易年均增长率的2.1%和4%。虽然对外直接投资都在迅速扩大,但各国对外直接投资的发展却很不平衡(见表5-1)。20世纪50年代的国际直接投资领域基本上是美国独占。60年代中期以后,美国虽然仍稳居世界第一大投资国的地位,但与其他发达国家的差距大大缩小。1965~1969年,美国对外直接投资总额分别是法国、联邦德国、日本和英国对外直接投资的13倍、9倍、23倍和4倍。1970~1979年,美国对外直接投资总额相当于法国、联邦德国、日本和英国的11倍、6倍、8倍、4倍。特别是联邦德国和日本,经过二战后的恢复迅速提升两国投资地位。到20世纪70年代末,世界投资五大国依次为:美国、英国、联邦德国、日本、法国。

表5-1　　1960~1979年美、英、日、联邦德国、法对外直接投资情况

单位:百万美元

年份 国家	1960	1970	1979	1965~1969		1970~ 1974	1975~ 1979	1970~1979	
				金额	比重 (%)			金额	比重 (%)
美国	1 674	7 589	23 967	16 729	66.32	43 423	78 095	121 518	59.53
英国	700	1 310	5 915	4 702	18.64	12 434	20 919	33 353	16.34
日本	79	355	2 894	733	2.93	5 114	10 641	15 755	7.72
联邦德国	116	873	4 638	1 772	7.01	7 075	14 961	22 036	10.79
法国	100	373	2 030	1 293	5.10	3 082	8 385	11 477	5.59

资料来源:陈继勇等,《国际直接投资的新发展与外商对华直接投资研究》,人民出版社2004年版。根据第26页中的资料整理得出。

从投资的地区流向来看,发达国家的投资已由过去投向殖民地转为投向发达国家为主。以美国为例,20世纪70年代中期,美国在发达国家的投资已占其对外直接投资总额的70%以上。西欧、日本等发达国家情况也类似。从发达国家对外直接投资的总体情况来看,1960~1971年,发达国家对外直接投资流向发达

国家的约占78%，而流向发展中国家的约占22%。到1978年，发达国家对外直接投资，投向发达国家的占74%，投向发展中国家的占26%[①]。

从投资的产业流向来看，20世纪60年代以后，国际直接投资的部门结构也有所变化。主要表现在对发展中国家投资的部门分布上。从历史上来看，发达国家在发展中国家的直接投资主要集中在开发自然资源以及铁路运输上，投放于制造业的为数不多。60年代以后，外国资本在采掘业部门的投资比重显著下降，对制造业部门的投资则明显上升。60年代初，美国在发展中国家的直接投资总额中，采掘业占36%，制造业占32%；到1974年，对制造业的直接投资比重上升为39%，采掘业的投资比重则降为18%。其他国家情况也类似[②]。

从投资方式来看，这一时期国际直接投资的主体——跨国公司在国外股权投资的策略发生变化。主要表现是：跨国公司在国外拥有全部股权的独资子公司在子公司总数中所占的比重下降，与发展中国家合资经营的企业尤其是少数控股企业的合资经营企业所占的比重上升；非股权参与形式的投资发展迅速。

在20世纪50年代，跨国公司一般都力图通过拥有全部股权或拥有多数股权对国外子公司进行直接控制，不愿与其他外国投资者或东道国开办合营企业，以利于实行内部技术转让，保证其技术的安全，以及减少在经营方针、利润分成等方面的矛盾。据调查，1950~1954年，跨国公司在国外建立子公司共210家，其中拥有全部股权和拥有多数股权的子公司有164家，占78.1%；拥有少数股权的子公司只有46家，占21.9%。1955~1959年，前者所占的比重略有下降，但仍达到75.8%，后者占24.2%。20世纪60年代，发展中国家为发展民族经济对外资企业实行国有化，或通过采取逐步降低外国资本在原有企业或新建子公司的参股比重方式，对外国投资者所拥有的股权采取各种限制和管理措施。因此，跨国公司不得不改变坚持拥有多数股权的做法，接受采用少数股权的方式与东道国开办合营企业。20世纪70年代中期以后，一些发达国家的跨国公司为了适应国际政治和经济形势的变化，并从自己的战略利益考虑，在发展中国家的经营活动中采取了更加灵活的方式。它们利用自己生产和经营多样化的特点，凭借其雄厚的资本实力以及在技术、经营管理等方面优势，越来越多地采取"非股权参与"方式进行直接投资。所谓非股权参与方式，是指跨国公司在东道国的公司中不参股，而是只通过与股权没有直接关系的技术、管理、销售渠道等各种服务，与东道国保持紧密的联系，并从中得到各种利益。非股权参与的具体形式在不断发展，其主要形式有许可证合同、交钥匙合同、经济管理合同等。许可证合同是跨

[①] 宋则行、樊亢主编：《世界经济史》（下卷），经济科学出版社1995年版，第341页。
[②] United Nations, *Multinational Corporations in World Development 1973*, PP. 162–163.

国公司按一定的价格向东道国转让某种技术或某种技术诀窍，东道国根据协议，在一定时期内，以产品的产量和产品销售价格为基础，向跨国公司交付一定比率的提成费。在合同有效期内，跨国公司有义务向许可证获得者提供改进的情报，对获得者进行培训，给予技术帮助和派专家指导等。而许可证获得者也有义务向许可证提供者作技术反馈。交钥匙合同一般是由跨国公司负责整个项目的基本设计，供应全套设备并负责全部施工，工厂建成后交付给东道国投入生产，东道国则以工厂生产的产品或其他产品偿付跨国公司。经营管理合同主要有两种：一是全面经营管理合同，即从外国聘请来的总经理和其他管理人员不仅负责技术管理和物业管理（采购和销售），而且负责行政管理；二是技术管理，即由外国技术人员、第三方的技术公司或人员来帮助企业。

二、20世纪80年代以来国际直接投资新发展的主要特点

通过上面分析可知，20世纪60年代国际直接投资开始快速增长，但由于80年代初的严重经济危机而出现了中断现象，因而，国际直接投资出现了下降。但是，这种下降的局面随着各主要发达国家相继走出危机而很快结束。从1983年开始，国际直接投资进入了一个前所未有的飞速发展阶段。80年代以来，在国际直接投资高速增长的同时，其发展呈现出一些新特点。

1. 国际直接投资快速增长，投资规模急剧扩大。国际直接投资在20世纪80年代初的经济危机中经历短暂下降后，于1982年开始恢复增长。从1985年开始，国际直接投资出现快速增长的态势（见表5-2）。

表5-2　　　　　1980~2009年国际直接投资流量、存量　　　　单位：亿美元

年份	国际直接投资流出存量			国际直接投资流出流量		
	总额	发达国家	发展中国家	总额	发达国家	发展中国家
1980	5 214.9	4 494.3	220.6	536.7	503.4	33.1
1985	6 917.5	6 562.8	354.7	621.6	579.1	42.6
1990	17 214.5	16 304.4	904.0	2 333.2	2 165.6	167.0
1995	28 548.5	25 775.5	2 709.3	3 564.0	3 041.5	515.5
2000	60 864.3	53 162.9	7 516.3	13 794.9	12 712.7	1042.1
2001	65 520.1	57 519.5	7 760.7	6 207.1	5 806.2	365.7
2006	124 742.61	107 107.99	16 003.05	12 157.89	10 227.11	1 743.89
2007	156 023.39	13 0421.18	22 880.73	19 965.14	16 921.41	2 531.45
2008	162 056.63	136 236.26	23 566.49	18 577.34	15 065.28	2 927.10
2009	189 821.18	160 108.25	26 914.84	11 009.93	8 206.65	2 291.59

资料来源：联合国贸发会议（UNCTAD），http://www.unctad.org

1984~1987年,国际直接投资增长了近3倍,并于1986年超过了80年代初经济危机前国际直接投资流量最高的1979年。1988年和1989年,国际直接投资都增长了20%。1983~1989年,国际直接投资年均增长28.9%,其中,1985~1989年,年均增长率高达38%,远远高于世界出口和世界GDP增长率的9.4%和7.8%。1989年,国际直接投资流量高达2 110亿美元,是1979年国际直接投资流量的3.7倍。进入20世纪90年代后,受发达国家经济衰退的影响,国际直接投资增长的速度有所放慢。1990年国际直接投资增长率为7%,1991年国际直接投资出现了自1982年以来的首次下降。但从1993年开始,随着发达国家经济走出低谷,国际直接投资又重新出现高速增长的态势。1993年和1994年国际直接投资增长的速度加快。1995~2000年国际直接投资流量由3 564亿美元增加到13 794.9亿美元,年均增长率高达57.4%。从80年代以来国际直接投资增长的总体情况来看,除80年代初和90年代初因主要发达国家经济衰退以及2001年因跨国并购的急剧减少而出现下降外,80年代以来国际直接投资基本上处于快速增长时期,这一时期是国际直接投资前所未有的快速增长期。在国际直接投资快速增长的同时,80年代以来国际直接投资的规模急剧扩大。从流量来看,1980年国际直接投资流出量为536.7亿美元,到2007年直接投资流出流量增加到19 965.14亿美元,是1980年的37.2倍。从存量来看,1980年,国际直接投资流出存量为5 214.9亿美元,到2009年增至189 821.18亿美元,增长了36倍。

2. 国际直接投资的主体是发达国家,但发展不平衡。20世纪80年代以前,国际直接投资几乎都来源于发达国家。20世纪80年代以后,尽管发展中国家对外直接投资在整个国际直接投资中占一定比例,但仍以发达国家为主体(见表5-3)。

表5-3　20世纪80年代以来发达国家及发展中国家和地区在国际直接投资流出量中所占比重　　单位:%

国家(地区)＼年份	1980~1984	1985~1987	1988~1993	1994~1999	2004	2005	2006	2007	2008	2009
发达国家	98.4	98.03	89.3	89.2	84.4	83.0	84.1	84.8	81.5	74.5
发展中国家	1.6	2.0	10.7	10.8	13.9	15.1	14.3	12.9	15.4	20.8

资料来源:联合国贸发会议(UNCTAD),http://www.unctad.org

从具体投资国情况来看,国际直接投资发展也很不平衡。特别是20世纪80年代中期以后,这种不平衡表现得更明显。首先,从发达国家内部的情况来看,

80年代，美、英、德、日、法五国在对外直接投资总额中所占的比重波动较大。但1991～1999年，这五个国家对外直接投资占发达国家对外直接投资总额的比重仍高达年均69%，基本与80年代持平。其次，从美、英、德、日、法五国对外直接投资总额中所占比重变化的情况来看，这五个国家对外直接投资发展也很不平衡（见表5-4）。20世纪80年代，美国和英国在国际直接投资中的地位不断下降，而联邦德国、法国、日本则不断上升。进入90年代后，美国在国际直接投资中的地位迅速上升，法国的地位也有所上升但幅度不大。德国由于两德统一后，大量资本流向了东德地区，投向国外的资本有限，因此，德国90年代在国际直接投资中的地位虽有所上升，但幅度不大。英国90年代对外直接投资增长速度虽然较快，但其在国际直接投资中的地位却在下降，1991～1999年，英国对外直接投资占发达国家对外直接投资总额的比重年均约为14.5%，低于80年代后半期的17.4%。而日本由于泡沫经济破灭后国内经济持续10年萧条，对外直接投资增长极为缓慢，其在国际直接投资中的地位急剧下降。

表5-4　　1980～1999年五个主要发达国家占整个发达国家对外直接投资总额的比重

单位：%

国家＼年份	1980～1984	1985～1990	1991	1995	1996	1997	1998	1999	1991～1999
美国	28.6	14.9	17.6	31.9	25.4	24.6	22.4	20.6	25.0
英国	19.7	17.4	8.6	14.5	10.3	15.2	18.3	27.2	14.5
联邦德国	7.5	8.9	12.5	12.0	15.3	10.1	14.0	6.9	10.8
日本	9.0	19.2	16.7	7.7	7.1	6.4	3.7	3.1	7.8
法国	6.3	9.8	12.5	6.4	9.2	8.8	7.0	14.8	10.8
以上五国占发达国家总额的比重	70.1	70.2	68	72.5	67.3	65.1	65.4	72.6	68.9

资料来源：陈继勇等，《国际直接投资的新发展与外商对华直接投资研究》，人民出版社2004年版，第38页。

3. 国际直接投资的国别地区流向仍以发达国家为主，但变化较大。二战后，国际直接投资国别地区流向在20世纪60年代和70年代经历了一次重大变化，即发达国家取代发展中国家成为主要的东道国（见表5-5）。这一时期，国际直接投资主要在发达国家之间流动，发达国家既是主要的直接投资输出国，又是主要的直接投资输入国。尽管这种以发达国家为主要东道国的国际直接投资地区分布格局在80年代和90年代并没有根本性的改变，但80年代和90年代，国际直接投资的国别地区流向变化较大。这种变化主要体现在以下两个方面：首先，国际直接投资在发达国家和发展中国家的分配变化很大。20世纪80年代前半期，流向发展中国家和地区的直接投资总额比重低，约为25.4%，80年代中后期，流向发展中国家和地区的直接投资增长速度加快，但流向发达国家的增长速度更快，这样一来，流向发展中国家和地区的直接投资不但没有增长，还降到17.5%。进入90年代后流向发展中国家的直接投资占国际直接投资流出总额的比重上升到33%。其次，20世纪80年代以来，流向发达国家的国际直接投资在发达国家内部配置的变化也很大。80年代，流向发达国家的国际直接投资越来越集中在少数几个发达国家。20世纪80年代，美、英、法、德、意、日、加七国吸收的国际直接投资占流向发达国家国际直接投资总额的比重高达75%以上。进入90年代后，流向发达国家的国际直接投资出现了分散化趋势。90年代，流向美、英、法、德、意、日、加的投资下降到63%左右，比整个80年代下降了13%。

表5-5　　　　1980~1999年不同东道国吸收的国际直接投资占国际直接投资流入量的比重　　　　单位：%

项目		年份	1980~1985	1986~1989	1980~1989	1990~1994	1995~1999	1990~1999
发达国家	合计		74.6	82.5	79.8	68.5	66.7	67.1
	美、英、法、德、意、日、加七国		56.1	62.8	60.5	42.9	42.2	42.3
发展中国家	合计		25.4	17.5	20.2	32.5	33.3	32.9
	10大发展中国家和地区（东道国）		17.9	11.3	13.6	20.7	22.1	21.7

注：10大发展中国家和地区是指除避税港以外的发展中国家和地区中直接投资流入量最多的10个国家和地区，20世纪80年代是阿根廷、巴西、中国内地、哥伦比亚、埃及、中国香港、马来西亚、墨西哥、新加坡和泰国；90年代是阿根廷、巴西、中国内地、中国香港、马来西亚、墨西哥、新加坡、韩国、智利和泰国。

资料来源：陈继勇等，《国际直接投资的新发展与外商对华直接投资研究》，人民出版社2004年版，第42页。

4. 国际直接投资的产业结构进一步升级，服务业成为国际直接投资的第一产业。二战后，国际直接投资产业结构经历了几次大变化。20世纪50年代，国际直接投资主要集中在自然资源开发和以自然资源为原料的加工工业。从60年代开始到70年代中期，制造业在各主要资本主义国家对外直接投资中所占的比重不断上升并成为其对外直接投资最多的行业。70年代中期以后，随着各主要直接投资国和东道国国民经济结构的升级，国际直接投资中服务业所占的比重不断上升。从流量来看，1981~1984年，美、法、日、英、德五个最大国际直接投资国的对外直接投资中服务业所占的比重分别为52%、41%、61%、

35%和55%[①]，1985~1989年分别上升到57%、49%、73%、38%和64%[②]。进入90年代以后，特别是90年代中期以来，各主要发达国家服务业对外直接投资的发展进一步加快，服务业对外直接投资在其对外直接投资总额中所占的比重进一步提高（见表5-6）。

表5-6　　　　1990~2000年主要发达国家服务业对外直接投资流量占对外直接投资流量总额的比重　　　　单位：%

国家＼年份	1990	1991	1992	1993	1994	1995	1996	1997	1998	1999	2000
美国	23.2	53.9	59.5	69.0	61.4	51.8	61.1	61.9	72.4	66.3	62.0
法国	38.6	28.1	29.1	29.5	19.2	34.6	70.8	69.1	70.0	45.4	86.8
日本	68.7	66.0	65.5	65.4	63.2	58.9	51.9	57.8	66.8	34.7	73.8
英国	46.8	17.5	55.0	64.8	23.6	50.0	46.3	48.9	35.4	61.8	83.6
德国	39.6	37.6	48.1	58.8	59.0	56.5	59.8	51.8	37.2	49.1	51.7
意大利	78.9	72.1	75.3	64.8	55.1	62.1	50.0	51.2	64.0	92.3	52.1
加拿大	39.8	33.0	33.4	33.9	19.0	53.8	46.4	64.1	80.6	74.6	65.3

资料来源：经济合作与发展组织（OECD），*International Direct Investment Statistics Yearbook 1980–2000*，http://www.sovrceOECD.org

5. 跨国并购成为国际直接投资的主要方式。从20世纪80年代中后期开始，跨国并购浪潮蓬勃兴起，跨国并购在国际直接投资中的地位迅速上升并成为国际直接投资的主要方式（见表5-7）。1987~1992年，跨国并购在国际直接投资流出总额中所占的比重为54%，在发达国家和发展中国家对外直接投资中所占的比重分别为56%和28%。1993~2001年，跨国并购在国际直接流出总额中所占的比重达到81%，在发达国家和发展中国家对外直接投资中所占的比重分别上升到83%和62%，这说明，不论是发达国家还是发展中国家，其对外直接投资采取跨国并购方式进行所占的比重都在上升。

表5-7　　　1987~2001年跨国并购在国际直接投资流出量中所占的比重　　　单位：%

国家＼年份	1987~1992	1993	1995	1999	2000	2001	1993~2001	1987~2001
世界	53.8	65.6	66.1	90.0	82.9	95.7	81.1	76.0
发达国家	55.6	65.0	69.3	92.6	85.6	92.0	83.1	77.8
发展中国家	28.3	67.6	47.0	62.8	46.5	52.0	61.8	57.1

资料来源：陈继勇等，《国际直接投资的新发展与外商对华直接投资研究》，人民出版社2004年版，第48页。

---

①② UNCTAD：*World Investment Report 1991*，第16页，表6。

6. 发展中国家和地区对外直接投资持续稳定地发展，但分布不均衡。长期以来，对外直接投资一直是发达国家独占，发展中国家根本没有实力进行对外直接投资。不过这种局面由于少数发展中国家于 20 世纪 70 年代开始涉足而被打破，但 20 世纪 70 年代发展中国家对外直接投资的数量极其有限，到 70 年代末，发展中国家对外直接投资总额在国际直接投资总额中所占的比重还不足 1%。根据联合国贸发会议的资料统计分析，从 80 年代开始，特别是 80 年代中期以后，发展中国家对外直接投资发展迅速。1980～1984 年，发展中国家对外直接投资总额在国际直接投资总额中所占的比重上升到了 1.6%；1985～1987 年，发展中国家对外直接投资总额在国际直接投资总额中所占的比重上升到了 2.0%；1988～1993 年，发展中国家对外直接投资总额在国际直接投资总额中所占的比重上升到了 10.7%；1994～1999 年，发展中国家对外直接投资总额在国际直接投资总额中所占的比重上升到了 10.8%。从对外直接投资流量来看，1980 年，发展中国家和地区对外直接投资只有 33.1 亿美元，1990 年上升至 167 亿美元，2000 年进一步上升至 1 042.1 亿美元，是 1990 年的 6 倍，是 1980 年的 32 倍。从进行对外直接投资的发展中国家和地区数量来看，20 世纪 80 年代以前，发展中国家和地区只有韩国、新加坡、中国香港、中国台湾等少数几个新兴工业化国家和地区拥有少量对外直接投资。20 世纪 80 年代中期以后，越来越多的发展中国家和地区开始涉足对外直接投资，到 1999 年，加入到对外直接投资行列的发展中国家和地区超过了 150 多个，但分布多集中于亚太地区。1980～2002 年，亚太地区发展中国家和地区对外直接投资累计额达到 6 276 亿美元，约占同期全球发展中国家和地区对外直接投资总额的 79.6%；而加勒比与拉美地区发展中国家和地区对外直接投资累计额达到 1 227 亿美元，占同期全球发展中国家和地区对外直接投资总额的 15.6%；非洲发展中国家和地区对外直接投资累计额达到 378 亿美元，占发展中国家和地区对外直接投资总额的 4.8%。

三、20 世纪 80 年代以来国际直接投资出现新发展的原因

20 世纪 80 年代以来，国际直接投资增长速度加快，投资区位结构、产业结构、投资方式发生了很大的变化，造成如此大的变化的原因是多方面的，但主要原因包括以下方面。

1. 第三次科技革命的兴起与发展。众所周知，生产力发展是决定社会发展的根本动力，科学技术是第一生产力。所以说，第三次科技革命是 20 世纪 80 年代以来国际直接投资新发展的根本动因。

从 20 世纪 50 年代开始的人类历史上第三次科技革命，无论是从发展规模上

还是从影响的深度和广度上都远远超过了前两次科技革命。18世纪60年代发生的第一次科技革命产生的标志是蒸汽机的发明并广泛使用；19世纪末发生的第二次科技革命是以电力、内燃机的发明并广泛使用为标志；而发生在20世纪50年代的第三次科技革命是以原子能、电子计算机和信息技术、空间技术、材料科学、生物工程为标志，它突破个别理论或生产技术，把科学和技术紧密结合起来而形成了新的生产力因素。

第三次科技革命是国际直接投资新发展的根本动因。具体表现在：(1) 科技革命带来了社会生产力的巨大发展，促进了交通、通信的现代化和管理的计算机化、网络化，这些为跨国公司在世界范围组织生产创造了物质条件。(2) 科技革命的发展促进了国际分工的巨大发展，为国际直接投资的发展提供了广阔的空间。之所以这样说，有以下两个原因。原因之一是，国际分工是生产力发展和科技进步的必然产物，是社会分工超越国家界限的现象，是国际经济交往的客观前提。二战前以宗主国与殖民地、半殖民地国家之间的关系为基础，形成了工业国、农业国、矿业国国际分工体系。旧的分工体系中是强迫与被强迫、压迫与被压迫的关系，这在客观上阻碍了企业在全球范围内组织生产，阻碍了国际直接投资的发展。二战后殖民体系瓦解，国际经济新秩序开始建立，发达国家的跨国公司逐步脱下原来母国政府政治使命的外衣，开始以企业利润最大化为经营的主要目标，并根据这一目标在全球范围内安排生产经营活动，从而促进了国际直接投资的发展。原因之二是，科技革命的发展促进了社会分工向纵深发展，使国际分工在内容和形式上都发生了一系列变化。一方面，国际分工由原来产业间分工即工业、农业、矿业之间的分工转化为一系列新型产业部门之间的分工，大体可以分为三个部门即劳动密集型产业、资本密集型产业、技术密集型产业之间的分工；另一方面，国际分工由过去部门间的国际专业化分工逐步发展成为部门内部生产的国际化分工，引起了不同型号的产品生产专业化、零部件生产专业化和工艺过程的专业化等。国际分工深化为跨国公司进行直接投资提供了更大、更广阔的空间。(3) 科技革命的发展，使各国的国民经济结构日益升级。二战后，发达国家的经济结构发生了极其深刻的变化，即在国民收入和就业人口中，第一产业所占的比重迅速下降，第二产业停滞不前或下降，第三产业所占的比重不断上升。到目前为止，主要发达国家服务业就业人口所占的比重都超过了60%，服务业已经成为主要发达国家的第一大产业。20世纪80年代以来，各国经济服务化水平迅速提高，使各主要对外直接投资国的服务业成为占主导地位的产业。

2. 20世纪70年代后期，贸易保护主义抬头。20世纪70年代中期以来，贸易保护主义抬头，这是20世纪80年代以来国际直接投资新发展的重要因素。20世纪70年代中期，在主要资本主义发达国家发生经济危机，由于关税与贸易总协定的约束，以非关税壁垒为主要贸易特征的新贸易保护主义泛滥，各国通过采取非关税壁垒等限制保护本国市场，加剧了贸易摩擦。为了绕开对方的贸易壁垒，企业纷纷借助直接投资的方式进入和占领对方市场，这在客观上刺激了直接投资的增长。

3. 经济全球化的快速推进。经济全球化是指世界上各个国家和地区的经济之间相互联系、相互依存的趋向。经济全球化有若干不同侧面，它包括贸易全球化、投资全球化、金融全球化等方面。20 世纪 80 年代中期以来，随着信息技术革命的蓬勃发展，信息技术的广泛应用，苏联解体、东欧剧变和市场化改革的不断推进，全球统一的大市场最终形成，经济全球化大规模、全方位展开。经济全球化的迅速发展对企业的经营行为、对各国经济及整个世界经济都产生了广泛而深远的影响。在经济全球化浪潮的冲击和影响下，国际直接投资在区位结构、产业结构及投资方式等方面出现了一系列重大变化。

（1）经济全球化与国际直接投资区位结构的变化。从 20 世纪 50 年代国际直接投资开始向发达国家倾斜以来，尽管对发展中国家直接投资时有起伏，但对发达国家直接投资占主导地位的国际直接投资区位结构一直未发生根本性变化。90 年代以来，流向发展中国家的直接投资出现较大幅度增长，这与 80 年代末以来经济全球化的大规模、全方位推进有着紧密的联系。

第一，贸易全球化的迅速发展为跨国公司调整其对外直接投资区位结构的变化带来了动力和压力。贸易全球化是由贸易自由化推动的，贸易全球化的结果使国际贸易通道越来越通畅，同时也使国际市场竞争越来越激烈。由于国际贸易环境越来越自由，突破市场壁垒，就地生产、就地销售作为传统的影响国际直接投资区位的因素，其重要性大大减弱。而降低生产成本和研究开发成本，提高企业的技术实力和产品竞争力以适应经济全球化背景下更激烈的国际竞争显得更重要。获取发展中国家廉价的自然资源、劳动力以及知识、技术、人才等"创造性资产"正是 20 世纪 90 年代跨国公司对发展中国家直接投资大量增加的重要原因。

第二，投资全球化的发展使跨国公司大量增加在发展中国家的直接投资成为可能。投资全球化是资本及其相关要素（技术、管理技能等）在全球范围自由、合理地流动，它主要表现为投资自由化、规范化以及资本大规模跨国流动。20 世纪 80 年代以来，越来越多的发展中国家开始从限制外商直接投资向欢迎和鼓励外商直接投资转变。全球范围内投资自由化和规范化，特别是发展中国家外资管理政策自由化和投资硬环境的改善，增强了发展中国家对国际直接投资的吸引力，这正是 20 世纪 80 年代以来跨国公司大量增加对发展中国家直接投资的重要原因。

（2）经济全球化与国际直接投资的产业结构的变化。服务业对外直接投资快速增长及在国际直接投资总额中所占的比重迅速上升并居于主导地位，是 20 世纪80年代中期以来国际直接投资产业配置的特征。世界各国服务业在整个产业中所占比重的提高是80年代中期以来服务业国际直接投资快速发展的客观基础，而世界贸易组织成立以来服务贸易自由化则是90年代后期服务业国际直接投资大幅度增长的直接原因。

（3）经济全球化与国际直接投资方式及资金来源结构的变化。20世纪80年代中后期以来，跨国并购逐步取代"绿地投资"成为国际直接投资的主要方式，与经济全球化迅速发展所带来的企业经营环境的巨大变化有直接关系。

第一，随着经济全球化的不断发展，各国经济开放程度越来越高，各国市场与全球大市场的联系越来越紧密。这一方面为企业发展提供了更广阔的空间，另一方面也迫使企业直接面对国际市场上的激烈竞争，因此，企业对经营环境变化的敏感程度和反应速度快慢成为企业生死攸关的问题，而跨国并购正是企业对经营环境变化做出反应及提高企业反应速度最快最有效的手段。从并购企业建立的优势中我们可以得出这样的结论，关于这一点，我们在前面已经阐述，在此不再赘述。

第二，20世纪90年代投资管理政策的自由化使跨国公司进行跨国并购成为可能。为了吸引更多的外商直接投资，90年代以来，各国对其外商直接投资管理政策做出了重大调整，而且绝大部分政策调整是建立在单边基础之上的。如大部分拉美国家取消外商直接投资在不同部门中的最高比例限制，允许外商建立独资企业等。

第三，金融全球化为跨国公司开展跨国并购提供了方便。跨国并购涉及巨额资金筹集和跨境流动，金融全球化的发展促进了各国金融市场的更紧密联系和市场规模的扩大，这一方面为跨国公司通过各种金融工具在国际金融市场上筹集巨额资金提供了方便；另一方面，国际资本市场的发展还为企业跨国并购提供了新的途径——通过互换进行跨国并购。

由于20世纪90年代跨国公司对外直接投资主要通过跨国并购的方式进行，而利润再投资已不能满足其跨国并购巨额资金的需求，因此，股权投资在国际直接投资资金来源中所占的比重迅速上升并成为主要的资金来源。

第三节　国际直接投资对国际贸易的影响

专栏 5-2

奇瑞汽车对外直接投资与出口贸易

奇瑞汽车是国内少数在创业生产周期进入国际创业阶段的企业之一，在短短几年内，奇瑞完成了它的国际化创业过程，从出口开始，然后海外建厂，此后开始走国际化路线。

奇瑞开始出口的主要市场是中东地区。2001年10月意外接到了出口叙利亚的第一笔订单,打破了长期以来国产轿车零出口的纪录。之后奇瑞汽车开始出口叙利亚、伊拉克、伊朗、埃及、孟加拉、古巴、马来西亚等10余个国家。2003年,在伊朗合作建立了一个CKD整车厂。2004年年初,古巴购买了奇瑞汽车作为古巴的国务院用车。随后,古巴的政府企业副总裁又带来了1100台轿车的订单。2004年12月,阿拉多公司以整车进口的方式将10 000辆QQ运抵东盟市场,扩大了奇瑞在当地的影响力。2005年,奇瑞进入了马来西亚的市场。同年它实现了出口西方的梦想,奇瑞与美国梦幻汽车公司秘密签约,向美国市场出口汽车,但在合资厂商仍占主要地位国家的市场中,竞争异常激烈,而且欧美等汽车工业发达国家已经形成了坚固的贸易壁垒,在这种情况下,奇瑞开始通过对外直接投资在竞争中站稳脚跟,对外不断加大了在海外建厂的力度。2008年奇瑞公司与埃及DME集团合作,先后进行A5出租车项目、H13和A13等新项目合作开拓当地市场。到2009年年底,公司还将国内生产的QQ、A3以及乌拉圭生产的A1引入巴西市场。2001年年底,奇瑞与伊朗SKT公司确定了合作关系,经过一年多的报核审批,获得了伊朗政府的生产销售许可证,通过与SKT公司的合作,奇瑞实现了建立海外工厂的第一步。之后,奇瑞借助伊朗工厂的影响力进入了黎巴嫩市场。在进入中东市场后,东南亚、拉丁美洲等地区也进入了奇瑞的视线。2004年11月12日,奇瑞又与马来西亚ALADO公司签署了技术转让及汽车出口合同,从而进入东盟市场。目前这家位于马来西亚的工厂可以制造、组装并销售奇瑞提供的各种车型。与ALADO的合作并不是简单的一次性输出,而是奇瑞将在马来西亚建立自己的CKD厂,并进行长期的合作。

通过到国外办厂,奇瑞实现了中国自主轿车企业走出国门办厂的零的突破。作为进入东盟市场的重要战略要地,马来西亚的工厂将为奇瑞汽车进入东盟提供资源配给、服务货物技术支持,合资公司将陆续在东盟地区招揽40~50家特许经销商,此计划首先在越南和印度尼西亚展开。同时,奇瑞还派出了技术人员进行交流、指导,并在零部件的国产化方面与马来西亚达成了一致。目前奇瑞已经与全球23个国家和地区签订了整车或CKD出口合同,产品涉及风云、旗云、QQ、东方之子以及SUV和NEWCROSSOVER等车型。奇瑞凭借着不断增强的实力进军国际市场,同时通过在国际市场的锻炼增强了自身的实力。

奇瑞在对外投资之初就确定了"以我为主,整合利用世界资源"的自主开发路线。奇瑞曾经受制于国内外某些大集团零部件的供应,这使得奇瑞下定决心自己寻求发动机与变速箱等关键零部件的解决之道。新的发动机和变速箱的研发成功解决了奇瑞的后顾之忧,在实现自我供给之后,进入了全球的零部件采购系统,奇瑞利用国际化资源开发自主知识产权产品,真正走上了自主研发阶段,实现了国际化的转变。

资料来源:陈江,《我国汽车企业对外直接投资与技术创新——奇瑞成功案例分析》,载《铜陵学院学报》2009年第6期。

一、国际直接投资的加快和规模的扩大加速了国际贸易的发展

1. 二战后初期,美国政府便开始向西欧和日本等国家或地区进行国家资本输出。美国国家进出口银行的贷款范围仅限于全部用于购买美国商品,并必须由美国船只装运和由美国的保险公司保险。同时,美国的跨国公司通过在海外的直接投资,把本来由本国公司内的部门间和部门内的分工扩展到全世界范围,将这种分工扩大为各国间的相互依赖和合作,并将机器设备的进出口、原材料和零部件等中间产品的贸易密切联系起来,从而大大地加速了美国与西方国家的贸易,并在一定程度上加速了国际贸易的发展。

2. 国际直接投资成为确保原料进口的手段。二战后至20世纪60年代,国际直接投资主要投向原材料采掘、冶炼行业,从而解决了发达国家经济发展所需的原材料供应问题。特别是有些发达国家的跨国公司与东道国先做好投资规模的研究,然后签订长期贸易合同,保证投资者在较长时间内得到稳定的有保证的原料供应。

3. 二战后,发达国家对发展中国家的资本输出和私人出口信贷成为扩大其大型机械设备及成套设备出口的重要手段,扩大了它与发展中国家的双向贸易。

二、国外直接投资的部门影响国际贸易的地理分布和商品结构的变化

由于发达国家是国际直接投资的主体,国际直接投资流量主要集中在少数发达国家,所以发达国家在国际贸易中居于主导地位。

国际直接投资的部门和产业结构发生了显著变化。目前国际直接投资主要集中在服务业和技术密集型制造业,所以,国际服务贸易得到了迅速发展,制成品在国际贸易中所占的比重稳步上升。另外,发展中国家出口商品中的制成品和中间产品所占比重大大增加,与此同时,发展中国家出口商品中,商品结构受到国际投资的严重约束。

三、加强了投资者在国际贸易中的竞争、垄断与渗透

参与国际直接投资的企业为了争夺国外市场,展开了激烈的市场争夺战,直

接影响了世界市场上的竞争、垄断与渗透。

1. 建立商业信息情报网络。在国外生产和贸易部门投资的企业可利用自身优势，及时、准确地收集当地市场的商业信息，并与其他地区建成信息网络。这对企业根据市场状况适时地生产适销对路的产品、改进产品的销售都是极其有利的。

2. 增强产品的竞争能力。通过对外直接投资，就地生产和就地或到邻近的地区销售商品，减少了销售成本和其他销售费用；或者利用东道国廉价的劳动力，既吸纳了东道国的劳动力，又有效地提高了商品的竞争能力。

3. 争夺市场份额。发达国家通常利用专有技术上的优势，通过对外直接投资的方式，在国外建立使用本国专有技术或其他知识产权生产新产品的企业，在其他企业仿造或制造类似产品以前抢占对方市场，从而获得生产和销售的垄断权。

4. 绕过各种贸易壁垒。世界各国推行着各种各样的关税措施和非关税壁垒，借以保护本国产业和市场，削弱外国进口商品的竞争能力。国际直接投资者在当地投资、生产与销售，就可以绕过种种贸易壁垒，使投资者与东道国企业平等竞争。

四、改革贸易方式，使其多样化

传统的贸易方式是由商人作为生产者和用户或消费者的中介人，在国际贸易中则由进出口商作为国家间商品买卖的媒介，专业的进出口商占十分重要的地位。二战后，国际资本流动中，跨国公司的对外直接投资迅速增加。跨国公司通过在海外设置自己的贸易机构或建立贸易为主的子公司，经营进出口业务，并扩大跨国公司内部的交换范围，使跨国公司内部贸易扩大。与此同时，国际贸易的方式也多样化，出现了加工贸易、补偿贸易、许可证贸易和国际分包合同等方式。

五、推动贸易自由化

国际直接投资的发展推动了生产的国际化和贸易自由化。跨国公司在世界各地直接投资，组织生产，既促进了国与国之间的贸易，又扩大了跨国公司的内部贸易，因此，资本、生产要素和商品的国际自由流动有利于跨国公司的国际化经营。

通过上述分析可知，国际直接投资对国际贸易无论从规模上还是从结构上都起到了巨大的促进作用。但是,在带动贸易增长的同时,国际直接投资对国际贸易也存在负面影响和隐忧,以我国为例说明如下。

1. 20 世纪 90 年代以来,外国直接投资企业进出口总额占全国进出口总额的比例迅速上升,其出口额所占的比例从 1990 年的 12.58% 上升到 2004 年的 56.2% 以上,说明我国出口对外资企业的依赖程度相当高。反过来说,如果如此庞大的外商投资额从国内抽走,则对国民经济将会是沉重的打击。

2. 外国直接投资对促进我国技术密集型产品出口的作用不明显。目前劳动密集型产品仍是外资企业出口所占的比重较大的产品,但其新产品出口在新产品销售收入中所占的比重平均为 14.3%,大大低于平均出口水平,技术出口收入在出口收入中所占的比重更低,平均不到 5%。外资企业生产的多是与内资企业竞争的产品,当进口国按原产地规则对进口商品实行配额等限制时,外资企业出口增加的同时也就意味着国内企业可使用的配额减少,即外资企业的出口对内资企业的出口有替代效应。

3. 隐藏在外资促进对外贸易效应背后的另一个问题是,外资企业进口增长过快以及其利润汇出的逐步增加,给国际收支平衡带来压力。实际上,20 世纪 90 年代以来,外资企业进口额占全国进口额的比重一直明显高于其出口额占全国出口额的比重,1996 年竟高出 14 个百分点,达到 54.5%。外资企业的进口增长如长期得不到改善,则会加剧市场竞争,国内企业为争夺市场,就需要更先进的设备,因而也会增加商品进口。另外,外资企业的产品对进口商品又有一定的替代作用。

4. 尽管我国政府极力引导外资流向中西部地区,但外国直接投资仍主要集中在东南沿海,这些地区同时也是对外贸易发展较快的地区,广东、上海、江苏、浙江等省或直辖市保持外贸大户地位。而这种格局与我国政府提出的地区产业政策有一定的冲突,使得我国地区发展不平衡更加明显。

思 考 题

1. 什么是国际直接投资?它有哪些特点?
2. 试述 20 世纪 80 年代以来国际直接投资的新特点及出现新发展的原因。
3. 国际直接投资有哪些主要类型?
4. 简述采用国际合资方式投资的利弊。
5. 国际直接投资对国际贸易有哪些主要影响?
6. 如何看待对外直接投资对我国对外贸易的影响?

第六章 跨国公司与国际贸易

【本章教学目的】通过本章的学习，使学生熟悉跨国公司相关的基础知识，即跨国公司的形成与发展、跨国公司的主要经营方式与特征，更好地掌握跨国公司对国际贸易的影响。

在经济全球化条件下，跨国公司使传统的以国内生产、对外交换为特征的贸易导向型国际分工向以国际生产、跨国经营为特征的投资导向型国际分工转移。跨国公司以整个国际市场为追求目标，以发展对外直接投资作为参与国际竞争的主要形式，已经成为国际贸易中的一股强大力量，对于国际贸易额的增长和贸易范围向全球的扩张发挥着十分重要的作用。

第一节 跨国公司的形成与发展

一、跨国公司的含义

跨国公司（transnational corporation，TNC），又称多国公司（multinational corporation，MNC）、环球公司（global company）、宇宙公司（cosmo-corporation）、国际公司（international corporation）和国际企业（international business）等。1974年，联合国经社理事会第57次会议对跨国公司的定义和内涵进行了限定，而后，联合国才统一使用"跨国公司"这一名称。目前，对跨国公司的简单定义是，跨国公司是指通过直接投资、转让技术等经济活动，在国外设立分支机构或控制当地的企业使之成为子公司，从事生产、销售或其他经营活动的经济实体。

对跨国公司定义的理解，有以下几种标准。

1. 结构性标准。结构性标准是由跨国程度、所有权性质、组织标准构成。

一是跨国程度。作为一个跨国公司，必须至少在两个或两个以上的国家开展业务经营活动，跨国公司至少在国外建立和经营六个或六个以上的制造业子公司。

二是所有权性质。根据西方国家的观点，跨国公司在所有权性质上应该是私有性质。它们认为，国有企业的经营目标中，非营利性和贯彻国家政策意图的成分较大，因此不是典型的跨国公司。但是，目前普遍认为，跨国公司作为一种生产组织形式，不同社会制度的国家都可以利用。

三是组织标准。对于跨国公司的组织形式，在法律上可以采取合资、有限、无限、合作、公私合营等不同形式。

2. 运行特征标准。这是指跨国公司经营战略与动机。跨国公司应有全球性的战略和动机，各个分支机构按照公司的全球目标合理处理世界各地的最佳机会。

3. 营业实绩标准，通常是由母国以外业务在整个跨国公司业务中所占的比重衡量。作为跨国公司，其国外业务在公司业务中至少应占到25%的比重。这包括海外的投资、雇员、产值、销售额、利润额在跨国公司中所占的比重。

国际上，判定企业是否为跨国公司的标准，归纳的结果大体上有以下几类：跨国程度、所有制、组织方式、股权比重、控制程度、企业经营战略等。但在使用过程中这些标准都存在着这样或那样的缺陷，从而产生一些争议。鉴于此，联合国《跨国公司行动守则》确定跨国公司应具备以下三要素：（1）跨国公司必须是一个经营实体，母公司通过股权或其他方式对在多国从事生产和销售的其他经营实体进行控制，即母公司控制下的多国经营实体。（2）跨国公司必须具有一个统一的决策体系、共同的政策和同一的战略目标。（3）企业与各个实体分享权利和分担责任。

这里的"跨国公司"一词，包括母公司、子公司和附属企业整体。"实体"一词，既指母公司，也指子公司和附属企业。

跨国公司由母公司（总公司）和分布在各国的一定数量的分公司、子公司组成。跨国公司的来源国称为母国，子公司所在国称为东道国，母公司是在本国注册登记的法人实体，子公司是在东道国依法注册登记的法人实体。子公司受母公司领导，子公司的资产所有权由母公司控制，并服从母公司的全球战略。子公司的高级管理人员由母公司任命，一般的管理人员子公司可自行聘用，子公司的管理机构要定期向母公司报告其计划完成和经营活动情况。跨国公司的活动有相当大的部分是在母公司与子公司之间进行的。

二、跨国公司的起源与发展

（一）跨国公司的起源

跨国公司的出现与资本输出密切相关，可以说，资本输出即资本国际化是跨国公司形成的物质基础。资本国际化的发展历程大致有三个阶段：（1）自由资本主义阶段，其特征是商品输出，从而使商品资本国际化；（2）垄断资本主义阶段，其特征是借贷资本输出，从而使借贷资本国际化；（3）二战后，生产国际化的高度发展，推动生产资本国际化，其特征是生产资本输出，企业在国外直接投入生产资本，并控制国际生产从而形成跨国公司。跨国公司是国际直接投资的载体和主体，也是资本国际化由流通领域发展到生产领域即资本国际化的产物。

早期跨国公司起源于19世纪60年代，当时在发达资本主义国家，一些大型企业通过对外直接投资在海外设立分支机构和子公司。当时具有代表性的是三家制造业企业：1865年，德国弗里德里克拜耳化学公司在美国纽约州的奥尔班尼开设了一家制造苯胺的工厂；1866年，瑞典制造甘油炸药的阿佛列诺贝尔公司在德国汉堡开办炸药厂；1867年，美国胜家缝纫机公司在英国的格拉斯哥建立缝纫机装配厂，开始它以格拉斯哥的产品供应欧洲和其他地区的市场，到1880年，又在伦敦和汉堡等地设立销售机构，负责世界各地的销售业务，这家公司可以称得上是美国第一家以全球市场为目标的早期跨国公司。

美国的威斯汀豪斯电气公司、爱迪生电气公司、伊斯特曼科达公司以及一些大石油公司也都先后到国外活动。英国的龙尼莱佛公司、瑞士的雀巢公司、英国帝国化学公司等都在这一时期先后到国外投资设厂，开始跨国性经营，成为现代跨国公司的先驱。

（二）二战后跨国公司的发展

第二次世界大战以后，对外直接投资的迅速发展直接促进了跨国公司的发展。跨国公司对外直接投资占主要发达国家对外投资的70%以上，跨国公司成为私人对外直接投资的物质载体。据联合国公布的有关资料，1976年跨国公司的海外销售额为6 700亿美元，相当于同年世界出口总额的73%；到1992年高达5.5万亿美元，翻了三番多，相当于当年世界出口总额的137.5%。截至1997年，全球共有跨国公司5.3万家，拥有45万家海外分支机构，其海外分支机构的全球销售额达9.5万亿美元，总资产为12.6万亿美元，出口额为2万亿美元。1997年，全球直接投资流入额和流出额分别达到4 000亿美元以上。1998年，跨国公司的全球销售额已远远超过了世界贸易额；1999年，世界出口总额为7万亿美元，而跨国公司海外附属机构的营业额已超过11万亿美元；2001年，全球跨国公司营业额为19亿美元，相当于2001年世界贸易额的2倍。这些规模庞大的、发展迅速的跨国公司已成为影响国际贸易、国际金融和国际技术转移的重要力量，有人称跨国公司是仅次于政府的"次政府组织"，它拥有巨大的能量。目前，全球约有6万多家跨国公司，全球分支机构约达90多万家，是国际直接投资和国际生产的主要载体。2008年跨国公司对外直接投资（FDI）输入存量14.91万亿美元，输出存量16.23万亿美元。跨国公司在当今世界经济中发挥着重要作用，据联合国贸发会议组织统计，2008年由跨国公司体系生产的产品总值为6.02万亿美元，跨国公司的海外分支机构销售额30.31万亿美元，是同期世界贸易额的近2倍，海外分支机构总资产69.77万亿美元，海外分支机构的出口达6.66万亿美元，占同期世界贸易总额15.78万亿美元的41.8%，固定资本形成13.8万亿美元，研发活动占全世界研发活动的80%（UNCTAD，2009）。

进入20世纪90年代以来，在生产跨国化、贸易投资自由化、商品世界化、资本国际化和市场全球化的大趋势下，跨国公司的发展出现了一些新特点。

1. 从跨国公司在全球的经济地位来看，跨国公司是当今经济全球化的推动者，也是跨国投资的主要载体。据联合国公布的有关资料可知，全球6.1万家跨国公司，占据着全球跨国直接投资的90%、全球贸易总量的65%、全球技术交易总量的80%和全球高新技术的95%以上。

2. 从跨国公司的数量来看，发达国家占绝大多数，但发展中国家跨国公司发展迅速。美国《财富》杂志2004年世界500强企业中，美、日、欧等发达经济体占绝大多数；若把韩国、新加坡等包括在内，发展中国家也只有38家，其中中国有16家。到了2010年，世界500强企业中，虽以发达经济体占绝大多数，但发展中国家跨国公司数量增至75家，其中中国就有54家。

3. 从跨国公司的投资产业结构来看，向第三产业加速投资。当今世界经济正在向服务型产业发展导致国际直接投资加速向服务业倾斜。1990年，发达国家对外直接投资存量有50.17%是在服务业上，日本在海外第三产业的投资比例高达67%，德国占59%，法国占49%，美国占47%；而主要发展中国家对外直接投资在服务业也占到了29.5%，在这些投资中有相当大的部分来自跨国公司的金融子公司，跨国银行是服务业跨国经营中发展最快的。另外，保险业、贸易、广告业、会计事务和管理咨询也占较大比重。服务业之所以日益成为跨国公司对外直接投资的重点，其主要原因是：第一，全球对现代化服务的需求增长很快，而目前现代化服务绝大部分由跨国公司提供；第二，中、东欧国家在向市场经济转轨的过程中，需要充分利用银行、保险、电信、会计和法律等方面的服务，同时，亚洲一些发展中国家，包括中国，先后实施市场经济，对服务业的需求与日俱增；第三，当今世界对外直接投资的流量和存量有一半以上发生在服务业中，只有不到10%的服务性产品得以进入国际贸易领域，随着电脑和电信技术的变化，服务业的贸易特性不断加强，这成为服务业国际直接投资快速增长的主要原因；第四，服务业能在生产、就业、贸易和消费等方面发生良性效应，在整个国民经济中发挥积极作用，西方国家热衷于服务业的投资动因也正在于此。

4. 企业兼并收购成为跨国公司直接投资的重要内涵。20 世纪 90 年代以来，全球每年约有 16 000 多家企业被兼并，其中 80% 以上进入跨国公司行列。鉴于发达国家的基础设施较为完备，法律法规也比较健全，相对来说，发达国家的投资环境比较稳定，因此，发达国家之间的相互投资大都通过跨国企业兼并收购的方式进行，跨国企业兼并收购已成为发达国家间国际投资的主要形式。据全球金融数据供应商 Dealogic 数据显示，2005 年全球并购总额达 2.9 万亿美元，比 2004 年增长 40%，成为 2000 年以来并购交易额最高的一年。

企业兼并收购之所以成为跨国公司对外直接投资的一个重要内涵，这主要是因为：一是可以迅速扩大资产规模。一家跨国公司的崛起，一般只有几十年，短的仅有 10 年，而资产一般有数亿美元，高的则达数百亿甚至上千亿美元。如美国的微软公司，在短短的 20 年时间里就拥有了 1.6 万名员工、近 400 亿美元的总资产，成为美国 50 家最大企业之一。二是可以不断扩大发展空间。跨国公司的子公司和加工点遍及世界各地。据美国麦道飞机公司权威研究机构提供的调查报告，美国著名的 100 家跨国公司共有 20 300 多家子公司，分布于全球 160 多个国家和地区。这些公司以直接投资的方式形成自由资产时，相当一部分是靠兼并海外企业而发展起来的。兼并海外企业尽管代价较高，但可以省去新办企业的许多繁琐手续，同时缩短投入产出的周期，许多兼并企业稍作改造便可以投入生产。三是可以不断延伸产业门类。最初的跨国公司都是某一方面的专业性生产企业，随着生产规模的扩大和经营项目的增加，单一的产业结构已不适应跨国公司大规模、现代化大生产的要求。许多企业竭力寻求发展多元化、多门类的产品经济，以雄厚的产业优势支撑公司发展，逐鹿国际、国内市场。美国、日本和西欧的一些著名跨国公司不仅制造业门类较多，而且非制造业也相当发达，这些跨国公司所办的行业还有分布在世界各地的金融、运输和商业、房地产业，因而形成一个集生产、销售、运输、融资和服务于一体的超级集团公司。

5. 跨国公司研发的国际化成为其技术发展的新趋势。为适应国际市场复杂性、产品多样性以及消费者偏好差异性的要求，同时也为充分利用各国的科技资源，降低新技术研制过程中的成本和风险，谋求技术价值链总体收益最大化，在生产国际化水平不断提高的基础上，更加重视在全球范围内优化配置技术要素，研究与开发（R&D）国际化成为跨国公司技术发展的新趋势。

研究表明，跨国公司在国外的研发支出不断增长。据美国商务部统计，1986～1997 年，美国跨国公司在海外的研发支出由 46 亿美元增加到 147 亿美元，10 年间增加了 3 倍多，而同期美国跨国公司在国内的研发支出仅增加了 2 倍，海外研发支出的增长速度明显快于国内研发支出的增长速度。与此同时，外国公司在美国的研发支出的增长速度大大高于美国公司在国内的研发支出的增长速度。另外，据美国经济分析局调查，1987~1997年，外国公司在美国的附属公司的研发支出费用增加了3倍以上，数额由65亿美元上升到197亿美元，年平均增长速度达116%以上。除1991年和1996年外，外国公司在美国的研发支出的年度增长大大超过美国公司在境内的研发支出的增长。1987~1997年，美国公司在境内研发支出总量由610亿美元增加到1 330亿美元，增加了97%，而同期外国附属公司在美国的研发支出总量增加了165%。跨国公司国外子公司从事研发的人数也大幅增加，1980年，联邦德国跨国公司国外制造业工作岗位占其整个公司工作岗位的17%，1995年上升到25%，而在研发部门，1995年猛增到33%；跨国研发战略联盟蓬勃兴起。跨国公司研发国际化的方式主要有三种：第一，设立海外研发机构并与母公司形成网络系统；第二，组建海外产教研联合体；第三，与其他跨国公司缔结研发国际战略联盟。

6. 跨国公司的经营战略转向"当地化"。20世纪70年代以前，跨国公司凭借强大的实力，一切从母国利益出发，充当母国对外扩张的工具，对东道国特别是发展中国家实行掠夺式经营，导致东道国政府纷纷制定法律和政策，对外国资本在东道国的活动范围及方式等加以明确限制，甚至采取没收手段将外资企业收归国有，从而使跨国公司在东道国的经营活动处处受阻，甚至难以为继。在这种情况下，跨国公司一改过去无视东道国利益的经营战略，注意使其经营活动同东道国社会经济、法律和文化环境相融合，接受合资经营、合作经营等方式，并在经营管理权上选用东道国员工担任某些高层领导职务，不失时机地推行当地化政策。在产品方面，努力适应当地消费需求；在生产方面，将一些高附加值且有出口创汇能力的产品安排在东道国生产，强调对东道国经济发展的促进作用，满足东道国对先进技术的需求；在经营管理上，一方面使其管理人员更多地了解当地文化和思维方式，从而更好地与东道国政府及社会沟通和协调，另一方面，在东道国选用部分管理人员，尽可能地挖掘和利用当地的管理资源等。

7. "联姻"已成为跨国公司发展的重要模式。众所周知，当前以及未来的经济竞争在很大程度上是技术水平的竞争，跨国公司只有掌握先进和新型产品才能建立技术优势，确保有利的竞争地位，而技术水平落后的跨国公司则会遭到排挤和淘汰。因此，跨国公司无不花费巨额资金投入科学研究，以图抢占未来科技与经济竞争的制高点。然而，现代高新技术产业投资额巨大，投资回收期长，而技术生命周期则越来越短，即使是实力雄厚、规模庞大的跨国公司也难以单独承担技术创新所需要的巨额资金以及由此所带来的巨大风险。于是，共同投资、联合开发、共担风险、共享成果的技术及经营"联姻"便越来越成为跨国公司的发展模式。

(三) 二战后跨国公司迅速发展的原因

1. 第三次科技革命和社会生产力的发展。第二次世界大战以后，发生了第三次科技革命，这次科技革命是以原子能、电子计算机、高分子、航天航空、光纤等技术的发明并广泛使用为标志，它使社会生产力大大提高。社会生产力的发展导致一系列新兴工业部门出现，这使发达国家的经济发展日益受到结构性危机带来市场与资源的约束，企业为解决产品销售和资源供应问题，大举向外投资。日本在这两方面的表现尤为突出：一方面，日本资源贫乏，为获取海外资源供应必须大量对外投资；另一方面，日本的汽车、电视机、商船制造和半导体等产品的30%以上都要靠国外市场来销售，为绕过进口国家的贸易壁垒，也必须在海外投资设厂，就地生产，就地销售。同时，社会生产力的发展改进了运输工具和信息沟通方式，为跨国公司国际化生产和经营提供了物质条件。这些都直接促进了二战后跨国公司的发展。

2. 生产和资本集中，过剩资本增加的结果。二战后，主要发达国家生产和资本不断集中，垄断程度进一步加剧，垄断企业的规模和实力也不断扩大，在一些新兴工业部门形成了垄断和寡头垄断的局面。垄断企业垄断了国内市场以后，为了进一步扩大规模，就必须跨越相对狭小的国内市场，向国外扩张，在世界范围寻找有利可图的投资市场。如美国垄断资本在两次世界大战中积累了巨额资本，数次大兼并又使公司规模不断扩大，其生产能力超出国内市场需求，规模也随之扩大。过去的数十年中，美国规模最大的25家跨国公司对外直接投资占美国对外直接投资总额的1/2。

3. 各国政府对跨国公司发展的大力扶持与鼓励。二战后，世界各国政府都相继实行对外资开放的政策，以改善国内投资环境，这成为跨国公司迅速发展的一个促进因素。为了扶持本国企业对外扩张，各国政府都采取了种种措施支持跨国公司的发展。例如，为跨国公司提供优惠信贷支持；利用税收优惠或参与的方式支持企业的活动，以加强其竞争力；由政府出面协调国际关系、签订避免双重课税协定来改善跨国公司的投资环境，减轻其纳税负担等。最为突出的是美国，二战后，美国执行帮助欧洲经济复兴的马歇尔计划，它的附加条件就是要求受援国实行资产非国有化，允许外资自由进入。

4. 跨国银行的发展。二战后，跨国银行的迅速发展对跨国公司的迅速发展起着推动作用。一种情况是跨国银行通过投资或参股，本身成为跨国公司；另一种情况是跨国银行运用自己庞大的金融资产和遍及全世界的信贷网络为跨国公司融资，使跨国公司的发展突破资金限制。

5. 二战后发展中国家对发展民族经济的要求。二战后，发展中国家由于其先天不足，发展民族经济普遍缺乏技术、资金和管理经验。为了吸引发达国家跨国公司的技术、资本和管理，对跨国公司采取了许多优惠的政策待遇，这无疑对跨国公司的发展起到了有力的推动作用。另外，近年来，发展中国家的企业随着自身实力的增强和政府的直接支持，也出现了一些跨国公司。

第二节 跨国公司的经营方式与特征

作为全球性企业，跨国公司的生产经营活动比国内企业面临着更大和更多的风险。为了规避因政治、经济波动等因素造成的经营风险，跨国公司必然会采取相应的防范措施。同时，由于在当今世界竞争激烈的全球市场中，单个企业，即使是大的跨国公司，它所控制的资源和所占领的市场份额毕竟是有限的，为了争取对市场和资源的控制，跨国公司采取多种竞争手段提高自己的竞争能力。

一、跨国公司的主要经营方式

（一）对外直接投资

随着国际竞争的加剧，跨国公司由出口商品占领市场转向对外直接投资。通过对外直接投资，一方面，可以绕过东道国的保护关税和非关税壁垒进入东道国市场；另一方面，通过对外直接投资，跨国公司还可以在世界范围内实现生产力的最优配置，可以在世界上成本最低、条件最有利的地方从事研发、采掘、加工、装配、销售和服务等生产与经营诸环节，从而降低公司的成本，增加利润，提高在国际市场上的竞争力。

以绕过东道国保护关税和非关税壁垒为目的的对外直接投资一般被认为是国际贸易的替代。因此，有不少人认为，跨国公司对外直接投资会减少国际贸易的流量。在这里必须肯定的是，以实现生产力最优配置为目的的对外直接投资，会促进投资国和东道国之间分工的发展，两国之间设备、原料、半成品和成品之间的进出口往来会增加。因此，以实现生产力最优配置为目的的对外直接投资，非但不会替代或者减少国际贸易的流量，反而在引发大量内部贸易的同时，引发了大量生产和销售环节的国际贸易，增加国际贸易的流量。

（二）转移价格与垄断价格

1. **转移价格**。转移价格是跨国公司根据全球战略目标，在母公司与子公司及子公司与子公司之间销售原料、商品和劳务的一种内部价格,又称划拨价格、内部价格。这种价格在一定程度上不受市场供求关系的影响,也不是独立的买卖双方在市场上按独立竞争原则确定的价格,而是依据跨国公司的全球战略目标和谋求最大化利润的目的,由公司总部上层决策者人为确定的。跨国公司通过控制转移价格,可以调节各子公司的账面利润,从而达到逃避税收和在母公司与子公司、子公司与子公司之间的资金转移及风险规避的目的。运用转移价格可以逃避政治风险,逃避东道国的价格管制,避免外汇风险。另外,跨国公司还利用转移价格来支持国外子公司的竞争,以控制所在国的市场。在竞争激烈的地区,母公司以极低的价格向其子公司提供原料、零配件或成品,这样可以大大降低其成本,使其在该地区获取竞争地位。因此,转移价格也常常被跨国公司用来作为争夺世界市场的手段之一。

2. 垄断价格。跨国公司一般都具备一定的垄断力量,跨国公司利用其垄断力量控制和操纵许多商品的价格。当跨国公司开发了某种新技术或新产品后,往往尽量利用其内部化的特有性质延长该技术或产品的生命周期,限制技术的转移,尽可能地垄断该产品的生产和国际贸易。对于被垄断的产品,跨国公司往往索取垄断高价,争取垄断利润。当跨国公司在市场上同对手竞争时,它们又会采取低价倾销政策来打败竞争对手。另外,跨国公司利用其巨大的规模控制了许多发展中国家的出口市场,形成买方垄断,压低初级产品的价格,使发展中国家被迫进行低价销售。

(三) 内部贸易

跨国公司一般规模较大,母公司和子公司分散在世界各地。跨国公司为了减少外部市场的不完全性造成的经营风险,降低经营成本,发挥转移价格的功效,也为了适应知识、技术密集型产品生产的需要,防止技术的扩散,倾向于加强母公司与子公司、子公司与子公司之间在原材料、产品、技术和服务方面进行进出口贸易。这种贸易被称为跨国公司的内部贸易。内部贸易有助于巩固和加强跨国公司在国际市场上的垄断地位。其原因是公司内部贸易存在利益。具体包括:

(1) 降低外部市场造成的经营不确定性风险。由于受市场自发力量的支配,企业经营活动面临着诸多的风险,包括投入供应数量不确定、投入供应价格不确定、不同生产工序或零部件分别由独立企业承担产生协调上的困难。而公司内部贸易可以大大降低上述的各种经营不确定性,通过合理计划,安排生产、经营活动。

(2) 降低交易成本。这里主要指减少对外交易谈判、签约和合同履行所发生的成本。

（3）能很快适应高技术产品生产的需要。

（4）增强公司在国际市场上的垄断地位和竞争能力，实现全球利益的最大化。

（5）有利于运用转移价格。

（四）建立跨国公司的战略联盟

战略联盟是指两个或更多的跨国公司，出于对全球市场发展的预期和实现各自公司经营目标的考虑，在某些利益共同点的基础上通过签订协议而建立的一种合作伙伴关系。这种合作在20世纪80年代不断涌现，成为世界经济舞台上一道亮丽的风景线。近年来，跨国公司的发展出现了跨国公司联盟的新趋势，实行国内公司集团化、国际市场竞争联合化。国际市场竞争联合化可以分担研究与开发费用，分散投资风险，共同开拓市场。跨国公司联盟的形式主要有以下两类。(1) 若干个势均力敌的大跨国公司相互结盟。通过发挥各自的优势形成互补关系，共同研究和开发新技术与新产品，从单项合作发展到航空、航天、电子、汽车等多部门，从生产到销售的多环节合作。例如，国际商用机器公司建立了40多个伙伴公司。跨国公司联合方式的最新发展是国际性战略联合，它是两个国家以上的跨国公司围绕共同的战略目标而建立起来的互相补充、互相衔接、共同开发、共担风险、共享收益的合作关系。这种战略联盟多出现在重大的新技术、新工艺、新产品、新市场、新资源的研究与开发、应用和开拓市场的联合。(2) 发展跨国公司群。一家大的跨国公司和一批中小跨国公司组成跨国集团，通过合资企业、分包合同、销售协议、生产协作、技术转让等多种方式联合在一起，发挥各自最具优势的方面，提高整体竞争力。

建立跨国公司的战略联盟具有以下好处：(1) 通过战略联盟，跨国公司可以聚集更多的技术创新资源，分摊巨额的产品开发费用和固定资产费用，降低潜在的风险；(2) 通过战略联盟，跨国公司可以加速新产品研制的商业化应用过程，克服产品生命周期，缩短与商业化应用相对滞后的时间差，减少生产和市场变化的风险；(3) 通过战略联盟，跨国公司可以绕过贸易壁垒，从而降低市场收入成本和风险；(4) 通过战略联盟，可以实现优势互补，降低经营成本，以达到规避额外投资风险；(5) 通过战略联盟，可以增加跨国公司经营与组织结构的灵活性和对不确定环境变化的反应能力，及时化解各种风险。

除此之外，跨国公司还凭借其经济实力和垄断地位，在国际贸易中广泛采用限制性商业惯例和非价格手段等方式打击局外企业，加强在国外市场的垄断和竞争，保证谋取垄断利润。

专栏 6-1

通用汽车与丰田汽车联合开发

2001年1月，由通用北美公司提供概念及造型设计、丰田公司负责工艺和开发的新车Vibe被誉为是一件"综合运用两家公司的技术、工程工艺、制造技术以及人才的代表作"。通用总裁兼CEO瓦格纳先生认为，丰田与通用在Vibe的高动力性能、燃料系统到其产品定位等许多环节上开展了良好的合作。"对于汽车行业来说，我们之间的这种密切合作将成为今后各厂家间开展互惠合作的典范。"丰田社长张富士夫也曾表示，"对于今天的汽车产业来说，合资合作是一种非常重要的形式。Vibe的开发无论对丰田还是对通用都会带来明显的好处，不仅大量节省了用于设备和技术的费用，而且还实现了两家在技术上的优势互补。"

2006年3月，通用汽车与丰田汽车联合宣布，进一步拓展两家公司关于未来汽车科技方面的合作，并将之前的合作协议延长两年，以重点研发相关安全技术、交通发展和行业规范标准的制定。在合作延长期内，通用和丰田将在多个领域开展咨询交流与合作研究，例如多种车用燃料的能源效率和污染物排放研究、智能交通系统和车辆通信技术以及其他有利于合作双方的研究项目。

从最初收购欧宝汽车公司，到后来入股五十铃、铃木汽车公司，再到与第一大对手丰田汽车展开合作，通用在与各大跨国汽车集团竞争合作的过程中，尊重各家公司的自主经营，充分发挥各自的优势。从微型汽车、商用汽车到中高级汽车，通用汽车公司各种类型的汽车几乎都生产。通用推行的并购战略，在确立各自的品牌优势、最大限度地发挥企业自主经营能力方面取得了显著的效果。

资料来源：中国汽车工业信息网。

二、跨国公司的主要经营特征

跨国公司作为国际化生产的企业组织，与一般的国内企业相比，其经营的主要特征如下：

1. 跨国公司经营战略具有全球性和管理具有集中性。首先，跨国公司的经营战略以整个世界市场为目标，总公司对整个公司的投资计划、生产安排、价格体系、市场分布、利润分配、研制方向以及重大决策，实行高度集中统一的管理。跨国公司在做出经营决策时，所考虑的不是一时一地的局部得失，而是整个公司在全球的最大利益。公司最高决策机构是董事会，它对整个公司各个实体拥有高度集中的管理权。其次，公司内部的相互联系性。跨国公司内部各实体之间具有密切的联系性,子公司根据母公司的全球战略制定各自的经营计划及措施,而母公司与子公司、子公司与子公司之间,采用合同、协议等形式相互联系起来,从而使公司内部的各个实体能与其他实体分享资源和分担责任。公司在海外设立的大量子公司受控于母公司,在分工协作的基础上,公司内部各单位的业务融为一体,相辅相成。

2. 跨国公司利用直接投资争夺世界市场。资本的本性就是扩张,它要冲破在其扩张道路上的一切地理的、民族的障碍,而进行其漫无止境的对外渗透。跨国公司对外扩张有两条途径:一是商品出口;二是海外投资和海外生产。为了扩大商品输出,跨国公司在国外建立销售公司,这种销售公司是最简单的所有权式的投资,其作用有三:(1)推销母公司和母国的产品;(2)了解当地市场行情,收集所在国的经济和商业情报;(3)扩大公司的影响,作为进一步对外投资的跳板。这种销售机构的规模主要取决于母公司的规模、产品的类型、公司本身所处的发展阶段以及当地市场的消费需求。

3. 跨国公司以少量的自有资本控制他人的巨额资本。跨国公司借助"参与制",以少量自有资本(采用直接投资的方式)控制他人的巨额资本。列宁曾经指出,为控制一个公司需要占有40%的股份。而如今跨国公司所支配的外部资本和外部利润说明,为控制一个公司所需要占有的股份已降到10%~25%。美国商务部的研究报告证实,美国跨国公司国外分支机构的资产相当于其对外直接投资累计总额的5~6倍。跨国公司利用自己手中的金融资本控制他人的巨额资本,把触角伸向世界市场的任何一个角落。

专栏 6-2

星巴克在中国的对外直接投资

星巴克只用了短短的几年时间在中国就成了一个时尚的代名词。它所标志的已经不只是一杯咖啡,而是一个品牌和一种文化。

1971年4月,位于美国西雅图的星巴克创始店开业。1987年3月,星巴克的主人鲍德温和波克决定卖掉星巴克咖啡公司在西雅图的店面及烘焙厂,霍华·舒兹则决定买下星巴克,同自己创立于1985年的每日咖啡公司合并改造为"星巴克企业"。

现在,星巴克已经在北美、欧洲和南太平洋等地开出了6 000多家店,近几年的增长速度每年超过500家,平均每周超过10 000万人在店内消费。2005年,星巴克在全球达到10 000家店。目前,星巴克是唯一一个把店面开遍四大洲的世界性咖啡品牌。

1998年3月，星巴克进入中国台湾，1999年1月进入北京，2000年5月进入上海，目前星巴克已成为中国国内咖啡行业的第一品牌。

2003年7月，星巴克集团对外宣布，集团大幅提高其在中国台湾与上海合资公司中的股份，持股比例从原来的5%增至50%。由此，星巴克集团的子公司"星巴克国际"和中国台湾的统一（星巴克）集团，将从授权关系转为事业合作伙伴。上海统一星巴克咖啡有限公司总经理徐光宇表示，美方增持10倍股份的主要原因是看好中国台湾和上海的市场前景，愿意进一步投资未来。

同麦当劳的全球扩张一样，星巴克很早就开始了跨国经营，在全球普遍推行三种商业组织结构：合资公司、许可协议、独资自营。星巴克的策略比较灵活，它会根据各国各地的市场情况而采取相应的合作模式。以美国星巴克总部在世界各地星巴克公司中所持股份的比例为依据，星巴克与世界各地的合作模式主要有四种情况：

（1）星巴克占100%股权，比如在英国、泰国和澳大利亚等地；

（2）星巴克占50%股权，比如在日本、韩国等地；

（3）星巴克占股权较少，一般在5%左右，比如在中国的台湾、香港以及夏威夷和增资之前的上海等地；

（4）1999年年初，星巴克授权北京美大咖啡有限公司在北京市场开设第一家分店，至今已在京、津地区迅速发展到36家。而"统一星巴克"则于1998年3月在中国台湾开出第一家店，当时的统一星巴克咖啡有限公司由"统一超商"、"统一企业"和"美国星巴克"分别持股50%、45%和5%。2000年5月，两大集团再以同样的合资模式，取得在中国内地江浙地区的经营权，成立"上海统一星巴克"，在上海地区开出第一家店，目前已在上海开出26家店，年底计划达到30家店。

正是出于这种灵活的投资策略和合作模式，使得美国星巴克集团在看好中国市场时，看好这个市场上的合作伙伴，加大投资，将持股比例增加到50%。这表明了美国对这个地区的更加重视，今后会有更多的投入。

跨国公司作为控股公司，控制海外子公司并以这种方式建立控制的金字塔式结构。为了对别的公司实行控制，就必须有一个不大的股票控制额，这样，该资本就能够对超过自己许多倍的资本实行控制。公司完全不把少量股票持有者看做是有权插手公司事务的业主，而是把他们看做有权得到一部分企业收入的人。甚至持有大宗股票的人，通常不仅不关心他们所持有股票公司的业务，而且甚至往往不知道它们究竟是些什么样的公司。这是股权分散过程的一种表现。占有股票可以同行使控制权联系在一起，但也不是必然的，因为控制权不是占有股票的结果，而是完成所有权职能的结果。

4. 跨国公司拥有先进的技术，保持竞争优势。随着科技的发展及其在实际中的运用，导致企业巨大的技术进步和组织机构的合理化。企业推广新技术首先是用机器设备替代活劳动，逐步发展到用更完善的机器设备替代原有的机器设备。跨国公司在世界市场上若要保持优势，或从一种优势转向另一种优势，就必须在研究与开发新技术、新工艺、新产品中始终保持领先地位，否则，它将在激烈的国际竞争中败北。因此，跨国公司对外投资以开发新技术为其经营的主要武器，并且影响所在国有关的产业部门；反过来，科学技术的发展加强了国际分工和协作，促进了跨国公司的发展。

5. 跨国公司向综合型多种经营发展。跨国公司废弃单一的产品生产，实行多种产品生产的产业结构。综合型多种经营，是指母公司内部，母公司和子公司各自生产不同种类的产品，甚至经营彼此毫不相干的不同行业。20 世纪 70 年代以来，综合型多种经营的跨国公司迅猛发展，其业务经营范围，形象地说，就是"从方便面到导弹"，几乎无所不包。这种综合型多种经营，是根据生产、销售过程内在的需要，将有关联的生产联系起来，进而向其他行业渗透，形成生产多种产品的综合体系。综合型多种经营的好处是：（1）挖掘跨国公司总的经济潜力，防止过剩资本的形成，确保公司顺利发展，有利于全球战略目标的实现；（2）有利于资金合理流动与分配，提高生产要素和副产品的利用率；（3）便于分散风险、稳定企业的经济收益；（4）可以充分利用生产余力，延长产品生命周期，增加利润；（5）能够节省共同费用，增加企业的机动性。跨国公司综合型多种经营的发展，表明一种新的竞争形式——"结构竞争"的出现，也就是通过控制多部门的生产结构，争夺销售市场，从而使其成为多目标生产经营综合体。简言之，跨国公司从全球利益目标出发，把"世界市场战略"、"产品多样化战略"和"技术转让战略"有机地结合起来，力图获得最大的经济利益。

第三节　跨国公司对国际贸易的影响

一、跨国公司促进了国际贸易的增长

随着跨国公司的发展，其在国际贸易中的地位日益提高，对国际贸易起着越来越重要的作用。据联合国贸易与发展会议 2003 年《世界投资报告》报道，

2002年跨国公司母公司为6.5万家，海外子公司为85万家。跨国公司的贸易额占全球贸易总额的60%，其所掌握的高新技术占全球高新技术的70%、专利的80%以上、国际技术转让的75%~80%，发展中国家引进的先进技术90%来自于跨国公司。跨国公司的产值已占全球总产值的40%。跨国公司对外直接投资占国际直接投资的90%以上，跨国公司内部贸易占世界贸易总量的近1/3。其销售额的增长速度远远超过世界出口增长速度。二战结束至今，世界贸易增长的速度为世界生产总值增长速度的1.5倍。目前世界贸易将近1/2由跨国公司进行。跨国公司数量的增长，规模的扩大，实力的增加，销售额的不断增长，大大地促进了国际贸易的增长。由此可见，跨国公司的迅速发展及大规模的国际化经营，促使国际贸易发展速度加快、规模扩大。

二、跨国公司促进了国际技术贸易的发展

跨国公司是国际技术贸易中最活跃、最有影响力的因子。21世纪初，国际技术贸易额上升到5 000亿美元左右。这在很大程度上得益于跨国公司的技术与技术转让的发展。以技术贸易顺差的最大国美国为例，在技术贸易的专利和专有技术使用费收入中，跨国公司占85%。跨国公司控制了资本主义世界工艺研制的80%、生产技术的90%，国际技术贸易的75%以上是与跨国公司有关的技术转让。

跨国公司的技术转让，主要采取三种形式：一是由母公司向国外子公司进行技术转让。母公司通常只是将部分技术转让给国外的子公司，关键技术仍由自己控制。这样，既可以保持母公司对技术的垄断权，也可以通过向子公司出售技术和工艺获得收益，增加利润。二是通过技术许可贸易向外转让技术。技术许可贸易包括技术专利使用权的转让、专有技术的转让、商标使用权的买卖等。三是向合资合作企业转让技术。以这样的方式转让技术，一方面可以获得技术使用费收入；另一方面可以从合资合作企业的盈利中获得分成。跨国公司之所以这样做是由于以下原因。

1. 跨国公司竞争的需要。跨国公司为了在激烈的竞争中保持自己的地位，扩大自己的份额，需要不断地进行科学技术研究，不断地推出新产品。每家跨国公司都有自己专门的研究机构，每年投入大量的研究与开发费用。通常跨国公司每年拿出其营业额的4%~8%作为研究开发新产品的费用，有的大公司研发费用甚至大于一些发展中国家全年的教育和卫生支出总和。

2. 跨国公司内部技术转让的需要。因为跨国公司母公司同子公司是利益相联体，它希望子公司在同东道国当地企业的竞争中获得胜利，为此，它必须用自

己的技术武装它的子公司。目前，多数跨国公司的子公司自己并不搞研究与开发，而是只进行生产。在此情况下，许多新技术，包括机器、中间产品、成品以及技术服务，都需从母公司引进，母公司向子公司转让的技术主要是加工技术以及相关的技能培训。母公司同子公司也可以通过买卖转让技术。此时，东道国的政策将对技术转让产生重要影响。如果东道国对知识产权保护比较得力，跨国公司技术转让速度加快；在相反的情况下，可能提高要价甚至拒绝转让。不过，成熟的技术转让是跨国公司一种普遍的商业行为。

3. 跨国公司建立战略联盟及获得技术联系的需要。建立战略联盟是为了降低研究与开发成本，减少风险，加快科技开发速度。为了建立战略联盟，自然会在联盟之间进行技术转让以达到互利的目的。技术联系是指不涉及股权的合同关系，它也是智力资源扩散的重要渠道。跨国公司的子公司同东道国的一些企业，特别是向它们提供零部件、原料和服务的企业，常常有很强的联系纽带。这种联系不仅能给当地公司带来生意，而且还能给当地公司带来知识技术、工艺诀窍、质量控制手段、提高效率的技能、管理窍门等。

4. 知识本身的溢出效应和外在性。知识本身具有扩散性和溢出效应。即使跨国公司把专有技术和研究与开发活动都保留在跨国公司内部，不向外扩散，但跨国公司跨国界的生产仍然通过知识本身的溢出效应和外在性把科技知识传播出去。扩散的渠道有：掌握了技术窍门的科技人员和工人从子公司流动到不属于该跨国公司系统的企业；东道国的企业通过许可方式从跨国公司子公司获得知识窍门和技术；东道国当地企业同跨国公司子公司的直接和间接接触，常常会使技术信息扩散出来；跨国公司在东道国的竞争，会引发当地公司采取各种手段和途径借鉴、挖掘与窃取跨国公司的技术。

三、跨国公司推动了世界服务贸易的发展

20世纪70年代初期，服务业吸引的外资仅占全球对外直接投资存量的1/4，到了90年代，这一比重上升至50%左右，而2002年服务业吸引外资成为主体，达到60%。与此同时，初级产业和制造业的比重则从1990年的9%和42%分别下降至2002年的6%和34%。从1989~1991年、2001~2003年平均值比重变化的情况可以看出这一点（见表6-1）。

服务业吸收外资的行业分布比较集中，其中金融、运输、通信、贸易以及包括基于IT技术的公司服务在内的商业服务占据了服务业吸引外资的主要地位。发达国家是服务业对外投资的主要国家和地区，而发展中国家对服务业的投资也有所上升。

表 6-1　　　　按部门划分和行业划分对外直接投资流出量情况
(1989~1991 年、2001~2003 年)　　　　　　　　单位：百万美元，%

部门/行业	1989~1991 年				2001~2003 年				
	发达国家	发展中国家	世界		发达国家	发展中国家	东南欧和独联体	世界	
			总额	比重（%）				总额	比重（%）
初级产业	10 821	79	10 900	5.1	35 174	117	120	35 411	5.6
制造业	82 351	1 498	83 849	39.4	102 851	4 444	3	107 298	16.9
服务业	117 209	1 020	118 229	55.5	463 975	26 778	14	490 767	77.5
总和	210 381	2 587	212 978	100	602 000	31 339	140	633 476	100

资料来源：联合国贸发会议，《2005 世界投资报告》。

除此之外，跨国并购向服务业转移的趋势也愈加明显。20 世纪 80 年代末，服务业的并购在跨国并购中所占的比重不到 40%，而到 2004 年，服务业的并购占跨国并购总值的 63%，其中金融服务的并购占服务业跨国并购价值的 1/3。

"从服务业国际转移的主体来看，跨国公司是国际服务业转移潮流的发动者和主体。"国务院发展研究中心产经部李志能博士指出，仅仅金融服务业，发达国家目前的 1 300 万个工作岗位，在今后 5 年里将有 200 万个转移到新兴市场国家，"世界最大的 100 家金融服务公司向外转移的业务金额将达到约 3 600 亿美元"。

总而言之，服务业的国际化还处于起步阶段，与制造业相比，其国际化的程度还比较低。目前，服务业对外投资以获取市场份额为导向，然而，有些服务行业，如金融和商业服务，本身可以实现全球资源整合。不久的将来，效率寻求性服务业的对外投资将大大增加。

四、跨国公司在国际贸易发展中的双重性

跨国公司在国际贸易发展中，一方面，促进了国际贸易的发展，带动了世界经济的发展；另一方面，跨国公司也给国际贸易的发展带来了一些问题。

1. 强化了世界市场上的垄断，加剧了国际贸易中竞争的双重性。垄断和竞争是存在于跨国公司的一对矛盾。竞争是跨国公司活力的源泉，然而竞争又促使优势企业通过内部积累与外部兼并走向集中和垄断。

在一定意义上，垄断是跨国公司的起点。因为企业通常是在国内取得垄断地位后才有力量也才有向国外扩张的需求。而垄断利润则增强了跨国公司在国际和国内进行扩张的能力。第二次世界大战以后兴起的跨国公司与二战前的跨国公司有所不同，但它们仍然是依靠各种优势追求高额垄断利润的经济组织。它们是靠雄厚的资本、技术创新、高超的管理、全球生产和营销网络而取得的。这种垄断

不能阻止竞争,在一定的条件下反而会促进竞争。这是因为知识产权可以垄断,但人们的思想和智慧是无法垄断的。当代的世界市场格局强化了跨国公司的竞争性,弱化了跨国公司的垄断性。但跨国公司的垄断性并未消失,因此,东道国尤其是发展中国家在引进外资、与跨国公司合作时,要防止它对贸易的垄断,促进对外贸易的竞争。东道国反垄断不能伤害跨国公司创新的积极性,保护知识产权不能妨碍公司之间的公平竞争。

2. 追求高额贸易利润和促进贸易发展的双重性。为了追求高额利润,跨国公司在全球战略安排下,通过对外直接投资,绕过东道国在进口上设置的各种贸易壁垒,就地生产,就地销售,成为变相的垄断贸易,把东道国的对外贸易纳入跨国公司的内部贸易中,使得跨国公司的贸易利润率大大提高;跨国公司通过对外贸易中的转移价格,实现国民价值转移。另外,跨国公司又给东道国尤其是发展中国家带来资金、技术和管理经验,东道国的企业和公司通过进入跨国公司的生产与营销网络,开拓了市场,促进了对外贸易的发展。

3. 国际贸易的高效和不平等分配的双重性。跨国公司的运营无疑是效率最高的,其原因如下:第一,跨国公司能够实现全球各国的比较优势,在全球范围内配置资源,实现生产要素的最佳组合。在跨国公司全球战略安排下,把世界各国的劳动、资本、原材料、研究与开发有机地结合到跨国公司的全球生产与营销网络中,实现成本的最小化和利润的最大化。第二,跨国公司是一种多功能的经济体,集科研、生产、贸易、金融于一体,在进行经营活动时,可以把货物、服务与技术贸易有机地结合起来,并利用跨国公司的内部渠道,采取多种贸易方式,从而获得最佳的经营效果。第三,跨国公司的经营规模比任何国内大企业和公司都大,它所实现的已经不是一般的规模效益,而是全球的规模效益。然而,在分配上,跨国公司是按资本分配的,出现了财富、贸易利益的日益集中和两极分化的现象,一些发展中国家和地区出现了"贫困性的增长",在国际分工中的地位没有取得实质性的改变,在国际贸易中的地位没有显著的提高。

思 考 题

1. 简述跨国公司的含义。
2. 什么是跨国公司的内部贸易?跨国公司为什么要进行内部贸易?
3. 20世纪90年代以来,跨国公司的发展出现了哪些新特点?
4. 二战后跨国公司迅速发展的原因是什么?
5. 简述跨国公司的主要经营方式。
6. 简述跨国公司的主要经营特征。
7. 跨国公司对国际贸易的发展产生了哪些重要影响?

第七章 国际贸易政策

【本章教学目的】为了发展对外贸易，各国都制定了各自的对外贸易政策。通过本章的学习，使学生了解国际贸易政策，特别是一国对外贸易政策制定和变化的依据与条件；了解各历史时期对外贸易政策的内容及特点。

第一节 国际贸易政策的概述

一、国际贸易政策内容简介

国际贸易政策是指在国际贸易交往中用于平衡各国间的贸易利益，缓解和协调贸易矛盾的工具，是各国对外贸易政策的综合反映。

国际贸易政策的内容由以下三个方面组成。

1. 各类国际组织制定或做出的有关贸易方面的基本原则和各种措施。目前，国际经济组织比较多，类型各异。有全球性的组织，也有地区性的组织，有发达国家的组织，也有发展中国家的组织。由这些组织制定的贸易原则和一些贸易措施，对缓解和协调贸易矛盾起到了一定的作用。如联合国贸易与发展会议关于给予发展中国家普遍优惠制的决议，关税与贸易总协定的关税减让谈判结果，国际货币基金组织的贸易支持政策，八国集团首脑会议协调世界经济、贸易的协议，南南合作的各项政策，七十七国集团提出的各项协议等。

2. 国际经济集团对内、外部实行的贸易政策。国际经济集团，是世界经济高度发展和矛盾斗争的产物。一般由若干个发展水平接近、互为毗邻的国家组成。如欧盟、北美自由贸易区、欧洲自由贸易联盟以及各种经济一体化组织。这些经济集团对内实行优惠的贸易政策如关税政策等。有些集团内部还实行完全的自由开放政策。如欧盟从1993年1月起实行统一大市场；从1993年11月起开始运行《马斯特里赫特条约》。对于集团外部，它们则采取统一的贸易政策，诸如共同的关税政策、共同的限制政策以及共同的贸易优惠政策等。

3. 各国的对外贸易政策。

在以上三种国际贸易政策中,各国的对外贸易政策是最基本的。国际贸易政策是各国对外贸易政策的综合反映。为此,有必要着重研究各国的对外贸易政策。

二、对外贸易政策

(一) 对外贸易政策的内容

对外贸易政策是一国政府在其社会经济发展战略的总目标下,运用经济、法律和行政手段,对对外贸易活动进行有组织的管理和协调的行为。对外贸易政策包括以下三方面内容。

1. 各国对外贸易总政策。它是各国从整个国民经济出发,根据本国国民经济的整体状况及发展战略,结合本国在世界经济格局中所处的地位而制定的、在较长时期内实行的政策。它是各国发展对外经济关系的基本政策,是整个对外贸易政策的立足点。

2. 进出口商品政策。它是各国在本国对外贸易总政策的基础上,根据经济结构和国内外市场的供求状况而制定的政策。其基本原则是,对不同的进出口商品实行不同的待遇。主要体现在关税的税率、计税价格和课税手续等方面的差异。例如,对某类进口商品,有时采用较高税率和数量限制手段来阻挡其进口,有时则对其实施较宽松的做法,允许较多的进口。

3. 国别政策。它是各国根据对外贸易总政策,依据对外政治经济关系的需要而制定的国别和地区政策。它在不违反国际规则的前提下,对不同的国家采取不同的外贸策略和措施。对不同国家规定差别关税率和差别优惠待遇是各国国别政策的基本做法。

从一国对外贸易政策的具体构成来看,一般而言,它主要包括一国的关税制度和政策、非关税壁垒的种类和做法、鼓励出口的体制和手段、管制出口的政策和手段等。这些范围内的有关体制、政策和基本做法构成了国际贸易政策的基本内容。

(二) 对外贸易政策的目的与作用

一国的对外贸易政策是指该国在一定时期内对进口贸易和出口贸易所实行的政策,是一国总的经济政策的组成部分,是为该国经济基础和对外政策服务的。各国对外贸易政策因各自的经济体制、经济发展水平及其产品在国际市场上的竞

争能力而有所不同,并且随其经济实力的变化而不断变换,但就其制定对外贸易政策的目的而言,大体上是一致的,主要在于:

(1) 保护本国的市场;
(2) 扩大本国产品的出口市场;
(3) 促进本国产业结构的改善;
(4) 积累资本或资金;
(5) 维护本国对外的经济和政治关系。

科学地制定对外贸易政策,并根据情况的变化适时加以调整,可以对一国经济发展和经济政治环境的改善起到良好的作用。对外贸易政策的作用主要表现在以下三个方面。

第一,可促进一国经济的发展。主要指通过对外贸易政策的制定和调整,优化国内资源配置,提高生产要素效能,鼓励资本输入,引进国外的先进技术和管理经验,维持国际收支平衡,实现经济增长。

第二,可加强和完善一国市场经济体制。经济体制是一个国家国民经济的运行方式。按照国民经济的运行方式,经济体制可以分为市场经济和计划经济两种类型。经济体制不同,贸易政策也随之不同。经过实践检验,市场经济体制逐渐为世界各国所认同。科学的外贸政策能促进一个国家积极参与国际分工,同时,又能加强和完善自身的市场经济体制。

第三,可使一国获取良好的国际经济与政治环境。对外贸易政策在调整、改善和巩固国与国之间和经济与政治关系方面起着重要作用。一国贸易政策的选择必须考虑国际环境,而适宜的贸易政策反过来又为改善自己的国际经济与政治环境创造了条件。

(三) 对外贸易政策的制定与执行

对外贸易政策属于上层建筑,它既反映了经济基础和当权阶级的利益及要求,同时又反过来维护和促进了经济基础的发展。为此,各国都非常重视对外贸政策的制定。在制定对外贸易政策的过程中,一般要考虑如下因素:(1) 本国经济结构与比较优势;(2) 本国产品在国际市场上的竞争能力;(3) 本国与别国经济、投资的合作情况;(4) 本国国内物价、就业状况;(5) 本国与他国的政治关系;(6) 本国在世界经济贸易组织中享受的权利与应尽的义务;(7) 本国政府领导人的经济思想与贸易理论水平;(8) 本国各个群体或利益集团的意见。

对外贸易政策的执行方式一般为:(1) 通过海关对进(出)口贸易进行管理。海关是国家行政机关,它的主要职能是对进(出)国境的货物和物品、运输工具进行实际的监督与管理,稽征关税和代征法定的其他税费,查禁走私等。因此，一切进（出）国境的货物和物品、运输工具，除国家法律有特别规定外，都要在进（出）国境时向海关申报，接受海关检查（查验）。(2) 国家广泛设立各种机构，负责促进出口和管理进口。(3) 国家政府出面参与各种国际经济贸易机构和组织，签订经济贸易条约和协定，进行国际经济贸易方面的协调工作。

第二节 对外贸易政策的类型及其演变

对于一国经济政策的制定和实施，历来存在着两种对立的思潮和理论主张。一种思潮叫经济自由主义，它主张全社会的经济活动应该按照市场机制的调节功能自由地进行，政府不必加以干预和管制。另一种思潮叫政府干预主义，它认为本国政府应该对社会经济活动进行干预和控制，有时候这甚至是决定性的，让其放任自流是不行的。这两种基本思潮在实现对外贸易政策目标的做法上表现为两种不同的主张。前者主张自由贸易，后者主张保护贸易政策。长期以来，两派各执一词，争论激烈，其结果对对外贸易政策的演变产生了重要的影响。

一、自由贸易政策

自由贸易政策是指国家对商品进出口活动不加干预，即对商品进口不加限制，不设障碍，对商品出口也不给予特权和优惠，任其依据市场经济规律自由地竞争与发展。

自由贸易政策产生于18世纪初的英国，是18世纪新生资产阶级"自由放任"思想在对外经济关系上的延伸。采取自由贸易政策的国家基本上是竞争优势强大的经济贸易大国。但是，在国家存在的前提下，世界市场与国内市场存在很大的差别，对外贸易涉及国家、阶层和国民的各种利益。因此，完全意义上的自由贸易政策是不存在的。现实的自由贸易政策是指国家取消和减少对进出口贸易的限制与障碍，取消和减少对本国进出口商品的各种特权与优惠。而当今的贸易自由化则意味着降低政府对对外贸易（包括货物、服务贸易与投资）的控制和直接干预，而代之以价格机制（如关税等）的调节，扩大服务市场的准入，取消对投资的限制。

（一）自由竞争时期的自由贸易政策

18世纪中叶，英国开始产业革命，工业迅速发展，不再惧怕与外国产品进行竞争。在这种情况下，重商主义那种强烈的保护主义政策便成为阻碍英国经济发展和英国工业资产阶级对外进行扩张的障碍。成长起来的英国工业资产阶级要求在世界市场上实行自由贸易政策。

19世纪20年代，以伦敦和曼彻斯特为基地的英国工业资产阶级开展了一场大规模的自由贸易运动。运动的中心内容是废除《谷物法》。工业资产阶级经过不断斗争，最后终于战胜了地主和贵族阶级，取消了重商主义的保护贸易政策，使自由贸易政策逐渐占据上风。具体成果如下。

1. 废除《谷物法》。1833年英国棉纺织业资产阶级组成反《谷物法》同盟，而后又成立了全国性反《谷物法》同盟，展开声势浩大的反《谷物法》运动。经过斗争，终于迫使国会于1846年通过废除《谷物法》的议案，并于1849年生效。

2. 关税税率逐步降低，纳税商品数目减少。经过几百年重商主义政策的实施，英国不仅征税商品数量多，而且税法内容繁杂。1825年，英国开始简化税法，废止旧税率，建立新税率，关税税率逐步降低，禁止出口的法令被完全废除。

3. 废除《航海法》。《航海法》是重商主义时期英国限制外国航运业竞争、垄断殖民地航运业的重要措施。从1824年起逐步废除，到1849年和1854年，英国的沿海贸易、殖民地贸易及航运全部对外开放。

4. 取消特权公司。在1813年、1814年分别废止了东印度公司对中国和印度的贸易垄断权，将对中国和印度的贸易全部开放。

5. 改变殖民地贸易政策。英国大机器工业建立后，产品竞争力快速提高，因而开始对殖民地贸易采取自由放任的态度，并通过对关税税率改革，废止了对殖民地商品的优惠税率。同时，准许殖民地与外国签订贸易协定，建立直接的贸易关系。

6. 与外国签订自由贸易条约。如1860年与法国签订的《科伯登条约》，英国承诺降低对法国葡萄酒和烧酒的进口关税，并承诺不禁止煤炭出口，法国则保证对从英国进口的一些制成品征收不超过30%的从价税。在19世纪60年代，英国缔结了八个类似的条约。

（二）二战后至70年代中期的贸易自由化

1. 二战后贸易自由化的具体表现。两次世界大战期间，特别是在1929～1933年经济大危机的冲击下，自由贸易政策被首先倡导的英国放弃。第二次世界大战后，随着世界经济的恢复与发展，自由贸易政策成为在发达国家起主导作用的政策。随着1947年关税与贸易总协定的生效和1995年世界贸易组织的建立，加上经济全球化进程的加快，贸易政策自由化成为世界各国贸易政策的主流。美国作为世界政治和经济的新领袖,在第二次世界大战后积极倡导贸易自由化。二战后至20世纪70年代中期的贸易自由化具体表现为:

首先,建立促进自由贸易的国际组织——关税与贸易总协定。关税与贸易总协定通过八轮多边贸易谈判,大幅度降低了进口关税税率。目前,发达国家和发展中国家缔约方进口平均税率已分别降至5%和15%以下。

其次,以欧盟为代表的区域经济一体化得到较为充分的发展。区域经济贸易集团通过对内取消关税、对外谈判达成关税减让协议等,导致了关税的大幅度下降。

再次,普遍优惠制度的实施。第二次世界大战后,发展中国家为了改善贸易条件,增加外汇收入,要求发达国家对其出口商品给予关税优惠待遇。经过长期的斗争,终于在1968年第二届联合国贸易与发展会议上通过了普惠制决议。自1971年7月1日起,发达国家对于来自发展中国家或地区的制成品和半制成品给予普遍的、非歧视的和非互惠的关税优惠。

最后,放宽或逐步取消了进口限额、外汇管制等非关税壁垒措施。

2. 二战后贸易自由化的特点。

(1) 贸易自由化的基础雄厚。与历史上的自由贸易政策相比,二战后贸易自由化具有基础较为雄厚的特点。这是由于:其一,经济政治实力强大的美国是二战后贸易自由化的主要倡导者;其二,二战后贸易自由化呼声强烈,是以美、日、欧为代表的整个世界经济发展和生产力水平提高的综合反映,而不仅仅是反映英国产业资产阶级资本自由扩张的利益和要求;其三,二战后贸易自由化是在跨国公司迅速发展的背景下兴起的,它代表的是各国大企业的利益,而历史上的自由贸易政策只代表了英国产业资产阶级的利益;其四,二战后贸易自由化得益于关税与贸易总协定、区域经济贸易集团等国际组织的推动,而历史上的自由贸易政策则主要依靠英国的力量。

(2) 贸易自由化发展不平衡。二战后,社会主义国家和发展中国家迅速成长,加之资本主义经济发展不平衡规律的作用,使得以发达国家为主的贸易自由化发展很不平衡。主要表现在:其一,发达国家之间贸易自由化超过它们对发展中国家和社会主义国家贸易自由化,发达国家根据关税与贸易总协定等国际组织达成的各类多边协定的规定,较大幅度地降低彼此之间的关税和放宽相互之间的进口数量限制。但对于发展中国家和社会主义国家的一些商品,特别是劳动密集型商品,却征收较高的关税,并实施非关税壁垒等其他限制措施;对于社会主义国家还实行出口管制措施。其二,区域性经济集团内部的贸易自由化超过集团对外贸易自由化。其三,商品贸易自由化程度不一致。工业制成品的贸易自由化超过农产品的贸易自由化;机器设备的贸易自由化超过工业消费品的贸易自由化。

(三) 贸易自由化的深化（20 世纪 90 年代以来）

20 世纪 90 年代以来，随着世界经济的好转和经济全球化趋势的不断加强，贸易自由化在已有的基础上进一步向纵深发展，成为世界各国对外贸易政策的主流。其主要表现是：

1. 世界贸易组织的建立为全球贸易自由化奠定了良好的基础。以世界贸易组织为基础的世界多边贸易体制与以关税与贸易总协定为基础的多边贸易体制相比，具有目标更为远大、组织机构更加健全、基础更为稳定、管辖范围更为广泛、争端解决机制更为有效等特点。世界贸易组织成立以来，在落实乌拉圭回合谈判达成的协议内容，就服务贸易等一些框架协议继续谈判，帮助最不发达国家发展对外贸易，解决成员方贸易争端，考虑和努力解决多边贸易体系发展过程中出现的问题，促进发展中成员的贸易发展，提高和改进透明度，加大世界贸易组织成员对世界贸易组织活动的参与权，以及吸收更多国家和地区加入世界贸易组织等方面做了大量的工作，并取得了显著的效果，从而推动了贸易自由化的深入发展。

2. 区域经济一体化的发展推动全球贸易自由化走向深入。例如，20 世纪 90 年代以来，欧盟开始由贸易一体化逐渐向经贸一体和政治一体过渡。到目前为止，基本实现了除人员和农产品以外的所有商品、生产要素服务的自由化，并发行统一货币——欧元。北美自由贸易区也开始实现货物和服务贸易自由化。

3. 发展中国家和地区以及转型国家也主动推行贸易自由化措施。从 20 世纪 80 年代到 90 年代初，在 72 个关税与贸易总协定发展中国家缔约方中，有 58 个实施了单方面的贸易自由化改革。一向实行严格进口限制的印度、巴基斯坦等国也在 90 年代初实行了较为自由化的经济改革措施。原实行计划经济体制、国家垄断对外贸易的国家，如中国、俄罗斯、越南等国，相继转向市场经济体制，改革贸易体制，主动对外开放，并积极申请加入世界贸易组织，加大贸易自由化的步伐。

(四) 二战后支持贸易自由化的各种主张

在传统国际分工、国际贸易理论的基础上，二战后又出现了各种支持贸易自由化的主张。主张用政治经济学眼光看待自由贸易政策的经济学家认为，无论从政治角度还是从经济角度来看，保护主义都是一项有害的政策。从政治上来看，他们认为，保护，尤其是大国的保护，往往容易激起其他国家的报复。如果出现这种情况的话，任何从保护中获得的短期利益都会被出口的减少所抵消。此外，自由主义政治经济学家在强调一国的政治与社会目标不应被忽视的同时，声称保护主义往往是实现这些目标最缺乏效率的方式。1983年11月，关税与贸易总协定总干事邓克尔曾邀请7位国际知名专家、学者，组成7人小组对国际贸易制度及其面临的问题进行了研究。他们用了近两年的时间，对当时世界的贸易制度和政策进行深入研究，写出了名为《争取较好未来的贸易政策》的报告。该报告从正反两方面审查了自由贸易政策和保护贸易政策。该报告指出，保护主义只顾眼前利益，其代价是长期的、昂贵的，而"开放性的国际贸易是经济持续增长的关键"。

有经济学家指出，同资本资源优势或复杂技术优势相比，工资优势不再是不公平的，进而，以排斥和反对低工资为特征的"不公平竞争"的观点排斥和反对的正是比较利益原则，通过对本国最有优势的产品进行专业化生产，各国均可从国际贸易中受益。

从世界贸易的角度来看，自由主义经济学家指出，市场通常是分配资源的最有效率的方式。如果公司内部的交易不能反映出全球比较利益，跨国公司就不会继续获得利润。而且，尽管跨国公司从事的某些企业内部贸易确实输出了就业机会，但也正是这些跨国公司创造了导致出口的就业机会。《争取较好未来的贸易政策》也指出，"贸易可以使各国集中从事效益最佳的生产……贸易将许多国家的个别优势变为所有国家的最高生产率"；"贸易对工人和资本进行最有效的使用，不断地给予指导，因为贸易是作为传递新技术和其他形式革新的媒介（从而促进储蓄和投资）"；"开放和扩大贸易意味着缓和国家间的摩擦，并有助于其他领域的国际合作"；贸易可以"帮助世界经济进行变革"。

自由贸易政治经济学家还认为，国家产业政策不能被视为实行保护主义的正当理由。部分是由于效率的原因，部分是由于自由贸易的原因。在他们看来，保护主义只能加重世界经济的困境。日益增加的贸易壁垒将降低市场的有效性，妨碍有困难的产业的调整，并导致世界退回20世纪30年代那种使邻国沦为乞丐的政策中去。

二、保护贸易政策

保护贸易政策的主要内容是：国家广泛利用各种限制进口的措施，保护本国市场免受外国商品、服务和投资的竞争，并对本国商品、服务出口和对外投资给予优惠与补贴。

保护贸易政策是一系列干预贸易行为的各种政策措施的组合。保护贸易政策在不同时期具有不同的特点，基本上是经济上处于相对落后时期的国家崇尚的贸易政策。它始自西欧资本主义原始积累时期的重商主义，在资本主义竞争时期出现了美、德的保护幼稚工业政策，在1929～1933年大危机后，演变为流行的超保护贸易政策。

（一）保护关税政策

原始积累时期的保护贸易政策，也叫保护关税政策。它的基本内容是，认为货币是财富的基本形式，货币积累的增加会使国家富强。但是，货币财富的增加主要不是靠国内的力量，而是由国外输入。因而主张国家应当干预对外贸易。通过国家保护，尽量多出口，少进口，保护货币收支顺差，达到增加财富积累的目的。保护贸易政策执行的奖出限入与产业政策的主要内容有以下方面。

1. 限制输入政策。包括：禁止若干国外商品尤其是奢侈品的进口；课征保护关税，限制国外商品的进口。

2. 促进出口的措施。包括：对本国商品的出口给予补贴；出口退税，对出口商品原征捐税退给出口厂商；禁止重要原料出口，但许可自由输入原料，加工后再出口；减低或免除出口关税；实行独占性的殖民地贸易政策。

3. 其他措施。包括：保护农业（例如英国在1660～1689年，通过《谷物法》来限制粮食的进口）；政府通过《职工法》，鼓励外国技工的移入；以行会法规奖励国内工场手工业的发展；实行航运垄断（如英国1651年通过《航海法案》，规定一切输往英国的货物必须用英国船只载运或原出口国船只装运；对亚洲、非洲及北美的贸易必须由英国或殖民地的船只载运）；奖励人口繁殖，以扩大劳工来源等。

（二）保护幼稚工业政策

自由竞争时期的保护贸易政策是保护幼稚工业政策，它代表的是相对落后的工业资产阶级的利益。例如，德国在19世纪70年代以后，新兴产业为避免外国工业品的竞争，使之能充分发展，便不断实施保护贸易政策。1879年，俾斯麦改革关税，对钢铁、纺织品、化学品、谷物等征收进口关税，并不断提高，而且，与法国、奥地利、俄国等进行关税竞争。1898年，又通过修正关税法，成为欧洲高度保护贸易的国家之一。

（三）超保护贸易政策

垄断时期的保护贸易政策也叫超保护贸易政策。这种政策带有强烈的侵略性，是帝国主义国家实行的贸易保护政策。与传统的贸易保护政策不同，它不是保护国内的幼稚工业以求其发展，而是保护高度发达的工业以加强其在国际市场的垄断地位；不是消极地防御外国商品进入本国市场以避免市场混乱，而是积极地占领国际市场,实行经济扩张。这些国家的垄断企业在关税和辅助关税的各种非关税措施的保护下,用垄断获得的高额利润为补贴,以低于国内市场几倍的价格向国外倾销,在国际市场上利用不平等竞争挤垮对手,对其他国家实行经济上的侵略。因此,超保护贸易政策所保护的是高度发达的垄断企业,它使国际商品交换在不平等的条件下进行,对国际经济贸易的发展起到了严重的阻碍作用。

与第一次世界大战前的保护贸易政策相比,超保护贸易政策具有以下特点:第一,保护的对象有所扩大。超保护贸易政策不但保护幼稚工业,而且更多地保护高度发达或出现衰落的工业。第二,保护的目的发生变化。超保护贸易政策不再是培养竞争能力,而是巩固和加强对内、外市场的垄断。第三,由防御转入进攻。超保护贸易政策改变了以往防御性限制进口的做法,代之以在国际市场进行进攻性的扩张。第四,从保护一般资产阶级转向注重保护垄断资产阶级的利益。第五,保护的措施多样化。超保护贸易政策保护的措施不仅有关税,还有其他各种各样的鼓励出口和限制进口的措施。

(四) 新贸易保护主义

1. 新贸易保护主义的表现。进入 20 世纪 70 年代中期以后,在日本、欧盟等国家或地区经济崛起的同时,新兴工业化国家和地区的世界市场份额不断上升。而两次石油危机又使发达国家从经济高速增长转向滞胀时期,失业问题深深困扰着这些国家,贸易保护主义的压力强烈地上升。此外,由于工业国家发展不平衡,美国的贸易逆差迅速上升,其主要工业产品如钢铁、汽车、电器等不仅受到日本、西欧等国家的激烈竞争,甚至面临一些新兴工业化国家以及其他出口国的竞争威胁。在这种情况下,美国一方面迫使拥有巨额贸易顺差的国家开放市场;另一方面则加强对进口的限制。因此,美国成为新贸易保护主义的重要策源地。美国率先采取贸易保护主义措施,引起了各国贸易政策的连锁反应,各国纷纷效尤,致使新贸易保护主义得以蔓延和扩张。

2. 新贸易保护主义的特点。新贸易保护主义不同于传统的贸易保护主义,其表现出以下鲜明的特点:第一,贸易保护措施由过去以关税壁垒和直接贸易限制为主逐渐向间接的贸易限制方面发展。发达国家求助于关税与贸易总协定的免责条款,即为了保护本国暂时性的国际收支平衡或为了避免进口国国内工业受到严重损害等,从本国的需要和目的出发,重新进行贸易立法的解释,设置进口限制。并且越来越倾向于滥用反补贴、反倾销这些所谓的维持"公平"贸易的武器,来削弱新兴工业化国家及其他出口国在劳动密集型产品成本方面的优势,阻挡发展中国家新的进口竞争。第二,贸易政策措施朝制度化、系统化和综合化的方向发展。贸易保护制度越来越转向于管理贸易制度,不少发达国家越来越把贸易领域的问题与其他经济领域的问题甚至包括某些非经济领域的问题联系起来，进而使许多国家的贸易政策明显地向综合性方向发展。第三，其重点从限制进口转向鼓励出口，双边和多边谈判与协调成为扩展贸易的重要手段。第四，从国家贸易壁垒转向区域性贸易壁垒，实行区域内的共同开放和区域外的共同保护。

新贸易保护政策的出现为世界经济和国际贸易的发展带来了许多不利因素。由于新贸易保护政策是对传统工业的保护，事实上是保护落后；新贸易保护的出现，原本是发达国家之间相互矛盾加剧的表现，但却对发展中国家的危害最大。由于其保护的是传统工业，使发展中国家的工业制成品难以发展，出口商品结构始终得不到改善，贸易条件恶化。各种严格的技术壁垒也使发展中国家的出口收入下降，国际收支长期不能平衡，债务问题更加严重，加剧了世界经济发展的不平衡，也扩大了南北矛盾。

（五）二战后支持保护贸易政策的各种主张

赞成保护主义的论点可以追溯到几百年前。在15世纪，保护主义作为增加国家税收、形成黄金或贵金属过剩局面以及保护国内产业免遭外国掠夺性行为侵害的工具或手段而得到了重商主义者们的支持。从那时起，对自由贸易的挑战便开始激增（参见本书第四章中有关保护贸易理论的内容）。自20世纪70年代早期以来，保护主义的影响力日益增加，主要有以下六个被广泛讨论的原因。

1. 国家安全论。关于保护主义在政治上最有说服力的一个观点是，贸易壁垒是保障国家安全所必需的手段。按照这一线索推理，任何希望成为世界强权的国家必须保有某些关键的产业部门。否则，这个国家在战争时期将会不堪一击。

2. 不公平竞争论。第二个在政治上广泛流行的观点是，外国的低工资构成了不公平竞争。发达国家的劳动密集型产业一向是这一观点的积极拥护者。

3. 跨国投资和公司内部利益论。赞成贸易壁垒的第三个政治方面的观点是，跨国公司投资的增长创造了一个国际贸易网络，而这一点是亚当·斯密和大卫·李嘉图所未能预见到的。大公司的分支机构遍布世界各地，越来越在世界范围内组织其生产和营销。结果，就造成了世界贸易的很大一部分没有按照比较利益原则进行。相反，贸易变成了跨国公司内部的产物。

4. 幼稚产业论。在存在着上述对国际经济中问题的各种反应和观点的同时，传统上还存在着一种对保护主义更为积极的观点，即关于幼稚产业的基本原理。幼稚产业观点的说服力导致美国19世纪建立起高关税壁垒。20世纪，大多数发展中国家也是由于幼稚产业的原因捍卫其保护主义政策，甚至像日本这样的发达国家，在20世纪80年代也运用幼稚产业的基本原理来保护高技术产业。

5. 贸易条件论。在某些条件下，关税可以改善一国的贸易条件。如果一国仅出口极少数的本国产品就能进口大量的外国产品，则贸易条件有利；反之，如果一国为购买少量的进口产品必须出口大量的国内产品，则贸易条件不利。为使关税对贸易条件产生预期的影响，进口国必须是大国，而且出口的产品对生产国来说必须是关系重大的产品。若出口国不想让其出口装运量受关税影响而减少，则出口国就不得不降低价格。尽管这种形式的关税不能对国内的制造商提供保护，但它能通过允许进口国以较低价格购买外国产品的方式改善一国的贸易条件。

6. 收入分配和就业论。这个使保护主义合理化的观点同单纯的社会目标有关。例如，利用关税和配额，政府可以在本国内实现收入的再分配；保护主义另一个更被经常拥护和采纳的社会目标是，维持国内就业和国内生活水准。

三、战略性贸易政策

所谓战略性贸易政策，是指国家从战略的高度，用关税和出口补贴等措施，对现有或潜在的战略性部门或行业进行支持和赞助，使其取得竞争优势，提高经济效益和国民福利。

就在新自由主义者还在与新贸易保护主义者纠缠不休之际，这种基于新贸易理论的战略性贸易政策脱颖而出，对自由贸易主义的现实意义提出质疑。战略性贸易政策理论家们引入新贸易理论强调的不完全竞争，认为市场的不完全竞争性决定了政府在对外贸易政策上要根据市场结构的不同采取不同的贸易政策。这种战略性贸易政策就是，政府借助不同的政策行为改变或支持本国企业的战略行为，并影响外国不完全竞争企业的战略行为，使对外贸易朝着有利于本国获得最大限度利润的方向转变。

战略性贸易政策理论主要由加拿大不列颠哥伦比亚大学的詹姆士·A. 伯兰特（James A. Brander）和美国波士顿学院的巴巴拉·J. 斯本塞提出的"利润转移"理论以及马歇尔（A. Marshall）提出的"外部经济"理论构成。

"利润转移"理论认为，战略性贸易政策是在不完全竞争特别是在寡头垄断的条件下，一国通过政府行为改变企业战略行为的政策。在这里，政府是企业博弈的前提，并影响着企业在博弈中的行为，特别是获得本国政府支持的一方可以采取更具进攻性的政策，使竞争朝着有利于自己的方向转移。战略性贸易政策不是一种单纯的贸易保护政策，它有时还表现为自由贸易政策主张，是战略性进口政策、用进口保护促进出口的政策和战略性出口政策三者的统一。"外部经济"理论则认为，产业外部经济因素对产业自身及相关产业的发展有积极作用，因此，政府应对具有显著外部经济因素的产业给予适当的保护和扶植，使之能够在外部经济作用下形成国际竞争力并带动相关产业的发展。总之，战略性贸易政策理论认为，有"利润转移"和"外部经济"效应的产业，应成为国家的战略性产业和目标产业。

四、资本主义国家对外贸易政策的演变过程及其理论依据

各种对外贸易政策在历史上是交替出现的。

在资本主义生产方式准备时期，为了促进原始资本积累，西欧各国实行重商主义下的强制性的贸易保护政策，通过限制货币（贵重金属）出口和扩大贸易顺差的办法扩大货币的积累，英国实行得最为彻底。

在资本主义自由竞争时期，资本主义生产方式占据了统治地位，世界经济进入了商品资本国际化的阶段。这一时期对外贸易政策的基调是自由贸易。英国是带头实行自由贸易政策的国家。但是，由于各国经济发展水平不同，一些经济发展起步较晚的国家如美国和德国采取了保护贸易政策。

在资本主义垄断时期（19世纪末至二战前），垄断加强，资本输出占据统治地位。在经济繁荣时期，各国采取的是自由贸易政策。1929－1933年资本主义经济大危机，使市场问题急剧恶化，出现了超保护贸易政策。第二次世界大战后，随着生产国际化和资本国际化，出现了世界范围的贸易自由化。

20世纪70年代中期以后，在世界贸易自由化的同时，兴起了新贸易保护主义，在上述背景下，出现了战略性贸易政策。

可见，从对外贸易政策产生到现在经历了漫长的演变过程。由于各个时期的条件不同，使得贸易政策有所差异。每一时期所实施的对外贸易政策都有相应的理论作为依据（见表7－1）。

表7－1　　　　资本主义国家对外贸易政策的演变过程及理论依据

时　期	对外贸易政策的内容	主要理论依据
原始资本积累时期	保护关税贸易政策	重商主义
自由竞争时期	自由贸易政策	古典贸易学说
	保护贸易政策	李斯特"保护幼稚工业说"
垄断（19世纪后半叶至第二次世界大战前）	自由贸易政策	赫—俄"要素禀赋论"
	超保护贸易政策	凯恩斯"对外贸易乘数论"
第二次世界大战后	自由贸易政策	各种自由贸易、保护贸易和战略性贸易政策理论
	新贸易保护政策、战略性贸易政策（20世纪70年代中期以来）	

思 考 题

1. 对外贸易政策包括哪几个组成部分?
2. 各国制定对外贸易政策的目的何在?
3. 试用凯恩斯的对外贸易乘数理论解释超保护贸易政策。
4. 新贸易保护主义的起因是什么?
5. 二战后贸易自由化主要表现在哪些方面?
6. 简述战略性贸易政策及其理论依据。

第八章 关税措施

【本章教学目的】 通过本章的学习，使学生掌握关税相关的基本知识，包括关税的概念、特点、功效、种类及征收方法；了解海关税则及通关手续。

专栏 8-1

美国喜欢把自己标榜为实行自由贸易的国家。在与其贸易伙伴比如中国、欧盟和日本进行谈判时，经常可以听到美国谈判代表说，美国是一个关税限制很少的开放型经济。然而，尽管与其他的工业化国家相比，美国的进口关税水平确实较低，但还是存在关税限制。最近的一项研究表明，20世纪80年代，这些关税每年花去了美国消费者320亿美元。

此项研究者考察了进口关税对美国21个行业的经济影响，这21个行业年销售额达10多亿美元，它们是在美国受保护程度最高的，其中包括服装、瓷砖、箱包和糖业等。对这些行业的进口产品征收关税旨在保护本国公司和雇员免受低成本的外国竞争者的冲击。美国政府认为，如果没有这种保护，这些行业的很多美国公司就会倒闭，从而造成大量失业，所以关税被看做是对美国经济有积极影响的一项措施，更何况它可以从中获得财政收入。

然而此项研究发现，尽管这些进口关税挽救了受保护行业中的20万个就业机会，但因为抬高了产品价格，其消费者为此付出320亿美元。即使把美国财政部从关税中获得的收入考虑进来，也仍然要102亿美元。也就是说，每挽救一个就业机会，美国要付出5万美元。

资料来源：查尔斯·希尔著，孙建秋等译，《今日全球商务》，机械工业出版社1999年版。

关税最早是一种增加国家财政收入的税收措施，与国内其他税收的作用一样。后来，国家在实行不同的外贸政策时，发现关税还具有另一作用，它是贯彻不同的外贸政策的一种有效的具体措施。与关税以外的外贸政策措施相比较，关税是一种历史悠久的传统外贸政策措施。第二次世界大战以后，虽然在关税与贸易总协定的主持下经过多次关税的多边谈判，不少国家对许多工业制成品进口关税税率作了较大幅度下调,使关税的保护作用有所减低,但目前关税措施仍然有一定的贸易保护作用。特别是对一些尚未列入关税之列的农产品和某些敏感性制成品,贸易保护作用仍然十分明显。因此,关税又被称为关税壁垒(tariff barrier),是各国常用的传统贸易政策工具,是市场经济条件下政府调节对外经济关系的有效手段。

第一节 关税概述

一、关税的概念

关税(customs duties 或 tariff)是指进出口商品经过一国关境(customs frontier)时,由该国政府所设置的海关(customs house)代表国家向进出口商征收的一种赋税。

关税由海关来征收。海关实施海关制度,征收关税的领域即关境,亦称税境或收取关税的领域。

一般情况下,一国关境与国境是一致的,但也有不一致的情况。一些国家设立的自由港、出口加工区、保税区等免税区域在国境之内,但却在关境之外,因此,设有经济特区的国家关境小于国境;另一种情况是,当几个国家结成关税同盟(如加勒比海共同市场),参加关税同盟的国家的领土就形成统一的关境,对内免除相互间的关税并取消一切贸易限制,对外则实施统一的关税制度,这时一国的关境大于国境;此外,有的国家在其国境内实施不同的关税制度,则某区域形成了单独的关境,如中国香港特别行政区。

二、关税的性质和特点

关税是税收的一种,是一国财政收入的重要组成部分。从关税设置的目的来看,各国征收关税,一是作为政府获得财政收入的渠道,即所谓的财政关税;二是随着贸易保护主义的推行,各国为了保护各自的国内市场,开始重视关税的保护作用,即保护关税;三是外交的需要,对不同国家征收不同的关税,即外交关税。

无论出于何种目的,关税都与一般的其他税收一样,具有强制性、无偿性和预定性的性质。强制性是指关税按照国家法律形式规定,由代表国家管理部门的海关强制地、无条件地执行,而非自愿行为,纳税人必须按照法律规定无条件履行自己的纳税义务，否则会受到法律制裁；无偿性是指海关依法征收的税赋由国家全部纳为国家财政收入，国家不必付给纳税人任何补偿，也不必再将税款偿还给纳税人；预定性是指国家将税收项目、种类、税率、征税数额及征收方法等内容均做出明确具体的规定，在一定时期内相对固定，海关与纳税人共同遵守执行，不能随意更改。

关税除了具有一般税收的性质以外，还具有其自身的特点：

(1) 关税是一种间接税。按照纳税人的税赋是否能够转嫁的标准，可将税收分为直接税和间接税。直接税是指纳税人所承担的税赋只能由其本身直接承担而不能转嫁于他人，如消费税；间接税是指纳税人所承担的税赋可部分或全部转嫁给他人。关税之所以属于后者，是因为，进出口商缴纳关税以后，可以把税款作为商品成本的一部分加在商品价格上，并在商品售出后收回这部分成本，因此，将税赋转嫁给了买方或消费者。

(2) 关税的税收主体是进出口商，税收客体是进出口货物。税收主体也称课税主体，是指依法具有纳税义务的自然人或法人，也称纳税人；税收客体是指课税的对象。当商品通过一国的国境或关境时，进（出）口商要根据有关规定向当地海关办理相关手续并缴纳关税，因此，进（出）口商作为关税的纳税人是税收主体；而海关对不同的进（出）口商品依相应税目和税率征收不同的关税，因此，进（出）口商品为税收客体。

(3) 关税可以调节进出口贸易，是一国对外贸易政策的重要手段。各国政府可以通过制定、调整关税税率来调节进出口贸易。通过低税、退税和免税来鼓励商品的出口；通过制定不同的税率来限制对他国同类产品的进口或鼓励进口国内必需品，从而调节商品的进口。

(4) 关税是一国实施对外交往政策的重要手段。关税措施是一国对外贸易政策的具体体现。关税税率的高低对一国经济和对外贸易的发展有着很大的影响。一国政府可以通过调整关税税率来达到其某种政治或经济目的。关税税率的高低可以成为国家间保持良好贸易关系的重要手段，也可能引发国家间的贸易争夺战。因此，可以用此项措施增进与某些国家的友谊，或者成为制裁一些国家的重要措施。

三、关税的功效

关税的功效即指关税的功能和作用。从不同层次来看，关税的功效是不同的。

1. 从全球范围内来看，一国使用关税，将导致资源配置效率降低。当一国征收进口关税时,就相当于在自由贸易价格基础上的加价,这对于征税国家的生产者来说起到了保护作用,但对出口国家的生产者等于设立了屏障。这可能使生产由高效率的国家转向低效率的国家。因此,从世界范围内来看,必将导致资源使用效率的下降。

2. 从征收关税国家的宏观层面上来看,它产生了积极的功效。主要包括:

(1) 增加国家财政收入。关税是国家财政收入的一个组成部分,它与其他国内税收一样,具有强制性、无偿性和预定性等性质,但与其他国内税收相比,它又具有特定的作用。

(2) 保护和调节国内经济。关税是执行对外贸易政策的重要手段之一,它能够起到调节进出口贸易的作用。在出口方面,可以通过低税、免税来鼓励商品出口;在进口方面,通过对不同的商品制定不同的关税税率,可以对不同商品的国内市场实施不同程度的保护以满足国内的需求,协调国内市场的供需矛盾。

(3) 调节进出口平衡。通过关税调节贸易差额。当贸易逆差过大时,提高关税以限制商品进口,达到缩小贸易逆差的目的;当贸易顺差过大时,可通过减免关税来扩大进口,缩小贸易顺差,减缓与有关国家的贸易摩擦和矛盾。

(4) 配合和维护对外关系。各国可以利用关税税率的高低和不同的减免手段来对待从不同类型国家商品的进口,以此开展其对外经贸关系。利用优惠待遇,可以改善国际关系,争取友好贸易往来;利用关税壁垒,可以限制对方商品进口甚至作为惩罚或报复手段。

当然,关税设置过高,对国内各领域的发展会带来负面影响,如刺激走私,使被保护的产业和企业产生依赖性,影响竞争力的培育和提高。

3. 从征收进口关税国家的微观层面来看,对进口国的生产者有利,但对进口国的消费者不利。如果一国征收进口关税,该种产品的价格上升,会导致生产者生产数量增加,生产利益亦增加。而对进口国的消费者而言,用同样数量的货币就买不到征收关税前同等数量的商品,少于征收关税前的消费数量,就意味消费者消费水平的下降。

4. 从被征收进口关税国家的微观层面来看,对出口国的生产者不利,但有利于出口国的消费者。当一国征收关税后,该产品的价格上升,会导致进口品需求的减少,这种进口规模的缩减意味着出口国的出口商品不得不减少。如果出口国生产规模保持不变,该国国内市场上在原有价格水平上的供应就会大于需求,从而迫使厂商降低商品的市场售价。这种价格的降低显然对消费者有利,而对生产者不利。出口国生产者的出口难度加大(与进口国的生产者处于不同的起跑线上),这样,在出口国国内市场上,该种产品将会供过于求,产品价格下降,国内消费者可以购买比以前价格便宜的商品。

第二节 关税的种类

关税的种类繁多,按照不同的标准,主要可分为以下几类。

一、按征税的对象和课税商品的流向划分

按照征税的对象和课税商品的流向可将关税划分为进口税、出口税和过境税三种。

(一)进口税

进口税(import duty)是指进口国的海关在外国商品输入时,根据海关税则对本国的进口商所征收的关税。进口税是关税的主要种类,它是在外国商品直接进入本国关境或国境时,或者外国商品从自由港、自由贸易区或海关保税仓库等地提出运往进口国国内市场销售而办理海关手续时,按照海关税则征收的一种税。

各国征收进口关税的目的是为了保护国内市场,限制外国商品的流入。通过征收进口税提高进口商品的成本从而使其销售价格上升以削弱进口商品的竞争力。大多数国家为了限制进口,促进本国工业的发展,对工业制成品的进口征收的关税较高,对半制成品征收较低的关税,对原材料的进口征税最低甚至免税。这种税率上的差别使进口国的同类加工产品得到了更大的保护。

进口税可以分为最惠国税和普通税两种。对于与进口国签订带有最惠国待遇条款的贸易协定的出口国家或地区的商品适用于最惠国税。否则,即没有与进口国签订带有最惠国待遇条款的出口国家或地区的产品征收普通税。一般而言,最惠国税税率比普通税率要低,而且两者的差距很大。最惠国税税率一般仅相当于普通税税率的 1/6~1/2,少数商品甚至仅相当于 1/10 或 1/20。例如,美国对进口玩具征税的普通税税率为 70%,而最惠国税税率仅为 6.8%。目前,仅有个别国家对极少数国家(一般是非建交国家)的出口商品实行普通税税率,大多数国家只是将其作为其他优惠税率减税的基础。由于二战后世界上大多数国家都加入了关税与贸易总协定,相互提供最惠国待遇,享受最惠国税率,因此,最惠国税被称为正常关税。但最惠国税税率并非是最低税率。在最惠国待遇中往往规定有例外条款,如在缔结关税同盟、自由贸易区或有特殊关系的国家之间规定更优惠的减税待遇时,最惠国待遇并不适用。

由于一些国家出于保护的需要对某些产品征收高额的进口税，就形成了国际贸易中所谓的"关税壁垒"，有些国家甚至利用它作为在谈判时迫使对方让步的手段。

（二）出口税

出口税（export duty）是指出口国的海关在本国商品经由关境或国境输往国外时对本国出口商所征收的关税。由于出口税提高了本国商品在国外市场的价格，削弱了其竞争力，限制了本国商品的出口，世界上除了少数发展中国家以外都取消了出口税。

那么，征收出口税的目的是什么呢？

（1）增加本国财政收入。以此为目的而征收的出口税税率一般不高，否则会影响该产品在国外市场上的销售，因此，一般对该出口国资源丰富、竞争力强的商品征收1%~5%的出口关税。

（2）保护本国生产和市场供应。以此为目的的出口税，一般是针对某些出口原料而征收的，目的是保障国内相关产品生产的原料供给，增加国外产品的生产成本，防止国外跨国公司在出口国所在地低价收购初级产品，从而维护本国的经济利益。

（3）稳定国内市场。通过征收出口税限制了某些产品的出口，从而抑制了通货膨胀的发生，稳定了国内市场的价格及国内经济。此外，如果一国贸易顺差过大，可以通过征收出口税来实现国际收支的平衡。

（三）过境税

过境税（transit duty）也称通过税，是一国对于通过其关境（或国境）的外国货物所征收的关税。过境税产生于中世纪，流行于欧洲各国，在重商主义时期，作为一种制度确立起来。拥有特殊交通地理位置的国家和地区才有条件征收过境税。但是，由于其税率很低，对本国的生产和市场没有影响，而且随着交通运输业的发展和竞争的日趋激烈，各国从19世纪后半期开始就相继废除了过境税。二战后，关税与贸易总协定规定了"自由过境"的原则。目前，大多数国家对过境货物只征收少量的准许费、登记费、印花税、签证费和统计费等。

二、根据征收的差别待遇划分

（一）进口附加税

进口附加税（import surtax）是指一国对于进口商品除了征收正常的一般进

口税外，出于某种目的额外加征的关税，又称特别关税。进口附加税通常是一种限制进口的临时措施。

征收进口附加税的主要目的是，预防和应对国际收支危机，维持进出口平衡；防止国外商品低价倾销，限制该商品进口；对某个国家实行歧视或报复等。一国除了对所有商品征收附加税外，有时也只针对某个国家的某项商品征收，以限制该国某特定产品的出口。以美国为例，1971年，美国出现了自1893年以来的首次贸易逆差，国际收支恶化，为了脱离国际收支危机，维持进出口平衡，美国总统尼克松宣布自1971年8月15日起实行新经济政策，对外国商品的进口在一般进口税上再加征10%的进口附加税，以限制进口。

从目前来看，进口附加税往往针对个别国家或个别商品征收，主要有反倾销税、反补贴税、紧急关税、处罚关税和报复关税五种。

1. 反倾销税。反倾销税（anti-dumping duty）是对于实施倾销的进口商品征收的进口附加税。所谓"倾销"，是指一国出口以低于国内市场的价格，甚至低于商品生产成本的价格，向国外抛售商品，从而打击竞争对手，占领国外市场。征收反倾销税的目的在于抵制外国倾销，保护国内相关产业。

1947年《关税与贸易总协定》第6条"倾销与反倾销税"中，首先以多边贸易协定的形式对倾销以及反倾销税的征收做了较系统的规范和认定。但是，由于该规定只是一些原则性的，缺乏可操作性。于是，经过关税与贸易总协定第六轮的"肯尼迪回合"、第七轮的"东京回合"、第八轮的"乌拉圭回合"多次谈判和修订，目前世界贸易组织所依据的《反倾销协议》对实施反倾销税的基本要件、反倾销税征收、实施反倾销措施的基本程序做出了更为仔细的、具有较强操作性的相关规定。

（1）实施反倾销税的基本要件。实施反倾销措施，即征收反倾销税，必须具备三个基本要件——倾销、损害、倾销与损害之间存在因果关系。

第一，倾销的确定。《反倾销协议》第2条明确界定了倾销的含义。倾销是指一项产品的出口价格低于其在正常贸易中出口国供其国内消费的同类产品的可比价格，即以低于正常价值的价格进入另一国市场。

①正常价值的确定。产品正常价值的确定有三种方法：一是按正常贸易过程中出口国国内销售价格；二是按出口国与第三国正常贸易中的出口价格；三是按结构价格。一般情况下，应优先采用第一种方法。只有在不能采用第一种方法时，才能采用第二种或第三种方法。

正常贸易过程中出口国国内销售价格，一般是指出口产品的同类产品在调查期内（通常是1年至1年半），国内市场正常贸易中的成交价（包括批发价格），或销售牌价，或一段时间内的加权平均价。

出口国与第三国正常贸易中的出口价格,是指出口到适当的第三国的可比价格。选用向第三国出口的价格应考虑如下因素:产品具有可比性;向所有第三国销售的同类产品价格中的较高价格;向第三国的销售做法与向反倾销调查国销售此类产品的做法相类似;向第三国的销售价不能低于产品成本;向第三国的出口量一般不低于出口到反倾销调查国市场总量的5%。

结构价格是根据同类产品在原产国的生产成本(包括实际消耗的原材料、折旧、能耗和劳动力等费用),加上合理的管理费用、销售费用、一般费用和利润确定的。

②出口价格的确定。出口价格是指在正常贸易中一国向另一国出口某一产品的价格,也就是出口商将产品出售给进口商的价格。在特定情况下,如果不存在出口价格,或是出口价格因进出口商有关联关系等原因不可靠时,可在进口产品首次转售给独立买主的价格基础上推定出口价格。如果该产品不是转售给独立买主,或不是以进口时的状态或条件转售,则进口方可以在合理的基础上确定出口价格。

③倾销幅度的确定。倾销幅度是对正常价值和出口价格进行适当的比较后确定的。

正常价值和出口价格是两个不同市场的销售价格,不仅在贸易环节上存在差异,其交易水平和渠道也各不相同。因此,在比较这两个数据之前必须进行必要的调整,使之具有可比性。调整主要考虑如下因素:相同的贸易水平,通常倒推至出厂前的价格水平;尽可能是在相同时间进行的销售;影响价格可比性的差异,包括销售条件、税收、销售数量和产品的物理特征等方面的差异;转售的费用;汇率;产品的同类性等。

比较正常价值和出口价格的方法有三种:一是加权平均的正常价值同所有可比出口交易的加权平均价格进行比较。二是正常价值与出口价格以逐笔交易为基础进行比较。三是如果因进口商、进口地或进口时间不同,出口价格差异较大,而且进口方主管机构因这类差异不能使用上述两种方法进行比较,并对此做出解释说明,进口方可以用在加权平均基础上确定的正常价值与每笔交易的出口价格进行比较。

第二,损害的确定。《反倾销协议》中的损害分三种情况:一是进口方生产同类产品的产业受到实质损害;二是进口方生产同类产品的产业受到实质损害威胁;三是进口方建立生产同类产品的产业受到实质阻碍。

①实质损害。实质损害指对进口方国内生产同类产品的产业造成实质性的重大损害。对实质损害的确定应依据肯定性证据,并应审查以下内容:

一是进口产品倾销的数量情况。包括调查期内被控产品的进口绝对数量,或者相对于进口方国内生产或消费的相对数量是否较此前有大量增长。

二是进口产品的倾销对国内市场同类产品价格的影响。包括调查期内是否使进口方同类产品的价格大幅下降，或者在很大程度上抑制价格的上涨或本应该发生的价格增长。

三是进口产品的倾销对国内同类产品、产业产生的影响。应考虑和评估所有影响产业状况的有关经济因素和指标，包括销售、利润、产量、市场份额、生产率、投资收益或设备利用的实际和潜在的下降；影响国内价格的因素；倾销幅度的大小；对流动资金、库存、就业、工资、增长率、筹措资本或投资能力的实际和潜在的消极影响等。

②实质损害威胁。实质损害威胁指进口方的有关产业虽尚未受到实质损害，但可以明显预见倾销将对相关产业造成实质性损害，且这种情形非常迫近。对实质损害威胁的确定应依据事实，而不是依据指控、推测或极小的可能性。

一是产业建立受阻。产业建立受阻指进口产品的倾销阻碍了新产业的实际建立过程，而不是阻碍建立一个新产业的设想或计划。产业建立受阻的确定必须要有充分的证据。

二是损害的累积评估。《反倾销协议》规定，在一定条件下，进口方可以累积评估从不同来源进口的倾销产品对本国产业的影响。这些条件是：来自每个国家的产品的倾销幅度超过了2%，即超过了"最低倾销幅度"；来自每个国家的倾销产品的进口量并非可忽略不计，一般来讲是指高于进口方对该类倾销产品进口总量的3%，或者几个出口国各自所占份额低于3%，但它们的总和超过进口方进口该倾销产品总量的7%；根据进口产品之间的竞争条件及进口产品与国内同类产品之间的竞争条件，对进口产品所作的累积评估是适当的。即这些来自不同国家的进口产品之间的竞争条件基本相同，并且这些进口产品与国内同类产品之间的竞争条件也基本相同。

第三，倾销与损害之间的认定。《反倾销协议》规定，进口方主管机构应审查除进口倾销产品以外的、其他可能使国内产业受到损害的已知因素。这些因素包括：一是未以倾销价格出售的进口产品的价格及数量；二是需求萎缩或消费模式的改变；三是外国与国内生产商之间的竞争与限制性贸易做法；四是技术发展、国内产业的出口实绩及生产率等。

但是，进口方主管机构审查的已知因素不限于上述因素。进口方主管机构应调查、审议其他方面的因素，并分析其对产业损害的影响，并且不应把这些因素造成的产业损害归咎于进口产品倾销。

这里需要特别说明，《反倾销协议》中的"国内产业"具有特定含义。国内产业的范围应为国内同类产品的全部生产商，或是其产品合计总产量占全部国内同类产品产量的相当部分的那些生产商。但如果生产商与出口商或进口商是关联企业,或者该生产商本身就被指控为倾销产品的进口商,则可以不计算在内。

(2) 反倾销措施与反倾销税征收。

第一,临时反倾销措施。临时反倾销措施是指进口方主管机构经过调查,初步认定被指控产品存在倾销,并对国内同类产业造成损害,据此可以在全部调查结束之前,采取临时性的反倾销措施,以防止在调查期间国内产业继续受到损害。

临时反倾销措施有两种形式:一是征收临时反倾销税;二是要求进口商自裁决之日起,提供与临时反倾销税数额相等的现金保证金或保函。

进口方主管机构应自反倾销案件正式立案调查之日起60天后,才能采取临时反倾销措施。这种措施的实施时间应尽可能短,一般情况下不得超过4个月,特定情况下可以延长到6~9个月。

第二,最终反倾销措施。在全部调查结束后,如果有充分的证据证明被调查的产品存在倾销,国内生产同类产品的产业受到损害,且倾销与损害之间有因果关系,则进口方主管机构可以采取最终反倾销措施。最终反倾销措施采取征收反倾销税的形式。

第三,反倾销税征收。反倾销税是指在正常海关税费之外,进口方主管机构对倾销产品征收的一种附加税。反倾销税的税额不得超过所裁定的倾销幅度。

除达成价格承诺的产品,进口方主管机构应在非歧视的基础上,对所有造成损害的倾销产品征收反倾销税,但要根据每一个案件的不同情况,征收不同的、适当的反倾销税。

反倾销税的纳税义务人是倾销产品的进口商,出口商不得直接或间接替进口商承担反倾销税。初裁时的反倾销税税率与终裁的税率不同时,其不足部分不再补交,而多交部分则应退还。

除非进口方主管机构以复审方式决定继续维持反倾销税,反倾销税的征收应自决定征收之日起不超过5年。

第四,价格承诺。价格承诺是指被控倾销产品的生产商和出口商与进口方主管机构达成协议,出口商提高价格以消除产业损害,进口方相应地中止或终止案件调查。从实际效果来说,价格承诺也属于反倾销措施的一种形式。

《反倾销协议》规定,如果任何出口商就修改出口价格或停止以倾销价格向所涉地区出口,向进口方主管机构做出令人满意的自愿承诺,并使主管机构确信倾销的损害性影响已经消除,则主管机构可以中止或终止调查程序,而不采取临时反倾销措施或征收反倾销税。价格承诺协议对承诺者的出口价格进行反倾销限制,并通过定期核查等手段对其进行监督。

(3) 实施反倾销措施的基本程序。

第一，申请人申请。一般情况下，反倾销调查应基于申请人的申请而开始。为保证申请人的产业代表性，《反倾销协议》除了规定对国内产业的一般理解外，还规定了进口方主管机构应对产业的代表性进行审核。《反倾销协议》进一步规定，在表明支持或反对立案申请的企业中，若支持者的集体产量占支持者和反对者总产量的 50% 以上，且支持者的集体产量不低于国内同类产品生产总量的 25%，这些支持者应被认为可代表该产业提出申请。

申请必须以书面形式提出，内容应包括倾销、损害及因果关系的有关材料，缺乏证据的简单判断不能满足立案的要求。

第二，进口方主管机构审查立案。进口方主管机构应审查申请人提供的申请材料的准确性和充分性，以及申请企业的代表性，同时判定是否有足够的证据证明立案调查是适当的，并就立案问题做出决定。

第三，反倾销调查。进口方在正式决定立案调查后，应立即发布立案公告。公告应载明出口国的名称、涉及的产品、开始调查的日期、申请书声称倾销的依据和损害存在的概要说明。一般情况下，反倾销调查应在 1 年内结束，最长不得超过从调查开始之后的 18 个月。

在调查开始后，如存在下列情况，反倾销调查应尽快终止。一是无充分证据证明存在倾销或产业损害，或者两者之间没有因果关系。二是倾销幅度，或倾销产品的进口数量，或产业损害，是可忽略不计的。

第四，调查的参与。公告发布后，被控产品的出口商、生产商或其他利害关系方，有权要求参与反倾销调查，陈述自己的观点和意见。

第五，听证会及其他申辩机会。初裁之后，进口方主管机构将会利用各种机会进一步核实涉诉双方提供的证据材料，包括举行听证会、听取评论意见及实地核查。

第六，快速审议。对于反倾销调查期间未出口被控产品的厂商，如其在反倾销征税命令有效期间出口相同或相似产品，进口方应采取"快速审议"的办法来确定这些厂商单独的反倾销税税率。

第七，追溯征税。这是指对那些在临时措施使用之前 90 天内进入消费领域的产品，追溯征收最终反倾销税。追溯征税的条件是：一是被控产品存在造成损害的倾销的历史记录，或者进口商知道或理应知道出口商在实施倾销，并且该倾销会造成损害。二是损害是由于在相当短的时期内倾销产品的大量进入造成的。

第八，行政复审和司法审议。

一是行政复审。征收反倾销税是以抵消倾销造成的损害为最终目的。一旦有证据证明倾销所造成的损害已经被抵消，或损害程度有所减轻，或出现了新的影响征税的情况,则反倾销税也应相应取消或变更。为此,《反倾销协议》赋予了利害关系方向进口方主管机构申请复审的权利。当然,进口方主管机构也有主动提起复审的权利。这种复审统称为行政复审。

行政复审主要是就继续征收反倾销税的必要性进行审查,以及论证损害是否会因取消或变更反倾销税而重新发生。如经论证继续征收反倾销税或按照原税率征收反倾销税是不合理的,则应终止或减少征收反倾销税。

实践中,复审的形式有年度复审、新出口商复审、情势变迁复审和中期复审等多种形式。复审的程序一般与反倾销调查程序相同。价格承诺的复审程序大体与征收反倾销税的复审程序相同。

二是司法审议。为保证各成员方公正地实施反倾销措施,《反倾销协议》规定,各成员在其国内的反倾销法律中应包含司法审议机构及程序。对最终裁决和行政复审决定等行政行为,利害关系方可以要求通过司法、仲裁或行政法庭,按照程序迅速进行审议。这类法庭、仲裁、行政法庭及程序,应完全独立于做出裁决或复审决定的行政主管机构,保持其独立性。采取何种形式的司法审议方式,由各成员方自行决定。

2. 反补贴税。反补贴税(counter-veiling duty)又称抵消税或补偿税,是指进口国为了抵消某种进口商品接受了来自出口国政府、公共机构或者是同业协会在生产、制造、加工、买卖、输出进口产品过程中直接或间接的奖金或其他形式补贴而征收的一种进口附加税。征收反补贴税的目的在于增加进口商品的价格,抵消其所享受的补贴金额,削弱其竞争能力,使其不能在进口国的国内市场上进行低价竞争或倾销。

根据世界贸易组织《补贴与反补贴措施协议》,补贴范围包括:政府通过财政进行的直接的奖金转移,如贷款、赠与、入股、债务的豁免、货款担保等;应纳税的减免;政府提供商品或服务,或购买商品;政府通过基金机构、私人机构履行上述政府行为;对进口产品的任何收入或价格支持。如果进口商品直接或间接接受了出口国给予的任何形式的补贴,对本国已建产业产生重大的损害或存在重大损害的威胁或严重阻碍国内某一产业的兴建,进口国政府可以采取措施消除或减轻这种损害,方式之一就是征收反补贴税。

(1) 反补贴税的种类。对于补贴在世界贸易组织的《补贴与反补贴措施协议》中进行了进一步分类,将其分为两大类:一类为专向性补贴;另一类为非专向性补贴。专向性补贴是指给予一部分特定的产业、企业、地区的补贴。《补贴与反补贴措施协议》只约束有专向性的补贴。专向性补贴分为三类:禁止性补贴、可诉补贴和不可诉补贴。

第一,禁止性补贴。通常被称为"红色补贴",是指成员方不得授予或维持的补贴，因为这种补贴直接扭曲进出口贸易。包括两种，即出口补贴和进口替代补贴。前者是指法律上或事实上以出口实绩（export performance）为条件而给予的补贴；后者是指以使用国产货物为条件而给予的补贴。

第二，可诉补贴。通常被称为"黄色补贴"，指在一定范围内允许实施，但如果在实施过程中对其他成员方的经济贸易利益产生了负面影响（adverse effects）时，受影响的成员方可对其补贴措施提出申诉。这种不利影响包括：对另一成员方的国内产业造成损害；使其他成员根据《1994年关税与贸易总协定》直接或间接产生的利益减损或丧失特别是根据《1994年关税与贸易总协定》第2条项下的约束性关税减让而产生的利益；严重歧视另一成员的利益。

第三，不可诉补贴。通常被称为"绿色补贴"，是指不具有专向型的补贴，或虽具有专向性的补贴，但符合《补贴与反补贴措施协议》中的一切条件的补贴。包括：研发补贴，即对企业或高等院校、科研机构在与企业合同基础上进行研究的资助；贫困地区补贴，即在成员方的领土范围内根据地区发展总体规划并且非专向性对落后地区提供的资助；环保补贴，即改造现有设备，使之适应由法律所提出的新环境要求而提供的资助。对于这三类补贴，世界贸易组织成员方不得提出申诉或采取反补贴措施。

（2）反补贴税征收。反补贴税征收问题，《补贴与反补贴措施协议》有以下规定：

第一，如果做出过适当的努力并完成磋商以后，一成员最终认定补贴的存在及其补贴数量，而且因补贴的作用，受补贴的进口产品正在造成损害，它即可根据本条的规定征收反补贴税，除非该项或几项补贴已被取消。

第二，所有关于征收反补贴税的条件都得到满足后，是否征收反补贴税，以及反补贴税是按补贴全额征收，还是低于全额征收，由进口成员政府当局做出决定。在各个成员的领土内征收反补贴税应该是允许的，征收的税以较低的税率足以抵消对国内产业所造成的损害，反补贴税额就应低于实际的补贴额，此外，还应建立一种程序能使有关当局考虑国内其他利害有关方的意见，他们的利益可能会因实施反补贴税而受到不利的影响。

第三，当一种反补贴税是针对某种产品而征收时，这一反补贴税应以适当的税率，对来自任何地方的被认定是受到补贴并造成损害的产品无歧视地征收；但对来自已撤销补贴或已按本协定规定做出承诺的供应国的进口应给予例外。任何出口商的产品如已成为反补贴税征收对象，并因拒不合作以外的原因没经过实际调查，有权要求对其进行快速调查并由调查当局尽快地为其出口订立单独的反补贴税税率。

第四，对任何产品征收的反补贴税，不得超过经确认存在的补贴额，补贴额应以每单位受补贴和出口产品受到的补贴来计算。

3. 紧急关税。紧急关税（emergency）是为消除外国商品在短期内大量进口对国内同类产品生产造成重大损害或产生重大威胁而征收的一种进口附加税。当短期内外国商品大量涌入时，一般正常关税已难以起到有效保护作用，因此需借助税率较高的特别关税来限制进口，保护国内生产。例如，澳大利亚曾在受到国外涤纶和棉纶涤纶进口的冲击时，为保护国内生产，决定征收紧急关税，在每磅20澳分的正税外另加每磅48澳分的进口附加税。

由于紧急关税是在紧急情况下征收的，是一种临时性关税，因此，当紧急情况缓解后，紧急关税必须撤除，否则会受到别国的关税报复。

4. 惩罚关税。惩罚关税（penalty tariff）是指出口国某商品违反了与进口国之间的协议，或者未按进口国海关规定办理进口手续时，由进口国海关向该进口商品征收的一种临时性的进口附加税。这种特别关税具有惩罚或罚款性质。例如，1988年日本半导体元件出口商因违反了与美国达成的自动出口限制协定，被美国征收了100%的惩罚关税。又比如，某进口商虚报成交价格，以低价假报进口手续，一经发现，进口国海关将对该进口商品征收特别关税作为罚款。

另外，惩罚关税有时还被用做贸易谈判手段。例如，美国与别国进行贸易谈判时，就经常扬言若谈判破裂就要向对方课征高额惩罚关税，以此逼迫对方让步。这一手段在美国经济政治实力鼎盛时期是非常有效的，然而，随着世界经济多极化、国际化趋势的加强，这一手段日渐乏力，且越来越容易招致别国的报复。

5. 报复关税。报复关税（retaliatory）是指一国为报复他国对本国商品、船舶、企业、投资或知识产权等方面的不公正待遇，对从该国进口的商品所课征的进口附加税。通常在取消不公正待遇时，报复关税也会相应地取消。然而，报复关税也像惩罚性关税一样，易引起他国的反报复，最终导致关税战。

（二）差价税

差价税（variable levy）又称差额税，是指当某种产品的国内价格高于同类进口商品价格时，为了削弱进口商品在市场上的竞争能力，保护国内生产和市场，按照国内价格和进口价格之间的差额所征收的关税。由于差价税随着国内外价格的差额变动而变动，因此是一种滑动关税（sliding duty）。差价税可以直接按照价格差额征收，也可以在征收正常关税以外另行征收（相当于进口附加税），无论采用哪种方法，征收差价税的目的都是要使商品的销售价格保持在一定的价格水平上。

欧盟对成员之间的差价产品征收差价税以使同类产品实现统一的价格，同时，也对从非成员方进口的农产品征收差价税，目的是抑制欧盟成员以外的商品低价大量地进入欧盟市场。总之，征收差价税是欧盟实施共同农业政策的一项主要措施，主要目的是为了保护和促进欧盟内部的农业生产。所征差价税税款作为农业发展资金，用于资助和扶持内部农业生产的发展。

以对谷物的进口征收差价税为例，欧盟对差价税的征收主要分三个步骤：（1）由欧盟委员会按季节给谷物分别制定统一的"目标价格"（target price），即境内谷物的最高价格，一般高于世界市场价格。为了维持这种价格水平，欧盟制定了干预价格，当内地中心市场的价格下跌至低于目标价格水平时，相关机构会从市场上购进谷物，防止价格进一步下跌。（2）确定"门槛价格"（threshold price），即从目标价格中减去把谷物运到内地市场所需的运费、保险费、劳务费等一切费用后的余额。门槛价格是计算差价税的基础价格。（3）确定差价税税额。通过进口产品的价格与门槛价格的差额的大小来最终确定差价税税额的高低。

（三）特惠税

特惠税（preferential duty）又称优惠税，是指一国对从某个国家或地区进口的全部或部分商品给予低税或免税的特别优惠待遇。特惠税不适用于从非优惠国家或地区进口的商品，它可以分为互惠和非互惠两种。

1. 宗主国与殖民地附属国之间的特惠税。宗主国与殖民地附属国之间的特惠税目前仍然在起作用。特惠关税最早始于宗主国与殖民地附属国之间的贸易交往中，是殖民主义的产物，目的是为了保证宗主国在殖民地附属国市场上所占据的优势。宗主国迫使殖民地附属国对其输出的商品按低税率征收关税，即片面的特惠关税。后来由于殖民地附属国的斗争，特惠关税表现为宗主国与殖民地附属国相互之间提供的关税优惠待遇，即相互特惠关税。

最典型的特惠关税是1932年在加拿大渥太华签订的英帝国特惠制。规定英国对附属国输入的商品给予免税或减税优待，并以高额关税限制从附属国以外输入农产品；附属国对自英国进口的工业品给予减税优待，并提高自英国以外国家进口货物的关税税率。它是英国保证自己在附属国销售工业产品、垄断殖民地市场的强有力武器。第二次世界大战以后，改为英联邦特惠制。1973年1月，英国正式加入欧洲共同体关税同盟，英联邦特惠制逐步取消。

2. 《洛美协定》国家之间的特惠税。国际上最有影响的特惠关税是1975年2月在多哥首都洛美签订的《洛美协定》缔约国之间的特惠关税。即欧盟（当时称欧共体，或欧洲共同市场）向参加协定的非洲、加勒比和太平洋地区的发展中国家单方面提供的特惠关税，旨在加强与非洲、加勒比和太平洋国家的政治经济联系，促进其经济、文化和社会发展。协定于1976年4月生效，有效期5年。当时的受惠国有46个。其主要内容是，非洲、加勒比和太平洋地区签字国的全部工业品和94.2%的农产品可免税不限量进入欧洲共同市场；而共同体向上述国家出口时不要求互惠，只享受最惠国待遇等。1979年10月，签订了第二个《洛美协定》，1980年4月生效。其主要内容有：(1) 欧洲共同市场各国在免税、不限量的条件下，接受受惠国生产的全部工业品和96%的农产品进口，并不要求这些国家给予"反向优惠"。(2) 欧洲共同市场对从受惠国进口的牛肉、甜酒、香蕉等产品，每年给予一定数量的免税进口配额，超过配额的进口部分则要征收关税。(3) 来源于受惠国中的发展中国家或欧洲共同市场内部各国的产品，在参加协定的发展中国家进行加工制作以后，仍可被当作原产国的产品，享受特惠关税待遇。《洛美协定》的签订对促进发展中国家的经济发展产生了重要影响。《洛美协定》的特惠关税是目前世界上免税程度最大的一种特别优惠的关税，还包括放宽部分非关税壁垒。

（四）普遍优惠制

普遍优惠制（generalized system of preference），简称普惠制（G·S·P·）。普惠制是发达国家给予发展中国家或地区出口的制成品和半制成品（包括某些初级产品）普遍的、非歧视的、非互惠的一种关税优惠制度。

普遍性、非歧视性和非互惠性是普惠制的三个主要原则。普遍性是指发达国家对所有发展中国家或地区出口的制成品和半制成品给予普遍的关税优惠待遇；非歧视性是指应使所有发展中国家或地区都不受歧视、无例外地享受普惠制的待遇；非互惠性是指发达国家应单方面给予发展中国家或地区关税优惠，而不要求发展中国家或地区提供对等待遇。

实行普惠制的目的是，扩大发展中国家或地区的制成品和半制成品的出口从而增加其外汇收入；加速发展中国家或地区的经济发展促进其工业化。迄今已有40多个国家实行了普惠制，接受普惠制关税优惠的发展中国家或地区达到170多个。

各给惠国通过制定具体的普惠制方案来实施普惠制。各发达国家（即给惠国）分别制定了各自的普惠制实施方案，而欧盟作为一个国家集团给出共同的普惠制方案，全世界共有15个普惠制方案，主要内容如下。

1. 给惠产品范围。一般地，工业制成品或半制成品只有列入普惠制方案的给惠商品清单，才能享受普惠制待遇。农产品的受惠产品较少，工业品的受惠商品较多。一些敏感性商品如纺织品、服装、石油制品等常被排除在给惠商品之外而列入排除产品清单中或受到一定限额的限制。欧盟于1994年12月31日颁布的对工业产品的新普惠制法规（该法规于1995年1月1日开始执行），将工业品按敏感程度分为五类，并分别给予不同的优惠关税。具体来说，对第一类最敏感产品，即所有的纺织品，普惠制关税为正常关税的85%；对第二类敏感产品，征正常关税的70%；对第三类半敏感产品，征正常关税的35%；对第四类不敏感产品，关税全免；而对第五类部分初级工业产品，将不给优惠税率，征正常关税。自1988年起，各给惠国都采用商品名称及编码协调制度列出给惠商品清单。

2. 受惠国家和地区。普惠制在原则上应对所有发展中国家或地区都是非歧视的，但是，发展中国家能否成为普惠制方案的受惠国是由给惠国单方面确定的。各给惠从各自的政治、经济利益出发，制定了不同的标准和要求，将一些受惠国或地区排除在名单之外。例如，美国公布的受惠国名单中就不包括石油输出国组织、非市场经济的社会主义国家以及在贸易中与之有矛盾的国家。

3. 受惠商品的关税削减幅度。受惠商品的减税幅度又称普惠制优惠幅度，它取决于最惠国税率与普惠制税率之间的差额，即：普惠制减税幅度＝最惠国税率－普惠制税率，最惠国税率越高，普惠制税率越低，则差幅越大；反之，差幅越小。一般来说，工业品的差幅较大甚至免税，农产品差幅较小。

4. 保护措施。普惠制是一种单向的优惠，因此，各给惠国为了保护本国生产和国内市场，从自身利益出发，在实施普惠制时采取了程度不同的保护措施，主要包括免责条款、预定限额、毕业条款及竞争需要标准四个方面。

（1）免责条款（escape clause），也称例外条款，是指当给惠国认为从受惠国优惠进口的某项产品的数量增加到对其本国同类产品或有竞争关系的产品的生产者造成或将造成严重损害时，给惠国保留对该产品完全取消或部分取消关税优惠待遇的权利。由此可见，发达国家给予发展中国家普惠待遇是以其国内市场不会因给惠而受到干扰为前提条件的。给惠国常常引用此条款对农产品进行保护。

（2）预定限额（prior limitation），是指给惠国根据本国和受惠国的经济发展水平及贸易状况，预先规定一定时期内（通常为1年）某项受惠产品的关税优惠进口限额，达到这个额度后，就停止或取消给予的关税优惠待遇，对超过限额的进口按最惠国税率征税。欧盟、日本实行预定限额这种方法。给惠国通常引用预定限额对工业产品的进口进行控制。

（3）毕业条款（graduation clause），是指当某些受惠国家或地区由于经济发展，其产品已能适应国际竞争而不再需要给予优惠待遇时，给惠国会单方面取消这些国家某种产品或全部产品的普惠制待遇，该国家或地区即已"毕业"。毕业标准按其适用范围不同可分为国家毕业和产品毕业两种，由各给惠国自行确定。美国自1981年1月1日开始启用毕业条款，至1988年年底，终止了16个国家的受惠国地位，免除了来自141个发展中国家和地区约3 000多种进口商品的普惠制待遇。2005年6月27日,欧盟理事会通过了对有关欧盟新的普惠制方案有关条例作了重大修正的内容,于2006年1月1日起开始实施,直到2008年年底。新条例根据国际经济形势的发展变化,在原有的普惠制基础上作了重大调整。例如,在欧盟新的普惠制方案中,取消了以前的多重毕业标准,而代之以单一的优惠产品份额毕业标准,即受惠国任何一种产品在欧盟的市场份额超过了其他所有受惠国出口到欧盟同类产品总量的15%,就将丧失普惠制待遇。对发展中国家占有成本优势的纺织品和服装业,毕业门槛就更低了,只有12.5%。可以看出,欧盟新的毕业制方案与以前相比更严格了。虽然这种单一的毕业标准相比以前的多重毕业标准来说,更加透明、简洁明了,但根本不考虑受惠国的整体经济发展水平和行业专业化程度,似乎有显失公平之嫌。毫无疑问,该条例的出台将对发展中国家的贸易利益产生相当大的影响。以我国为例,在欧盟新的普惠制方案中,我国出口到欧盟的80%的产品将从普惠制中"毕业"。有专家指出,这条规则意味着,一个发展中国家刚刚站稳脚跟,就被从普惠制中毕业了;而且,15%的份额是指受惠国任何一种产品在欧盟市场上占所有受惠的发展中国家出口同类产品的比率,而不是占所有的欧盟进口同类产品的比率,这也是不合理的。可见,欧盟新普惠制方案的毕业条款会对我国向欧盟出口将产生负面影响。我国的出口商应该对此做好准备,并应考虑多元化的出口渠道,尽量减少对欧盟市场的依赖。

(4) 竞争需要标准(competitive need criteria),是指给惠国对来自受惠国的某项进口产品如超过竞争需要限额或当年所规定的限额,则取消下一年度对该受惠国或地区该项产品的关税优惠待遇。若该产品在以后的年度进口额下降到规定限额内,那么下一年度仍可恢复其关税优惠待遇。美国就是采用这种标准。

5. 原产地规则。原产地规则是衡量受惠国出口产品能否享受给惠国给予减免关税待遇的标准。一般包括:原产地标准、直接运输规则和书面证明书三个部分。

所谓原产地标准(origin criteria),是指只有完全由受惠国生产或制造不含有任何进口原料和部件的产品(完全原产产品),或者进口原料或部件在受惠国经过实质性改变而成为另一种不同性质的商品(非完全原产产品),才能作为受惠国的原产品享受普惠制待遇。

所谓直接运输规则(rule of direct consignment),是指受惠产品必须从出口受惠国直接运至进口给惠国,中间不得转卖或进行实质性加工。目的是为了避免在运输途中可能进行的再加工或换包。但由于地理或运输等原因不可能直接运输时,货物可以通过他国领土转运至进口给惠国,但是,货物必须始终处于过境国海关的监管下。

所谓书面证明书(documentary evidence),是指要求受惠产品向给惠国提交能证明其原产地资格的原产地证明书,即《普惠制原产地证明书(与证明联合格式 A》（表格 A，FORM A）和直接运输证明文件作为官方凭证。FORM A 的有效期一般为 10 个月，给惠国的海关一旦对证书内容产生怀疑，可向给惠国签证机关或出口商退证查询，并要求在半年内答复核实结果。如果核实结果表明不符合普惠制原产地的规定，证书完全失效，则可取消该产品的受惠资格，征收正常关税。

6. 普惠制的有效期。普惠制的实施期限为 10 年，经联合国贸易发展会议全面审议后可延长。欧盟的普惠制有效期到 2005 年 12 月已经截止，经 25 个成员国部长及欧洲议会已经于 2005 年 6 月 27 日通过了有关欧盟新的普惠制方案的第 980/2005 号条例。新条例对现行的有关普惠制的第 2501/2001 号条例作了重大修正，于 2006 年 1 月 1 日起开始实施。

三、根据征收目的划分

（一）财政关税

财政关税（revenue tariff）是指以增加国家财政收入为主要目的而征收的关税，因而又称收入关税。对进口商品征收财政关税须具备以下三个条件：（1）征税的进口商品必须是国内不能生产且没有替代品而必须依靠从国外进口的商品；（2）征税的进口商品在国内必须有大量的消费需求；（3）征收的关税税率必须适中，以达到收入最大化。若税率过低，进口数量可能增加但是财政收入未必最大；若税率过高，必定会限制进口数量，总收入也不一定达到最高。

（二）保护关税

保护关税（protective tariff）是指以保护本国产业为主要目的而征收的关税。保护关税的税率远远高于财政关税，而且越高越能达到保护的目的，若达到 100% 则相当于禁止进口，就成为禁止关税（prohibited duty）。

保护关税通常可以分为工业保护关税和农业保护关税。前者是指为了保护国内工业发展所征收的关税，以保护幼稚工业和垄断工业为主要目的；后者是指为保护国内农业发展而征收的关税。自 19 世纪中叶美国大量输出农产品后，许多国家开始征收农业保护关税以保护本国农业的发展。

四、根据保护程度划分

（一）名义关税

名义关税（nominal tariff）是指当某种进口商品进入该国关境时，海关根据海关税则所征收的关税税率。名义关税只考虑进口商品尤其是制成品因征收关税而提高了在市场上的价格,从而减少进口商品的消费需求,对本国同类商品生产起保护作用。一般而言,名义关税税率越高,在其他条件不变的情况下,对本国同类产品和市场的保护程度就越高。

(二) 有效关税

有效关税 (effective tariff) 也称实际关税,是指对某个工业每单位产品"增值"部分的从价税率,它代表着对本国同类产品真正有效的保护程度。通过有效关税税率 (有效保护率) 的计算,研究对哪些产品生产应给予保护,并如何确定税率,衡量对不同加工层次的产品由于名义保护率而得到的保护和受益的分配比例,可以指导确定保护关税的结构。如果在某个行业本国提供原料,那么有效关税保护率的计算公式为:

$$E = T/V$$

其中:E 表示有效关税保护率;T 表示进口最终产品的名义关税税率;V 表示该行业的最终产品的增值比率。

若进口国本国原材料不足,必须进口原材料进行加工,则进口的原材料名义关税税率的高低及其最终产品中所占的比重也影响有效关税保护率,计算公式为:

$$E = (T - Pt)/(1 - P)$$

其中:E 表示有效关税保护率;T 表示进口最终产品的名义关税税率;P 表示原材料在最终产品中所占的比重;t 表示进口原材料的名义关税税率。

由以上公式可见,当 T > t 时,E > T;当 T = t 时,E = T;当 T < t 时,E < T。当 T < t 时,最终产品的有效保护率小于对其征收的名义税率,甚至会出现负保护,即:由于关税制度的作用,对原料征收的名义税率过高,使原料价格上涨的幅度超过最终产品征税后附加价值增加的部分,从而使国内加工增值低于国外加工增值。这意味着生产者虽然创造了价值,但由于不加区别地对进口成品和原材料征收关税,使这种价值降低,生产者无利可图,而鼓励了成品的进口,没有对国内加工制造业起到保护作用。

例如,现假设我国进口棉纱在国内加工成棉布,自由贸易时,棉纱的单价为 16 元,棉布的单价为 20 元。现对棉布征收进口从价税 18%,对棉纱征收进口从价税 12%,试计算一下棉布的有效关税率。根据公式:$E = (T - Pt)/(1 - P)$,其中,T = 18%,P = 16/20 = 0.8,t = 12%,从而有:$E = (18\% - 0.8 \times 12\%)/(1 - 0.8) = 42\%$,或 0.42,这说明对由棉纱加工成布环节的有效保护税率是 42%,而不是 18%。如果其他条件不变,当对棉纱征进口从价税由 12% 上升至 18% 时,有效保护税率 E = (18% − 0.8 × 18%)/(1 − 0.8) = 18%，这说明对由棉纱加工成布的环节的有效保护税率是 18%。如果其他条件不变，当对棉纱征进口从价税由 12% 上升至 24% 时，有效保护税率 E = (18% − 0.8 × 24%)/(1 − 0.8) = − 1.2%。

第三节 征收关税的方法

按照征税的一般方法或征税标准分类，可划分为从量税、从价税、混合税和选择税四种。

一、从量税

从量税（specific duty）是按照重量、数量、容量、长度和面积等商品的物理属性征收的关税。从量税的征收多数按重量计，分为毛重（gross weight），即包括商品内外包装的总重量；半毛重（semi-gross weight），即毛重减去外包装的重量；净重（net weight），即商品的总重量减去内外包装后的纯重量。

从量税额的计算公式为：

$$从量税额 = 商品数量 \times 每单位从量税$$

采用从量税计征关税有以下特点：（1）手续简便，无须考虑货物的规格、价格差异，可以节约征税成本；（2）在进口商品价格下降时，可以保证税收收入，不影响国家财政收入和保护作用；（3）可防止进口商谎报进口价格而逃避关税；（4）对质劣价廉进口物品的进口有抵制作用；（5）税负不公平，同一税目的货物，不管质量好坏、价格高低，均按照同一税率征税，税负相同；（6）当国内物价上涨时，税额不能随之变动，使税收相对减少，保护作用削弱；（7）难以普遍采用，征收对象一般是谷物、棉花等大宗产品，对某些商品如艺术品及贵重商品（如古玩、字画、宝石等）不便使用。

二战以前使用从量税的国家较多，现在单纯使用从量税的国家已经很少。许多国家开始普遍采用从价税征收关税。

二、从价税

从价税（ad valorem duty）是以进口商品的价格为标准而征收的关税，其税率表现为货物价格的百分比。例如，美国规定对羽毛制品的进口，普通税率为

60%，最惠国税率为 4.7%。

从价税税额的计算公式为：

$$从价税税额 = 商品总值 \times 从价税率$$

征收从价税有以下特点：(1) 从价税征收简单，对于同种商品，可以不必因其品质的不同再详加分类。(2) 税率明确，便于各国间比较税率。(3) 税收负担公平。因从价税是以价格为基础征税，是按货物的价格高低来确定的税额，价高税高，价低税亦低，符合税收中性化原则。从价税还可以使税负随着价格变动而增减。(4) 各种商品均可使用。(5) 物价上涨时，税款相应增加，财政收入和保护作用均不受影响。(6) 征税成本高。因为对进口应税商品需要专门人才进行估价。(7) 在进口商品价格下降时，无法保证税收收入，影响国家财政收入和保护作用的发挥。

征收从价税的关键在于确定进口商品的完税价格。完税价格是经海关审定作为计征关税标准的货物价格，它对税额的高低起着决定作用。完税价格的标准主要有三种：(1) 以 CIF（到岸价格）为标准，即成本（cost）、保险费（insurance）及运费（freight）之和；(2) 以 FOB（free on board）即装运港船上交货价格为标准；(3) 以法定价格或进口国官方定价为标准。但是，各国海关为了多征收关税或保护市场，有意抬高海关估价，成为危害国际贸易发展的非关税壁垒。为了减少由此给国际贸易带来的障碍，使海关估价规范化，在乌拉圭回合中，达成了多边贸易协定《海关估价协议》，确定了海关估价的通用方法。

世界贸易组织的《海关估价协议》对完税价格标准做出了具体规定。

1. 成交价格的确定。《海关估价协议》的基本规则是，海关估价应是货物出口到进口方时实付或应付的价格，实付或应付价格是指买方为进口货物向卖方或为卖方利益而已付或应付的支付总额。该协议的第 8 条规定，如果构成海关估价部分的某些费用由买方支付而未被包括在进口货物或应付的价格中，则应对实付或应付价格进行调整。下列费用应调整加到进口货物实付或应付的价格之中：(1) 由买方支付但未包括在货物实付或应付价格中的佣金和经纪费用，购货（进口国内购货）佣金除外；(2) 包装和集装箱的成本与收费；(3) 各种辅助工作，如由买方以免费或减价形式提供用于进口货物生产的商品（材料、部件、工具、燃料等）及服务（设计、计划等）；(4) 专利费和许可证由于转售或使用进口商品给卖方带来的收益；(5) 假如以到岸价进行海关估价，运输、保险以及与进口地点有关的收费。该条款进一步明确，在确定成交价格时，除了在上述情况下的收费之外，不得对实付或应付价格增加任何额外的费用。此外，该条款明确规定，能够从实付价格或应付价格中区分出来的费用或成本，不得加入海关估价之中，这些费用为：(1) 进入到进口国关境后产生的运费；(2) 进口之后产生的建设、装配、安装、维护或技术援助方面的费用；（3）进口国的关税和税收。该协议还规定，在计算货物完税价格时，由独家代理商和经纪人获得的买货佣金及特别折扣，应排除在外。为了确保海关拒绝成交价格的依据是建立在客观的基础上，新协议规定，各国的国内立法应当为进口商提供一定的权利。首先，如果海关对所申报价格的真实性和准确性表示怀疑，进口商应当有权提供解释，包括出示单据或其他证据，以此证明其申报价格反映进口货物的真实价值。其次，如果海关对所提供的解释仍不满意，进口商有权要求海关以书面形式向其解释海关为何对所申报价格的真实性和准确性表示怀疑。这一条款的目的在于通过给予进口商对海关做出的决定向更高一级主管部门申诉，包括必要时向海关管理部门内的法庭或其他独立诉讼机构申诉的权利，以保障进口商的利益。关于由进口商申报的成交价格作为对货物估价基础的原则，不仅仅适用于正常的买卖交易，而且也适用于有关系的买卖双方之间的交易。在后一种情况下，由于买卖是在跨国公司与其子公司或分公司之间进行的，价格建立在转移价格的基础上，并不总是反映进口货物的正确或真实的价格。即使在这种情况下，该协议仍然要求海关与进口商进行磋商，以便查明买卖双方的关系、交易的环境和背景，以及双方的关系是否对价格产生影响。如果海关在审查后发现，买卖双方之间的关系对交易没有影响，成交价格便可以在这些价格基础上加以确定。此外，为了避免在实践中仅凭买卖双方的关系而拒绝成交价格的做法，该协议还规定，进口商有权要求海关接受申报价格，条件与在下列基础上推算的价格相近似：（1）在没有关联的买卖双方之间，就相同或类似货物，在大致相同的时间内，在已进行的进口交易中确定的海关价格；（2）对相同或类似货物计算得出的扣除价格或推算价格。

2. 其他标准的成交价格。在海关拒绝进口商申报成交价格之后海关将如何确定进口货物的完税价格呢？为了维护进口商的利益，并确保估价在这些情况下是公平和中性的，该协议把海关可以使用的估价方式限定在该协议所列的其他五种标准之内。该协议进一步强调，这些标准应当按照协议案文中出现的顺序加以使用，只有在海关认定第一种标准无法使用的情况下，方可按顺序根据其他标准进行估价。

（1）相同货物的成交价格。如果不能按照成交价格确定进口货物的完税价格，则应以相同货物的成交价格作为完税价格。

（2）相似货物的成交价格。如果无法按照上述方法确定完税价格，则应以类似货物的成交价格来确定完税价格。

在上述两种方法中，所选择的交易必须是向进口方输出的进口货物，货物出口的时间应大致相同。《海关估价协议》第15条第2款确立了"判定相同货物或类似货物的规则"。内容如下：某产品是否与待估价交易中的产品相同或类似，可根据以下特点确定：第一，相同货物。在所有方面包括相同的物理特点、质量和信誉都一样的货物，被认为是相同货物。第二，类似货物。在构成、材料和特点方面与被估价货物极其相似的货物，与被估价货物具备同样效用、在商业上可以互换的货物，被认为是类似货物。第三，某货物若要被认为是被估价货物的相同产品或类似产品，该货物必须与被估价货物一样，在同一国家生产，而且由同一生产商生产。但是，在进口交易中会出现这样的情况，即当在同一国家由同一生产商生产的、与被估价货物相同或类似的货物并不存在时，则应对在同一国家但由不同生产商生产的货物加以考虑。

（3）扣除价格。扣除价格是在以下基础上确定的：应税的进口商品在其国内市场的单位销售价格。或其相同或类似商品在其国内市场的单位销售价格，扣除相关的利润、关税和国内税、运输费和保险费，以及在进口时产生的其他费用。

（4）推算价格。推算价格的确定：被估价货物的生产成本，加上"利润和相当于反映在由该出口国生产者向进口方出口与被估价货物同等级和同品种货物的销售环节中的大致费用"。

（5）合理确定。如果上述四种方法均不能确定价格，那么，在符合《1994年关税与贸易总协定》第7条的情况下，可以灵活地使用上述任何一种方法来确定价格。但是，价格无论如何也不得依据下述方法加以确定：第一，出口到第三国市场的货物价格；第二，海关最低限价；第三，武断的或虚假的价格。作为一般原则，该协议要求，在成交价格未被接受的情况下，则应当在进口方可能获得的信息基础上使用上述海关估价方法。但是，该协议同时承认，为了确定推算价格，有必要对被估货物的生产成本和从进口方以外的渠道获得的其他信息进行核对。该协议进一步建议，为了免除进口商不必要的负担，推算价格只能在买卖双方有关联以及生产者可以向进口方海关当局提供生产成本方面的数据，并愿协助后续的核对工作时使用。

三、混合税

混合税（mixed duty）又称复合税（compound duty），是对某种进口商品按照其价格采用从量税和从价税同时征收关税。如日本对6 000日元以下手表的进口征收15%的从价税，同时征收150日元的从量税。

混合税税额的计算公式为：

$$混合税税额 = 从量税额 + 从价税额$$

混合税分为两种：一种是从量税为主加收从价税；另一种是从价税为主加收从量税。各国海关在征收时一般采用以征收从价税为主的征收方法。

从价、从量两种计税标准各有优缺点，两者混合使用可以取长补短，有利于关税作用的发挥。如当物价上涨时，所征收税额比单一的从量税多。当物价下降时，所征税比单一的从价税为高，增加了关税的保护程度。不过由于是两种征收方法混合使用，因此，征税成本高，手续复杂。

四、选择税

选择税（alternative duty）是指当对于同一种商品同时给定从价税和从量税两种税率时，由海关选择税额较高的一种方式计征关税。使用选择税通常是为了克服从价税和从量税各自的缺点，根据需要选择其中一个有利的税率计征。比如，日本对进口坯布规定的关税为：基本税率10%，或7.5%加每平方米2.6日元，征收其高者。协定税率7%，或5.5%加每平方米1.9日元，征收其中的高者。但有时为鼓励某种商品的进口，也有选择其中税额较低的征收。

专栏8-2

中国关税征收简况

1949~1979年间，我国实行的是高关税保护政策。这个时期主要是保护和发展本国的民族工业，致力于健全本国的工业体系，有效抵制西方国家的经济侵略，打破对我国实行的经济封锁。这期间，我国整个关税数额较小，关税在整个税收中的比例较小，关税的财政收入意义不大。在"文革"期间，我国曾一度停征关税达10年之久。1949~1979年间，关税的经济职能也并未发挥经济的调节功能，国家只是在很有限的程度上通过关税调节进出口贸易。1980~1993年，可以看做我国在关税改革方面的另一个重要发展阶段。这个时期的关税职能主要是调节进出口、发展对外经济并保护国内产业。

我国在1951年5月16日颁布了第一部《海关进出口税则》，分为939个税号，17大类，89组。这部税则的平均关税达到52.9%。其中农业的算术平均关税为92.3%；工业品的算术平均关税为47.7%。1980年，我国的关税税则作了全面的修改，在这次修改中，我国的进口关税有了大幅度的调低，但在消费机电产品方面仍制定了很高的税率。新的税则采用了当时国际上通用的进出口合一制，进口税分最低与普通两种，另有一项是出口税率。在税级设计方面，除免税外，最低为3%~15%，共17级；普通税率为8%~18%，共16级；出口税率为10%~60%，共分为6级。

我国在 1992 年将商品分类目录从原来的《海关合作理事会商品分类目录》转换为各国广泛使用的《商品名称及编码协调制度》税则目录。由此形成我国第三部关税税则。

我国从 1980 年恢复单独计征关税以来，主要采用的方法是从价税。一些较有经济活力的国家，则采用多种征税制度，如从量税、从价税、复合税、季节税、选择税、紧急关税等。WTO 规定，各国的关税制度应体现出透明、简化的特点。我国在向其靠拢的同时，也应该注重其灵活性、高效性，以加强对民族产业的保护。在激烈的竞争中，国外的关税保护形式多种多样。有的在固定税率的基础上与非关税壁垒的数量限制相结合，例如关税配额。有的针对那些有竞争力的进口品采用个别措施，例如反倾销税。

资料来源：世界经济网。

第四节　海关税则与通关手续

一、海关税则

海关税则（customs tariff）又称关税税则，是一国根据其关税政策对进出口商品计征关税的规章和对进出口应税与免税商品加以系统分类的一览表。海关税则是各国海关征收关税的依据，是关税制度的重要内容，是国家关税政策的具体表现。

海关税则一般包括两个部分：一部分是海关课征关税的规章条例及说明；另一部分是关税税率一览表。其中，关税税率表主要包括税则序列（tariff no. 或 tariff item）、商品分类目录（description of goods）及税率（rate of duty）三部分内容。

（一）海关税则的种类

海关税则主要分为单式税则和复式税则两种。除此之外还有自主税则和协定税则。

1. 单式税则。单式税则（single tariff）又称一栏税则。这种税则，一个税目只有一个税率，适用于来自任何国家的商品，没有差别待遇。目前，只有少数发展中国家如乌干达、巴拿马、委内瑞拉等实行单式税则。而主要发达国家为了在国际竞争中取得优势，在关税上搞差别和歧视待遇，或争取关税上的互惠，都放弃单式税则转为复式税则。

2. 复式税则。复式税则（complex tariff）又称多栏税则，在一个税目下设有两个或两个以上的税率，对来自不同国家或地区的进口商品采取不同的税率。复式税则具有歧视性，使用复式税则是为了竞争的需要，对不同国家实行差别或歧视待遇，或为获取关税上的互惠，以保证其商品销售市场和原料来源，许多发展中国家为保护民族经济，也使用复式税则。复式税则有二、三、四、五栏不等，设有普通税率、最惠国税率、协定税率、特惠税率等，一般是普通税率最高，特惠税率最低。

3. 自主税则。自主税则（autonomous tariff）又称国定税则（national tariff system），是指一国立法机构根据关税自主原则单独制定而不受对外签订的贸易条约或协定约束的一种税率。

自主税则又可分为自主单式税则、自主复式税则和自主最低、最高税则。自主单式税则是指一国自主制定一个税率，对输入该国商品一律以制定的单一税率征收。自主复式税则是指一国自主地制定两种或两种以上税率的复式税则，分别适用于来自不同国家和地区的同一种商品。

自主复式税则还可分为自主最低和最高税则，是指一国自主制定最高、最低两种税率的税则，其中，最高税率适用于没有与本国签订贸易协定或互惠协定的国家，从而最高限度地保护本国产业和市场；最低税率适用于与本国订立有贸易协定或互惠协定的国家。

4. 协定税则。协定税则（conventional tariff）是指一国与其他国家或地区通过贸易与关税谈判，以贸易条约或协定的方式确定的关税税率。这种税则是在本国原有的固定税则基础上，通过国家间的关税减让协商而另行规定的一种税率，受协定或条约的制约，对缔约各方都具有约束力，不能单方面修改或撤销。它不仅适用于该贸易条约或协定的签字国，某些税率也适用于享有最惠国待遇的国家。

协定税则制可分为以下两种：（1）自主协定税则制，它一般都采用复式税则，其中税率较高的一栏为国定税率或法定税率，另一栏为协定税率。协定税率是协定双方或各方在平等互利的基础上，对与双方或各方贸易有利害关系的若干税目进行协商制定的较低税率。（2）不自主协定税则制也称片面协定税则制，在殖民主义时代，一些强国凭借武力胁迫弱小国家与其签订不平等条约，以协定关税的名义侵犯别国的关税自主权。所制定的税则使强国单方面享受低税进口的特权，低价倾销其商品。这种不自主协定已随着殖民体系的瓦解而逐渐消失。

（二）关税税率

税率指应征税额与课税对象之间的比例。关税税率的高低通常根据进口国对该商品的需求程度制定，或以低税率鼓励进口，或以高税率限制进口。税率是关税税率表的组成部分，是主体。关税税率表对按商品分类目录编号列名的各种商品，分别制定不同的征免税待遇和从价或从量计征的不同税率，对来自不同国家和地区的进口商品适用不同的税率，其目的在于实行贸易歧视政策。如前所述，一般有普通税率、最惠国税率、普惠制税率、特惠制税率等。

（三）货物分类目录

税则中的商品分类方法不尽相同，大体上有以下五种：（1）按货物的自然属性分类。例如动物、植物、矿物等。（2）按货物的加工程度或制造阶段分类。例如原料、半制成品和制成品等。（3）按货物的成分分类或工业部门的产品分类。例如钢铁制品、塑料制品、化工产品等。（4）按货物的用途分类。例如食品、药品、染料、仪器、乐器等。（5）按货物的自然属性分成大类，再按加工程度分成小类。最初各个国家根据自身需要和习惯编制税则商品分类目录。由于分类方法不同，口径各异，使各国海关统计资料缺乏可比性，并给多边贸易谈判带来不便。为此，一些国际经济组织开始制定国际通用的商品分类目录，以解决这一矛盾。其中较权威的有以下三个。

一是1950年，有关国家签署了《海关税则商品分类目录公约》，使用《海关合作理事会税则商品分类目录》（customs cooperation council nomenclature, CCCN），原称《布鲁塞尔税则目录》（brussels tariff nomenclature, BTN）。该目录的分类原则是按商品的原料组成为主，结合商品的加工程度、制造阶段和商品的最终用途来划分。它把全部商品共分为21类（section）、99章（chapter）、1 015项税目号（heading no）。前4类（1～24章）为农畜产品，其余17类（25～99章）为工业制成品。《海关合作理事会税则商品分类目录》在世界各国海关税则中得到了普遍使用。

二是联合国经社理事会于1950年制定并公布的《国际贸易商品标准分类》（ISTC）。该目录在1960年和1972年先后修订两次。1972年修订本将国际贸易商品分为10类、63章、233组、786个分组、1 924个基本项目，各国可根据需要增设子目。联合国建议各国政府在进行贸易统计和研究对比时采用这种分类体制。该标准曾被100多个国家采用。

三是《商品名称及编码协调制度》。由于以上两种商品分类目录在国际上同时并存给很多工作带来了不便。于是，1983年，海关合作理事会协调制度委员会主持制定了《商品名称及编码协调制度》，简称《协调制度》（harmonized system, H.S）。它的生效，提供了一套完整、系统、准确、通用的国际贸易商品分类体系。截至1991年10月，已有88个国家在其税则中正式采用了《协调制度》

目录。关税与贸易总协定也是按《协调制度》目录统计的数据作为关税减让谈判的基础。我国自1992年1月1日起也正式实施了以《协调制度》为基础编制的新的《海关进出口税则》和《海关统计商品目录》。

《协调制度》基本上按商品的生产部类、自然属性、成分、用途、加工程度及制造阶段进行编制，共有21类（section）、97章（chapter），其中1~24章为农副产品，25~97章为加工制成品，第77章金属材料为空缺，是为新型材料的出现而留空。在章下设有用四位数编码的项目（heading）1 241个，其中有311个没有细分目录，其余930个项目被分为3 246个一级子目（one-dash sub-heading），这些子目中又有796个被进一步分出2 258个二级子目（two-dash sub-heading），因此，在《协调制度》中共有5 019个税目。

二、通关手续

通关手续又称报关手续，是指进出口商向海关申请办理货物的进出口手续，履行海关规定的手续，并依法接受海关对其提交的单证等进行监督、审核、查验等全过程。以进口为例，通关手续包括申报、查验、征税和放行四个基本程序。

（一）货物的申报

这是指货物运至进口国港口时，进口商按海关规定的格式填写《进口货物报关单》并提交海关规定的有关单证，向海关申报进口，以便海关依据这些单证和证件进行查验，征税或减征、免征，并给予放行。需提交的单据有：进口报关单、提单、商业发票或海关发票、原产地证明书、进口许可证书或进口配额证书、品质证书、卫生检疫证书等有关单证。

申报的方式一般有口头和书面申报两种。

（二）单证的审核

海关依据海关法令与法规，审核对进口商填写和提交的有关单证。具体要求：（1）报关单填报的内容全面、准确；（2）应交验的单证齐全、有效；（3）所报货物符合有关政策与法规的规定。

海关对申报的审核有预审、初审和复核等环节。对不符合申报要求的报关单，可作退单处理，由报关人填好后或补齐手续后再行申报。

（三）货物的查验

货物的查验是海关对已接受申报的进出境货物、运输工具和物品，根据法定的单证，进行实际的检查，以检查申报的内容是否属实，申报的"单"、"证"是否相符，"单"、"货"是否一致。通过查验，可以发现审单环节中不能发现的问题，如是否夹藏违禁品或走私物品、毒品等，以制止非法进出口，维护贸易秩序。货物的查验一般在码头、车站、机场的仓库或场院等海关监管场所进行。

（四）货物的征税和放行

所谓放行是指海关对进出境的货物、运输工具、物品，经过审核单证、查验货物后，在有关的单证上签印放行，以示海关监管的结束。货物、物品需经海关放行后，方可提取或装运出境，有关运输工具经海关放行后方可驶离海关。对于无税货物，一般只要单证齐全，原则上经查验后即可放行。对于应税货物、物品和应征吨位的船舶，必须由海关征收有关税费以后才能放行。

海关对进出境的货物、运输工具和物品的放行原则，根据不同的性质和情况，可分别采取正常放行、担保放行和信任放行等方式。正常放行是对货物先征税后放行，这是最基本的放行方式。担保放行是海关暂不征收关税，而是以接受担保的形式给予放行，包括缴纳保证金和提交保函两种形式。信任放行是指海关对一些资信好的企业的进出口货物，允许其先放行、后定期或分批申报和缴纳关税的一种新型的放行形式。采取信任放行，海关应对企业的信用状况进行跟踪监测，定期评估，发现问题，海关可随时做出处理，直至取消信任放行。

（五）几种特殊情况的处理

1. 提前办理报关手续。对于某些特殊商品，如水果、蔬菜等，如果进口商要求提前办理手续以便货到即从海关提出，则可允许其先行提货，日后再正式结算。

2. 延期提货。如果进口商要求延期提货，可在办理完报关手续后将货物存入保税仓库，存放期间货物可以再次出口并且可以不必缴纳进口税；一旦货物要销往国内市场，则在提货之前办理相关手续。

3. 规定期限内无人提货。若货物到达后进口商未能在规定时间内办理通关手续，海关有权力将货物存入候领货物仓库，由此而产生的费用和风险均由进口商负责。若在规定日期内仍无人办理通关手续，海关即有权处理该批货物。

第五节　关税对国际贸易的影响

关税对国际贸易的影响，我们可以从宏观与微观两个层面进行分析。

一、从宏观层面上看关税对国际贸易的影响

（一）关税影响国际贸易发展的速度与规模

关税影响国际贸易发展的速度与规模是有条件的。该条件是足以影响世界市场的国家征收关税，它将对国际贸易的发展产生影响。一般情况下，如果其他影响因素不变，当世界市场主要的国家关税税率提高或下降时，国际贸易的发展速度即会放缓或加快。1929~1933年世界性经济危机时期，发达资本主义国家竞相提高关税，高筑关税壁垒，限制商品进口。1932年，美国通过《1930霍利—斯穆特关税法》，将关税提高至历史最高水平，平均关税高达53%。其他国家也纷纷效仿，演变成一场高关税大战，结果提高关税的浪潮遍及世界，国际贸易急剧下降。1929~1933年间，国际贸易额下降了2/3，国际贸易量减少了1/3。这个时期，美国进口额从44亿美元下降到13亿美元，所有国家对美国的出口都大幅度下降。

第二次世界大战以后，特别是20世纪50~70年代初，发达资本主义国家推行贸易自由化，大幅度降低关税，结果促进了国际贸易的迅速发展。1950~1973年间，国际贸易额平均增长率为10.3%，国际贸易量年平均增长率为7.2%。这期间国际贸易额或国际贸易量的年平均增长率都高于二战前。

（二）关税影响国际贸易商品结构与某些国家的对外地理方向

关税在一定程度上影响国际贸易商品结构和某些国家或地区对外贸易地理方向的变化。当世界市场上主要国家对某些商品征收高额关税时，结果该类商品出口到提高关税国家的数量就会减少，该类商品在国际贸易额中所占的比重就会减少，因此，改变该类商品在整个国际贸易中的地位，进而改变国际贸易商品结构。而且，出口国对征收高额关税国家的出口减少后，它会增加对高筑关税壁垒国家之外的国家出口，因此改变了贸易流向，也可能改变它的贸易伙伴在该国的贸易地位，从而影响进出口国的对外地理方向。从实践情况来看，20世纪50~70年代初，发达资本主义国家对工业制成品进口关税下降幅度超过农产品。发达国家之间的关税下降幅度超过它们对发展中国家之间的下降幅度。经济集团内部关税下降幅度超过其对集团外的下降幅度。这种关税下降幅度的差异，不仅使工业制成品贸易的增长超过农产品贸易，使发达国家之间的贸易增长超过了它们与发展中国家之间的贸易，而且也使某些集团内部贸易的增长超过了其对集团外的贸易增长。

(三) 关税影响一国（或地区）贸易差额与国际收支

当一国出现严重的贸易入超和国际收支逆差时，如果提高进口关税也就提高了出口国出口商品的价格，从而会减少出口国出口商品的数量，进而会缩小贸易逆差并改善国际收支。但从长期来看，提高进口关税是否确实可起到这种作用，则难以确定。例如，由于征收高额进口税，限制了国外商品进口，引起国内价格上涨，导致某些产品的生产成本提高，削弱了出口产品的竞争能力，因而将产生相反的后果。如对钢铁进口征收高关税，则一切使用钢铁加工的工业品将增加成本。如对机器设备进口征收高关税，则会提高使用这种机器设备部门的生产成本。这些产品将因征收关税而削弱出口竞争能力，减少出口，贸易入超将可能重新产生或扩大。

此外，由于一国提高关税，将可能引起有关国家连锁反应，竞相提高关税，高筑关税壁垒，限制对方的商品进口，结果会相互抵消关税对于缩小入超和改善国际收支的作用。

一国对进口商品征收高关税，会增加进口商品的成本，提高其销售价格，削弱其在国内市场的竞争力，从而限制了这些商品的进口，达到保护本国产品在国内市场竞争力的目的。

(四) 关税影响贸易条件

贸易条件是指一个国家在一定时期内出口商品价格与进口商品价格之间的对比关系，反映着该国的对外贸易状况。不过，关税对贸易条件的影响是有条件的，只有在征收国是一个大国的条件下，关税会对贸易条件产生影响。因为在大国情形下，征收关税会降低世界市场价格，即本国进口商在世界市场上购买进口商品的价格要降低。如果出口价格保持不变，则进口价格的下跌意味着本国贸易条件的改善。也就是说，征收关税后，在国际市场上征税国用一个单位的本国商品可以换取更多的外国商品。所以，贸易条件的改善对征税国有利。出口国的贸易条件恶化，对出口国不利。

二、从微观层面上看关税的影响

(一) 关税影响征收国家商品价格

对进口产品征收关税，首先会使进口产品的价格上升。假设国内进口替代部门的产品与进口产品是完全同质的，则征收关税后，整个国内市场该产品的价格都会上涨。但国内市场价格上涨的幅度如何，则要视关税征收国对世界市场价格的影响力。

如果关税征收国是一个小国，即其对世界市场价格没有任何影响力，那么征收关税后，虽然该国会因进口产品价格上涨而减少对进口商品的购买，但这一变动不会对世界市场价格产生任何影响。因此，在征收关税之后，国内市场价格的上涨部分就等于所征收的关税水平，即关税全部由国内消费者来承担，此时国内市场价格等于征收关税前的世界市场价格（自由贸易下的价格）加上关税。

如果关税征收国是一个大国，即其国内供求的变化足以影响世界市场价格，那么征收关税后，由于价格的上涨，该国对进口产品的需求量下降，从而引起世界市场价格的下降。在这种情况下，关税负担实际上由国内消费者和国外出口商共同承担，征收关税后的国内市场价格等于征收关税后的世界市场价格（低于征收关税前或自由贸易下的世界市场价格）加上关税。

（二）关税影响征收国家生产商的产量和消费者的需求数量，进而影响该国的贸易量

关税与商品的价格、生产、销售有着密切的关系。一般来说，进口货物课征关税后，会导致进口国的国内价格上涨，进口数量下降，在一定条件下起到保护和促进本国产品的生产和销售作用。

因为当一国征收关税后，国内市场价格上升，国内进口替代部门的生产厂商面对较高的价格，从而能够补偿因产出增加而提高的边际成本，于是国内生产增加，国内生产厂商生产数量增加。

这里以小国为例来说明关税对生产的影响。在图 8-1 中，曲线 S、曲线 D 分别表示国内供给和需求曲线；Pw 表示征收关税前的世界价格，即自由贸易下的价格；Pt 表示征收关税后的国内价格。假设关税为从量税，t 表示对单位进口商品所征收的关税，则征收关税后国内价格可表示为：

$$Pt = Pw + t$$

在自由贸易下，对应于世界价格 Pw，国内生产为 OQ_1；征收关税之后，国内价格由原来的 Pw 上升至 Pt，此时，国内生产提高到 OQ_3。也就是说，征收关税后，国内生产增加了 Q_1Q_3，所以关税保护了国内生产者。国内生产者因关税而获得的利益可用生产者剩余（producer's surplus）的变动来衡量。图 8-1 中，征收关税前，生产者的剩余如三角形 ICPw 的面积所示；征收关税后，生产者剩余如三角形 IAPt 的面积所示。那么，征收关税后，生产者剩余增加了，增加部分为梯形 CAPtPw 的面积 a，此即为征收关税后生产者的福利所得。

征收关税使国内市场价格提高，只要国内的需求弹性大于零，国内价格提高必然导致消费量的减少，此即关税对消费者的影响。图 8-1 中，征收关税后，

国内消费量为 OQ_4，与征收关税前的消费量 OQ_2 相比，消费量减少了 Q_4Q_2。消费量的下降对消费者的福利有不利的影响。图 8-1 中，征收关税前后消费者剩余（consumer's surplus）分别如三角形 HGPw 和三角形 HBPt 所示，所以消费者福利的损失为梯形 GBPtPw 的面积（$a+b+c+d$）。

综合生产效应和消费效应，便可得到关税对征收国贸易的影响，在图 8-1 中，征收关税后进口的减少 = $Q_1Q_2 - Q_3Q_4 = Q_1Q_3 + Q_4Q_2$。

综上所述，关税对国际贸易的影响，总的来看，征收关税将导致资源配置效率的降低，增加政府的财政收入，在各国间和各国内的不同成员之间引发收入的再分配。

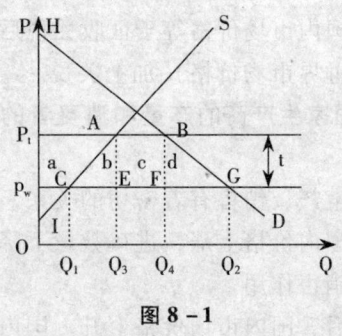

图 8-1

思 考 题

1. 什么是关税？它有哪些主要特点？关税有什么功效？
2. 简述进口附加税及其征收目的。
3. 什么是反补贴税？征收反补贴税的条件是什么？
4. 什么是反倾销税？构成征收反倾销税的基本要件有哪些？
5. 什么是普惠制及其三原则？普惠制方案包括哪些内容？
6. 什么是完税价格？如何确定？
7. 什么是海关税则？主要有哪些种类？
8. 试分析关税对国际贸易的影响。

第九章 非关税壁垒措施

【本章教学目的】除关税措施以外，世界上一些国家还广泛采用非关税壁垒措施来保护本国市场。通过本章的学习，使学生了解非关税壁垒的含义和特点，非关税壁垒的主要种类（特别是新贸易壁垒及其种类），以及非关税壁垒对国际贸易的影响。

第一节 非关税壁垒的含义及其特点

一、非关税壁垒的内容及分类

非关税壁垒（non-tariff barriers-NTBs）是指关税以外的一切限制进口的各种措施。它是与关税壁垒相对而言的。

非关税壁垒有各种不同的分类。如果从对进口限制的作用上分，非关税壁垒可分为直接的和间接的两大类。前者指进口国直接对进口商品规定进口的数量或金额加以限制或迫使出口国直接按规定的出口数量或金额限制出口，例如进口配额制、进口许可证制和"自动"出口限制等；后者指进口国未直接规定进口商品的数量或金额，而是对进口商品制定种种严格的条例，间接地影响和限制商品的进口。例如，进口押金制、最低限价制、海关估价制、繁苛的技术标准、卫生安全检验和包装标签规定等。此外，非关税壁垒还可根据进口商品采取不同的法令和措施进行分类，在此就不一一介绍了。

二、非关税壁垒的特点

与关税壁垒相比，非关税壁垒有如下特点。

1. 保护程度更高。如果出口国采用出口补贴、商品倾销等办法降低出口商品的成本和价格，关税往往较难以起到限制商品进口的作用。但一些非关税壁垒措施如进口配额制等预先规定进口商品的数量或金额,超过限额就直接禁止进口,或征收高关税,这样就可以把超额的商品拒之门外,起到关税未能达到的目的。

2. 隐蔽性、歧视性更强。一般来说,关税税率确定后,往往以法律形式公布于众,出口商常比较容易获知关税税率。然而,一些非关税壁垒措施往往不公开,或者规定极为繁琐复杂的标准和手续,使出口商难以对付和适应。

3. 具有更大的灵活性和针对性。各国关税税率的制定必须通过立法程序,并像其他立法一样,要求具有一定的延续性。但非关税措施的制定和实施则反映出很大的灵活性与针对性,通常采用行政程序,制定比较迅速,手续和程序较简单。能随时针对某国的某种商品采取或更换相应的限制进口措施,较快地达到限制进口的目的。

此外,非关税壁垒还有不易比较及不易引起对方报复等特点。

三、非关税壁垒迅速蔓延的原因

1. 关税限制进口的作用下降。二战后,关税与贸易总协定多次举行多边贸易谈判,相互减免关税是其主要内容,使关税作为限制商品进口的作用大为下降,于是各国纷纷乞求于非关税壁垒,以加强对进口商品的限制。

2. 资本主义国家间争夺世界市场的斗争加剧。资本主义生产的盲目性和扩张性使资本主义国家间争夺世界市场的斗争日趋尖锐化。跨国公司的发展、资本的国际移动急需国外市场。在这一背景下,资本主义各国极力推行"奖出限入"对外贸易政策,纷纷采取非关税壁垒措施。

3. 科学技术的发展,提高了商品的检测度。随着各国人民生活水平的提高,对商品质量提出了更高的要求,这也是近些年来非关税壁垒措施盛行值得考虑的因素。

还有一些原因应该注意,那就是非关税措施是对它国实施贸易歧视的需要。由于某种原因,有些国家欲对它国实行歧视性的贸易政策,如规定一些苛刻的条件或不合理的要求,以达到歧视某国的目的。例如,有的国家实行进口配额制,其中的国别配额,有的多给,有的少给,甚至不给,少给或者不给就是一种歧视待遇。

第二节 传统非关税壁垒的种类

传统非关税壁垒种类繁多,现介绍以下几种主要类型。

一、进口配额制

进口配额制（import quotas system）是一种直接限制进口的重要措施。它是指进口国在一定时期内（1年、半年或3个月），对某些产品的进口规定一个数量或金额上的限度，在限度内准予进口，超过限度则不准进口或征收较高的关税，甚至罚款。这种贸易限制措施在"敏感"或"半敏感性"产品中较为常见。

从历史角度来看，进口配额制作为一种进口数量限制措施，历史最为悠久。早在1931年，加拿大就采用这一非关税壁垒措施加强对国际贸易的行政干预，平衡国际收支。其后，被美国、欧洲等国家广泛采用。二战后，尤其是20世纪70年代中期以来，配额制不论在形式上还是在内容方面都较前有所增加。在纺织品贸易中，配额制曾使用最为突出，表现更为激烈。

进口配额种类繁多，目前最常见的有下列两种。

1. 绝对配额（absolute quotas）。绝对配额是在一定时期内对某些商品的进口数量或金额规定一个最高数额，达到这个数额后，就不准进口。这种配额在实际业务操作过程中的具体做法有全球配额、国别配额和进口商配额等。

（1）全球配额（global quotas）属于世界范围的一种绝对配额。它对于来自任何国家或地区的商品一律适用，即对某种商品的进口规定一个总配额，没有国家和地区的限制。在配额限度内，主管当局根据进口商的申请先后，或过去某一时期的进口实绩，批给一定额度，直至配额发放完为止。进口国采用这种配额的目的，是让出口国相互竞争，从而选择对其有利的价格进口。同时，这种配额亦使进口商从邻近地区得以先行进口，并使某一时期该种商品进口比较集中。例如，澳大利亚的配额持有者可以向任何国家或地区进口商品，1982年进口服装和针织品3.72亿美元，其中，大多数来自中国台湾、韩国和中国香港等地。

（2）国别配额（country quotas）是指在总额内，按国别和地区分配给固定的数额，超过这一额度便不准进口。为了区分来自不同国家和地区的商品，在进口时，进口商必须提交原产地证书。这种配额在具体操作时，有的按一定数量或金额加以限制，也有的在数量或金额的控制下，在若干国家和地区分配，以百分比表示。例如，为限制日本汽车进口，意大利规定每年只进口日本汽车2 200辆。英国、法国则规定，每年进口日本汽车分别为该市场需要量的11%和3%。采用国别配额的分配方式，一方面，进口国可利用这种形式贯彻国别政策；另一方面，进口国可根据出口国进入该国的实绩进行分配。

根据国别配额的确定方式不同，它可以被划分为两种形式，即单方面配额和双边协议配额。前者是由进口国单方面强制性规定某种商品的进口额度。如一国因某种商品进口数量剧增,以致影响该国同类产品生产所采取的果断的行政性措施,致使短期内迅速限制进口数量。也有由于出口国出口数量剧增,进口国通过正式途径希望出口国控制出口,但出口国出口仍有增无减,于是进口国采取单方面的限制。双边协议配额则是指进出口国家通过谈判协商取得双方共同认可的以协议形式确定的上限额。出口国按协议达成的数量出口,一旦超过这一额度,进口国就不再准予进口。

(3) 进口商配额(importer quotas)是指一国把某些商品的配额直接分配给本国进口商,进口商按政府部门所分配的额度组织进口,超过额度则不准进口,例如,日本将某些商品如食用肉、化工甲醛的配额直接分配给本国进口商,由它们自行管理,组织进口。实行这种配额的国家往往把国家配额优先供应给本国大的垄断商行或进口商,而中、小商人则难以得到额度。

2. 关税配额(tariff quotas)。关税配额是对商品进口的绝对数额不加限制,而对在一定时期内,在规定配额以内的进口商品,给予低税、减税或免税待遇;对超过配额的进口商品则征收较高的关税,或征收附加税,或罚款。

关税配额与绝对配额的不同之处在于:绝对配额有一个最高数额的限制,超过这一额度,进口商就不能进口。而关税配额在限额内可以进口,超过限额部分,就要被征收较高的关税甚至罚款,但仍可以进口。

二战以后,一些发达工业国对从发展中国家或地区进口的制成品和半制成品提供的普遍优惠制(G·S·P)待遇,一般都采取关税配额的办法加以管理,从而限制享有普惠制待遇国家的商品,在限额内免税,超过限额则征收一定的关税。

关税与贸易总协定主持的"乌拉圭回合"宣言中曾明确申明"谈判应在减少或取消包括数量限制在内的非关税措施,但不得有碍于在履行逐步回退承诺方面所采取的任何行动"。即数量限制中的配额制度和关税一样,也应遵循"维持现状和逐步回退"的原则。根据乌拉圭回合《纺织品与服装协议》,纺织品的歧视性配额限制,在10年内逐步取消,回归到自由贸易体制上去,这对我国纺织品的出口是比较有利的。现阶段,配额还在一定程度上存在,这种进口配额制度对出口国来说是一种限制,造成出口障碍。但如果利用得当是可以扩大出口、增加外汇收入的。为此,我们应采取如下措施。

第一,充分利用配额。对配额的充分利用可以从两方面入手:一方面,我们应在规定的期限内把限制类别内的配额用足;另一方面,利用品种配额之间的转移,把规定期限内无法用完的品种转变为配额不足的品种。各业务部门可以根据具体情况加以灵活运用。此外,对上一年度未用完的额度要根据协定的规定加以利用。必要时,也可以提前使用下一年度的额度。

第二，灵活掌握配额。如果对方国家以数量计算配额，我们应多出口高档商品，以增加外汇收入。以手帕为例，出口 16 英寸手帕的价格每打 1～2 美元，如果提高手帕出口的档次，假如每年出口 100 万打，价格提高 1 美元，则在额度内多收外汇 100 万美元。如果对方国家是以金额计算配额，就应多出口低档商品，以增加出口商品的数量。

第三，掌握进口国家商品分类法，扩大商品出口。有时商品在分类时具有模糊不清的特点。它既可以归入有配额的或额度紧张的类别，也可以归入无配额或额度用不完的类别。因此，我们应根据具体情况，尽量不用或少用额度。例如，有些厨房用品，在欧盟既可以归入第 39 类配额品种也可以归入第 113 类"篮子品种"。欧盟海关对配额品种进口控制很严，超过额度即不准进口，而"篮子品种"尽管有个"篮子标准"，但控制不严。

第四，利用国际化经营，扩大产品出口。在非关税壁垒面前，跨国经营是绕开壁垒的一种有效途径。同样，在处理配额限制的问题上，我们也可以通过直接投资、跨国经营的方式，就地生产就地销售或占用东道国的配额，以扩大我国商品出口，增加外汇收入。

第五，加强管理，提高经济效益。在我国出口配额的发放中，一般不要让来料加工、来件装配的产品占用配额。同时，对配额地区主要发展哪些有利品种、多少数量、生产布局以及销往国家或地区要心中有数。有些品种，市场容量有限，就没有必要大量增产。有些品种创汇率高，较有发展前途，则要积极发展，对客户不能有求必应，要让配额品种带动非配额品种出口，要求在外销上统一对外，避免互相竞争，降价求售，抵消力量。

二、"自动"出口配额制

"自动"出口配额制（"voluntary" export quotas）又称"自动"限制出口，也是一种限制进口的手段。所谓"自动"出口配额制是指出口国家或地区在进口国的要求或压力下，"自动"规定某一时期内（一般为 3～5 年）某些商品对该国的出口限制，在限定的配额内自行控制出口，超过配额即禁止出口。

"自动"出口配额制属于关税与贸易总协定在调节世界贸易、制定多边贸易协定时，涉及的或规定不明确的"灰色区域"，即贸易利益集团利用关税与贸易总协定的不明确性、不全面性和保障条款所做出的选择性限制措施。它被直接用来代替《关税与贸易总协定》第 19 条的保障条款，并构成违反《关税与贸易总协定》基本条款的行为。这一措施通常以双边形式出现，且具有不透明的特点，借以逃避关税与贸易总协定的监督。美国和欧盟经常采用这种方式，如在美国和欧盟同日本的钢铁、汽车战中,美国与欧盟都采用这种方法迫使日本"自动"限制这些产品对它们各自国家的出口。

"自动"出口配额制是20世纪70年代非关税壁垒中最流行的形式之一。因为在某些情况下,背离关税与贸易总协定的"灰色区域"对进出口国家都是具有吸引力的。进口国认为,"自动"出口配额并不影响所有的供货国,在实施时,不致像引用《关税与贸易总协定》第19条那样复杂,稍有不慎即会招致严重报复的可能。出口国认为,其他可供选择措施的实施将会使出口更加急剧削减。所以,几乎所有的发达工业国在各种长期贸易项目中都采用过这种方法。西方国家认为,这是一种调节国际贸易"最有效"的方法。

"自动"出口限制与绝对进口配额制在形式上有所不同。具体表现在以下三个方面:

(1) 在配额控制上,绝对配额是由进口国直接控制配额来限制商品进口;"自动"出口限制则由出口国控制某些商品对指定进口国家或地区的出口。

(2) "自动"出口限制更富有隐蔽性。尽管出口国是在进口国以商品大量进口使其有关部门受到严重损害、造成"市场混乱"为理由,要求出口实行"有秩序的增长",否则,将单方面强制进口限制的情况下,被迫实行"自动"出口限制。但在表面上,仍以出口国"自动"实行出口限制的面目出现,从而摆脱了关税与贸易总协定的监督和检查。

(3) "自动"出口限制适用的年限较长。绝对配额制适用的时间通常为1年、半年或3个月;而"自动"出口限制一般由进出口国家签署《自动限制协定》加以规定,年限为3～5年。协定期满有时还可延长。例如,1969年美国与日本达成日本钢铁输美的《自动限制协定》规定,日本对美国的钢铁出口年增长率不超过5%,1972年该协定又延长3年,并把出口增长率减到2%。

"自动"出口配额是二战以后国际贸易领域出现的非关税措施。随着国际市场竞争的愈趋激烈和进口限制的压力日增,出口国家被迫"自动"限制的出口商品也日益增多。"自动"出口配额有非协定的和有协定的"自动"出口配额两种。后者所需的《自动限制协定》的条款和内容日趋繁杂。尽管各个《自动限制协定》的条款和内容不尽相同,但一般都包括以下几个主要方面:一是配额水平。即规定在协定有效期内第一年度的出口额和其他各年度的增长幅度。二是"自动"出口配额的商品分类和细目。三是留用额和预用额的规定。前者为当年未用完的余额拨入下年度使用的最高额或权限;后者为当年配额不足而预先使用下年度的配额或权限。四是保障条款的规定。即进口方有权通过一定程序,限制或停止某种造成"市场混乱"的商品进口,这实际上扩大了进口国限制进口的权限。

三、进口许可证制

进口许可证制（import license system）是一种凭证进口的制度。为了限制商品进口，国家规定某些商品的进口必须领取许可证，没有许可证的，一律不准进口。许可证制与配额制一样，是一种进口的数量限制，是对贸易的一种行政管理措施与直接干预。

从进口许可证与进口配额的关系来看，进口许可证可以分为两种：一种为有定额的进口许可证，即国家有关机构预先规定有关商品的进口配额，然后在配额的限度内，根据进口商的申请对于每一笔进口货物发给进口商一定数量或金额的进口许可证。一般来说，进口许可证是由进口国有关当局向提出申请的进口商颁发的，但也有将这种权限交给出口国自行分配使用的。另一种为无定额的进口许可证，即进口许可证不与进口配额相结合。一国的有关政府机构预先不公布进口配额，颁发有关商品的进口许可证，只是在个别考虑的基础上进行。因为它是个别考虑的，没有公开的标准，因而就给正常贸易的进行造成更大的困难，起到最大限度限制进口的作用。

从进口商品许可程度上来看，进口许可证一般又可分为两种：一种为公开一般许可证，又称公开进口许可证或一般许可证和自动进口许可证。它对进口国别或地区没有限制，凡列明属于公开一般许可证的商品，进口商只要填写公开一般许可证后，即可获准进口。因此，属于这类许可证的商品实际上是"自由进口"的商品。另一种为特种进口许可证，又称非自动进口许可证，即进口商必须向政府有关当局提出申请，经政府有关当局逐笔审查批准后才能进口。这种进口许可证多数都指定进口国别或地区。为了区分这两种许可证所进口的商品，有关当局通常定期分别公布有关的商品项目并根据需要随时进行调整。

四、外汇管制

外汇管制（foreign exchange control）是一国政府通过法令对国际结算和外汇买卖实行限制来平衡国际收支和维持本国货币的汇价的一种制度。

在外汇管制下，出口商必须把他们出口所得到的外汇收入按官定汇率卖给外汇管制机关。进口商也必须在外汇管制机关按官定汇价申请购买外汇。本国货币的携出入国境也受到严格的限制等。这样，国家的有关政府机构就可以通过确定官定汇价从而集中外汇收入和控制外汇供应数量的办法来达到限制进口商品品种、数量以及控制进口国别和地区的目的。

外汇管制一般分为以下三种:

(1) 数量性外汇管制,即国家外汇管理机构对外汇买卖的数量直接进行限制和分配,其目的在于集中外汇收入,控制外汇支出,实行外汇分配,以限制进口商品品种、数量和国别。有些国家实行数量性外汇管制时,往往规定进口商必须在获取进口许可证后才可购得所需的外汇。

(2) 成本性外汇管制,即国家外汇管理机构对外汇买卖实行复汇率制度,利用外汇买卖成本的差异,间接地影响不同商品的进出口。

复汇率制是指政府规定几种同时并存的官方汇率,利用汇率的差别来达到限制或鼓励某些商品的进口或出口。实行复汇率制的作用是,根据出口商在国外市场上竞争能力的不同,为不同商品规定不同的汇率以加强出口;按照保护本国市场的需要,为进口商品规定不同的汇率以限制进口等。

(3) 混合性外汇管制,即同时采用数量性和成本性的外汇管制,以实行更加严格的外汇与贸易限制。

五、进出口的国家垄断

进出口的国家垄断,是指在对外贸易中,对一些商品的进出口规定由国家直接经营,或是由国家特许的垄断组织经营。

西方发达国家对进出口的国家垄断主要集中在四类商品上:第一类是烟酒,这是国家财政收入的主要来源。第二类是武器军火,这有关国家的防务安全与外交政策。第三类是农产品,这是不少国家特别是欧美农业政策的一个方面。例如,美国的农产品信贷公司就是一个农产品贸易垄断企业,高价收购国内的农产品,然后低价向外倾销。第四类是石油,除石油输出国家以外,目前很多石油进口国也设有国营石油公司。不少发展中国家对某些类型的商品也在不同程度上实行进出口的国家垄断。

六、歧视性政府采购政策

歧视性政府采购政策 (discriminatory government-procurement policy) 是指国家通过法令规定政府机构在采购时要优先购买本国产品的做法。这种做法实质上就是歧视外国产品,从而起到限制进口的作用。

美国从 1933 年开始实行《购买美国货法》(buy american act),并分别于 1954 年和 1962 年两次进行修订。该法规定,凡是美国联邦政府要采购的货物,应当是美国制造的,或是用美国原料制造的。开始时,凡商品的成分有一半以上是在本国外生产的，就作为外国货。后来，又作了些修改，即对日本等一些国家，把这个比例降低到30%，形成更大的限制。该法还规定，只有在美国自己生产的数量不足，或是国内价格过高，或是不买外国货有损于美国利益的情况下，才可以购买外国货。根据法令规定优先购买的美国货，其价格往往要高出国际市场价格的6%~12%，其中美国国防部和财政部所采购的本国货往往要高出国际市场价格的50%。

除了美国以外，还有许多发达国家采用了类似的做法。例如，英国政府限定通讯设备和电子计算机要向本国公司采购。又如，日本的一些省规定，政府机构所需的办公设备、汽车、计算机、电缆、导线、机床等不得采购外国产品。

"东京回合"对这一做法有所限制，规定除国防开支、通讯设备和部分能源设备外，政府采购将公开采用竞争性的国际投标，不能对外国供货进行歧视。

七、歧视性国内税

歧视性国内税（discriminatory internal taxes）是指用征收国内税的方法来限制外国商品的进口，国内税与关税不同，它的制定与执行属于本国政府机构，有时甚至是地方政府机构的权限，通常不受贸易条约与协定的约束。因此，国内税是比关税更灵活、更隐蔽的一种贸易限制措施。

许多国家都利用征收国内税的办法来削弱进口产品的市场竞争能力，从而达到限制进口的作用。例如，法国曾对引擎为5马力的汽车每年征收养路税12.15美元，对于引擎为16马力的汽车每年征收养路税高达30美元。当时法国生产的最大型汽车为12马力，因此，实行这种税率的目的在于抵制进口汽车。又如，美国、瑞士和日本对于进口酒精、饮料所征收的消费税都要高于本国制品。

八、最低限价和禁止进口

最低限价（minimum price）就是政府规定某种进口商品的最低价格，凡进口货价低于规定的最低价格则征收进口附加税或禁止进口，以此来限制外国商品的进口。例如，1975年4月，英国为了限制欧洲共同体以外的鱼类进口，采用了最低限价的做法。其中鳕鱼的限价为每吨575英镑，对低于限价的进口货，英国政府征收进口附加税或是禁止进口。

1977年，美国对来自欧洲与日本等国的钢材和钢制品实行所谓"启动价格制"（trigger price mechanism），也是一种最低限价制。除美国以外，欧洲经济共同体为了稳定钢的内部价格，对钢的进口也规定了最低限价作为引发价格，当进口钢的价格低于这个限度时,便征收进口附加税。

"启动价格制"的主要内容是:

(1) 对出口到美国的所有钢材和部分钢制品制定最低限价,这种价格又称启动价格。启动价格是以当时世界上效率最高的钢生产者的生产成本为基础计算出来的最低限价。

(2) 对所有进口钢材和部分钢制品的进口,进口商必须向海关提交由国外出口商填写的"钢制品特别摘要发票"(special summary steel invoice,SSSI)。如果发票上的价格低于启动价格,则进口商就必须对价格进行调整,否则就要接受调查,并有可能被裁决为倾销,征收反倾销税。

(3) 继续收集资料,分析对美国出口的主要外国生产者的国内钢材和部分钢制品的价格或生产成本以及美国国内钢铁工业的有关情况,以便随时调整最低价格。禁止进口是一国政府对贸易采取的一种极端做法,通常是通过颁布有关法令来实施。例如,1975年3月,欧共体决定,从1975年3月15日起,禁止3公斤以上的牛肉罐头及牛肉下水罐头从共同体以外进口。另外,一个国家也可能由于外交政策的需要而采取贸易禁运的措施,例如两伊战争时,美国就曾对伊朗实行贸易禁运,其中还包括禁止美国厂商从伊朗进口石油。

九、进口押金制

进口押金制(import deposit scheme)又称进口存款制。在这种制度下,进口商在进口商品时,必须预先按进口金额的一定比率和规定的时间,在指定的银行无息存入一笔现金,这样就增加了进口商的资金负担,从而起到限制进口的作用。

例如,英国在1968年11月就曾规定,除进口食品和原料外,一切进口均须在海关存入一笔相当于进口金额50%的款项。1969年12月,将百分比调整为40%。1970年5月,又降至30%。这种进口存款制直到1970年12月初才告废除。又如,意大利从1974年5月7日至1975年3月24日曾对400多种进口商品实行这种制度,规定进口商的所有进口,都必须预先在中央银行存放相当于进口货款一半的现款押金,无息冻结半年。据统计,这相当于征收5%以上的进口附加税。此外,芬兰、新西兰、巴西等国也实行这种措施。巴西的进口押金制规定,进口商必须按进口商品船上交货价格交纳金额相等的为期360天的存款方能领到进口许可证。

进口押金制是从加重进口商的资金负担来限制商品进口的。但是,当进口商能用押款收据作担保,在货币市场上以优惠利率获得贷款时,这种进口押金制的作用就会削弱，甚至消失。

十、产品归类与海关估价

进口商品的税负取决于进口商品的价格高低与税率高低。在海关税率已定的情况下，税负大小就取决于产品归类与海关估价（customs valuation）。前者是指将进口商品归哪一个税则号下，后者是指海关如何估定进口商品的完税价格。

进口商品归在哪一个税则号内是具有一定灵活性的，海关对此有相当的机动权。具体的确定又必须在海关现场决定，一般是就高不就低。这就增加了进口关税的负担和不确定性，增加交易的困难，从而起到限制商品进口的作用。例如，美国对一般打字机进口不征关税，但如归为玩具打字机，则要征收35%的进口关税。

有些国家还通过专断地提高进口货的海关估价，来提高进口货的关税负担，阻碍商品的进口。用专断的海关作价来限制商品的进口，以美国最为突出。

长期以来，美国海关是按照进口商品的外国价格（进口货在出口国国内销售市场的批发价）或出口价格（进口货在来源国市场供出口用的售价）两者之中较高的一种进行征税。这实际上是提高了进口商品的完税价格。美国还对进口商品的海关估价实行所谓的"美国售价制"（american selling price system）。美国的销售价是指美国产品在美国国内市场自由上市时的正常批发价格。而适用"美国售价制"的商品往往是美国国内售价较高的商品，例如，煤焦油产品、胶底鞋类、蛤肉罐头、毛手套等商品。按照"美国售价制"的标准征税，可使这些商品的进口税率大幅度提高。例如，某种煤焦油产品的进口税率为从价税20%，它的出口价格为每磅0.50美元，应缴纳进口税每磅0.10美元，而这种商品的"美国售价"每磅为1.00美元。按同样税率，每磅应缴纳进口税为0.20美元，其结果是，实际的进口税率不是20%，而是40%，即增加了一倍。这就有效地限制了外国货的进口。

"美国售价制"引起了其他国家的强烈反对，直到东京回合签订了《海关估价准则》后，美国才不得不废除这项制度。

第三节 新贸易壁垒

所谓新贸易壁垒，是相对于传统贸易壁垒而言，是指以技术壁垒为核心的包括绿色壁垒和社会壁垒在内的所有阻碍国际商品自由流动的新型非关税壁垒。新贸易壁垒与传统的贸易壁垒的区别在于：传统的关税和非关税壁垒主要对商品的数量与价格实行限制，更多地体现在商品的商业利益上，所采取的措施也大多是边境措施；而新贸易壁垒则往往着眼于商品的数量与价格等商业利益以外的东西，更多地考虑商品对于人类的健康、安全及环境的影响，体现的是社会利益和环境利益，采取的措施不仅仅是边境措施，而且还涉及国内政策和法规。

与传统的非关税壁垒相比，新贸易壁垒主要有以下特点：（1）双重性特征明显。新贸易壁垒有其合理合法的一面，但出于保护心理，对某些国家产品进行有意刁难或歧视，表现出不合理的一面。（2）隐蔽性更强。传统的非关税壁垒虽有一定程度的隐蔽性，但相对容易掌握，而新的贸易壁垒则使人防不胜防，多涉及产品标准及产品以外的问题。（3）更为复杂性。新贸易壁垒多涉及技术标准以及国内政策法规，比传统的非关税壁垒更为复杂。（4）具有争议性。新贸易壁垒经常介于合理和不合理之间，达成一致困难大，不易协调。

一、技术性贸易壁垒

1. 技术性贸易壁垒的含义。技术性贸易壁垒是指那些超越公认的不合理和非科学的强制性或非强制性确定商品的某些特性的规定、标准和法规，以及旨在检验商品是否符合这些技术法规和确定商品质量及其适应性能的认证、审批和试验程序所形成的贸易障碍。

2. 技术性贸易壁垒的形式。

（1）技术法规。技术法规指必须强制性执行的有关的产品特征或其相关工艺和生产方法，许多强制性标准也是技术法规的组成部分。技术法规主要涉及劳动安全、环境保护、卫生与健康、交通规则、无线电干扰、节约能源与材料等，也有一些是审查程序上的要求。目前，工业发达国家颁布的技术法规种类繁多，尤其是近几十年来，为了保护消费者的合法权益，许多工业发达国家不遗余力地致力于消费者保护法规的制定。

（2）技术标准。技术标准是指经公认机构批准的、非强制执行的、供通用或重复使用的产品或相关工艺和生产方法的规则、指南。有关专门术语、符号、包装、标志或标签的要求也是标准的组成部分。目前存在大量的技术标准有国家标准、行业标准，也有许多国际标准。

随着竞争的加剧，发达国家有意识地利用标准作为竞争的手段，对制成品的进口规定极为严格、繁琐的技术标准，有些标准的规定甚至是经过精心策划的、专门用以针对某个国家的出口产品，而且涉及商品的范围越来越广，进口商品必须符合这些标准才能进口。有些技术标准不仅在条文本身上限制了商品进口，而且在实施过程中也为国外产品的销售设置了重重障碍。

（3）质量认证和合格评定程序。质量认证是根据技术规则和标准对生产、产品、质量、安全、环境等环节以及整个保障体系的全面监督、审查和检验，合格后由国家或外国权威机构授予合格证书或合格标志来证明某项产品或服务是符合规定的规则和标准的活动。目前在国际上影响比较大的质量认证体系有 ISO9000 系列标准、ISO14000 环保系列标准、美国的产品安全认证体系 UL、欧盟的 CE 标志、日本的 JIS 标准（日本工业标准标志）等。应该说，重视商品质量是无可非议的，但有些国家往往以重视商品质量认证和合格评定程序为由，达到保护本国市场的目的。

（4）卫生检疫标准。卫生检疫标准主要适用于农副产品及其制成品、食品、药品、化妆品等。现在各国要求卫生检疫的商品越来越多，规定也越来越严。如美国规定其他国家或地区输入美国的食品、饮料、药品及化妆品，必须符合美国《联邦食品、药品及化妆品法》的规定。其条文还规定，进口货物通过海关时，均需要经食品药物管理署（FDA）检验，如发现与规定不符，海关将予以扣留，有权销毁，或按规定日期装运再出口。

（5）商品包装和标签的规定。商品包装和标签的规定适用范围很广泛。许多国家对在本国市场销售的商品订立了种种包装和标签的条例，这些规定内容繁杂，手续麻烦，出口商品必须符合这些规定，否则不准进口或禁止在市场上销售。进口国对进口商品包装和标签的要求主要用于防止包装材料所形成的对环境和消费者的负面影响，当然，这其中也有很多仅仅只是为国外出口商制造出口障碍。出口商为了符合这些规定，不得不按规定重新包装和改换标签，费时费工，增加了商品的成本，削弱了商品的竞争力或直接禁止其进口，从而保护了进口国国内市场。

二、绿色贸易壁垒

1. 绿色贸易壁垒。绿色贸易壁垒是指各国为保护本国市场，借口为保护环境和国民健康，对进口商品提出带有歧视性与针对性的技术、安全和卫生标准。如达不到这些标准，进口国有权扣留、退回、销毁、索赔等；或不规范地使用国际公认的标准。

20 世纪 90 年代以后，国际贸易中绿色贸易壁垒开始盛行，其主要原因在于：全球自然资源匮乏，生态环境恶化，为"绿色贸易壁垒"的出现提供了契机；消费观念的更新，"绿色需求"的扩大，推动了绿色贸易壁垒的形成；此外，为了在国际竞争中取胜，一些发达国家有意利用和加强环保上的各种要求，作为竞争手段，以限制进口，保护国内市场。

专栏 9-1

中国西兰花梦断日本　数万菜农痛失过亿

2002年1月，日本政府的一道强化检验的命令，令中国浙江台州的临海、温岭菜农经历了几起几落的西兰花悲喜剧，最终，还是有将近20%的西兰花开在地里，而西兰花进出口商与各加工场更是损失惨重。

2002年1月4日，丰收的浙江台州菜农突然听闻日本方面宣布，从该日起至1月31日，该国政府对进口我国的蔬菜实行100%检验，而在此前一直采用5%~10%的抽检。

据日本媒体消息，2001年11月，日本东京成田机场检疫所食品监视课对进口申报的我国生产鲜羽衣甘蓝（西兰花即属此类）两度进行药残抽检时，均发现cypermethrin含量超标。日本劳动厚生省由此把1月份定为"中国产蔬菜检查强化月"，在日本全国13个检疫站加强对来自中国的蔬菜的检验。

西兰花是浙江台州农业的支柱产业，台州也是我国最大的西兰花出口基地。2001年，台州临海和温岭沿海西兰花种植面积据估计已达20万亩，为历史最高纪录。

台州西兰花主要出口日本，同时也销往中国香港、东南亚、澳大利亚等国家和地区。自2001年西兰花开始收获以来，西兰花出口业务一直平稳，价格稳步上升，由最初的每500克0.8元上升到1.6元。

2002年2月20日，日本媒体突然报道，称从中国进口的蔬菜经检测发现残留农药超标，有关方面提出警告，希望日本市民多加注意。顿时，日本大大小小超市中的中国蔬菜几乎被撤完。

台州西兰花出口日本几乎完全停顿。

此时，台州20万亩的西兰花尚有20%没有采摘，西兰花价格一跌再跌，至2月25日左右，每500克价格跌到0.15元。除了少部分西兰花出口中国香港地区、东南亚，以及国内需要一部分外，其余的西兰花已无法采摘！

据农业专家估计，台州西兰花菜农至少损失了1/3的收入。即使以每亩少收入500元计，台州数万菜农的损失也达1亿元。

根据资料，近年来，日本从中国进口的蔬菜迅猛增长。1996年，年进口量为33.5万吨，但到2000年已倍增至63.2万吨，这是因为，中国蔬菜生产成本只相当于日本普通蔬菜的1/5，对此，日本农协等有关方面不得不从提高蔬菜的新鲜度和高附加值着手阻击中国蔬菜的攻势。2001年4月1日，日本出台《改正日本农林水产规格（JAS）》就是主要手段之一。这项规格规定，只有在3年以上未使用化肥和农药的土地上栽培出的无农药农作物及其加工制品才可加注有机标识。但日本各界反应并不理想。而中国针对日本这一举措及消费方向，开始积极推广有机和低农药农产品的认证。1999年，经中国政府认证的此类产品的出口额为2亿美元，其中对日部分占8 000万美元。

面对日本方面突然抬高的技术壁垒，我们并没有"准备好"。

事实上，台州市西兰花生产早已脱离一家一户的"两亩三分地"，绝大多数菜农以租赁土地种植为主，种植面积几十亩至数千亩不等，已具备一定规模，并有一定的生产标准。但是，这离世界农业大国的标准化、车间化生产还有相当一段距离。作为台州菜农，一定要在生产模式上与世界先进水平相一致，台州西兰花才能真正抗衡技术壁垒。

资料来源：陈婷、吴宗金、李建，《国际贸易》，经济科学出版社2004年版。

2. 绿色贸易壁垒的形式。

（1）环境许可证。环境许可证制度要求在取得许可证的基础上才能允许进口或出口。这种做法源于《濒危野生动植物物种国际公约》等国际绿色规范。如该公约规定，对于不加保护就有消失危险的野生动植物的贸易应受到严格的限制，在管理当局批准颁发出口许可证的基础上才允许出口，进口国只能在出口国颁发出口许可证的前提下才能进口。一些国家据此实施绿色准入制度。

（2）禁止进口与环境贸易制裁。环境贸易制裁是绿色壁垒中极端严厉的措施，轻者实施禁止输入，重者则实施报复。国际上对违反环保规则采取强制性措施的很多。例如，美国根据其《海洋哺乳动物保护法》和《保护海豚消费者资讯法》，宣布禁止从墨西哥进口金枪鱼，理由是墨西哥船队使用超过美国标准的大型渔网，在捕获金枪鱼的同时，也捕杀了应受保护的海豚。

（3）绿色补贴制度。由于污染治理费用昂贵，导致一些企业难以承受此类开支。当企业无力投资于新的环保技术、设备或无力开发清洁技术产品时，政府便采用专项补贴、使用环境保护基金或低息贷款等方式，帮助企业筹资控制污染。有些发达国家以这种"补贴"违反世界贸易组织的规定为由，限制商品进口。

（4）复杂苛刻的环保技术标准。目前，环境技术标准所涉及的产品越来越多，而且标准越来越高，标准的分类越来越细。包括食品中的农药残留量及其化学物质含量；陶瓷产品的含铅量；皮革的PCP残留量；烟草中的有机氯含量；机电产品、玩具的安全性标准；汽油的含铅量指标；汽车尾气的排放标准；包装材料的可回收性指标；纺织品污染指数；保护臭氧层的受控物质，如冰箱、空调和发胶等。

（5）苛刻的绿色检验检疫措施。一些发达国家对食品的安全卫生指标，尤其是对农药残留、放射性残留、重金属含量的要求日趋严格。例如，1993年4月，第24届联合国农药残留法典委员会大会上，讨论了176种农药在各种商品中的最高残留量、最高再残留量（即指现已禁用的、但仍在食品中残留的农药含量）和指导性残留限量。据此，欧盟对在食品中残留的22种主要农药制定了新的最高残留限量。此外，在海上运输中，随着集装箱运输业的迅速发展，集装箱的检验检疫也成为各国出入境法定检疫的重要内容。

（6）绿色包装和标签制度。一些国家基于包装材料对环境所造成的负面影响和标签给社会带来的危害，对两者做出了严格的规定。很多国家都以立法的形式规定生产者必须使用绿色包装以及规范的商品标签。

（7）绿色环境标志和认证制度。环境标志是指贴在商品或其包装上的一种图形。它是根据有关的环境标准和规定，由政府管理部门或民间团体依照严格的程序和环境标准颁发给厂商，附印在产品及包装上。其目的是向消费者表明，该产品或服务从研制、开发到生产、使用直至回收利用整个过程均符合环境保护的要求，对生态系统和人类无危害或危害极小。

通常列入环境标志的产品类型有：节水节能型、可再生利用型、清洁工艺型、低污染型、可生物降解型、低能耗型等。有些国家在进口商品时，对这方面的要求非常严格。

第四节　非关税壁垒对国际贸易的影响

一、对国际贸易发展的影响

一般来说，非关税壁垒对国际贸易发展起着重大的阻碍作用。在其他条件不变的情况下，世界性的非关税壁垒加强的程度与国际贸易增长的速度成反比关系。当非关税壁垒趋向加强，国际贸易的增长将趋向下降；反之，当非关税壁垒趋向缓和或逐渐拆除时，国际贸易的增长速度将趋于加快。第二次世界大战后的50年代到60年代初，在关税大幅度下降的同时，发达资本主义国家还大幅度地放宽和取消进口数量限制等非关税壁垒措施，因而在一定程度上促进了国际贸易的发展。1950～1973年间，世界贸易年平均增长率达到7.2%。但从20世纪70年代中期以后，非关税壁垒进一步加强，形形色色的非关税壁垒措施层出不穷，形成了一个以直接进口数量限制为主干的非关税壁垒网,严重地阻碍着国际贸易的发展。

二、对进口国的影响

非关税壁垒像关税壁垒一样,起着限制进口、引起进口国国内市场价格上涨以及保护本国市场和生产的作用。例如,美国通过《自限协定》,限制日本汽车进口,结果在美国市场上每辆日本汽车的价格在 1981～1983 年间分别提高 185 美元、359 美元和 831 美元。美国国内生产的汽车价格也上涨了。

在保护关税的情况下,国内外价格仍维持着较为密切的关系,进口数量将随着国内外价格的涨落而不同。但是,如果进口国采取直接的进口数量限制措施,情况就不同了。如果实行进口数量限制,固定了进口数量,超过绝对进口配额的该种商品不准进口。当国外该种商品价格下降时,对进口国这种商品的进口数量的增长无影响。在限制进口引起进口国国内价格上涨时,也不增加进口以减缓价格的上涨。因而两国之间的价格差距将会扩大。

进口数量限制等措施导致价格上涨,成为进口国同类产品生产的重要的"价格保护伞",在一定条件下起到保护和促进本国有关产品的生产与发展的作用。

但是,非关税壁垒的加强使资本主义国家的人民付出了巨大的代价。由于国内价格上涨,进口国的消费者必须以更高价格购买所需的商品,而有关厂商,特别是资本主义的垄断组织从中获得高额利润。同时,随着国内市场价格上涨,其出口商品成本与价格也将相应提高,削弱出口商品竞争能力。为了扩大出口,许多资本主义国家采取了出口补贴等措施鼓励出口,增加了国家预算支出,加重了广大人民的税收负担。

三、对出口国的影响

一般来说,进口国加强非关税壁垒,特别是实行直接的进口数量限制,固定了进口数量,将使出口国的商品出口数量和价格受到严重的影响,造成出口商品增长率下降或出口数量的减少和出口价格下跌。

由于各出口国的经济结构和出口商品结构不同,其出口商品受到非关税壁垒措施的影响也可能不同。同时,由于各种出口商品的供给弹性不同,其价格所受的影响也将不同。一般说来,发达资本主义国家许多出口商品的供给弹性较大,这些商品的价格受到进口国的非关税壁垒所引起的价格下跌将较小;反之,许多发展中国家或地区某些出口商品的供给弹性较小,其所引起的价格下跌将较大。因此，发展中国家或地区蒙受非关税壁垒限制的损失超过了发达资本主义国家。

思　考　题

1. 简述非关税壁垒及其分类。
2. 试分析新贸易壁垒产生的原因。
3. 简述技术性贸易壁垒的含义及特点。
4. 试分析技术性贸易壁垒的发展趋势。
5. 简述绿色贸易壁垒的形式。
6. 试论非关税壁垒对国际贸易的影响。

第十章 鼓励和限制出口的措施

【本章教学目的】通过本章的学习,使学生掌握各种鼓励和限制出口的措施。

专栏 10-1

捷克政府制定促进出口的长期政策规划

2006年1月份以来,捷克外贸赤字大幅减少,根据捷克国家统计局公布的数据表明,在西欧国家市场需求持续低迷的状况下,由于捷克产品竞争力不断提高,其对西欧出口仍然强劲,1月份的外贸逆差大幅减少,仅为38亿克朗(约合1.27亿美元),比2005年同期减少了20亿克朗(约合0.67亿美元)。为进一步推动捷克产品出口,捷克政府出台了酝酿已久的、以支持中小企业出口为主的2003~2006年促进出口政策,作为政府的一项长期规划,捷克政府以及企业界均认为,从长远角度来讲,这一政策对促进捷克外贸出口具有重要意义。该项规划以支持中小企业出口为主,主要内容包括:

第一,提供政府长期信贷。对5 000万美元以内的企业出口项目,捷克政府将为其提供长期信贷,当时预计2004年信贷总额为5亿克朗(约合0.17亿美元),2005年将达到15亿克朗(约合0.5亿美元)。规划指出,为企业出口提供政府优惠信贷的做法符合经合组织(OECD)的有关原则,但其前提是国家预算中有足够的资金用于信贷支持。

第二,国家专项财政拨款将大幅增加。捷克政府用于支持出口的财政拨款2006年将达到14亿克朗(约合0.47亿美元),2007年为26亿克朗(约合0.87亿美元),重点支持中小企业出口,主要用于为企业提供出口信息、培训服务和组织与国外企业的洽谈会等。

第三,规划确定了鼓励出口的重点地区,即中国、美国、俄罗斯、意大利和法国。规划认为,这些国家或者是捷克外贸逆差的主要来源国,或者其未来的经济发展前景十分广阔,捷克扩大对其出口有很大的潜力。

第四，规划强调继续重视欧盟市场。对欧盟出口占到捷克外贸出口总额的2/3，欧盟是捷克最重要的贸易伙伴，因此，捷克政府提出今后要继续加强向欧盟国家出口的力度。

第五，规划强调加强与印度和巴西等发展中国家的合作，促进捷克机械设备对其出口；同时，通过对一些国家如越南和南斯拉夫提供发展援助的形式，让当地消费者更多地了解捷克的机械产品。

捷克贸易局局长特拉帕认为，这一政策将会大大促进捷克的外贸出口，同时他表示，捷克人均外贸出口额仅为 3 000 欧元，而丹麦、奥地利和瑞典等国家为 11 000～15 000 欧元，因此，捷克外贸出口尚有极大的发展空间。

资料来源：http://www1.cei.gov.cn/hottopic/doc/zjzt2002073/200303100867.htm

第一节 鼓励出口的一般措施

在国际市场竞争日益激烈的压力之下，各国干预和调节商品进口的政策措施越来越受到制约，由于限制进口和扩大出口在国际贸易中是相辅相成的，于是当今世界的许多国家除了利用关税和非关税措施限制与调节进口商品外，还采取了种种鼓励出口的措施，从而扩大商品的出口。鼓励出口的措施是指出口国政府通过运用财政、金融等经济手段和政策工具，促进本国商品的出口，开拓和扩大国外市场。各国鼓励出口的措施很多，涉及经济、政治、法律等许多方面，其中主要有以下几种。

一、出口补贴

出口补贴（export subsidies）又称出口津贴，是一国政府在出口某商品时给予出口商的现金补贴或财政上的优惠待遇以降低出口商品的价格，增强其在国际市场上的竞争力。获得出口补贴的商品往往具有"双重价格"——在国内市场销售的价格以及在国外市场销售的价格，后者低于前者。

出口补贴是一种积极鼓励本国出口商向国外销售的措施。政府对出口商品可以提供补贴的范围非常广泛，通常采用直接补贴和间接补贴两种。

（一）直接补贴

直接补贴是指政府在商品出口时直接付给出口商的现金补贴，这种补贴主要来自财政拨款，主要用于初级产品特别是农产品出口。第二次世界大战以后，美国和一些西方发达国家对农产品的出口就采用这种补贴。农产品在这些国家的价格比在国际市场上销售的价格高。按国际市场价格向国外销售产品出现的亏损就由政府给予补贴以弥补出口商品国内价格高于国际市场价格给出口商所带来的亏损，或者补偿出口商所获利润率低于国内利润率所造成的损失。这种补贴的幅度和时间的长短一般随着国内市场与世界市场之间差价的变化而变化，有时候，补贴金额还可能大大超过实际的差价或利差。根据世界贸易组织的相关规定，除农产品之外，其他货物贸易的出口直接补贴属于"红灯补贴"，是不允许的，因此又称这种补贴为禁止性补贴。最近10年，欧盟、美国都开始实行对农民的直接补贴，以保障农民收入和提高农产品的竞争力。

（二）间接补贴

间接补贴是指政府对某些商品的出口给予财政上的优惠。如退还或减免出口商品所缴纳的销售税、消费税、所得税等国内税；对进口原料或半制成品加工再出口给予暂时免税或退还已缴纳的进口税；免征出口税；提供比在国内销售货物更优惠的运费等。由于直接补贴与世界贸易组织的规定相悖，所以，现在各国不得不缩小其直接补贴范围，而改为更隐蔽的间接补贴办法，因此，间接补贴又被称为隐蔽性补贴。

一个国家的出口补贴一般不超过其出口总额的1%，虽然从总体上来看数额不大，但是，对于某些特定的产品和公司来说相当可观，这种补贴不仅仅鼓励了本国厂商对产品的出口，同时也可能对进口国同类产品生产者和销售者构成了威胁，因此，世界贸易组织视其为"不公平的竞争"。

为推行"奖出限入"的外贸政策，许多国家采取各种补贴措施以促进本国产品的出口，而进口国政府往往采取反补贴措施以抵制和消除补贴这种行为对本国有关产业的不利影响。因此，补贴和反补贴已成为当今国际贸易领域中的一个热点问题。

二、出口信贷

专栏 10 – 2

中国对船舶出口提供的第一笔出口买方信贷

2001年11月，中国进出口银行与挪威索莫盖斯有限公司（Somargas Limited，Norway）在北京签署了贷款总额为6 250万美元、为期10年的出口买方信贷协议，这是中国对船舶出口提供的第一笔出口买方信贷。

中国进出口银行此次为船舶出口提供的出口买方信贷，将用于支持索莫盖斯公司向中国船舶工业贸易公司购置四艘 8 900 立方米的液化石油汽船。该项目是较典型的国际合作项目。除贷款行中国进出口银行外，船东方面由挪威斯考根船运公司、美国 GATX 公司作为发起人，金融界由挪威 CBK 银行、荷兰 NIB 银行作为还款担保人，中国船舶工业贸易公司、沪东—中华造船厂分别作为船舶出口商和生产商。

中国进出口银行表示，出口买方信贷是当今国际上通行的出口信贷融资方式，在资本性货物出口、对外承包工程、船舶出口融资等方面被广泛采用，随着国际经济一体化的不断深入，这一信贷方式已呈现良好的发展趋势，越来越多地被进出口双方接受和采用。在中国造船业逐渐跨入国际市场之时，出口买方信贷作为国际船舶融资的一种通行的方式，必将获得更大的发展机会。

信息来源：中国新闻网。

出口信贷（export credit）是指一个国家的政府为了鼓励商品出口，增强本国出口商品在国际市场上的竞争能力，通过银行对本国出口商、外国进口商或进口方银行提供的低息的优惠贷款。出口信贷是一国的出口厂商利用本国银行的贷款扩大商品出口的一种重要手段，主要是金额较大、期限较长，如成套设备、船舶等出口。出口信贷利率一般低于相同条件资金贷放的市场利率，利差由国家补贴，并与国家信贷担保相结合。

1. 按照信贷时间长短，出口信贷可划分为：

（1）短期信贷（short-term credit）。通常在 180 天以内，主要适用于原料、消费品以及小型机器设备的出口。

（2）中期信贷（medium-term credit）。为期 1～5 年，多用于中型机器设备出口的信贷。

（3）长期信贷（long-term credit）。通常为 5～10 年甚至更长，用于重型机器、成套设备以及船舶等的出口。

2. 按照借贷关系，出口信贷可划分为：

（1）卖方信贷（supplier's credit）。卖方信贷是出口方银行向本国的出口厂商（卖方）提供的信贷。出口商与银行之间签订贷款协议，由银行直接给予卖方资助，向国外进口商提供延期付款，以促进商品的出口（见图 10-1）。在出口成套机器设备和船舶等运输工具的时候，由于这些产品成交金额大，交货时间较长，进口一方一般都要求延期付款，卖方要几年时间才能全部收回货款，因此，出口厂商为了加速资金周转往往需要取得银行的贷款。卖方信贷一般由专门银行提供，其资金由政府预算拨付，因此，贷款条件比较优惠，利率较低，期限较长，它实际上是出口厂商从供款银行取得贷款后，再向进口厂商提供延期付款的一种商业信用。

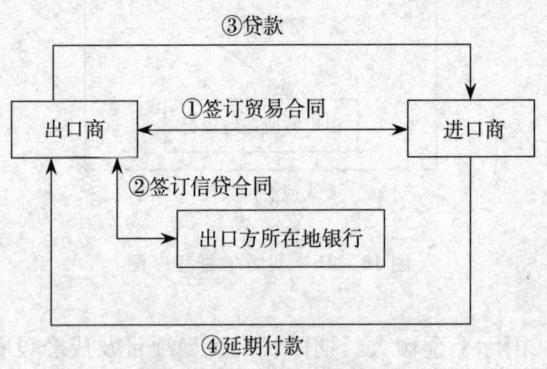

图 10-1　卖方信贷程序图

（2）买方信贷（buyer's credit）。买方信贷是指出口方银行直接向国外的进口厂商（买方）或进口方的银行提供的贷款。程序见图 10-2。其中，图 10-2a 为出口方银行将款项贷给进口方银行的图解，图 10-2b 为出口方银行将款项直接贷给进口商的图解。买方信贷帮助进口方解决其资金不足等困难，作为附加条件，进口商所取得的贷款必须用来购买债权国的商品，从而起到促进债权国商品出口的作用，即所谓的约束性贷款（tied loan）。

当出口方银行直接贷款给国外进口商时，进口商须以即期付款的方式向出口厂商缴纳买卖合同规定金额的 15%~20% 的定金，其余贷款以即期付款的方式将银行提供的贷款交付给出口厂商，然后按照贷款协议向供款银行还付贷款并支付利息。当出口方银行直接贷款给进口方银行时，进口方银行以即期付款的方式代替进口厂商支付应付货款，并按贷款协议向供款银行还款付息。

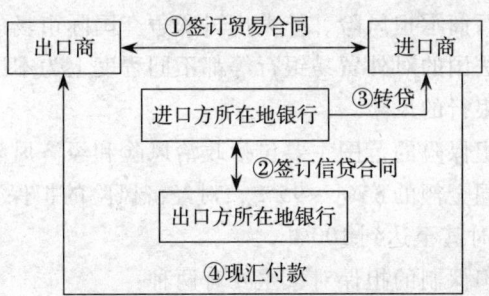

图 10-2a　买方信贷程序图

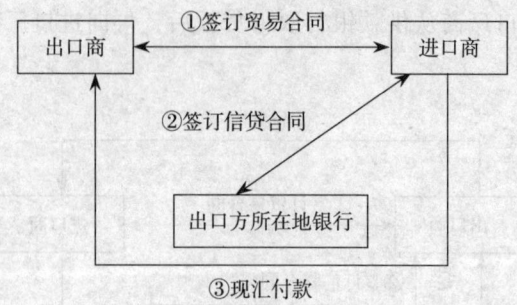

图 10 – 2b　买方信贷程序图

近几十年来,国际上金额大、期限长的大型项目及成套设备交易增加,而商业信贷本身存在的局限使出口商筹措周转资金困难。因此,由银行直接贷款给进口商或进口方银行的买方信贷迅速发展起来。

由于出口信贷能有力地扩大和促进出口,因此,西方国家一般都设立专门银行来办理此项业务,如美国进出口银行、日本输出入银行、法国对外贸易银行、加拿大出口开发公司等。这些专门银行除对成套设备、大型交通工具的出口提供出口信贷外,还向本国私人商业银行提供低利率贷款或给予贷款补贴,以资助这些商业银行的出口信贷业务。我国已于 1993 年设立了国家进出口信贷银行。

三、出口信贷国家担保制

出口信贷国家担保制(export credit guarantee system)是指一国政府为了扩大本国产品的出口,设置专门的机构或专业银行,当外国的债务人拒绝付款时,对提供出口信贷的本国出口厂商或商业银行按照承保的数额进行担保的一种方式。这是国家替代出口厂商承担风险、扩大出口和争夺国际市场的一种重要手段。美国的进出口银行、法国的对外贸易银行等都不同程度上为本国的供款银行承担保险责任以减少贷款银行的风险。

国家担保制承担保险的范围主要包括政治风险和经济风险,对于政治风险的承保金额一般为合同金额的 85%~95%,对经济风险的担保金额一般为合同金额的 70%~80%,有时甚至达到 100%。

出口信贷国家担保制的担保对象主要有两种:

1. 对出口厂商的担保。出口厂商在输出商品时向进口厂商所提供的短期或中、长期信贷可向国家担保机构申请担保。有些国家的担保机构本身不向出口厂商提供出口信贷,但它可以为出口厂商取得出口信贷提供有利条件。如采用保险金额的抵押方式，允许出口厂商所获得的承保权利以"授权书"的方式转移给供款银行而取得出口信贷。这使银行提供的贷款得到安全保障，一旦债务人不能按时付款或拒绝付款时，银行可从担保机构得到补偿。

2. 对银行的直接担保。银行所提供的出口信贷通常均可申请担保，这种担保是担保机构直接对供款银行承担的一种责任。为了鼓励开展出口信贷业务并保障贷款安全，有些国家往往给银行更加优厚的待遇。

对出口信贷进行担保往往要承担很大的风险。由于该措施旨在为扩大出口提供服务，收费并不高，以免加重出口商的成本负担，因此，往往会因保险费收入总额不抵偿付总额而发生亏损。如英国出口信贷担保署亏损 11.99 亿美元，美国进出口银行亏损 3.33 亿美元，这样，私人保险公司不愿也无力经营，对出口信贷进行担保只能由政府来经营和承担经济责任。目前，世界上有些发达国家和许多发展中国家都设立了国家担保机构，专门办理出口信贷保险业务，如英国的出口信贷担保署、法国的对外贸易保险公司等。我国的中国进出口银行除了办理出口信贷业务外，也办理出口信用保险和信贷担保业务。

根据出口信贷的期限不同，担保期限有短期与中、长期之分。短期信贷担保为 6 个月左右，为简化手续，有些国家对短期信贷采用综合担保（comprehensive guarantee）的方式，即出口厂商只要 1 年办理一次投保就可承保在此期间对海外的一切短期信贷交易。一旦外国债务人拒付或无能力支付时，即可得到补偿。中长期担保时间通常为 2~15 年，一般采用逐笔审批的特殊担保（specific guarantee）的方式。由于担保机构的主要目的在于担保出口厂商与供款银行在海外的风险，以扩大商品出口，因此，所收的费用一般不高，以减轻出口厂商和银行的负担。保险费率因担保项目、金额、期限与输往国外地区的不同而有所差别。此外，各国的保险费率也有高低，如英国一般为 0.25%~0.75%。

专栏 10-3

保银携手促出口，能使四两拨千斤
——从出口伊朗电扶梯项目的成功看
中国信保融资担保的作用

2002 年，中国信保为上海 A 进出口贸易公司提供了总额 2 300 万元人民币的出口融资担保，从而使 A 公司出口伊朗德黑兰城郊地铁公司 189 部电扶梯贸易项目得以顺利进行。该笔业务采取滚动使用担保额度模式，利用较少的人民币额度，满足了数倍金额的外汇出口项目的资金需求，充分体现了中国信保作为政策性出口信用保险机构在支持企业扩大出口方面四两拨千斤的作用。

2001年,上海A进出口贸易公司在伊朗德黑兰城郊地铁公司招标的地铁建设分标中中标,签约出口电扶梯共计189部,合同标的金额1 800万美元。根据合同规定,伊朗业主在项目开工前支付合同金额的10%,即180万美元作为预付款,之后根据工程进度按期支付合同金额的80%为进度款,上述两类款项均以信用证方式结算。合同还规定,A公司需向伊朗业主开立银行预付款保函,保证按合同履约,否则返还预付款。

A公司向上海某商业银行B提出向伊朗业主开立预付款保函的申请,另外,A公司为了弥补安排生产中的资金缺口,还向B银行申请借款人民币500万元。B银行提出A公司需向其提供可接受的预付款反担保函和借款担保函。于是,A公司向中国信保申请开立以银行B为受益人的反担保函,金额分别为1 800万元人民币和500万元人民币。

中国信保经过实地考察A公司,详细了解A公司的资产状况、财务状况和公司结构,并分析出口项目的各方关系人资信和履约能力后,向A公司提出了可有效地控制收汇风险和出口商及供应商的履约风险的项目风险控制方案:

(1) A公司需投保中长期出口信用保险,控制出口收汇风险;

(2) 由A公司的母公司向中国信保分别就预付款保函和融资担保出具连带责任保证函,保证如果A公司违约,中国信保可向其母公司追索一切损失;

(3) 中国信保与B银行签订账户监管协议,由银行监管A公司按合同规定使用预付款;

(4) 为了防范供应商的履约风险,中国信保同时敦促上海迅达电梯公司向A公司出具履约保函。

在上述措施的基础上,中国信保为A公司开立了1 800万元人民币的预付款保函和500万元人民币的融资保函。并在预付款保函中规定,随A公司分批次交货,相应递减预付款保函未了责任金额。

在该项目实施过程中,中国信保采取保银联手合作、加强监管,主动控制风险,防患于未然。中国信保的担保服务为出口企业向银行申请对外担保提供了非抵押保障,节省了出口企业的抵押资金,增强了出口企业的融资能力。中国信保为出口企业向生产企业提供付款担保,提升了出口企业的信誉,实现了出口企业对生产企业的延期付款。

通过该笔业务,中国信保支持了我国高附加值、高技术含量的机电产品的出口,支持了我国出口市场多元化战略的实施,是中国信保履行促进我国外经贸事业发展职责的实际行动。

由此案例可以看出,大型机电设备出口项目涉及的环节比较多,金额也比较大，采取滚动使用担保额度的模式，可有效控制项目各方履约风险，满足出口企业数倍于担保额度的担保需求，中国信保作为政策性出口信用保险机构，在支持企业扩大出口方面的作用也由此得以充分发挥。

资料来源：中国出口信用保险公司网站。

四、商品倾销

商品倾销（dumping）是指出口商在已控制国内市场的条件下，为达到向外扩张，以低于国内市场的价格甚至以低于生产成本的价格，在国外市场上大量抛售商品，打击同类产品竞争对手以占领或巩固市场。商品倾销是鼓励和扩大出口的一种有力措施，通常由私营垄断大企业进行，但随着国家垄断的加剧，一些国家设立专门机构直接对外倾销商品。

按照倾销的具体目的或时间的不同，商品倾销可分为以下三种：

1. 偶然性倾销（sporadic dumping）。这种倾销常常是因为销售旺季已过，或因公司经营其他业务，在国内市场上无法售出"剩余货物"，为解决生产过剩而在国内市场无法容纳的过剩商品，以倾销的方式采用低价在国外市场抛售。由于时间较短，销售的数量不多，尽管对进口国的同类产品生产会造成一定的不利影响，进口国通常很少采用反倾销措施。

2. 间歇性或掠夺性倾销（intermittent or predatory dumping）。这种倾销是为了击败对手独占市场，以低于国内价格甚至低于成本的价格，在国外市场上倾销商品，在打垮了全部或大部分竞争对手后再提高价格，目的是占领、垄断和掠夺国外市场，获取高额利润。它严重地损害了进口国的利益，因此许多国家都采取反倾销税等措施进行抵制。它是20世纪初几十年间美国反倾销立法的最初原则。美国担心外国企业（或卡特尔）可能会故意使产品价格低得足以把现有的美国企业赶出市场而形成垄断。从实践来看，20世纪20~30年代国际经济秩序比较混乱期间，工业制成品的掠夺性倾销曾较普遍存在，但在二战后一直没有关于掠夺性倾销的成功案例记载，最主要的原因是，当消灭所有的竞争者而暂时降低价格的厂商会发现，一旦它再度提高价格，许多跨国企业就会作为竞争者以有效的大规模生产重新进入市场。

3. 长期性倾销（long-run dumping）。长期性倾销又称持续性倾销（persistent dumping），这种倾销长期以低于国内市场价格的价格在国外市场出售商品。由于这种倾销具有长期性，其出口价格至少应不低于边际成本。出口商可以通过获取出口补贴来进行这种倾销。这种倾销有长期目标，但从经济利益来考虑，长期的亏本必须要有足够的经济承受力。资本主义国家的垄断组织一般在作倾销计划以前已作好弥补的打算，它们一般通过如下方法获取补偿：（1）采用关税壁垒和非关税壁垒措施控制外国商品进口，维持国内市场上的垄断高价；（2）由出口国政府对倾销商品的出口商给予出口补贴，以补偿其在对外倾销商品中的经济损失；（3）垄断组织在抢占国外市场后再提高价格。采取如上措施，不仅能够弥补损失，而且还会带来较高的利润。

五、外汇倾销

外汇倾销（exchange dumping），是指一国降低本国货币对外国货币的汇价，使本国货币对外贬值，并借此机会达到提高本国商品出口的竞争力的目的。外汇倾销是向外倾销商品和争夺国外市场的一种特殊手段。出口国的货币贬值后，用外国货币表示的本国出口商品的价格降低，从而提高了本国出口商品的竞争力，有利于扩大出口。同时，本币贬值后，会引起进入该国的外国商品价格上涨，从而削弱了进口商品的竞争力，起到限制进口的作用。

1985年2月26日至1987年3月20日，美元与日元的比价由原来1美元汇兑264日元，跌到151.46日元，美元贬值43%。假定过去日本市场维持稳定，现在该商品在日本市场上仍为2 640日元的价格。由于美元的贬值，在外汇市场上2 640日元可折算成17.43美元（2 640/151.46）。美国的出口商将因美元贬值而获得额外利润，这对美国的出口商十分有利。

不仅如此，一国货币对外贬值，还会使外国商品处于相反的情况，使之在本国市场上的价格上涨，从而限制了其进口。仍按上例，原来的汇率是1美元汇兑264日元，那么，日本价值2 640日元的商品在美国市场上是10美元。当美元贬值，1美元兑换151.4日元时，2 640日元的商品在美国市场上用美元的标价将达到17.43美元，比原来上涨47%，这将限制该商品在美国市场上的消费，从而限制美国对日本的进口。

但是，外汇倾销不能无限制和无条件地使用，必须具备一定的条件才能起到扩大出口和限制进口的作用。

（1）本国货币对外贬值的幅度大于国内物价上涨的幅度。

（2）其他国家不同时实行同等程度的货币贬值和采取其他报复性措施。换言之，外汇倾销措施必须在国际社会认可或不反对的情况下方能奏效。

（3）出口商品供给和进口需求都应该富于弹性。如果外汇倾销创造了外国的进口需求，但本国厂商生产能力有限，不能相应地增加供给，外汇倾销就达不到目的。如果"倾销"的商品外国需求收入弹性及需求价格弹性低，降低价格并不能大量增加需求，则外汇倾销也难以成功。

（4）应该在满足一定的出口生产结构的条件下使用。如果出口生产中使用的进口原材料、中间部件比例较高，则外汇贬值会提高进口成本，会抵消外汇倾销的促进作用。

（5）不宜在国内通货膨胀严重的背景下贸然采用。一国货币的对内价值与对外价值是互为联系、彼此影响的。一国货币汇价下跌迟早会推动其对内价值的下降，从而给已经严重的通货膨胀局面火上浇油。

货币贬值既可以促进出口又能限制进口，是西方发达国家惯常使用的方法。但是，该措施所起的扩大出口、限制进口的作用不会一直有效，因为进口商品的价格上涨会引起国内同类商品的物价上涨，进口原料价格上涨也会引起一些出口商品价格的上涨。因此，外汇倾销实际上使同量出口商品换回的进口商品数量减少，贸易条件趋于恶化，不久货币贬值带来的好处会逐渐消失，有时甚至会引起国内经济的混乱，出现得不偿失的结果。

六、促进出口的组织措施

为了扩大本国商品的出口，许多国家在组织方面采取了许多措施，主要有以下方面。

1. 成立专门组织，研究与制定出口战略。例如，美国成立了"扩大出口全国委员会"，向美国总统和商务部长提供有关改进与鼓励出口的各项措施的建议及资料。后又成立了"出口委员会"和"跨部门的出口扩张委员会"，附属于总统国际政策委员会。1992年成立了国会的"贸易促进协调委员会"；1994年1月又成立了第一批"美国出口援助中心"等。日本、欧盟国家也有类似的组织。

2. 建立商业情报网，加强国外市场情报工作。为了加强商业情报服务工作，从而及时向出口商提供所需的商业信息和资料，许多国家设立了官方商业情报机构。例如英国设立的出口情报服务处，向有关出口厂商提供信息，以促进商品出口。又如日本政府出资设立的日本贸易振兴会（前身是"海外市场调查部"），也是一家从事海外市场调查并向企业提供信息服务的机构。

3. 设立贸易中心和贸易博览会，向国外推销本国产品。贸易中心是永久性设施，可提供商品陈列展览场所、办公地点和咨询服务等，而贸易博览会是流动性的展出。法国的巴黎博览会、我国的广州出口商品交易会等展览会都使外国进口商更好地了解本国商品，从而起到推销本国产品的作用。

4. 组织贸易代表团出访和接待来访，加强对国外市场的了解和外商对我国市场的把握。许多国家为了推动和发展对外贸易，加强国际间经贸联系，经常组织贸易代表团出访，其费用大部分由政府津贴支付。此外，许多国家还设立专门机构接待来访团体。例如，英国海外贸易委员会设立接待处，专门接待官方代表团，以促进贸易。

5. 组织出口厂商的评奖活动。通过对扩大出口成绩显著者给予奖励，推广它们扩大出口的经验，以形成出口光荣的社会风气。例如，英国从1919年起开始实行"女王陛下表彰出口有功企业的制度"，并规定受表彰的企业在5年之内可使用带有女王名字的奖状来对自己的产品进行宣传。

七、鼓励出口的其他措施

鼓励出口还有许多其他措施，例如，采用外汇留成方式，即政府允许出口商从其所得的外汇收入中提取一定的百分比自由支配，鼓励出口商的出口积极性；采取进出口相挂钩的制度，将进口与出口紧密联系在一起，较为普遍的做法是将进口许可证的分配与出口联系起来，用进口配额的额外收入促进出口的发展，以进带出，达到扩大出口的目的。另外，我们需要注意，通过资本输出带动本国商品输出也已成为鼓励商品出口的重要手段之一。

第二节 促进对外贸易发展的经济特区措施

为了促进经济和对外贸易的发展，许多国家或地区建立了经济特区。所谓经济特区（special economic zone），是指一个国家或地区在其境内划出一定的区域，在此区域内建筑或扩建码头、仓库、厂房等基础设施并实行各种开放和优惠的政策，以吸引外商投资企业发展出口加工贸易等业务活动。建立经济特区的目的是，发展和鼓励出口加工贸易与转口贸易，增加财政收入和外汇收入，推动本地区和邻近地区经济贸易的发展。建立经济特区是一个国家或地区实行对外开放政策的一项重要内容，是鼓励出口、促进国际贸易发展的一项重要政策，在当代国际贸易中占有越来越重要的地位。目前，各国设置的经济特区主要分为以下五种。

一、自由港和自由贸易区

自由港和自由贸易区是经济特区最为常见的两种形式。

自由港（free port）又称自由口岸，在自由港内全部或大多数进出口产品可以免征关税或只对少数特殊产品征税（如烟、酒等），并且准予在港口内对商品自由进行存储、整理、展览、装卸、加工、制造、改装或销毁等活动，以吸引外国货物或船只过境，发展过境贸易，通过赚取运费、加工费等增加该地区财政和外汇收入。从上述含义中可以看出，自由港必须是港口或港口的一部分，其开发目标和劳动功能与港口本身的集散作用密切结合。如新加坡、丹麦的哥本哈根以及我国的香港等都是著名的自由港，绝大多数商品都可免征关税在自由港自由进出，也允许外国投资者在那里建立企业。

自由贸易区（free trade zone）又称对外贸易区（foreign trade zone）或免税贸易区（tax-free zone）等，是在自由港的基础上发展起来的，划分在关境以外，允许进出口商品免税自由进出的地区。如汉堡自由贸易区。自由贸易区一般与该国其他受海关管辖的区域分隔开来，允许在自由贸易区内从事贸易、劳务等活动。

具体来讲，对自由港和自由贸易区主要有以下三点政策上的规定。

1. 关税方面的规定。各国对进出自由港或自由贸易区的商品，除少数特殊商品外，一般允许自由进出，并且免征关税。部分已经征收进口税的商品，如烟、酒等，当其再出口时可退还进口税。但是，凡经过自由港或自由贸易区进入其所在国销售的外国商品必须办理报关手续并缴纳进口税。

2. 贸易活动的规定。进入自由港或自由贸易区的外国商品，一般允许在其内自由拆散、分类、展览、储存、改装、修理、重新包装、重新整贴标签、清洗、整理、加工、制造以及与外国或国内的原材料混合再出口或向所在国国内市场进行销售。

3. 对特殊产品禁止或限制的规定。大多数国家禁止武器、毒品等危险品的输入，而对于烟草、酒、盐等国家专卖的特殊商品，则规定凭进口许可证才能输入。有些国家对少数消费品的进口征收较高的关税；也有的国家对自由港或自由贸易区内某些生产资料的使用征收关税。

二、保税区

保税区（bonded area）又称保税仓库区（bonded warehouse），是由一国海关设置或批准设置并受海关监督的特定地区或仓库。除某些特殊商品外，各国一般都规定商品可以自由进入保税区，进入保税区的外国商品可以进行存储、改装、分类、混合、展览、加工与制造等，并且可以暂时不缴纳进口税；如果再出口，也不必缴纳出口税。但如果进入所在国国内市场，则需办理海关手续和缴纳关税。保税区制度是一些资本主义国家（如日本、荷兰）在没有设立自由港或自由贸易区的情况下设立的，因此，它的功能类似于自由港或自由贸易区。

三、出口加工区

出口加工区（export processing zone）是指一个国家或地区在其港口、机场或其邻近的交通便利的地区，划出一定区域，新建和扩建码头、车站、道路、仓库和厂房等基础设施，并提供减免关税等优惠待遇，鼓励外国企业在区内进行投资设厂，生产以出口为主的制成品的加工区域。其目的在于吸引外国投资，引进发达国家的先进技术、设备及管理方法，利用本国的劳动力资源和国际市场，扩大本国的出口贸易，促进经济和生产技术的发展，提高就业率，增加财政及外汇收入。

出口加工区源于自由港或自由贸易区，是在其基础上发展起来的，但又与后两者有所区别。自由港和自由贸易区是以发展转口贸易、取得商业收益为主；而出口加工区是以发展出口加工工业、取得工业收益为主。

出口加工区一般分为两种：一种是综合性的出口加工区，即在区内可以经营多种产品的出口加工；另一种是专业性的出口加工区，即在区内只准经营某种特定产品的出口加工。目前，世界上各国的出口加工区大部分是综合性的。

为了充分发挥出口加工区的作用，许多国家制定了一系列吸引外商投资建厂的优惠政策和措施。首先，对外商给予财政上的优惠和补贴。凡是投资设厂所需的各种设备、原材料、零配件等一律免征进口税，加工产品的出口一律免征出口税；其次，在区内外商投资比率不受任何限制，可达100%；再次，外商企业经营所得的各种收入不受外汇管制的限制，保证外商的投资利益，包括利息等全部可以自由汇回本国；最后，对于报关手续、土地和厂房等都给予一定的优惠待遇，提供稳定的政策和投资的法律保护。

许多国家在提供种种优惠待遇鼓励和吸引外国投资的同时，也采取了一些限制性的措施，如对投资项目的限制、对外国投资审批的规定、对产品销售市场的规定以及对雇用人员和工资待遇的规定等。

四、自由边境区

自由边境区（free perimeter）是指设在一国的一个省或几个省的陆路边境地区，按照自由贸易区或出口加工区的优惠措施，对区内使用的生产设备、原料和消费品的进口，可以减税或免税，以吸引国内外厂商投资，开发边区经济。

与出口加工区不同的是，外国商品在自由边境区内加工制造后主要用于区内使用，只有少数用于再出口。由于自由边境区的目的是发展边境经济，因此，对其优惠待遇有一定的期限限制。当边境地区生产能力发展到一定程度后，就会逐渐取消对某些商品的优惠待遇，直至废除自由边境区。自由边境区主要设置于少数美洲国家，并不常用。

五、过境区

过境区（transit zone）又称中转贸易区，是指某些沿海国家为了便于邻近国家进出口货物的运输，在某些海港、河港或边境城市开辟的作为货物过境的自由中转地区的特殊区域。在过境区内过境的货物可简化海关手续、免征关税，或只收取小额的过境费用。过境区与自由港的明显区别在于：过境货物可在过境区内短期储存、重新包装，但不得加工制造。过境区一般都提供保税仓库设施。

六、综合型经济特区

随着国际经济关系特别是国际贸易和金融的发展，经济特区以各种不同形式发展起来，并出现向综合化发展的趋势。综合性经济特区是在出口加工区的基础上形成和发展起来的，其规模大、经营范围广，具有多行业、多功能的特点。它不仅重视出口工业和对外贸易，同时也经营农牧种植业、旅游业、金融服务业、交通运输业以及一些其他行业，是世界经济特区发展的新阶段和新趋势。

第三节 出口管制措施

出口管制措施（measurement for export control）是指出口国家政府从其本身的政治、军事和经济利益出发，通过各种经济的、行政的办法和措施，对本国出口贸易实行管制的行为。许多国家往往对某些商品，特别是战略物资，实行出口管制，限制或禁止这些商品的出口。出口管制是一国对外贸易政策的组成部分，是实行贸易歧视的重要手段。

一、出口管制的商品

需要实行出口管制的商品一般有以下五类。

1. 战略物资及其有关的先进技术资料的出口，如军事设备、武器、军舰、飞机、先进的电子计算机和通讯设备及先进的机器设备等。

2. 国内生产所需的原材料、半成品及国内市场紧缺的必需品。如西方各国往往对石油、煤炭等能源商品实行出口管制。

3. 受"自动"出口限制的产品。

4. 一国的文化艺术遗产、历史文物和弘扬民族精神的艺术品等。

5. 本国在国际市场上占主导地位的重要商品和出口额大的商品。例如，欧佩克（OPEC）对成员的石油产量和出口量进行控制，以稳定石油价格。

二、出口管制的目的

1. 出口管制的政治目的。为了干涉和控制进口国的政治经济局势，在外交活动中保持主动地位，遏制敌对国或臆想中的敌对国家的经济发展，维护本国或国家集团的政治利益和安全等目标，通过出口控制手段，限制或禁止某些可能增加其他国家军事实力的物资，特别是战略物资和可用于军事的高技术产品的出口。或通过出口控制手段对进口国施加经济制裁压力等手段，迫使其在政治上妥协就范。

2. 出口管制的经济目的。为了保护国内稀缺资源或再生资源；维护国内市场的正常供应；促进国内有关产业部门或加工工业的发展；防止国内出现严重的通货膨胀；保持国际收支平衡；稳定国际市场商品价格，避免本国贸易条件的恶化等。

三、出口管制的形式

出口管制的形式主要有两种。

1. 单方面出口管制。单方面出口管制指一国根据本国的出口管制法案，出于本国的需要和外交关系的考虑，设立专门机构对本国某些商品出口进行审批和颁发出口许可证，实行出口管制。以美国为例，美国政府根据国会通过的有关出口管制方案，在美国商务部设立外贸管制局，专门办理出口管制的具体事务，美国绝大部分受出口管制的商品的出口许可证都由这个机构办理。

2. 多边出口管制。多边出口管制指两个或两个以上国家的政府，通过一定的方式建立国际性的多边出口管制机构，商订和编制多边出口管制清单，规定出口管制办法等，以协调彼此的出口管制政策和措施，达到共同的政治和经济目的。

思 考 题

1. 鼓励出口的措施主要有哪些？会对国际贸易起怎样的作用？
2. 什么是出口信贷？出口信贷有哪些种类？
3. 外汇倾销在什么条件下才能起到扩大出口和限制进口的作用？
4. 什么是出口加工区？它与自由边境区有什么区别？
5. 需要实行出口管制的商品一般有哪几类？
6. 促进对外贸易发展的经济特区的形式有哪几种？
7. 简述商品倾销的含义及类型。

第十一章 贸易条约与协定

【本章教学目的】 通过本章的学习,使学生重点掌握:贸易条约与协定遵循及所适用的主要法律原则;最惠国待遇原则和国民待遇的含义、适用范围及例外;贸易条约与协定的种类,特别是国际商品协定和商品综合方案的内容。

第一节 贸易条约与协定的概述

一、贸易条约与协定的含义及其内容结构

贸易条约与协定是指两个或两个以上的主权国家为确定彼此的经济关系,特别是贸易关系方面的权利和义务,而缔结的书面协议。

贸易条约与协定按照缔约国的多少,可分为双边贸易条约与协定和多边贸易条约与协定。前者是两个主权国家之间所缔结的贸易条约与协定,后者是两个以上主权国家共同缔结的贸易条约与协定。这些贸易条约与协定一般都反映了缔约国对外政策和对外贸易政策的要求,并为缔约国实现其对外政策和对外贸易政策的目的服务。在国际经济关系中,由于各国的社会经济制度和政治经济实力对比关系的差异,它们之间所缔结的贸易条约与协定的内容和作用也有所不同。根据贸易条约与协定的内容不同可分为贸易条约、贸易协定、贸易议定书、支付协定、双边投资保护协定、双边税收协定、国际商品协定和商品综合方案。

贸易条约与协定一般由序言、正文和结尾三个部分组成。

序言通常载明缔约双方发展经济贸易关系的愿望及缔结条约与协定所遵守的原则。

贸易条约与协定的正文,是贸易条约与协定的主要组成部分,它是有关缔约各方权利、义务的具体规定。不同种类的贸易条约与协定,其正文所包括的条款和内容有所不同(如本章第二节所介绍的通商航海条约、贸易协定、支付协定的主要内容,通常在有关条约与协定的正文中予以规定)。

贸易条约与协定的结尾包括条约与协定的生效、有效期、延长或废止的程序、份数、文字等内容，还有签订条约与协定的地点及双方代表的签名。

在贸易条约与协定中，通常所适用的法律待遇条款是最惠国待遇条款和国民待遇条款。

二、贸易条约与协定中遵循的主要法律原则

贸易条约与协定是国际条约的一种，它受国际法律规范的约束。因此，贸易条约与协定往往订入和遵守某些国际法通用的法律条款。在实践中，贸易与协定依据的法律条款主要有以下两种。

（一）最惠国待遇条款

1. 最惠国待遇条款的含义与种类。最惠国待遇条款（most-favored nation treatment）是贸易条约与协定的一项重要条款。它的基本含义是：缔约国一方现在和将来所给予任何第三国的一切特权、优惠及豁免，也同样给予缔约对方。最惠国待遇的基本要求是使缔约一方在缔约另一方享有不低于任何第三国享有的待遇。换言之，即缔约国自然人或法人处于同等地位，享有相同的待遇，不给予歧视待遇。

最惠国待遇条款有有条件的最惠国待遇和无条件的最惠国待遇两种。有条件的最惠国待遇是指如果一方给予第三国的优惠是有条件的，则另一方必须提供同样的补偿才能享受这种优惠待遇；无条件的最惠国待遇是指缔约国一方现在和将来给予任何第三国的一切优惠待遇，立即无条件地、无补偿地、自动地适用于对方。有条件的最惠国待遇条款最先是美国采用的，所以又叫做"美洲式"最惠国待遇条款；无条件的最惠国待遇条款首先是欧洲采用的，所以又叫做"欧洲式"最惠国待遇条款。现在的国际贸易条约与协定一般都采用无条件的最惠国待遇条款。

最惠国待遇应当是平等的、相互的。但从历史上来看，帝国主义国家同殖民地半殖民地国家所签订的贸易条约中的最惠国待遇条款，往往是片面的、不平等的，即帝国主义国家要殖民地国家给予最惠国待遇，而殖民地国家则不能享有帝国主义宗主国提供的最惠国待遇。第二次世界大战以后，随着民族独立和解放运动的高涨，国际形势发生了深刻的变化，发达资本主义国家已不能再像过去那样把片面的、不平等的最惠国待遇条款强加于人。它们在与发展中国家签订贸易条约与协定时，一般都规定相互提供最惠国待遇条款。

2. 最惠国待遇条款适用的范围。最惠国待遇条款可以适用于缔约国经济贸

易关系的各个方面，也可以只在贸易关系中某几个具体问题上适用。在签订贸易条约与协定时，缔约双方往往对最惠国待遇的范围加以举例。在列举范围内的事项适用最惠国待遇条款，在列举范围以外的则不适用最惠国待遇条款。

最惠国待遇条款的适用范围很广，通常包括以下四个方面：

（1）有关进口、出口、过境商品的关税及其他各种捐税；

（2）有关商品进口、出口、过境、存仓和转船方面的海关规则、手续及费用；

（3）进、出口许可证的发给和行政手续；

（4）船舶驶入、驶出和停泊时的各种税收、费用及手续；

（5）关于移民、投资、商标、专利及铁路运输方面的待遇。

在具体签订贸易条约与协定时，缔约双方可以根据两国的关系和发展贸易的需要，在最惠国待遇条款中具体确定其适用的范围。

3. 最惠国待遇条款适用的限制和例外。在贸易条约与协定中，一般都规定了适用最惠国待遇的限制或例外条款。

（1）最惠国待遇条款适用的限制，是指将适用范围限制于若干具体的经济和贸易方面。例如，在关税上的最惠国待遇只限于某些商品，或最惠国条款只包括缔约国的某些地区等。最惠国待遇适用的限制可分为两种：一是直接限制。即在贸易条约与协定中明确规定最惠国待遇适用范围的限制，通常从商品范围上、地区上和商品来源上等加以限制。二是间接限制。即未在条约与协定中明确规定，而采用其他办法（如将税则精细分类等）以达到限制缔约国的某些商品适用最惠国待遇的范围。

（2）最惠国待遇条款适用的例外，指某些具体的经济和贸易事项不适用于最惠国待遇。在现代的贸易条约与协定中最常见的最惠国待遇的例外有以下七种：一是边境贸易。一些国家往往把边界两边15公里以内的小额贸易在关税、海关通关手续上给予减免等优待，不适用于任何缔结有最惠国待遇条款国家的正式贸易关系。二是关税同盟。已经结成关税同盟的成员方之间，在关税上的免税待遇应作为最惠国待遇的例外。三是国内法令和规章中的某些规定。即一国为了维护社会秩序、国家安全、人民保健，防止动植物病害、衰退、死亡等而制定的法令和规章。在执行的过程中缔约国双方有权对商品的输入或输出加以限制或禁止，这种行为不应作为对最惠国待遇的违背。四是沿海贸易和内河航行。在航行问题上，对于缔约国一方在沿海贸易和内河航行方面给予他国的优惠视为例外。五是多边国际条约与协定承担的义务。缔约国一方参加其他多边国际条约与协定而履行其所承担的义务如触及最惠国待遇利益者，应视为例外。六是区域性特惠条款。即若干特定的国家之间通过条约与协定相互给予的优惠待遇，应作为最惠国待遇的例外。七是其他例外。如沿海捕鱼、武器进口、金银外币的输出输入和文物、贵重艺术品的出口限制及禁止等，也常作为例外。

(二) 国民待遇条款

国民待遇条款（national treatment）是法律待遇条款之一。它的基本含义是指缔约国一方保证缔约国另一方的公民、企业和船舶同等的待遇。它适用的范围通常包括：外国公民的私人经济权力（私人财产、所得、房产、股票）、外国产品应缴纳的国内税、利用铁路运输和转口过境的条件、船舶在港口的待遇、商标注册、版权、专利权等。但沿海贸易权、领海捕鱼权、土地购买权等均不包括在内。

第二节 贸易条约与协定的种类

贸易条约与协定的种类很多，现仅就常见的几种，分别介绍如下。

一、通商航海条约

通商航海条约（treaty of commerce and navigation）又称通商条约、友好通商条约等，是全面规定有关国家间经济和贸易关系的条约。其内容比较广泛，常涉及缔约国之间经济和贸易关系的各方面问题。

一般来说，这种贸易条约的正文包括的主要内容有以下九方面：

1. 关于缔约国双方进出口商品的关税和通关的待遇问题。这是条约中的主要问题，其中包括进出口商品关税问题、海关附加捐税以及履行海关通关手续等问题依据的原则，一般为最惠国待遇原则。

2. 关于缔约国双方公民和企业在对方国家所享有的经济权利问题。这些权利主要包括财产购置权、经商工商权、征收捐税的待遇和移民权等。

3. 关于船舶航行和港口使用问题。通常规定缔约国一方的船舶进入另一方港口在卸货和装货、缴纳港口捐税等方面应依据最惠国待遇条款或国民待遇条款。

4. 关于铁路运输和过境问题。在条约中规定缔约国双方在运送旅客、货物及办理铁路运输手续方面应相互给予的待遇。由于铁路运输方面已签订有若干国际多边公约，通常在条约中引用这些多边条约。

5. 关于知识产权保护问题。在条约中往往规定缔约国双方公民和企业在对方境内享有及利用专利权、商标权、版权等问题的条款,通常在这些问题上也引用相应的国际公约。

6. 商品进口的国内捐税问题。对于进口商品国内捐税的征收,通常规定应依据最惠国待遇或国民待遇条款。

7. 进出口数量限制问题。由于许多国家往往采用各种进出口数量限制措施,因此,有些条约对这些问题作了某些规定。

8. 关于仲裁裁决的执行问题。如规定,缔约国之间的贸易企业发生争议,经缔约国一方的仲裁机构做出裁定时,缔约国另一方承担在其本国内执行仲裁裁决的义务。

9. 其他问题。在有些通商航海条约中,还根据缔约国之间经济和贸易的具体情况,规定其他内容,如样品和展览品的免税输入以及领事的待遇、国有化问题等。

二、贸易协定和贸易议定书

(一) 贸易协定

贸易协定(trade agreement)是指两个或几个国家之间调整它们相互贸易关系的一种书面协议。其特点是,对缔约国之间的贸易关系规定得比较具体,有效期一般较短,签订的程序也较简单,一般只需经签字国的行政首脑或其代表签署即可生效。

贸易协定正文的主要内容,通常包括以下六个方面。

1. 最惠国待遇条款。在协定中通常规定最惠国待遇条款及其适用范围和例外,以便减少和避免缔约国双方在执行过程中的分歧。

2. 进出口商品货单和进出口贸易额。在这方面,有些协定的规定比较原则,只对双方进出口商品和贸易额的增长表示一种愿望。有些协定具体规定在协定有效期内双方进出口货单和贸易额。主要可分为三种:(1) 在协定中附有进出口总货单,明确规定双方相互供应的货物品种和贸易额。进出口货单是贸易协定不可分割的部分,这种货单对双方具有较大的约束力,双方政府必须保证实现。(2) 在协定中对货单中的一种或几种主要进出口商品规定一定的数量或金额,由缔约国双方政府保证实现,货单的其余部分则只列出商品的品名而不规定数量和金额,由双方的外贸企业自行联系成交。(3) 把货单作为协定的附表,在附表中仅列出商品的种类及主要品名,不列数量或金额,双方政府仅保证发给进出口许可证。

3. 作价原则和使用货币。作价原则是指确定双方交易的货物价格的原则。

通常规定，签订合同时以该种商品在国际市场上有代表性的价格作为基础，由双方进出口贸易公司协商确定。使用货币是指进出口双方在业务中产生的债权和债务的清偿所使用的货币，例如规定某一种可兑换的货币、双方某一缔约国的货币或第三国的货币。有些协定在这方面未作具体规定，由双方贸易公司在合同中自行确定。

4. 支付和清算办法。关于支付和清算办法有不同的规定。有些贸易协定规定采用记账结算或双边清算的办法进行结算；有些规定部分货款采用记账结算，部分采用现汇支付的办法；有些规定货款都用现汇支付。

在贸易协定中把支付协定中的各种条款都包括在内，这种协定就成为贸易与支付协定。

5. 优惠关税。在有些协定中规定了优惠关税条款。主要有两种：（1）直接订明具体商品的优惠关税税率。即两国间通过协商确定一部分具体商品的进口优惠税率，其中包括商品税目、商品名称和优惠的税率。（2）间接确定适用某种关税税率。即在协定中只规定某些商品能享受免税或最低税率的待遇，这些免税或最低税率的具体内容在协定中并无规定。

6. 其他事项。有些规定根据需要还订有其他规定，如商品检验、仲裁、设立商务机构、举办展览、广告宣传和保障条款等。

（二）贸易议定书

贸易议定书（trade protocol）是指缔约国就发展贸易关系中某项具体问题所达成的书面协议。这种贸易议定书往往是作为贸易协定的补充、解释或修改而签订的。有的贸易议定书是协定的附件，有的则不作为附件。此外，在签订长期贸易协定时，关于年度贸易的具体事项，往往通过议定书的方式加以规定。贸易议定书的签订程序和内容比贸易协定更为简单，一般由签字国有关行政部门的代表签署后即可生效。

三、支付协定

支付协定（payment agreement）是两国间关于贸易和其他方面债权、债务结算办法的书面协议。支付协定是外汇管制的产物，在实行外汇管制的条件下，一种货币不能自由兑换成另一种货币，对一国所拥有的债权不能用来补偿对第三国的债务，结算只能在双边基础上进行。因此，就需要通过缔结支付协定的办法来解决两国间的债权和债务，有利于双边贸易的发展。二战后资本主义国家所签订的支付协定实际上是一种支付清算协定。

支付协定的主要内容有以下方面。

1. 规定清算机构，开立清算账户。支付协定的目的在于避免支付外汇和黄金，而采用直接抵消债权债务的办法进行两国之间的结算。因此，必须设立清算机构。通常双方都指定它们的中央银行作为清算的负责机构，处理双边的清算工作。清算机构办理清算业务是通过清算账户进行的。清算账户主要有两种：(1) 单边账户 (single account)。即只在缔约国一方的中央银行开立清算账户。这种账户有强制建立的，也有根据协定建立的。(2) 双边账户 (bilateral account)。即缔约国双方的中央银行互为对方国家开立清算账户，目前绝大多数清算账户都是双边账户。

2. 确定清算项目与范围、清算货币。清算项目与范围是指两国间的贸易和非贸易往来应通过清算账户进行结算的项目与范围。该项目与范围，除了进出口贸易外还包括进出口贸易的从属费用、侨汇等。凡未列入清算范围的项目结算，仍用收付现汇的方法办理。在单边账户下，用开立清算账户国家的货币记账和进行支付；在双边账户下，适用的货币分为记账货币和支付货币两种。记账货币可以用一方的货币，也可以用第三国的货币，用何种货币记账由双方谈判后在协定中确定。而双方的债权人和债务人，在具体办理收付时，则应分别使用本国的货币。

3. 清算方法的确定。缔约国双方的债务人，主要是进口商，要用本国货币把应付款项通过指定银行交入负责清算的本国中央银行，记入对方国家的清算账户，结清所欠的债务；而缔约国双方的债权人，主要是出口商，也应通过指定银行从本国中央银行的清算账户领取本国的货币，收回货款。

缔约国双方的中央银行要把收付款项互相通知，以便了解双方债务与债权清算的情况，尽量保持双方清算账户的平衡。清算账户不平衡对负债国有利，而对债权国不利。针对这种情况，第二次世界大战以后，支付协定中通常规定了信用"摆动额"（swinging limit），即双方国家根据协定互相提供信用的限额，一般为年度出口额的 5%~10%。在信用"摆动额"的范围内，虽然清算账户上没有存款，中央银行仍然办理付款，实际上是给对方国家以信用。对超过信用"摆动额"的部分，中央银行可停止付款，并可要求负债方用现汇、黄金或货物偿还。

4. 债权债务抵偿差额的处理。支付协定都规定有效期，协定到期时，协定所规定的清算项目仍可进行一段时间，一般为 3~4 个月，清算的账户差额才进行总结算。

债权债务抵偿差额的处理方法主要有以下四种：(1) 在一定期限内由债务国向债权国输出商品；(2) 用双方同意的可兑换的货币或黄金支付；(3) 用双方同意的其他不可兑换的货币支付；(4) 将金额转入下年度清算账户内。

自 1929~1933 年世界经济危机发生后，签订支付协定的国家日益增多，其中绝大部分是双边支付协定。但自 1958 年以来，发达资本主义国家相继实行货币自由兑换，放松外汇管制，双边支付清算逐渐为多边支付结算所代替，它们已不需要签订支付清算协定。至于一些仍然实行外汇管制的发展中国家，有时还需要采用支付协定来清算对外债权和债务。

四、双边投资保护协定

双边投资保护协定（bilateral agreement of investment protection），是指资本输出国和资本输入国，或互有输出输入国家之间，就其投资或与投资有关的业务活动给予保护达成的双边协定。缔约双方一旦签订了双边投资保护协定，就在协定规定的范围内承担了保护外资的责任和义务。因此，这种协定的规定与东道国保护外资的立法相辅相成。其主要内容有以下七点。

1. 无差别待遇原则。它是指禁止缔约方国家对他方国民实行差别待遇。即东道国政府对外国投资者应采取公平合理的对待，按照国际惯例兼采最惠国待遇和国民待遇。

2. 受保护和管辖的投资项目与内容。这方面的规定，有的协定采用概述式，有的采用列举式，前者泛指经缔约方批准的项目或有关活动的投资项目；后者是指依照法律和规章用于投资的各种形式的资产。例如：（1）动产、不动产及其他物权，如抵押权等；（2）公司的股权或其他形式的权益；（3）金钱或具有经济价值的任何行为的请求权；（4）版权、工业产权、工艺流程和商标等；（5）根据《公司法》或合同给予的特权持有者在一段时间的合法地位的商业特许权，包括勘探或采掘和提炼自然资源的特许权等。

3. 政治风险的保证。一般协定都着重对外汇及国有化风险做出明确的保证。在外汇方面，通常规定投资者的原本金、利润及其他合法利益，需保证可自由兑换外币、汇回本国、禁止实行歧视性的外汇限制等；在国有化征收方面，通常规定在一定期限内对外资企业不进行征用，但基于国家公共利益的必要，可进行征用，但必须给予合理补偿，还必须公平对待，禁止歧视性的征用行为。

4. 营业活动的限制。有的协定不作明确的规定，有的协定作了原则的规定，并允许有一定的限制。但基本上是以当事国，主要是资本输出国的国内法为准。

5. 外资纳税。征税是国内立法的权力，通常在协定中宣称，在条件允许时实行国民待遇，有的协定还规定对彼此国民或企业实行互惠的最惠国待遇。在外资纳税方面，侧重在防止双重课税的规定，有的协定中设有单独条款，也有的单独订立防止双重课税协定。

6. 代位追偿权条款。在协定中往往订有代位追偿权条款，即缔约双方同意，缔约一方政府对投资者在他国内因政治风险所受的损失，基于保险契约予以赔偿后，缔约他方承诺对方政府有权代位取得投资者所取得或应取得的一切权利。同时，也应承担投资者所应承担的一切义务。

7. 争端解决。缔约双方因协定条款的解释或适用发生争端，或因代位追偿权所引起的争端，属于两国政府的争端，应尽可能通过政府协调解决，经协商未解决，则应按缔约一方的要求提交国际仲裁，依国际仲裁程序，按国际公法，解决双方的争端。作为世界贸易组织成员，有关争端可按世界贸易组织争端解决机制处理和解决。

五、双边税收协定

双边税收协定（bilateral tax agreement）是指两个主权国家为了协调相互之间的税收关系和处理税收方面而签订的书面协议。其主要目的是避免和防止国家间重复征税以及国际逃税偷税问题，这种协定的主要内容如下：

1. 适用范围。该协定的适用范围限于缔约国居民，包括法人居民和自然人居民。协定适用税种的范围，主要是指对所得征税的税种。

2. 征税管辖权划分。征税管辖权的划分所要解决的是跨国纳税人的各项所得在缔约国之间如何进行公平合理的分配的问题。它主要涉及对营业投资所得、服务所得和财产所得的征税权的划分。在协定中，双方可以确定各自税收管辖权的范围，明确哪些所得应该由来源国一方优先行使来源地税收管辖权，而哪些所得项目应该限制来源国税收管辖权的行使等。

3. 避免和消除国际双重征税的方式与方法。各国采取的避免国际双重征税的方式有三种：

（1）单边方式，是指一国政府单方面采取措施来避免和消除国际双重征税的方式。

（2）双边方式，是指两个国家之间通过谈判，签订双边协定以克服双重征收的方式。

（3）多边方式，是指两个以上的国家间通过谈判签订多边税收协定的方式。

以上三种方式应用最普遍的是双边方式，主要有以下四种：

（1）免除法，又称豁免法，是指以承认地域管辖权为前提，即政府对本国居民来自本国以外的全部所得免税，而只对来源于本国境内的所得征税。

（2）扣除法，是指行使居民税收管辖权的国家的居民已纳的外国所得税额，允许其从来自世界范围内的应税总所得中作为费用支出扣除。

(3) 抵免法,是指采用居民管辖权的国家,对其居民在国外的所得征税时,允许居民把已纳的外国税额从应向本国缴纳的税额中扣除。行使抵免法的原则是,既承认居民税收管辖权,也承认地域税收管辖权,并且承认地域税收管辖权的优先地位。抵免法是目前国际上采用较普遍的避免国际双重征税的方法。

(4) 减免法,是指一国政府对本国居民来源于国外的所得,在本国按较低的税率征收。这种方法可以减轻国际重复征收,但不能消除国际重复征税。

4. 无差别待遇。在协定中规定无差别待遇,是为了避免税收歧视,在税收上给予外国居民与本国居民同等待遇,是国际税收法制和协定的一种重要条款与原则。税收无差别待遇原则主要有以下四个方面:(1) 常设机构无差别;(2) 国籍无差别;(3) 支付无差别;(4) 资本无差别。

5. 防止国际逃避税收条款。目前,许多双边税收协定中都订立了防止逃税、避免的条款。通常把交换有关税收的情报看成防止偷漏税的有力手段。对于交换情报进行国际税务合作的范围,一般不在税收协定中列出具体项目,只作原则性的规定,主要有以下三方面:

(1) 交换为实施税收协定所必需的情报;
(2) 交换与税收协定有关的税种的国内法律情报;
(3) 交换防止税收欺诈、偷税漏税的情报。

第三节 国际商品协定与商品综合方案

一、国际商品协定

国际商品协定是指某项商品的主要出口国与进口国之间为了稳定该商品的价格和保证供销、促进发展等目的所缔结的政府间的多边协议。其主要对象是发展中国家的初级产品。发展中国家希望通过协定,维持和稳定这些商品的合理价格并保证生产及销售,以改善它们的贸易条件。发达国家作为主要消费国则希望通过协定保证初级产品价格不至于涨得太高,并能保证对其供应。由于双方在谈判中充满着矛盾和斗争,国际商品协定的达成就显得十分困难。因此,在初级商品中,二战以前,只签订有小麦(1933年签订)和糖(1937年签订)两种国际商品协定。二战以后,随着殖民体系的瓦解和发展中国家的独立,为了稳定初级产品的经济收益,作为主要初级产品出口的发展中国家与发达国家签订了更多的国际商品协定。到了20世纪90年代,国际商品协定已达到八个,即:《国际可可协定》(1993 年签订)、《国际咖啡协定》(1994 年签订)、《国际黄麻和黄麻产品协定》(1989 年签订)、《国际天然橡胶协定》(1995 年签订)、《国际橄榄油、食用橄榄油协定》(1994 年签订)、《国际热带木材协定》(1994 年签订)、《国际糖协定》(1992 年签订) 和《国际谷物协定》(1995 年签订)。

根据国际商品协定关注重点的不同,可把它们分成三类:第一类是以稳定市场和价格为重点的国际商品协定,如国际可可和天然橡胶协定。它们把稳定市场和价格作为重点,还包括有稳定的出口收益、增长和更长期的发展目标。第二类是国际商品管理协定。这些协定的目标是,确保国际合作;提供国际咨询论坛;促进国际贸易的增加;作为信息收集、交换和发布的中心;促进研究;鼓励和增加商品的消费,但也考虑价格的稳定。这些国际商品协定包括:咖啡、糖和谷物的协定。第三类是"发展型"的国际商品协定。这类协定的主要目标是,在生产者与消费者之间提供一个合作和咨询的机构;在诸如开发、贸易扩展、市场促销、降低成本和提供市场信息方面,缔约国进行合作和交流信息,也包括对环境的考虑。这类国际商品协定包括黄麻及其制品协定和热带木材的协定。

二、商品综合方案

商品综合方案是发展中国家在 1964 年 4 月第六届特别联大会议上第一次提出来的,1976 年 5 月,联合国第四届贸易和发展会议上正式通过了商品综合方案的决议。这项方案主要解决发展中国家初级产品贸易问题,其主要内容有以下五个方面。

1. 建立多种商品的国际储存或称"缓冲存货"。目的是为了稳定商品价格和保证正常的生产与供应。国际储存的商品选择标准有以下两条:(1) 这项商品对发展中国家具有重要利害关系;(2) 这项商品便于储存。国际储存的主要商品有:香蕉、咖啡、可可、茶、糖、肉类、植物油、棉花、黄麻、硬纤维、热带木材、橡胶、铝、铁、锰、磷、铜和锡。

2. 建立国际储存的共同基金。共同基金是商品综合方案的一种国际基金,用来资助这些国际初级产品的缓冲存货和改善初级产品市场,提高初级产品的长期竞争性,如开发研究、提高生产率、改进销售等。初步提出的金额为 60 亿美元。

3. 商品贸易的多边承诺。为了稳定供应,参加方案的各国政府承诺在特定的时间内各自出口和进口某种商品的数量。

4. 扩大和改进商品贸易的补偿性资金供应。当出口初级产品的发展中国家的出口收入剧减时,将给予补偿性贷款。

5. 扩展初级产品的加工和出口多样化。为达到此目的，要求发达资本主义国家降低或取消对来自发展中国家初级产品的加工产品的进口关税和非关税壁垒，并采取促进贸易的措施等。

商品综合方案是发展中国家为了打破旧的国际经济贸易秩序、建立新的国际经济贸易秩序所采取的一个重要步骤。它触动了发达国家在世界市场的垄断地位和利益。因此，要将方案的内容变成现实，还需经过长期而艰苦的斗争。

专栏 11-1

中国——智利自由贸易协定

2005年11月18日，中国和智利在韩国釜山签署了《中华人民共和国政府和智利共和国政府自由贸易协定》。中国国家主席胡锦涛和智利总统拉戈斯出席了签字仪式。

中国—智利自由贸易协定谈判是由胡锦涛主席与拉戈斯总统于2004年11月18日共同宣布启动的。此后，中智双方就市场准入、原产地规则、技术贸易壁垒、卫生和植物卫生措施、贸易救济、争端解决、合作等问题等进行了五轮磋商，最终就协定内容全部达成一致。根据该协定，两国从2006年7月1日开始，全面启动货物贸易的关税减让进程。其中，占两国税目总数97%的产品将于10年内分阶段降为零关税。两国还将在经济、中小企业、文化、教育、科技、环保、劳动和社会保障、知识产权、投资促进、矿产、工业等领域进一步开展合作。

该协定是继中国—东盟自由贸易协定之后中国对外签署的第二个自由贸易协定，也是中国与拉美国家签署的第一个自由贸易协定。该协定的签署，将对中智经贸合作和全面合作伙伴关系的进一步发展产生重要影响，并将在国际上树立南南合作的新典范。该协定也将为两国的企业带来大量商机，为两国消费者带来众多实惠。

自1970年建交以来，中智两国一直保持着良好、稳定的双边关系，2004年，两国将双边关系提升为"全面合作伙伴关系"，双边经贸关系也稳步发展。智利是中国在拉美的第三大贸易伙伴。2004年，中智双边贸易额为54亿美元，同比增长52%。2005年1~9月，双边贸易额为53亿美元，同比增长36%。中智两国的产业结构和进出口商品结构具有很强的互补性，中国对智利出口的产品主要为机电、轻纺、塑料制品、家电等，从智利进口的产品主要为铜、纸浆、铁矿砂、葡萄酒、鱼粉和水果等。此外，两国在服务贸易和投资等领域也具有良好的合作关系和广阔的发展前景。

思 考 题

1. 什么是最惠国待遇条款？它与国民待遇条款有何不同？
2. 什么是贸易协定？
3. 简要说明支付条款所规定的清算方法。
4. 什么是双边投资保护协定？何谓代位追偿权条款？
5. 避免与消除国际双重征税的方式和方法有哪几种？
6. 什么是国际商品协定？什么是缓冲存货规定？
7. 商品综合方案包括哪些主要内容？

第十二章 关税与贸易总协定和世界贸易组织

【**本章教学目的**】通过本章的学习，使学生掌握：关税与贸易总协定的基本原则及其多边贸易谈判的内容；世界贸易组织的建立、宗旨、职能；世界贸易组织的法律体系；世界贸易组织的基本原则、机构、决策机制及其争端解决机制。

第一节 关税与贸易总协定简介

一、关税与贸易总协定的产生、发展和作用

关税与贸易总协定（General Agreement on Tariff and Trade, GATT），简称关贸总协定或总协定，是在美国的倡导下由23个国家于1947年10月30日在日内瓦签订，并于1948年正式生效的，关于调整各缔约方的对外贸易政策及其在国际贸易方面的权利与义务的国际多边协定。

当初的计划并不只是签订一个"协定"，而是想建立一个与世界银行和国际货币基金组织并列的、从属于联合国的国际贸易组织（International Trade Organization, ITO）。国际贸易组织的目标是通过国际机构削减各国的关税，降低贸易壁垒，从而促进国际贸易的自由发展。1946年2月，联合国经济与社会理事会专门成立了"国际贸易组织"筹备委员会，并于同年10月召开会议讨论美国提出的《国际贸易组织宪章》。筹委会第二次会议于1947年4~10月在日内瓦召开，23个国家的代表参加了讨论与谈判，并就具体产品的关税减让达成了协议，即《关税与贸易总协定》。这次会议也是关税与贸易总协定的第一轮多边谈判。在1947年11月的联合国贸易和就业会议上，审议并通过了《国际贸易组织宪章》。因为会议在哈瓦那举行，故而该宪章又被称为《哈瓦那宪章》。同时，美国等8个国家在11月1日签署了关于执行《关税与贸易总协定》的《临时使用议定

书》，同意从 1948 年 1 月 1 日起开始实施《关税与贸易总协定》条款，随后又有 15 个国家签署了协定书，这些国家组成了关税与贸易总协定的 23 个最初缔约方。由于美国和其他一些缔约方的国会害怕失去控制贸易的权力而没有在《国际贸易宪章》上签字，建立国际贸易组织的计划也因此夭折。不过，降低关税壁垒、推动自由贸易仍然是符合各国利益的，因此，在没有国际贸易组织的情况下，各国仍然愿意通过关贸总协定的框架来推动国际贸易的发展，稳定生产和就业。这样，关税与贸易总协定就取代国际贸易组织而成为二战后国际贸易谈判的主要机构。

关税与贸易总协定的初始缔约方有 23 个国家，到 1994 年年底关税与贸易总协定完成其历史使命时，缔约方增至 128 个，由于关税与贸易总协定不是联合国的一个下属机构，而且主要是由市场经济国家组成的，因此，并不是所有的联合国会员国都是缔约方，前苏联和许多东欧国家都不是关税与贸易总协定的缔约方。中国虽然是关税与贸易总协定的初始缔约方之一，但当时代表中国的是国民党政府。在国民党政府退出关税与贸易总协定之后，中国的席位一直没有由中华人民共和国接替。改革开放之后，中国政府日益意识到加入关税与贸易总协定的重要性，于 1986 年 7 月 8 日正式提出申请恢复其在关税与贸易总协定的缔约方席位，而台湾地区也于 1990 年 1 月以"台湾、澎湖、金门、马祖单独关税贸易地区"的身份申请加入关税与贸易总协定。由于美国等一些缔约方的反对，中国恢复关税与贸易总协定缔约方席位的谈判没有成功。在 1994 年年底关税与贸易总协定完成其历史使命时，中国内地和中国台湾都不是关税与贸易总协定缔约方，也不是取而代之的"世界贸易组织"的创始成员。

关税与贸易总协定的总部设在日内瓦，关税与贸易总协定的最高权力机构是缔约方大会，一般每年召开一次，全体讨论和决定重大事项。关税与贸易总协定的日常事务主要由理事会和秘书处处理。理事会下面分设各种专业委员会来解决具体问题。这些专业委员会的业务涉及国际贸易中的各个领域，大到国际收支、关税减让，小到监测纺织品配额、处理牛肉贸易纠纷等。

关税与贸易总协定从 1948 年开始至 1995 年正式结束的 47 年内，其内容和活动所涉及的范围不断扩大，总协定的缔约方不断增加，它在国际贸易领域的作用日益加强，主要表现在以下四个方面。

（1）关税与贸易总协定对二战后国际贸易的快速发展起到了一定的促进作用。从二战结束到 20 世纪 70 年代中期，全球贸易的自由化是在《关税与贸易总协定》的框架下进行的。从 1947 年 4~10 月第一轮谈判开始，在前 6 轮的多边贸易谈判中，关税税率有了较大幅度的下降，降低税率的范围达 6 万个税目以上，涉及的商品占世界商品贸易的 1/2 以上。在第七轮谈判中，减税的商品占世界商品贸易的 1/5。此外，在这轮谈判中，还就减缓非关税壁垒方面达成某些协议,这对于促进资本主义国家贸易自由化和国际贸易的发展,起到了一定的积极作用。

(2) 关税与贸易总协定为各个缔约方制定和修改对外贸易政策及从事对外贸易活动提供了主要法律依据。总协定是制定国际贸易政策和措施的国际多边协定。总协定规定了世界贸易的基本规则,如非歧视原则、互惠原则、关税保护和关税减让的公平竞争原则、取消数量限制原则、透明度原则等。同时,在多边贸易谈判中又达成了一系列协议,形成了一套国际贸易政策与措施的规章和法律准则。这些原则和协议对于总协定缔约方具有一定的约束力。总协定要求有关缔约方无论在从事对外贸易活动还是在制定或修改它们的对外贸易政策和措施以及处理缔约方之间的经济贸易关系方面均应遵循上述原则和协议。因此,在一定条件下,这些原则和协议成为总协定各缔约方制定和修改对外贸易政策、措施及从事对外贸易活动的主要法律依据。

(3) 协调缔约方之间的贸易关系,解决各种贸易纠纷。由于国际贸易关系各国的切身利益,国际贸易中难免存在各种冲突和纠纷。关税与贸易总协定通过主持冲突各方的谈判、协商,努力化解这些纠纷,避免冲突各方的利益一损俱损。一般来说,《关税与贸易总协定》虽然是一个临时协定,其条文不具法律强制性,但由于其协调机制的权威性,它使大多数贸易纠纷得到了解决。

(4) 在一定程度上,促进了发达国家与发展中国家之间经济和贸易的协调发展。总协定的许多条款虽然是维护发达资本主义国家的利益,但对发展中国家维护自身的利益和促进对外贸易发展也逐渐起到了一定的作用。总协定的条款是按照发达资本主义国家的意志拟订的,许多条款几乎都是维护它们自己的利益。随着发展中国家的壮大和纷纷加入,总协定的缔约方的结构发生了较大的变化。通过谈判,总协定也增加了某些有利于发展中国家的条款。因此,总协定为发展中国家与发达资本主义国家经济和贸易的协调发展起到了一定的作用。

二、关税与贸易总协定的基本原则

(一) 非歧视原则

非歧视原则(non-discrimination)亦称无差别待遇,是针对歧视性待遇的一项缔约原则,它要求任何缔约方在实施某种优惠或限制措施时,不得对其他缔约方实施歧视待遇。非歧视原则是关税与贸易总协定的基本原则之一。根据非歧视原则,关税与贸易总协定一缔约方对另一缔约方不得采取对任何其他缔约方所不适用的优惠或限制措施。非歧视原则是通过 GATT 中最惠国待遇和国民待遇条款来体现的。

非歧视原则通过《关税与贸易总协定》第 2 条"一般最惠国待遇原则"、第 3 条"关税减让表"及其"国内税与国内规章的国民待遇"条款体现。按照非歧视原则,各缔约方之间是在无歧视的基础上进行贸易,每个缔约方都必须平等地对待与其他缔约方的贸易。它的适用面较广,除了关税减让,还在数量限制、进口配额限制、补贴、国营贸易企业以及在国内税收方面给予进口产品不低于国内产品的待遇,另外,在海关估价、原产地标记、规模、输出入手续、贸易条例的公布和实施等方面,非歧视原则也同样适用。但是,非歧视原则也有例外规定,主要有:反倾销税和反补贴税;一般安全例外;政府为支持发展经济对进口采取的措施;有关免除义务的规定等。

1. 最惠国待遇原则。最惠国待遇原则(most favored nation treatment,MFN)是关税与贸易总协定的基石,其基本含义是:一缔约方对来自或运往其他国家的产品所给予的利益、优待、特权和豁免,应当立即无条件地给予来自或运往所有其他缔约方的相同产品。《关税与贸易总协定》中最惠国待遇原则是无条件的、互惠的、多边的最惠国待遇,它不同于基于双边贸易条约或协定下的双边的或有条件的最惠国待遇。

(1) 最惠国待遇原则适用的范围。《关税与贸易总协定》在货物贸易上适用的是多边无条件最惠国待遇原则。《关税与贸易总协定》第 1 条第 1 款规定:各缔约方之间对于进出口货物及与进出口货物有关的关税、征收方法、规章手续、销售和运输,以及与进口货物有关的国内税和国内规章的国民待遇方面一律适用最惠国待遇原则。该条款还规定:一缔约方对来自或输往任何其他国家的产品可给予的利益、优惠、特权或豁免,应当立即无条件地给予来自或输往所有其他缔约方的相同产品。该条款使双边谈判的成果多边适用,各缔约方既享有最惠国待遇的权利,也承担相应的义务。

最惠国待遇原则适用的具体范围主要是:①与进出口商品有关的关税和费用方面;②与进口商品有关的国际支付转账等方面所征收的关税和费用方面;③征收上述第一、第二的关税和费用的方法;④进出口的规章手续方面;⑤与进口商品有关的国内税和国内规章的国民待遇方面。此外,总协定规定,在特殊情况下如采取数量限制,也需在非歧视基础上同样实施于任何第三国的同类进口产品,即采取消极的最惠国待遇方式。

(2) 最惠国待遇原则的例外。最惠国待遇原则的例外主要有以下四种情形。

①货物贸易领域的一般例外。《1994 年关税与贸易总协定》第 20 条,具体规定了可免除成员方义务的 10 种一般例外措施:第一,为维护公共道德所必需的措施;第二,为保护人类、动植物的生命或健康所必需的措施;第三,黄金或

白银进出口有关措施；第四，为保证与《1994年关税与贸易总协定》不相抵触的国内法律、法规得到遵守所必需的措施，包括与海关执法、实行有关垄断和保护专利权、商标、版权以及防止欺诈行为等措施；第五，与监狱囚犯产品有关的措施；第六，为保护具有艺术、历史或考古价值的国宝所采取的措施；第七，保护可用竭的自然资源的措施，但此类措施应与限制国内生产或消费一同实施；第八，为履行任何政府间商品协定项目而实施的措施，且其他成员方对该商品协定不持异议；第九，在政府实施稳定计划，将国内原料价格控制在国际价格水平以下时期，为保证国内加工业获得基本的原料供应而采取的原料出口限制措施，但此类限制不得用于增加国内加工业的出口或保护，也不得违背非歧视原则；第十，在供应情况下，为获得或分配产品所必须采取的措施，但其他成员方均有权在此类产品中获得公平份额，且实施条件不复存在时应停止此类措施。

②安全例外。安全例外是指允许成员在战争、外交关系恶化等紧急情况下，为保护国家安全利益采取必要的行动，对其他成员不履行《关税与贸易总协定》规定的义务。

③区域经济安排的例外。《关税与贸易总协定》第24条"适用的领土范围——边境贸易——关税同盟和自由贸易区"中规定，最惠国待遇原则不适用于任何缔约一方为便利边境贸易所提供的或将来要提供的权利和优惠；结成关税同盟的国家间在关税方面特殊待遇不能给予订立最惠国待遇条款的缔约方；形成自由贸易区的某些国家之间相互给予的特别优惠和豁免也不给予订立最惠国待遇条款的国家。这就是说，对于关税同盟或自由贸易成员相互给予的优惠，关税与贸易总协定其他缔约方不能自动获得。缔约方相互给予的优惠，关税与贸易总协定其他缔约方不能自动获得。缔约方之间边境小额贸易的优惠不得自动延伸到其他缔约方。这里的边境贸易是指毗邻两国边境地区的居民和企业在距边境线两边各15公里以内地带从事的贸易活动，目的是方便边境线两边的居民互通有无。

④发展中成员的特殊和差别待遇。第二次世界大战以后，随着更多的发展中国家参加关税与贸易总协定，最惠国待遇原则面临越来越大的挑战。最惠国待遇原则处理经济发展水平相当国家之间的贸易关系是有效的，却不适于处理经济发展水平不相当国家之间的贸易关系。在关税与贸易总协定中，发展中缔约方虽然形式上享受了与发达缔约方平等的最惠国待遇，但由于竞争力悬殊，其产品仍难以进入发达缔约方市场，同时还要承担与其经济发展水平相适应的义务，结果导致发展中缔约方和发达缔约方实质上不平等。

为解决上述问题，从1955年开始，关税与贸易总协定对《1947年关税与贸易总协定》及其他各项协议进行修改，增加了体现发展中成员的特殊和差别待遇。

第一，为了国际收支平衡而采取的进口限制措施例外。缔约方于1955年修改了《1947年关税与贸易总协定》第18条"政府对经济发展的支助"，放宽了对发展中缔约方的要求，允许发展中缔约方因国际收支原因或为建立特定工业而实施贸易限制，第一次引入了对发展中缔约方的差别待遇。

第二，东京回合"授权条款"的例外。关税与贸易总协定于1979年11月28日在东京回合谈判结束时通过了"授权条款"。该条款允许对发展中国家实行优惠以及发展中国家相互之间给予优惠，而不将优惠待遇扩大到发达国家。

第三，其他例外情况。对发展中成员享有的特殊和差别待遇，在乌拉圭回合各个协议中都得到了不同程度的体现。例如，在知识产权领域，发展中成员可享有更长的过渡期；在服务贸易领域，发展中成员可以根据本国服务业的发展情况，确定在多大范围和多大程度上开放其服务市场等。

2. 国民待遇原则。《关税与贸易总协定》中的国民待遇原则（national treatment）是指：在征收国内税和在有关国内销售、购买、运输、分配或使用的法令法规方面，对进口品和国产品应一视同仁，除征收关税以外，其他一切税费都应是一样的，不得对进口品实行歧视。这样可以防止有的缔约方利用国内税收和销售规章来抵消关税减让的效果而造成的保护主义。

（1）国民待遇原则的适用范围。《关税与贸易总协定》中的国民待遇原则的适用主要体现在《关税与贸易总协定》第3条的规定："一缔约方领土的产品输入到另一缔约方领土时，不应对它直接或间接征收高于对相同的国产品直接或间接征收的国内税或其他国内费用。"这条规定的目的是保证缔约方能真正享受关税减让的成果，使外国产品在通过海关进入国内市场后，能在平等的条件下与国内产品进行竞争，禁止缔约方采取对进口产品增收国内税和其他国内费用的办法来对国内生产提供保护主义措施，达到限制其他缔约方商品进口的目的。该条第4款还对进口产品规定，"在关于产品的国内销售、推销、购买、运输、分配或使用的全部法令、条例和规定方面，它所享受的待遇不应低于相同的本国产品所享受的待遇。"这些规定都是为了保障进口产品在经销过程中免遭歧视性待遇。如果一国对进口产品征收高于本国产品的税收或运输费用，这就会提高进口产品的销售成本，使其在该国国内市场降低甚至完全失去竞争力。对进口产品在经销、分配或使用上采取歧视性做法，这无疑是比关税更为严厉的非关税壁垒。因此，《关税与贸易总协定》明令禁止这些做法。但这一规则仅适用于从外国进口的商品，不涉及外国商人在该进口国所进行的投资以及知识产权的保护等事宜。

（2）国民待遇原则的例外。《关税与贸易总协定》对国民待遇原则也作了例外规定，集中体现在第20条"一般例外条款"中。例如，缔约方可依据该条规定为维护公共道德、保障人民或动物的生命健康，为保证某些与该协定的规定并无抵触的法令或条例的贯彻执行；为了保护本国具有艺术、历史或考古价值的文物而采取的措施，可排除国民待遇原则的适用。《关税与贸易总协定》还规定了国民待遇原则不适用于政府采购方面。

（二）互惠原则

互惠原则（reciprocity）也叫对等原则，指两个缔约主体在国际贸易中相互给予对方贸易上的优惠待遇。互惠原则是关税与贸易总协定最为重要的原则之一，也是关税与贸易总协定关税减让谈判的基础。互惠原则与最惠国原则的结合实施旨在避免缔约方由双方互惠而引起的差别待遇。该原则主要适用于关税减让。关税与贸易总协定通过缔约方以对等减让即相互提供互惠的方式来保持贸易平衡，谋求贸易自由化。

关税与贸易总协定在前几轮谈判中所确定的公约条款采用贸易规模来衡量其互惠程度，或通过主要供应国的谈判模式来安排互惠。肯尼迪回合和东京回合寻求扩大谈判的基础，但互惠仍是其谈判的主要成果。乌拉圭回合部长宣言明确提到将货物贸易、知识产权、农产品与服务贸易谈判等关税升级和服装谈判并行展开，谈判范围为各缔约方的扩大提供了实质性互惠。互惠原则也有例外，主要表现在：《关税与贸易总协定》第 28 条关税减让和关税谈判的条款中，允许在某些特殊情况下，缔约方可以撤回其已做出的关税减让。例如，如果有关产品的大量进口以及进口的条件会使该进口国的国内工业遭受严重损失时，该进口国即可修改或撤回它原先已做出的关税减让。另外，《关税与贸易总协定》还规定：发展中国家为了保护国内工业和农业，如遇缔约方需谈判确定的固定税则对它的国际收支不利时需在进口数量限制或关税保护方面免除上述固定税则的适用。《关税与贸易总协定》第 36 条第 8 款规定：发达的缔约方对它们在贸易谈判中对发展中的缔约方的贸易所承诺的减少或撤销关税和其他壁垒的义务，不能希望得到互惠。

（三）关税保护和关税减让原则

关税保护原则是指以关税作为唯一保护手段的原则。关税与贸易总协定允许各国对国内工业进行一定的保护，但保护的手段只能通过关税的方式，不允许采用其他非关税壁垒的办法。在实行关税保护方面，关税与贸易总协定要求缔约方之间应通过关税减让的谈判逐渐降低关税。关税减让原则是各缔约方彼此作互惠与平等的让步，达成关税减让表协议。关税减让表达成的"固定"的税率，任何缔约方无权单方面予以改变，至少在一定时期内不得改变。在具体执行本原则时，规定了可不遵守这一原则的"免除条款"。例如，如果有关产品进口剧增，使缔约方的同类产品受到重大损害或重大威胁时，该进口国可与有关的缔约方重新谈判，给予对方适当的补偿，即可修改或撤销其原来的关税减让。

（四）取消数量限制原则（elimination of quantitative restrictions）

数量限制是指进出口国家通过对进出口产品规定一个额度加以限制的措施，这是一种简单易行、迅速有效的行政手段，经常被政府用来限制进出口。由于数量限制不仅妨碍贸易的公平竞争，而且造成对出口方的歧视待遇，对国际贸易产生不利影响，《关税与贸易总协定》第11条第1款明确规定：任何缔约方除征收税捐或其他费用以外，不得设立或维持配额、进口许可证或其他措施以限制或禁止自其他缔约方领土的产品的输入，或向其他缔约方领土输出或销售出口产品。在具体实行这一原则时，存在三方面的例外：（1）为了稳定农产品市场；（2）为了改善国际收支平衡；（3）为了促进发展中国家的经济发展。这三方面可在非歧视的基础上实行或维持数量限制。

（五）透明度原则

透明度原则（transparency）是指各缔约方有效实施的有关关税及其他税费与有关进出口贸易措施的所有法令、条例和普遍采用的司法判例以及行政决定，缔约方之间签订的贸易协定，都必须公布。透明度是关税与贸易总协定三个主要目标（贸易自由化、透明度和稳定性）之一。关税与贸易总协定提倡透明度原则，目的在于防止缔约方之间进行不公平贸易。

关税与贸易总协定的透明度原则适用于产品。《关税与贸易总协定》第10条规定：缔约方有效实施的关于海关对产品的分类或估价，关于税捐或其他费用的征收率，关于对进口货物及其支付转账的规定、限制和禁止，以及关于影响进出口货物的销售、分配、运输、保险、存仓、检验、展览、加工、混合或使用的法令、条例与一般援用的司法判决及行政决定，都应迅速公布，以使各国政府及贸易商对它们熟悉。一缔约方政府或政府机构与另一缔约方政府机构之间缔结的影响国际贸易的政府现行规定，也必须公布。第2款规定：缔约方采取的按既定统一办法提高进口货物的关税或其他费用的征收率或者对进口货物及其支付转账实施新的更严的规定、限制或禁止的普遍使用的措施，非经正式公布不得实施。关税与贸易总协定的透明度原则在乌拉圭回合谈判中，通过建立"贸易政策审议机制"使透明度原则得到加强，并将该原则扩大适用到服务贸易总协定中。但是，透明度原则也有例外。《1994年关税与贸易总协定》第10条第1款规定："但本条款的规定并不要求缔约方公开那些会妨碍法令的贯彻执行，会违反公共利益，或会损害某一公司企业的正常商业利益的机密资料。"也就是说，关税与贸易总协定允许各缔约方对于与国家利益关系密切的机密以及商业秘密不予公开。

第二节 关税与贸易总协定的多边贸易谈判

一、前七轮多边贸易谈判

关税与贸易总协定作为一个国际贸易谈判的场所和解决争端的机构,一直致力于各国贸易政策的协调。它从 1947 年签署、1948 年 1 月 1 日正式实施到世界贸易组织(World Trade Organization,WTO)成立期间共主持了八轮全球性多边贸易谈判,就谈判所解决的问题而言,关税与贸易总协定多边贸易谈判大致分为三个阶段,即以进口关税减让为主的阶段、以非关税减让为主的阶段和一揽子解决多边贸易体制根本性问题阶段。

(一) 以进口关税减让为主的阶段 (第一轮到第六轮)

第一轮多边贸易谈判于 1947 年 4~10 月在瑞典日内瓦举行,关税与贸易总协定的 23 个创始缔约方(包括中国)参加了谈判,并正式创立了关税与贸易总协定。该轮谈判共达成双边减让协议 123 项,涉及商品 45 000 项,使占进口值约 54% 的商品的平均关税降低 35%,影响近 100 亿美元的世界贸易额。这轮谈判是有史以来最大规模的多边关税减让谈判,它促进了第二次世界大战以后资本主义经济贸易的恢复和发展,创立了大规模的多边关税减让谈判的成功先例。

第二轮多边贸易谈判于 1949 年 4~10 月在法国的安纳西举行。第二轮至第五轮多边贸易谈判一般称为补偿性谈判及新加入国的"入门费"谈判,即原提供或接受关税减让的国家变更或撤销其减让项目,做出补偿性调整,新加入国以关税减让或其他方式作为加入关税与贸易总协定入门费的谈判。这轮谈判的参加国除 23 个原始缔约方之外,又增加了瑞典、丹麦、芬兰、意大利等 10 个国家。这轮谈判的主要目的是,给处于初始阶段的欧洲经济合作组织成员提供进入多边贸易体制的机会,促使这些国家为承担缔约方之间的关税减让做出努力。在谈判期间,瑞典、丹麦等 9 个国家经过加入谈判后,加入关税与贸易总协定。此轮谈判达成双边减让协议 147 项,增加关税减让商品 5 000 项,使应税进口值 5.6% 的商品平均降低关税 35%。

第三轮多边贸易谈判于 1950 年 10 月至 1951 年 4 月在英国的托奎举行,共有 39 个成员参加。这次谈判的一个重要议题是,讨论奥地利、原联邦德国等国的加入问题。由于缔约方的增加,关税与贸易总协定缔约方之间的贸易额已超过当时世界贸易额的 80%。该轮谈判达成关税减让协议 150 项,又增加了关税减让商品 8 700 项,使应税进口值 11.7% 的商品平均降低关税 26%。

第四轮多边贸易谈判于 1956 年 1~5 月在瑞士日内瓦举行,共 26 个缔约方,在这次谈判中日本加入关税与贸易总协定。由于美国国会对美国政府的授权有限,使谈判受到严重影响。在这轮谈判中,美国对进口只给予了 9 亿美元的关税减让,而其所享受的关税减让约 4 亿美元。这轮谈判关税减让商品达 3 000 项,但涉及的贸易额仅 25 亿美元,使应税进口值 16% 的商品平均降低税率 15%。

第五轮多边贸易谈判于 1960 年 9 月至 1961 年 7 月在日内瓦举行,共有 45 个缔约方参加。这一轮谈判是因欧洲共同市场的建立而发动,并以建议发动本轮谈判的美国副国务卿道格拉斯·狄龙的名字命名,故被称为狄龙回合。该轮谈判主要是美国与欧共体就相互减让关税进行谈判的过程。这一轮谈判共达成 4 400 多项商品的关税减让,涉及 49 亿美元的世界贸易额,使应税进口值 26% 的商品平均降低税率 20%。欧共体六国统一对外关税也达成减让,平均税率降低 6.5%,但农产品和某些政治敏感性商品却被排除在最后的协议之外。

第六轮多边贸易谈判于 1964 年 5 月至 1967 年 6 月在日内瓦举行,共 54 个成员参加,这轮谈判是由当时美国总统肯尼迪根据 1962 年美国的《贸易拓展法》提议举行的,故称肯尼迪回合。这轮谈判确定了削减关税采取"一刀切"的方法,在经合组织成员间分 5 年将大约 6 万项工业品一律平均削减 35% 的关税,涉及贸易额 400 亿美元。该轮谈判除了就所有商品的关税减让进行谈判外,还首次将非关税壁垒(反倾销税、政府采购、技术标准和卫生标准等议题)减让纳入谈判议题,通过了关税与贸易总协定有史以来的第一个《反倾销协议》,为发展中国家新增加了贸易与发展部分,开创了波兰作为"中央计划经济国家"参加关税与贸易总协定多边贸易谈判的先例。

(二)以非关税减让为主的阶段(第七轮谈判)

第七轮多边贸易谈判于 1973 年 4 月至 1979 年 4 月在日内瓦举行。这轮谈判是由美国总统尼克松和欧共体在日本多次协商后提议举行的,因此曾被称为尼克松回合,同时,这轮谈判又是 1973 年 9 月在日本首都东京举行的部长会议上发动的,因此又称为东京回合。由于东京回合对非成员开放,参加谈判的成员有 99 个。这次谈判的主要议题有两项:一是采用最一般的原则指导关税谈判;二是减少和消除非关税壁垒。通过这次谈判,达成了一揽子关税减让协议,规定用 8 年时间使世界 9 个主要工业品市场上制成品的加权平均关税从 7% 降到 4.7%,减让总值相当于进口关税水平降低 35%,涉及 3 000 多亿美元的贸易额;达成了一系列非关税壁垒协议和守则，涉及补贴与反补贴措施、贸易的技术性壁垒（产品标准）、政府采购、海关估价、进口许可证程序、修订肯尼迪回合反倾销守则等。另外，还通过了给发展中国家优惠待遇的"授权条款"。

（三）一揽子解决多边贸易体制根本性问题阶段（第八轮谈判）

第八轮多边贸易谈判从1986年9月开始启动，到1994年4月签署最终协议，历时八年，这是关税与贸易总协定的最后一轮谈判。1986年9月，在乌拉圭举行了关税与贸易总协定部长会议，决定进行一场旨在全面改革多边贸易体制的新一轮谈判，故命名为乌拉圭回合谈判。由于该轮谈判涉及的内容较多，达成的成果丰硕，故将该轮谈判的有关内容单列出来进行介绍。

二、乌拉圭回合谈判

（一）乌拉圭回合的发起

关税与贸易总协定于1985年9月召开特别缔约方大会，专门讨论新一轮的多边贸易谈判。会议代表一致认为，新一轮谈判应旨在遏制和消除保护主义，维护并加强多边贸易体制，改善国际贸易环境，促进贸易自由化的发展，会议的中心议题集中在是否应将服务贸易纳入国际多边贸易体制以及服务贸易与传统贸易的关系上。经过各方反复协商和达成协议，宣告新一轮谈判筹备工作开始。为审议新一轮谈判的内容和方式，专门成立了一个高级官员小组。1985年11月底，关税与贸易总协定召开第41届缔约方大会，正式成立新一轮谈判筹备委员会。筹备会耗时4个月，完成了对谈判有可能涉及的30多个议题的审议工作，草拟了乌拉圭回合部长宣言，终于在1986年9月15日在乌拉圭埃斯特角城举行关税与贸易总协定缔约方部长级会议，决定发动第八轮多边贸易谈判，即乌拉圭回合多边贸易谈判，简称乌拉圭回合。参加会议的国家和地区达到123个。我国政府派代表团出席会议并获得了全面参加这一轮各项议题谈判的资格，成为乌拉圭回合谈判的参加国。

（二）乌拉圭回合的目标和议题

1. 乌拉圭回合的目标。1986年9月15~20日，在乌拉圭埃斯特角城举行的缔约方部长会议上，通过了《乌拉圭部长宣言》。宣言中反映了谈判目标：通过降低和取消关税、数量限制及其他非关税措施与壁垒来促进世界贸易的扩大和进一步自由化，给所有缔约国尤其是欠发达缔约国带来利益；加强关税与贸易总协定的作用，改善多边贸易体制；增强关税与贸易总协定体制对不断演变的国际经济环境的适应能力；促进影响经济增长与发展的国际经贸政策和国内经贸政策的合作，努力改进国际货币体制的职能，促进金融与投资向发展中国家流动。

2. 乌拉圭回合的议题。《乌拉圭部长宣言》确定乌拉圭回合多边贸易谈判分为两个部分共15个议题。

第一部分：货物贸易。这部分共含14个议题，分别为：关税；非关税壁垒；热带产品；自然资源产品；纺织品和服装；农产品；《关税与贸易总协定》条款；保障条款；多边贸易谈判协议和安排；补贴与反补贴措施；争端解决；与贸易有关的知识产权的问题，包括冒牌货贸易问题；与贸易有关的投资问题；关税与贸易总协定体制的作用。

第二部分：服务贸易。通过服务贸易谈判制定处理服务贸易的多边原则和规则的框架，包括对各个部门制定可能的规则，以便在透明和逐步自由化的条件下扩大服务贸易，并以此作为促进所有贸易伙伴经济发展的一种手段。

（三）乌拉圭回合多边贸易谈判达成的协议和协定

乌拉圭回合多边贸易谈判达成的《乌拉圭回合多边贸易谈判成果的最后文件》，简称《最后文件》，是一个"一揽子文件"，即必须全部接受或全部拒绝，不能接受一部分、拒绝一部分。该文件包括28个协议和协定，涉及的主要议题有：关税、非关税措施、热带产品、自然资源产品、原产地规则、装船前检验、反倾销、补贴和反补贴、技术性贸易壁垒、进口许可证程序、海关估价、政府采购、农产品贸易、纺织品和服装、保障条款、统一的争端解决制度、总协定体制的运行、与贸易有关的投资措施、与贸易有关的知识产权、服务贸易、国营贸易、动植物检疫、贸易政策审议机制、民用航空器贸易、国际收支、奶制品贸易、牛肉贸易、世界贸易组织等。这个《最后文件》于1994年4月15日正式签署，1995年1月1日正式生效。

乌拉圭回合多边贸易谈判达成的28个协议与协定可分为三类：

第一类是修订原有的关税与贸易总协定和货物贸易总协定，以有效处理长期存在的一些老问题，如反倾销、反补贴、数量限制、保障条款中的问题，将纺织品贸易和农产品贸易重新回归关税与贸易总协定的问题。

第二类涉及制定新规则、规范和贸易有关的新问题，如知识产权保护、服务贸易和投资措施。

第三类属于体制建设问题，其中最重要的是建立世界贸易组织，取代原关税与贸易总协定。

第三节 世界贸易组织简介

一、世界贸易组织的建立、宗旨和职能

世界贸易组织简称世贸组织,是根据乌拉圭回合多边贸易谈判达成的《建立世界贸易组织协定》于 1995 年 1 月 1 日建立的,取代原关税与贸易总协定,并按照乌拉圭回合多边贸易谈判达成的《最后文件》所形成的一整套协定和协议的条款作为国际法律规则,对各成员之间经济贸易关系的权利和义务进行监督、管理、履行的正式国际经济组织。

(一) 世界贸易组织的建立

关税与贸易总协定最后和最大的一次谈判就是 1986~1994 年的乌拉圭回合,正是该回合导致了世界贸易组织的建立。

尽管关税与贸易总协定成功地降低了关税水平,但是,由能源危机带来的西方发达国家 20 世纪 70 年代和 80 年代的经济衰退与萧条,促使各国政府采取形形色色的贸易保护措施。高失业率和工厂倒闭使得欧美国家开始追求高额补贴和签订双边市场份额协议。同时,关税与贸易总协定主要处理的是货物贸易领域,而自 20 世纪 70 年代以来,服务贸易以及知识产权贸易大幅度上升,加上发达国家产业升级以及跨国公司全球化战略的影响,单纯货物贸易在国际贸易中的重要地位日益受到削弱,对于新出现的国际贸易现象关税与贸易总协定显然力不从心。从东京回合谈判开始,关税与贸易总协定就酝酿着变革,一直持续到乌拉圭回合谈判期间才使关税与贸易总协定缔约方一致认为世界贸易组织该出现了。

乌拉圭回合谈判之初并没有专门建立世界贸易组织的议题,但是,随着谈判的曲折前进,进入 20 世纪 90 年代,经济全球化日益重要,国际贸易和国际投资形式的多样化,以及新经济开始凸显魅力,1991 年欧盟提出应该建立一个正式的国际性贸易组织取代关税与贸易总协定,以处理随之产生的新国际贸易问题和争端,而且得到了缔约方的赞同。最终,在摩洛哥的马拉喀什,参与谈判的各方签订了《关于建立世界贸易组织的协定》,并将所涉内容扩展到服务贸易以及与贸易有关的发明、创造和设计(即知识产权)。由此世界贸易组织于 1995 年 1 月 1 日正式成立。

(二) 世界贸易组织的宗旨

《建立世界贸易组织协定》的导言明确规定：各成员在处理贸易和经济关系发展方面，应该关注提高生活水平，保证充分就业，大幅度提高实际收入和有效需求，扩大货物与服务的生产和贸易，坚持可持续发展和世界资源的合理利用，保护和维持环境，并以符合不同经济发展水平下各自需要的方式采取相应的措施，进一步做出积极的努力，确保发展中国家尤其是最不发达国家在国际贸易增长中获得与其经济相适应的份额。

(三) 世界贸易组织的职能

为了实现上述宗旨，世界贸易组织拥有以下六项职能。

1. 监督、管理多边贸易协议的履行和实施。由于世界贸易组织本身是根据《建立世界贸易组织协定》而存在的，因此该协定第3条规定，世界贸易组织首要和最主要的职能就是"便利本协议和多边贸易协议的履行、管理和实施，并促进其目标的实现"，以及"为多边贸易协议的履行、管理和实施提供框架"。

2. 作为贸易谈判的场所。世界贸易组织的第二项职能是提供谈判的场所。在这个谈判场所的谈判包括两类。第一类谈判包括对该协议附件所列各项协议所涉事项的多边谈判，即对关税与贸易总协定和乌拉圭回合已经涉及的议题的谈判。第二类谈判是世界贸易组织部长级会议可能决定的有关多边贸易关系的进一步谈判，如果进行此类谈判，世界贸易组织也可以提供使谈判结果生效的框架。

3. 解决贸易争端。世界贸易组织的第三项职能是管理《世界贸易组织协议》附件2所列的安排，即解决成员间可能产生的贸易争端。由于世界上存在不同的国家、民族，也就存在着各种冲突，包括文化上的、经济上的。在当前经济全球化越来越广泛的情况下，这些冲突会更加频繁地出现。关税与贸易总协定中虽然也有争端解决机制，但苦于关税与贸易总协定并非一个正式的国际组织，它做出的裁决只是由缔约方选择性适用，并不具备强制性，所以由它来解决贸易争端，似乎有不少的局限。而世界贸易组织贸易争端解决机制可以名正言顺地对成员贸易争端进行调解和裁决，也就可以尽量避免贸易问题政治化的倾向，避免世界和平局势被打破。

4. 审议各成员的贸易政策。世界贸易组织的第四项职能是管理《世界贸易组织协议》附件3所列的安排，即按照规定的时间期限对各成员的贸易政策进行审议，其中在全球贸易中份额在前4位的成员每2年审议一次，第5位到第20位的每4年审议一次，对余下成员每6年审议一次，对最不发达成员的审议可以间隔更长。

5. 通过技术援助和培训项目在贸易政策问题上帮助发展中国家。在《关于有利于最不发达国家措施的决定》中规定，只要是最不发达国家，"只承担与其各自发展、财政和贸易需要或其管理和机构能力相符合的承诺和减让"，且协议中的规则和过渡期"应以灵活和有支持作用的方式适用于最不发达国家"。这一决定给予最不发达国家额外 1 年的时间提交货物贸易和服务贸易减让表，其他条款要求定期审议以保证有利于最不发达国家的特殊和差别措施得到及时实施；鼓励发达国家尽早采取行动，减少对发展中国家有利的产品的贸易壁垒；要求发达国家注意针对最不发达国家出口产品采取的任何进口补救措施或其他措施的影响。该决定最后指出，世界贸易组织应该从实质上增加给予促进最不发达国家生产和出口发展多样化的技术援助，并继续审议它们的特殊需求。

6. 与其他国际组织进行合作。世界贸易组织的第六项职能是"为实现全球经济决策的更大一致性"，将酌情与国际货币基金组织和世界银行进行合作。《建立世界贸易组织协定》第 3 条的补充文件之二是《关于世界贸易组织对于实现全球经济决策更大一致性所作贡献的宣言》，也就是针对世界贸易组织在与其他国际经济组织合作时应该有哪些作用以及如何合作进行了说明。我们知道，最早协商组建国际贸易组织的目的也是与国际货币基金组织和世界银行共同促进全球经济的健康发展和繁荣。

二、世界贸易组织的基本原则

体现世界贸易组织宗旨的基本原则有以下三个方面：非歧视原则、自由贸易原则和公平竞争原则。这些原则基本上是从关税与贸易总协定继承过来的，但比关税与贸易总协定使用的范围更广，这些原则不仅适用于商品货物贸易，也适用于服务贸易和知识产权保护方面。

（一）非歧视原则

非歧视原则是指对成员方贸易政策上的一视同仁以及对本国产品和外国产品的一律平等。世界贸易组织的非歧视原则是通过最惠国待遇条款和国民待遇条款来实现的。

1. 世界贸易组织的最惠国待遇。所谓最惠国待遇，指的是一国对于所有成员国的贸易待遇都必须是同样的，如果一国给任何一国降低、豁免关税或提供其他优惠政策，该国也必须同时给其他成员同样的待遇。货物贸易的最惠国待遇在前面（第一节中第二个大问题《关税与贸易总协定》的基本原则）已经阐述了。下面所讲的只是在服务贸易和知识产权方面相关的内容。在服务贸易方面，一国给予其他成员的服务和服务提供者的优惠,应立即和无条件地给予任何其他成员方相同服务或服务提供者。

在知识产权方面,成员方给予任何其他国家的国民有关知识产权保护的任何优惠、优待、特权或豁免,应立即和无条件地给予来自任何其他成员方的国民。

最惠国待遇可以是无条件的,也可以是有条件的。在关税与贸易总协定成员中的最惠国待遇条款是无条件的,但对于非关税与贸易总协定的成员,最惠国待遇只是各国分别谈判的结果而不是自动给予的和无条件的。在世界贸易组织之前,中国与其他国家的最惠国待遇协定都是双边的,中国不得不一个国家一个国家地去签订。一旦双边关系出了问题,双边的最惠国待遇也可能被取消。中国与美国于1979年签订了双方互给最惠国待遇的协定,但1980年以后,美国国会按照1974年《贸易改革法》中的有关条款(即《杰克逊—瓦尼克修正案》)对中国和当时的苏联等非市场经济国家的最惠国待遇贸易地位进行年度审议。1990年以前的审议主要是这些国家的移民政策,此后转为人权、环保以及军火控制的审查。美国国会可以以此拒绝延长给予最惠国待遇的地位。一段时期内中美双方每年就是否延长最惠国待遇问题发生争执,直到2000年美国参众两院先后通过在中国加入世界贸易组织后与中国建立"永久正常贸易关系"法案,两国相互间的最惠国待遇问题才得到最终解决。

当然,世界贸易组织的最惠国待遇也有例外。首先,两国之间和区域内的《特惠贸易协定》可以不实行最惠国待遇。所谓特惠贸易协定包括双边的和区域的自由贸易协定。假如中国和新加坡签订了自由贸易协定,两国的进出口商品完全免税,并不等于中国从其他国家进口的商品也必须免税。同样,美国给墨西哥商品免税是因为它们同是北美自由贸易区的成员,而这种待遇不必给予不在这一区域的其他成员方。其次,发达国家通过制定"普遍优惠制方案"对发展中国家出口的一些产品提供普遍的、非互惠的、比最惠国待遇更为优惠的关税待遇,其他发达国家也不能通过最惠国待遇获得。另外,边境贸易中的特殊优惠也在最惠国待遇的原则之外。

2. 世界贸易组织的国民待遇。所谓国民待遇,指的是一国给予所有成员方的公民和企业在经济上的待遇不低于给予本国公民和企业的待遇,这种待遇主要包括税收、知识产权的保护、市场的开放等,以保证成员方产品与本国产品以同样的条件竞争。货物贸易的国民待遇在前面(第一节中第二个大问题《关税与贸易总协定》的基本原则)已经阐述了。下面所讲的只是在服务贸易和知识产权方面的相关内容。

世界贸易组织在服务贸易上的国民待遇意味着在已承诺的部门给予外国服务或服务提供者的待遇,不应低于本国同类服务或服务提供者享受的待遇。之所以遵循上述原则，原因是，服务贸易领域的国民待遇意味着：来自一成员方的服务输出或服务出口商，在任何成员方的市场上，在法律、规章和管理等方面与该国的服务或服务供应者享受同等优惠待遇。然而，由于服务贸易是无形的，对服务无法征收关税，因此，如果将国民待遇原则适用于服务贸易，实际上就是允许一切外国服务业与本国服务业享有同等待遇。但有许多服务业是与国家主权和安全联系在一起的，在这个领域里，要完全实施国民待遇原则看来是有很大困难的。尤其是发展中国家目前在服务贸易方面还很弱，在服务贸易上的全球利益甚少。如果发达国家的服务贸易延伸到发展中国家成为合法化，则它不仅会影响发展中国家的对外贸易机制，而且还会影响发展中国家的整个国民经济。经济合作与发展组织的成员方在制定专门行为准则的前提下，给予跨国公司不亚于国内企业的待遇。即使如此，依然存在着对国内外企业的差别待遇。同一项政策措施对于国内企业和国外企业可能产生截然不同的影响。多边服务贸易自由化要求减少这方面的差别待遇，或设想要将国民待遇原则不加区别地从货物贸易扩大应用到服务贸易上去，这在实践上看来是很难行得通的。经过成员方长期的谈判和各方的妥协让步，终于将国民待遇原则订立在服务贸易总协定的具体承担义务部分之内，而不是在总的原则或一般责任之内。

在知识产权领域，国民待遇比最惠国待遇更为优先，外国知识产权所获得的保护的程度应该不低于对本国知识产权的保护。

值得注意的是，国民待遇中用的是"不低于"一词，而不是"相等"，主要是防止对国外产品和外国企业的歧视。如果反过来政府给国外产品更多的优惠则不违反国民待遇原则。换句话说，国民待遇原则是保护外国企业不受歧视，但并不管本国企业是否被"歧视"。许多发展中国家由于投资环境差、基础设施落后，为吸引外资而不得不给予外商减免税收等比本国企业更为优惠的政策，但这种做法并不违反世界贸易组织中的国民待遇规定。

国民待遇也有例外，包括：未参加《政府采购协议》成员方的政府歧视性采购（优先购买本国产品），世界贸易组织允许的某些特定的国内补贴，以及允许限制外国电影的放映数量。

国民待遇原则同最惠国待遇原则一样，都是建立在非歧视原则基础上的。它在许多方面可看做是最惠国待遇原则的补充。它主要被用于调整进口产品与本国产品在国内市场上的关系，消除最惠国待遇的国内措施、法规对进口产品的歧视。因此，可以说，国民待遇原则是非歧视原则在对进口产品的国内措施方面的体现。国民待遇原则与最惠国待遇原则的不同之处在于，前者体现于不得在国产商品和进口商品之间实施歧视待遇，后者则体现于不得针对不同出口国的商品实施歧视待遇。

（二）自由贸易原则

世界贸易组织的基本精神是要消除贸易壁垒，促进贸易发展。但面对各国的现实，只能采取逐步和局部降低贸易壁垒的办法。对于关税，总的原则是只能下降不能上升，成员方之间通过谈判达成的关税减让不能单方面任意取消，或通过别的方式来取代减让的关税。对进口数量的限制，世界贸易组织原则上规定要取消。但这些规定目前都不是绝对的，在某些情况下，世界贸易组织允许保留或使用一些贸易保护措施，包括关税与配额。这些情况包括：改善国际收支、对受伤害工业作短暂保护、稳定农产品市场、国家安全需要。对发展中国家来说，贸易保护还被允许用来作为实现某项经济发展目标的手段。但是，所有这些关税与非关税的措施都必须在非歧视原则下实施。

关税与贸易总协定乌拉圭回合还签署了《技术性贸易壁垒协议》、《海关估价协议》、《装运前检验协议》、《进口许可程序协议》、《动植物检疫措施协议》以及《与贸易有关的投资措施协议》等，旨在降低或消除非关税壁垒。

自由贸易原则在服务业上的体现是市场准入。世界贸易组织《服务贸易总协定》要求各成员方为其他成员方的服务产品和服务提供者提供更多的投资与经营机会，分阶段逐步开放商务、金融、电信、分销、旅游、教育、运输、医疗保险、建筑、环境、娱乐等服务领域。

（三）公平竞争原则

除了自由贸易以外，公平竞争也是世界贸易组织的一个重要原则。公平竞争原则包含三个要点：（1）公平竞争原则体现在货物贸易领域、服务贸易领域和与贸易有关的知识产权领域；（2）公平竞争原则既涉及成员方的政府行为，也涉及成员方的企业行为；（3）公平竞争原则要求成员维护产品、服务或服务提供者在本国市场的公平竞争，不论它们来自本国或其他任何成员方。

为了保证公平竞争，世界贸易组织禁止任何扭曲国际商品市场价格的行为，包括倾销和出口补贴。世界贸易组织允许成员方在某项工业受到别国倾销或出口补贴等歧视性贸易措施时，征收反倾销税或反补贴税以维持公平贸易。世界贸易组织签订《反倾销协议》和《反补贴协议》的另一个目的也是为了防止成员利用反倾销和反补贴的名义来实施贸易保护主义，反过来制造不公平竞争。因此，世界贸易组织规则规定，必须在符合反倾销和反补贴条件的情况下才能征收反倾销或反补贴税。

服务贸易领域的公平竞争原则主要体现在鼓励各成员方相互开放服务贸易市场，逐步为外国的服务或服务提供者创造市场准入和公平竞争的机会。对抑制竞争、限制服务贸易的商业惯例,《服务贸易总协定》要求成员方在其他成员的请求下进行磋商交流以最终取消这些惯例。

在知识产权方面,公平竞争原则主要体现为对知识产权的有效保护和反不正当竞争,并允许成员方采取措施防止或限制不正当商业行为。

与此相关的措施是透明度原则,贸易政策和其他经济政策的不透明常常隐藏着对外国企业的歧视和不公平。世界贸易组织规定,各成员必须公布和公开有关贸易的法律、法规、政策、司法判决和行政裁定,并且还必须及时通知其他成员国任何新的法规政策或任何变动。透明度的要求是为了保证信息公开,防止信息不完全下的不公平竞争。

为了保证公平竞争,世界贸易组织还对政府行为和国营贸易进行了限制。

三、世界贸易组织机构

世界贸易组织现有149个成员,占世界贸易额超过97%。另外还有近30个国家正在磋商加入事宜。世界贸易组织的所有成员都有权参加任何理事会、委员会,但是,争端解决机构的上诉机构和纺织品监督机构除外。

根据《建立世界贸易组织协定》的规定,世界贸易组织建立了相应的组织结构。其组织结构如图12-1所示。

(一)部长级会议

部长级会议是世界贸易组织的最高权力机构。世界贸易组织的最高权力机构是由所有成员方的代表组成,每两年至少召开一次会议。部长级会议具有广泛的权力,主要有[①]:

1. 立法权。从法律角度来讲,只有部长级会议才有权对其协定、协议做出修改和权威性解释。任何机构都没有这种法律权力。

2. 准司法权。对其成员之间所发生的争议或其贸易政策是否与世界贸易组织相一致等问题做出裁决。

3. 豁免某个成员在特定情况下的义务。

4. 批准非世界贸易组织成员所提出的取得世界贸易组织观察员资格申请的请示。

(二)总理事会

在部长级会议闭会期间,职能由总理事会行使。总理事会由世界贸易组织全

---

① 周汉民主编:《中国走进WTO》,文汇出版社2001年版。

体成员的代表组成，负责世界贸易组织的日常管理工作、事务处理和指导下设机构的各项工作，并处理世界贸易组织的重要紧急事务。总理事会可酌情召开会议，通常每年召开6次左右。总理事会还有两项具体职能：一是履行争端解决机构职责；二是执行贸易政策审议机构的职责。总理事会下设货物贸易、服务贸易、知识产权三个理事会和贸易与发展、预算两个委员会。这些理事会可视情况自行拟订议事规则，经总理事会批准后执行。所有成员均可参加各理事会。总理事会还下设贸易政策核查机构，它监督着各个委员会并负责起草国家政策评估报告。

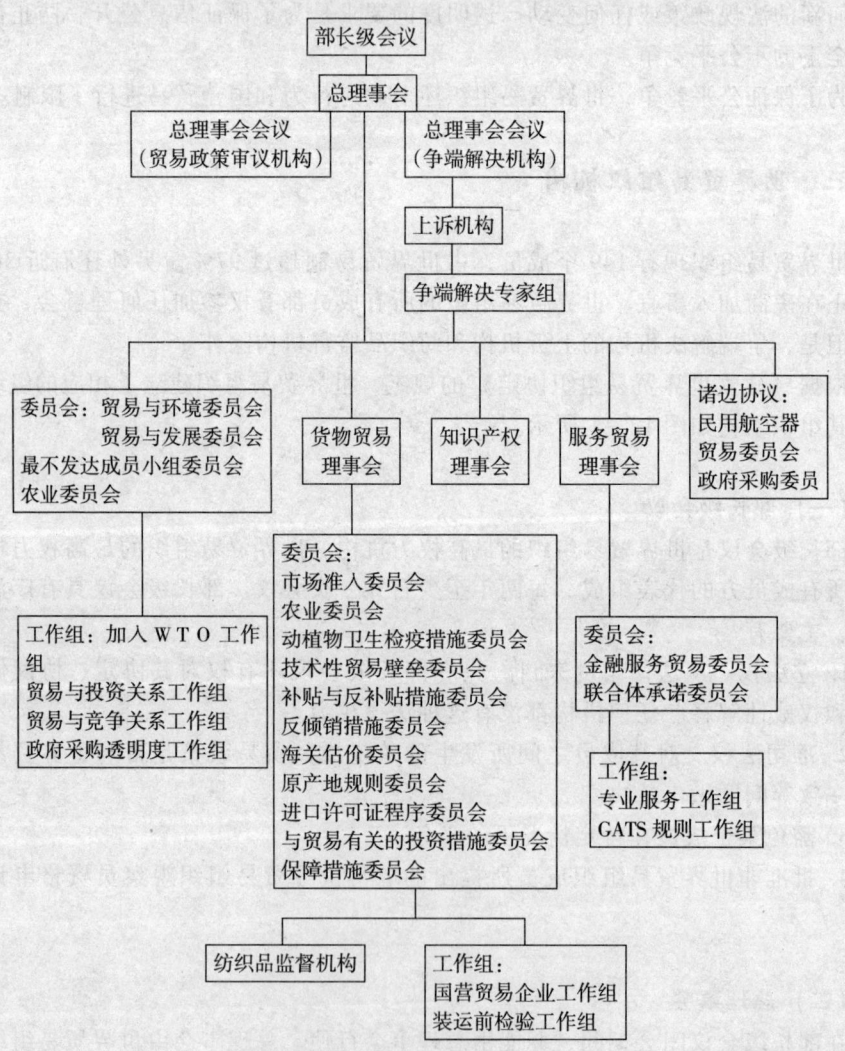

图 12-1　世界贸易组织的结构

1. 货物贸易理事会。货物贸易理事会负责和监督《1994年关税与贸易总协定》及其他货物贸易协议和决定等的实施。货物贸易理事会下设一些专门委员会，包括市场准入委员会、农业委员会、实施卫生与植物卫生措施委员会、技术性贸易壁垒委员会、补贴与反补贴措施委员会、反倾销措施委员会、海关估价委员会、原产地规则委员会、进口许可程序委员会、与贸易有关的投资措施委员会、保障措施委员会以及监督机构等。

2. 服务贸易理事会。服务贸易理事会负责监督实施《服务贸易总协定》，下设海上运输服务谈判组、自然人移动谈判组、金融服务贸易委员会和联合体承诺委员会、专业服务工作组等。

3. 知识产权理事会。知识产权理事会负责监督实施《与贸易有关的知识产权协议》，尚无下设机构。

部长级会议设立各专门委员会，负责处理三个理事会的共性事务以及三个理事会管辖范围以外的事务。各专门委员会向总理事会直接负责。

(三) 专门委员会

1. 贸易与发展委员会。负责定期评审有关最不发达成员方优惠的特别规定执行情况，并向总理事会提出报告，以便采取适当的行动。

2. 国际收支限制委员会。负责审议以国际收支困难为理由而采取的贸易限制措施。

3. 预算、财务和行政委员会。

4. 贸易与环境委员会。

5. 区域贸易协定委员会。

各专门委员会对世界贸易组织所有成员开放，实际上只有贸易与发展委员会由几乎所有世界贸易组织成员参加。

(四) 负责诸边贸易协议实施的委员会

根据《民用航空器贸易协议》和《政府采购协议》的规定，世界贸易组织还设立了民用航空器委员会和政府采购委员会，负责监督实施相应的诸边贸易协议。这两个委员会只向签署方开放。这两个委员会不是总理事会的附属机构，但在世界贸易组织内运作，并要定期向总理事会通报其活动。

(五) 秘书处与总干事

1. 秘书处。秘书处的工作由总干事领导，其职能是为世界贸易组织的各种机构提供秘书性工作。除此之外，秘书处的经济学家对贸易实绩和贸易政策进行分析；法律专家向各代表团提供法律咨询，并帮助解决涉及世界贸易组织规则和程序的贸易争端。秘书处设在日内瓦。

2. 总干事。总干事是世界贸易组织秘书处的首脑，其人选由部长级会议任命。总干事的权力、职责、服务条件和任期均由部长级会议以立法形式确定。总干事除了领导秘书处工作外，还任命秘书处的职员，根据部长级会议的规定确定他们的责任和服务条件；向预算、财政与行政委员会提出世界贸易组织的预算和财务报告。尽管世界贸易组织对总干事的职权并未作非常具体的规定，但实际上，总干事对世界贸易组织的工作的影响是很大的，他可以最大限度地向各成员方施加影响，要求它们遵守世界贸易组织的各项规则；可以参与调解国际贸易争端；同时，他也是第一轮多边贸易谈判的当然主席。

总干事和秘书处职员的职责纯属国际性质。在履行其职责时，总干事和秘书处职员不得寻求或接受世界贸易组织之外任何政府其他权力机关的指示。

（六）其他机构

除上述常设机构外，世界贸易组织还根据需要设立了一些临时性机构，通常被称为工作组。如加入世界贸易组织工作组、服务贸易理事会下的专业服务工作组等。工作组的任务是研究和报告有关专门事项，并最终提交相关理事会做出决定。一些工作组还承担有关谈判的组织工作。一些工作组直接向总理事会报告，如加入世界贸易组织工作组。

四、世界贸易组织的法律体系

世界贸易组织法律体系是由一系列协议组成的庞大体系，其主要内容收录于《乌拉圭回合多边贸易谈判的最后文本》（以下简称《乌拉圭回合最后文本》），是由《建立世界贸易组织协定》16条案文及其4个附件组成的。

（一）《建立世界贸易组织协定》

《建立世界贸易组织协定》是世界贸易组织的组织法。其正文有16条案文，规定了世界贸易组织的宗旨和原则、调整范围、职能、组织结构、法律地位、决策机制、成员资格以及《建立世界贸易组织协定》和世界贸易组织法律体系内其他协议的接受、生效、保留和修正等。

（二）关于货物贸易规则

附件一包括三个部分，即货物贸易规则、服务贸易规则和与贸易有关的知识产权规则。

1. 《1994年关税与贸易总协定》。《1994年关税与贸易总协定》是《1947年关税与贸易总协定》的继承和发展，它包括三个部分：《1947年关税与贸易总协定》的各项条款；《建立世界贸易组织协定》生效之前在关贸总协定下生效的法律文件的各项条款；乌拉圭回合就《1947年关税与贸易总协定》若干条款达成的谅解。

2. 货物贸易的多边协议。具体包括：

（1）《农产品协议》。乌拉圭回合谈判中，经过多方努力，最终就农产品贸易问题达成一致，各成员方就农产品的市场准入、国内支持措施、出口补贴等主要方面做出承诺，极大地推动了农产品贸易自由化的进程。

（2）《纺织品与服装贸易协议》。纺织品、服装贸易是另一个一直游离于关贸总协定之外的国际货物贸易领域。在乌拉圭回合谈判前，国际纺织品、服装贸易主要受《多种纤维协定》的约束，各国主要通过签订双边协议，以纺织品配额形式约束进出口行为，这种非关税措施的实施严重阻碍了纺织品、服装贸易的发展。乌拉圭回合谈判中，发展中国家作为纺织品、服装的主要出口国，强烈要求将纺织品、服装贸易纳入多边自由贸易体制之下。经过艰苦的谈判，最终达成了《纺织品与服装贸易协议》，作为乌拉圭回合一揽子协议的一部分，纳入世界贸易组织统一管辖之下。

（3）《关于履行〈1994年关税与贸易总协定〉第七条的协议》，即《海关估价协议》。一直以来，海关估价方法是各国管理对外贸易活动的主要措施，但实践中存在的对海关估价方法的畸形使用，却使海关估价成为阻碍国际贸易发展的一项壁垒。关税与贸易总协定体制下的《海关估价协议》最早产生于1979年东京回合谈判，在乌拉圭回合谈判中进一步得到补充和修改。

（4）《装运前检验协议》。该协议是乌拉圭回合谈判达成的新协议。20世纪80年代以来，发展中国家为了保障国际贸易中的利益不受损失，雇用私人公司对从发达国家进口的货物在装船前进行检验。发达国家出口商认为这是一种不公正的做法，有碍国际货物贸易的发展。

（5）《进口许可程序协议》。进口许可证的使用是各国管理对外贸易的另一项主要措施，对于保护某些特定行业具有一定的意义，但其滥用则会成为阻碍国际贸易发展的障碍。为了统一规范各成员方的进口许可制度，减少其对国际贸易的负面影响，1979年东京回合达成了《进口许可程序协议》，该协议在乌拉圭回合谈判中得到进一步的改进和完善。由于该协议也是作为一揽子协议的一部分，其适用的成员方范围得到了扩大。

（6）《原产地规则协议》。在国际贸易中，各国通过制定和实施原产地规则，一方面方便进出口贸易和消费者选购商品,另一方面通过对原产于不同国家和地区的商品给予不同的待遇,也易产生不公正的贸易歧视做法。为了规范各国采取原产地措施的行为,乌拉圭回合谈判中达成了《原产地规则协议》。

(7)《技术贸易壁垒协议》。技术贸易壁垒是指各国通过技术法规、技术标准、产品认证、环保要求等对进口产品予以限制。这一措施的滥用也将导致对国际贸易的阻碍。东京回合谈判中,各缔约方就此问题已达成协议,乌拉圭回合在原有协议基础上经过修改和补充,形成了新的《技术贸易壁垒协议》。

(8)《实施卫生与动植物检疫措施协议》。从广义上讲,动植物卫生检疫应属于技术贸易壁垒的一种。从适用对象上来说,它主要适用于农畜产品的进出口。由于农产品贸易在国际贸易中的敏感性和重要性,动植物卫生检疫措施成为各国保护本国农业、畜牧业发展的一项重要措施。为了防止这一措施的滥用,乌拉圭回合谈判就此问题达成协议,对所有成员方广泛适用。

(9)《与贸易有关的投资措施协议》。这是乌拉圭回合谈判达成的新协议,是第一次将与贸易有关的投资措施纳入关税与贸易总协定多边贸易体制中。该协议通过确定与贸易有关的投资领域的国民待遇原则、取消数量限制原则、透明度原则等规范投资东道国采取的投资措施。

(10)《关于履行〈1994年关税与贸易总协定〉第六条的协议》,即《反倾销协议》。20世纪70年代以来,特别是进入80年代以后,随着关税的不断降低和某些非关税措施的减少,世界各国越来越多地采取反倾销措施对他国以低价倾销方式进口的商品予以处罚,以保护国内相关产业。反倾销措施同其他管制进出口的措施一样,也具有双重作用,一方面它可以制止低价进口的倾销行为,保护成员方国内相关产业的发展,但对它的过度使用又会阻碍国际贸易自由化的进程。因而,在东京回合谈判中,各缔约方就反倾销问题达成一项协议。在乌拉圭回合谈判中,根据国际贸易发展的新形势、新问题,又对该协议进行了修改、补充,形成现行有效的、所有成员方均应遵守的《反倾销协议》。

(11)《补贴与反补贴措施协议》。世界各国政府往往通过对国内某些产品的生产和出口提供补贴,以达到扶持某些产业部门、发展本国经济的目的。一般来说,补贴会对国际贸易发展产生扭曲和限制作用。因而,东京回合谈判中各方达成了《补贴与反补贴措施协议》规范各缔约方采取补贴措施的行为。但由于只有20多个缔约方接受该协议,其适用范围大受影响,实际作用不大。乌拉圭回合谈判中,该协议经补充、修改后,作为一揽子协议的一部分对所有世界贸易组织成员方生效,扩大了它的适用范围,对国际贸易产生了促进作用。

(12)《保障措施协议》。关税与贸易总协定自其产生时起,就包含了许多"例外",这些"例外"可以使某些缔约方不承担关税与贸易总协定规定的某些义务,保障条款就是这许多"例外"之一。为了规范各国采取保障措施的行为，使其发挥应有的作用，防止对它的过度滥用，谈判各方最终达成了《保障措施协议》。

(三) 关于服务贸易的规则

服务贸易规则体现在一个协议中，即《服务贸易总协定》(General Agreement on Trade in Service, GATS)。服务贸易领域在乌拉圭回合中第一次被纳入世界贸易组织体系之中，这与近年来服务贸易的迅速发展不无关系。进入21世纪初以来，国际服务贸易额每年超过8 000多亿美元，约占世界贸易总额的20%强。由于以往关税与贸易总协定调整的范围仅限于国际货物贸易，因而服务贸易领域内所制定的各种政策、措施不受关税与贸易总协定确定的贸易自由化原则约束，这些政策、措施不同程度地影响了外国服务业的进入，限制了国际服务贸易的自由流动。在服务贸易较发达的国家的极力倡导下，乌拉圭回合就服务贸易问题达成了一项协议，即《服务贸易总协定》，将这一重要贸易领域纳入世界贸易组织的多边规则管辖之下。《服务贸易总协定》主要包含世界贸易组织有关服务贸易的原则、规则和制度。此外，《乌拉圭回合最后文本》的部长级会议决议和宣言中亦有相当部分与服务贸易有关，例如：《关于服务贸易与环境的决定》、《关于自然人流动问题谈判的决定》、《关于金融服务的决定》、《关于海运服务谈判的决定》、《关于基础电信谈判的决定》、《关于专业服务的决定》、《关于服务〈服务贸易总协定〉机构安排的决定》、《关于〈服务贸易总协定〉部分争端解决程序的决定》等。

(四) 关于与贸易有关的知识产权的规则

与贸易有关的知识产权规则体现在《与贸易有关的知识产权协议》中。国际知识产权保护本不属于关税与贸易总协定的管辖范围，国际社会为保护知识产权已订立了多项国际协议。但随着科技的发展，知识产权保护对贸易的影响越来越大，关税与贸易总协定的各缔约方特别是科技领先的发达国家要求就知识产权保护达成协议，将与贸易有关的知识产权问题也纳入多边贸易体制之中。在它们的努力下，乌拉圭回合谈判最终达成了《与贸易有关的知识产权协议》。该协议对版权、商标、地理标志、工业设计、专利、集成电路设计、未泄露的信息等七类知识产权的保护做出规定，制定了保护的基本原则，明确了产权的效力、范围、取得和保护及程序以及争端的防止和解决。

(五) 关于争端解决机制的规则

《建立世界贸易组织协定》附件二是《关于争端解决规则与程序的谅解》。

《1947年关税与贸易总协定》只在第 22 条和第 23 条规定了有关贸易争端解决的程序，由于它们只是一些原则性规定，作为解决争端的程序规则显然不够具体。关贸总协定在其运行的 47 年间，虽形成了一套有关争端解决的实际做法，但并未达成一项专门的协议。乌拉圭回合通过的《关于争端解决规则与程序的谅解》第一次就争端解决问题制定了专门的规定。世界贸易组织建立后，其解决国际贸易争端的能力与以往相比得到了加强，通过严格遵守争端解决规则，提高了争端解决的效率，增强了有关裁决的强制力。（详细内容见本章第四节）

（六）关于贸易政策审议机制

《建立世界贸易组织协定》附件三是《贸易政策审议机制》。对各国贸易政策的审议是世界贸易组织的三大职能之一。通过对各成员方贸易政策的审议，一方面提高了各成员方贸易政策的透明度；另一方面通过审议纠正各成员方贸易政策中与世界贸易组织规则不相符的内容，保证有关规则的贯彻执行。

（七）诸边贸易协议

《建立世界贸易组织协定》附件四包括四个诸边贸易协议：《民用航空器贸易协议》、《政府采购协议》、《国际奶制品协议》和《国际牛肉协议》。所谓诸边贸易协议，是指并不包括在一揽子协议中、并不自动地对全体成员方生效的协议，它们只对明确表示接受协议的成员方有效。这些协议适用范围有限，并且其中有些协议现在已经失效（《国际奶制品协议》和《国际牛肉协议》已于 1997 年年底终止）。

第四节　世界贸易组织的决策机制和争端解决机制

一、世界贸易组织的决策机制

世界贸易组织的决策机制指该组织对有关事项做出决定时应予以遵循的程序规则。这些事项主要指对条文的解释、修改、豁免义务以及接收新成员等，世界贸易组织决策程序的规定十分重要，因为它直接涉及与这些事项相关的各成员方的权利和义务。

（一）协商一致的规则

《建立世界贸易组织协定》第 9 条第 1 款明确规定："世界贸易组织应继续实

行关税与贸易总协定 1947 年所遵循的经协商一致做出决定。除非另有规定，否则如无法经协商一致做出决定，则争论中的事项应通过投票决定。在部长级会议和总理事会会议上，世界贸易组织每一成员拥有一票。"协商一致指在提交事项做出决定的会议上，与会成员方未正式提出反对建议，即视为以协商一致的方式做出决定。换句话说，只要出席会议的成员对拟通过的决议不正式提出反对就视为同意，包括保持沉默、弃权或进行一般的评论等均不能构成反对意见。

根据世界贸易组织协议，下列事项除非另有规定，都要求以协商一致的方式做出决定：对世界贸易组织协议及多边贸易协议（即附件一）的修改；豁免义务；对争端解决机构依照争端谅解协议做出决定时，需以协商一致同意方式做出；对世界贸易组织协议附件四诸边贸易协议的增加；《国际奶制品协议》和《国际牛肉协议》理事会的决定等。

（二）一国一票简单多数规则

《建立世界贸易组织协定》第 9 条第 1 款还规定："除非另有规定，否则如无法经协商一致做出决定，则争论中的事项应通过投票决定。在部长级会议和总理事会会议上，世界贸易组织每一成员拥有一票。除本协议和多边贸易协议另有规定外，部长会议和总理事会的决定应以多数表决通过。"这就是一国一票简单多数原则。

《建立世界贸易组织协定》对某些事项规定了特殊的投票通过原则应为例外。

（三）特别多数规则

除协商一致规则与简单多数规则外，关于某些特定事项的决议需要以特别多数表决，它们是：

1. 关于接纳新成员的表决。由部长级会议以世界贸易组织成员的 2/3 多数票做出。

2. 关于条款解释的投票表决。《建立世界贸易组织协定》和多边贸易协定解释权力归部长级会议或总理事会专有。对多边贸易协定条款的解释，部长级会议或总理事会应根据监督实施协定的相应理事会的建议进行表决，并获得成员的 3/4 多数支持才能通过。

3. 关于义务豁免的投票表决。按照《建立世界贸易组织协定》和多边贸易协定的规定，任何成员既享受一定的权利，也要履行相应的义务。但在特殊情况下，对某一成员应承担的某项义务，部长级会议可决定给予豁免。对成员提出的义务豁免请求，部长级会议应确定在不超过 90 天的期限进行审议。首先应按照协商一致原则做出决定；如果在确定的期限内未能协商一致，则进行投票表决，需由成员的 3/4 多数通过才能做出义务豁免决定。

4. 关于修正案的投票表决。世界贸易组织的任何成员均可向部长级会议提出修正《建立世界贸易组织协定》和多边贸易协定条款的提案。部长级会议应在 90 天或确定的更长期限内，首先按照协商一致原则，做出关于将修正案提请各成员接受的决定。若在确定的期限内未能协商一致，则进行表决，需由成员的 2/3 多数通过，才能做出关于将修正案提请各成员接受的决定。但关键条款的修正除外，即世界贸易组织最基本原则的修改除外。

（四）所有成员方一致通过规则

所有成员方一致通过规则是指世界贸易组织做出某项决定时，不仅没有任何成员方表示正式反对，而且所有成员都明确表示同意，这一规则主要运用在对世界贸易组织最基本原则的修改上。这些关键条款是：

1. 《建立世界贸易组织协定》第 9 条关于"决策"规定和第 10 条"修正"的规定。
2. 《1994 年关税与贸易总协定》第 1 条"最惠国待遇"规定和第 2 条"减让表"规定。
3. 《服务贸易总协定》第 2 条第 1 款"最惠国待遇"规定。
4. 《与贸易有关的知识产权协议》第 4 条"最惠国待遇"规定。

所有成员方一致通过规则与协商一致规则有本质的区别，协商一致是指不出席会议或出席会议但保持沉默或弃权或发言只属于一般性评论等，都不构成反对意见，应视为获得协调一致通过。而所有成员方一致通过规则要求每一个成员方必须以明示的方式表示接受。实际上，依照此规则通过修改决定的可能性微乎其微，可确保世界贸易组织在决策机制、最惠国待遇及关税减让等重大原则上保持稳定。

（五）反向一致规则

反向一致规则是以协商一致做出否定的表示。此规则是乌拉圭回合谈判对过去 GATT 决策的一项重大而富有创新意义的改革，主要应用于世界贸易组织争端解决机构的决策。例如：《关于争端解决规则和程序的谅解协定》第 6 条规定："当起诉方提出建立专家小组的请求，除非在争端机构的会议上以协商一致方式不同意建立专家小组，否则应成立专家小组。"第 16 条第 4 款规定：在争端解决机构讨论通过专家小组报告时，如果纠纷当事方不提出上诉，或争端解决机构未以一致决议不通过此报告，则报告应在争端解决机构会议上通过。

反向一致规则是世界贸易组织一项新的程序规则，可以防止对世界贸易组织纠纷解决程序的阻挠或对专家小组、争端解决机构及仲裁的建议、裁决与决定的置之不理，使各成员方真正重视运用世界贸易组织的争端解决机制来解决问题。同时，还可保证争端解决机制的独立运行，保证各成员方在世界贸易组织中的权力，使成员履行世界贸易组织的义务。

二、世界贸易组织的争端解决机制

世界贸易组织的争端解决机制指该组织对由成员方引起的贸易争端、纠纷解决的规则及程序。

（一）争端解决机制的作用与目的

世界贸易组织《关于争端解决规则与程序的谅解》指出："世界贸易组织的争端解决制度是保障多边贸易体制的可靠性和可预见性的核心因素。"

世界贸易组织成员承诺，不应采取单边行动以对抗其发现的违反贸易规则的事件，而应在多边争端解决制度下寻求解决，并遵守其规则与裁决。

世界贸易组织争端解决机制的目的在于"确保对争端有积极的解决办法"。因此，对于成员之间的争端问题，它鼓励寻求与世界贸易组织规定相一致的、各方均可接受的解决办法。通过有关政府之间的双边磋商，找到解决办法。

根据《关于争端解决规则与程序的谅解》的规定，世界贸易组织成员之间产生贸易争端，应首先由当事方之间进行协商寻求贸易的解决办法。如果不能在60天内通过协商解决争端，当事方可以请求争端解决机构成立专家组审查争端。但即使在专家组审查争端的过程中，当事方仍然还可能通过双方协商解决争端。这一规定最符合争端解决机制的宗旨。即在维持世界贸易组织成员之间权利和义务平衡的前提下，使争端得到令人满意的解决。通过协商实现的解决办法一般都是为当事双方所乐于接受的。同时也有利于维护世界贸易组织成员间利益平衡和组织内部的合作精神，从而有助于组织机构的良好运转，因而这样的解决办法是积极的。在世界贸易组织成立后5年的争端解决实践中，约有1/4的争端是通过第一阶段的双边协商得到解决的。有关当事方根据协商结果迅速调整自己的贸易立法和贸易措施，从而保证了国际贸易的顺利进行。还有一些争端是在专家组成立以后通过协商解决的。如通过协商，美国宣布终止它对欧盟某些产品提高关税的措施，欧盟遂从争端解决机构撤回其提交的关于成立专家组的请求。

（二）争端解决机构的构成

1. 争端解决机构（dispute settlement body，DSB）。为了更有效地解决贸易争端,《关于争端解决规则与程序的谅解》规定设立争端解决机构,隶属于部长级会议之下。争端解决机构的设立为该组织解决争端的规范化创造了必要的条件,因为关税与贸易总协定始终未能建立这样一个机构。1995年1月31日,在世界贸易组织总理事会第一次会议上,争端解决机构正式成立。有了专门解决争端的机构,成员之间发生争端,即可以随时上诉常设的机构,为及时化解矛盾,促进国际贸易顺利发展提供了保障。

争端解决机制的具体职责:成立专家组并通过其报告;组建上诉机构并通过其报告;监督裁决和建议的履行;根据有关协议授权终止各项减让和其他义务。

争端解决机构的办事规则:根据需要召开会议,以期在《关于争端解决规则与程序的谅解》规定的时间框架内解决争端;向有关理事会和委员会通报有关争端解决的进展情况;按照协商一致的原则做出有关决定。

2. 专家组。专家组是在磋商未果时,在申诉方的请求下由争端解决机构成立的。有关争端解决完毕,专家组的使命也即结束。根据不同的争端,可同时设立多个专家组。被诉方同多个申诉方之间发生的关于同一问题的争端,一般可分别成立专家组,但是,一般由同一专家组对各个争端统一审理。有关程序要求争端解决机构最迟不晚于在它第二次审议建立专家组的要求之前将专家组建立起来。一般情况下,专家组由3名专家组成,若争端双方同意,也可扩大到5名。专家组成员必须在专家组建立之后的30天内选出。在遴选专家组成员时。世界贸易组织秘书处根据需要从一份合格人选名单中向争端各方建议3名可能的专家组成员。若在选择专家组成员时存在实际困难,专家组成员也可由总干事指定。当选的专家组成员以个人身份提供服务,不接受任何政府的指示。专家组成员应为资深的政府官员或非政府人士,并应具有多种不同的背景和丰富的经验。虽然专家组成员不接受任何政府的指示,但是,因为专家组每个成员的意见对专家组报告的最后形成具有很重要的影响,故各争端方对专家组的人选甚为重视。专家组的职权是:协助争端解决机构对争端各方提出的事实和理由进行客观审查,并就案件的事实与法律问题提出调查报告,进行事实认定,得出结论,提供建议,便于争端解决机构在此基础上提出建议和做出裁决。

3. 常设上诉机构。1995年2月,争端解决机构组建了常设上诉机构。

依照《关于争端解决规则与程序的谅解》的规定,常设上诉机构由7人组成,任期4年,可连任一次。7名成员依一定程序定期轮换。7名成员应在世界贸易组织的成员方中有广泛代表性。7名成员的遴选程序是:各成员方代表团提名;在提名的基础上,世界贸易组织总干事、争端解决机构主席、总理事会主席以及货物贸易理事会、服务贸易理事会和知识产权理事会的主席联合提出建议名单,争端解决机构正式任命。常设上诉机构的成员必须是在法律和国际贸易领域中公认的权威,并且是对各有关协议具有专业知识的人员。这些成员不属于任何国家的政府。

常设上诉机构的规则主要有:(1)上诉机构在任何时间接到通知即提供服务;(2)任何案件的上诉应由该机构7名成员中的3名同时受理;(3)上诉机构成员不能与任何可能产生直接或间接利益冲突的一方发生争端;(4)只受理争端的当事方对专家组的决定提出的上诉;(5)上诉应限于专家组报告中所涉及的法律问题以及该专家组所作的法律解释;(6)上诉机构应在与总干事和争端解决机构主席磋商的基础上制定其工作程序;(7)上诉机构的工作应当保密;(8)上诉机构可以维持、修改或推翻专家组的法律认定和结论。

(三)争端解决的范围与原则

1. 世界贸易组织的管辖权。当世界贸易组织成员之间发生贸易争端时,若一方有意将争端投诉到世界贸易组织,则须首先认定该项争端是否在世界贸易组织争端解决机制的管辖范围之内,即首先要确定管辖权问题。世界贸易组织争端解决机制的管辖范围包括涉及以下协议的争端。

(1)《建立世界贸易组织的马拉喀什协议》。

(2)多边贸易协议:附件一中关于货物贸易的多边协议、《服务贸易总协定》;附件二《关于争端解决规则与程序的谅解》。

(3)附件四诸边贸易协议。

2. 世界贸易组织解决争端的原则。世界贸易组织的争端解决机制是保障多边贸易体系的可靠性和可预见性的核心因素。其主要原则有:

(1)协商解决争端原则。世界贸易组织争端解决机制鼓励争议双方尽量采取友好协商的办法来解决问题。《关于争端解决规则与程序的谅解》规定,每个成员保证对另一成员提出的有关问题应给予考虑,并就此提供充分的磋商机会。世界贸易组织争端解决机制的目的在于"为争端寻求积极的解决办法"。因此,对于成员之间的问题,鼓励寻求与世界贸易组织规定相一致的、各方均可接受的解决办法。

(2)磋商、调解原则。世界贸易组织争端解决机制中的调解程序主要规定在《关于争端解决规则与程序的谅解》第5条"斡旋、调解和调停"之中。斡旋是第三方以各种方式促成当事方进行谈判的行为;而调停则是以第三方的中立身份直接参与有关当事方的谈判。在处理国际争端时,调解是将争端提交一个委员会或调解机构,该调解机构的任务是阐明事实,提出报告,提出解决争议的建议,以设法使争端各方达成一致。因此,调解机构的权威性与参与程度要大于调停方式。无论是斡旋、调解还是调停,在世界贸易组织争端解决机制中,都必须在争端各方的同意下才能进行。斡旋、调解和调停可以在任何时候进行，也可以在任何时候终止。世界贸易组织总干事作为该组织的最高行政官员，则应依照其职权积极进行斡旋、调解或调停，协助各成员及时解决争端。

（3）多边原则。世界贸易组织成员承诺，不针对其认为违反贸易规则的事件采取单边行动，而诉诸多边争端解决机制，并遵守其规则与裁决。世界贸易组织鼓励各成员在遇到争端时，应尽量采取多边机制来进行解决。

（4）程序上的协商一致原则。世界贸易组织的争端解决机构在做出决定时，同原关税与贸易总协定一样，遵循协商一致的原则。在这方面，世界贸易组织的争端解决机制比关税与贸易总协定的机制更完善，它引入了"无差异协商一致"和"反向一致"的概念。前一概念，在争端解决机构做出决定的会议上，倘若没有成员就拟议的决定正式提出反对意见，则应认为争端解决机构就提交的争端事项做出决定时，意见是一致的。而后一概念则是指所有参加争端解决机构的成员对某一问题或程序均持反对意见。

（5）对发展中成员程序特殊原则。关税与贸易总协定1966年通过的《根据第23条的程序》，对发展中国家向发达国家提出的申诉提供了一些便利。《关于争端解决规则与程序的谅解》第12条（专家小组程序）、第21条、第27条等都规定了一些照顾发展中国家的原则与措施。

（四）争端解决的程序

世界贸易组织成员如有争端，应先进行协商，在一方提出要求后的30天内，必须开始协商。如60天后未获解决，一方可申请成立专家小组。争端解决机构在接到申请后的第二次会议上必须做出决定，即同意或不同意成立专家小组，只有当争端解决机构全体反对时，专家小组才不能成立。这意味着在世界贸易组织体制下比《1947年关税与贸易总协定》更容易成立专家小组，因为在原关贸总协定体制下，可以"协商未果"为借口拖延专家小组的成立。这表明，世界贸易组织解决争端的机制在加强。

（五）专家报告的执行

争端解决程序规定，贸易争端各方可以三种方式执行专家报告。

1. 履行。争端解决程序强调，违背其义务的一方，必须立即履行专家小组或争端解决机构的建议。如果该方无法立即履行这些建议，该机构可以根据请求给予一个合理的履行期限。

2. 提供补偿。若违背义务的一方在合理的履行期限内不履行建议，引用争端解决程序的一方可以要求补偿。或者，违背义务的一方可以主动提出给予补偿。

3. 授权报复。当违背义务的一方未能履行建议并拒绝提供补偿时，受侵害的一方可以要求争端解决机构授权采取报复措施，终止协议项下的减让或其他义务。这意味着，当一方违背其在《1994年关税与贸易总协定》或某个有关协议项下的义务时，受侵害的一方在争端解决机构的授权下，可以提高从违背义务的一方进口货物的关税，所涉及产品的贸易额应当相当于被起诉措施所带来的影响。

但是，提供补偿和由争端解决机构授权采取报复是临时性措施，最终的结果应是违背义务的一方实施建议。

第五节　世界贸易组织的首轮多边贸易谈判
——多哈回合

一、世界贸易组织首轮多边贸易谈判的发起

世界贸易组织部长级会议是世界贸易组织的最高决策机构，由全体成员的代表组成，至少每两年举行一次会议。1996年12月，在新加坡举行了世界贸易组织成立以来首次部长级会议后，1998年5月，世界贸易组织第二届部长级会议在日内瓦举行。1999年11月30日至12月3日所举行的西雅图会议虽经各成员代表历时4天的激烈谈判，却无果而终，曾被寄予厚望、被当时称为"千年回合"或"克林顿回合"，并未如期启动。

西雅图部长级会议无果而终，使得世界贸易组织的千年回合谈判未能如期举行，其中所留给人们的问题是值得深思的。然而，从拥有的国际经济理论与实证分析得知，全球经济一体化和贸易自由化会给参与国家带来益处。所以，世界贸易组织发起新一轮谈判，的确是势在必行。为了实现世界贸易组织的宗旨，进一步加强世界贸易自由化并巩固和落实乌拉圭回合谈判的成果，世界贸易组织继西雅图部长级会议之后，又准备发起多哈部长级会议，重新将新一轮多边贸易谈判提到议事日程上来。新一轮谈判目标明确、宏大，它不仅完成乌拉圭回合所未完成领域的自由化以及乌拉圭回合确定要谈判的领域，而且将乌拉圭回合未涉及的新议题纳入其中。因此，可以说，新一轮谈判将全面制定21世纪的国际经贸竞争规则。经过各方的努力，多哈部长级会议最终于2001年11月得以举行，并取得了初步的成果，为新一轮谈判——多哈回合提供了良好的开端。

(一) 多哈部长级会议启动新的多边贸易谈判的主要原因

多哈部长级会议之所以要启动新的多边贸易谈判，是在世纪之交就已提出，

是有着深刻的宏观和微观原因。宏观方面的原因主要有以下两点：(1) 世界经济发展延缓，保护主义增强，需要用世界贸易组织新的多边贸易谈判作为对贸易保护主义的缓冲。(2) 世界贸易组织多边贸易体制需要公众支持。微观方面主要原因有以下三点：(1) 争端解决谅解协议的执行问题过程中出现了许多问题。例如，上诉程序中存在的问题，如上诉机构具有浓厚的司法色彩，但它并没有被赋予审查上诉请求合理性的权力，即没有驳回上诉的权力。(2) 世界贸易组织协议自身的严重先天不足需要改正。例如，世界贸易组织的管理机制与运作缺乏透明度，程序不够公平并且缺少与其他国际组织之间的联系。(3) 由于世界贸易组织规则本身的不完善、不充分性也需要进一步补充与完善。例如《服务贸易总协定》只有一些承诺、原则，很不具体，可操作性较差，所以其内容正在进一步完善中。

从上述情况来看，如果再不发动新一轮回合的谈判，世界经济将会一蹶不振，甚至对多边贸易体系本身造成破坏。有鉴于此，世界贸易组织急需发动新一轮的谈判来克服自身的缺陷，同时削弱贸易保护主义的影响，促进世界经济的发展。多哈部长级会议便是在这一国际背景条件下召开的。

(二) 多哈会议取得的主要成果

多哈会议取得的主要成果为：

1. 通过了部长宣言。世界贸易组织第四次部长级会议于 2001 年 11 月 14 日晚通过《部长宣言》等文件。与会的 142 个成员一致同意自 2002 年 1 月 31 日起启动新的多边贸易谈判，即多哈回合，并在 2005 年 1 月 1 日前结束所有谈判。

2. 达成了《关于知识产权协议和公共健康的宣言》，确认了该协议不应阻止世界贸易组织成员为保护公共健康而采取措施实施的强制许可。

3. 通过了《关于乌拉圭回合协议执行问题的决定》，这些执行问题主要涉及 GATT1994 第 18 条、《农产品协议》、《卫生与检疫措施协议》、《纺织品与服装协议》、《贸易技术壁垒协议》、《与贸易有关的投资措施协议》、《反倾销协议》、《海关估价协议》、《原产地规则协议》、《补贴与反补贴协议》、《与贸易有关的知识产权协议》等。

(三)《部长宣言》的主体部分内容[①]

《部长宣言》中的主体"工作计划"的主要内容包括：

---

① 以刘光溪主编的《多哈会议与 WTO 首轮谈判》（上海人民出版社 2002 年版）为主由作者整理而成。

1. 与执行相关的问题。达成了《关于乌拉圭回合协议执行问题的决定》。决议中充分考虑到发展中国家在实施世界贸易组织协议中遇到的问题和困难。特别重视各成员提出的与执行相关的事项和关注，并决心针对它们寻求适当的解决办法。在这方面，与2000年5月3日和12月15日总理事会决议有关，进一步通过《与执行有关事项和关注的决定》以处理各成员面临的一系列实施问题。同意突出的实施问题应为正在制定的《工作计划》的一个不可或缺的组成部分，这些谈判早期达成的协定可以在一个临时的或最后确定的基础上履行，在评估谈判的全面平衡时应考虑早期协议。在这点上，应着手如下工作：(1) 如果在本宣言中提供特定的谈判指令，则相关的实施问题应遵照该指令进行；(2) 其他突出的实施问题应由相关的世界贸易组织机构作为首要问题予以解决，并向依据世界贸易组织的要求，贸易谈判委员会最迟不晚于2002年1月31日举行第一次会议，按要求建立合适的谈判机制并监督谈判的进展。

2. 农业。呼吁成员方限制采用冒险性措施以促进农业的发展和提高食品安全。2001年在日内瓦世界贸易组织总部开始的协调农业贸易的谈判将包括在新的贸易谈判中。

(1) 新的谈判目标是：第一，大幅度提高农产品市场准入机会，逐步降低并最终取消农业出口补贴；第二，大幅度削减造成贸易扭曲的国内支持措施；第三，发展中国家可以采取特殊措施和区别对待。

在迄今所做的工作的基础上，并对谈判结果未加预测的情况下，承诺进行广泛的谈判，目的为：真正提高市场准入度；以取消为目的，减少一切形式的出口补贴；真正削减扭曲贸易的国内支持。同意给予发展中国家的特殊和差别待遇应当成为谈判所有环节不可缺少的部分，并应包含于减让表和承诺之中，且适当时将它作为谈判的规则和原则，以便有效实施，也使发展中国家能有效考虑它们的发展需要，包括粮食安全和农业发展，注意到各成员提交的谈判议案中反映的非贸易关注，保证将在谈判中遵照《农业协定》的规定考虑非贸易关注。

(2) 农业谈判议程问题。成员方将在2003年3月底做出首次建议。进一步承诺的方式，包括特殊和差别待遇条款，最迟不得晚于2003年3月31日建立。参加方应在不迟于第五次部长级会议的日期，根据这些方式提交他们广泛的减让表草案。谈判，包括有关规则和原则、相关文本，将在作为一个整体的谈判议题结束前完成。

3. 服务业。与农业贸易谈判相似，于2000年开始的扩大服务贸易政策协调谈判将成为多哈谈判的一部分。

(1) 谈判主要涉及的范围：银行业、保险业、电信业和旅游业。

(2) 达到的目标：第一，以提高所有贸易伙伴的经济增长和发展中成员及最不发达国家的发展为目的；第二，发展中成员的更多的参与；第三，GATS 中第 19 条所确立的目标，即为实现 GATS 的目标，自世界贸易组织协定生效之日起不迟于 5 年，为逐步实现更高水平的自由化，各成员应进行连续回合的谈判，并在以后定期举行。

（3）服务贸易谈判议程问题。第一，成员方将在 2003 年 3 月底做出首次建议开展服务贸易谈判；第二，根据《服务贸易总协定》第 19 条始于 2000 年 1 月的谈判中已经进行的工作，及各成员就广泛的部门和若干横向事项以及自然人流动范围提交的大量提议，重申服务贸易理事会于 2001 年 3 月 28 日通过的《谈判指南和程序》作为进一步谈判的基础；第三，参加方应于 2002 年 6 月 30 日前提交具体承诺初步要求，2003 年 3 月 31 日前提交初步要约。

4. 非农产品的市场准入。这是发达国家新的多边贸易谈判的一个主要目标。该领域的主要目标是进一步降低并最终取消关税，进一步降低或最终取消从不发达国家出口到发达国家的半制成品的关税。部长级会议同意，谈判应根据协议的形式，解决非农产品的关税削减问题并且在谈判开始阶段参加方还将达成关于关税减让问题的协议。这一方面谈判将较为全面考虑发展中成员及最不发达成员的特殊需要和利益，并且，这些成员也需要像其他成员方那样实现全部的产品关税减让。此外，根据已制定的程序，最不发达成员还将接受一系列的帮助来更有效地参与谈判。

5. 世界贸易组织规则。

（1）需要谈判的世界贸易组织规则包括：第一，涉及争议较多的反倾销和反补贴措施。美国是反倾销措施的最大受益者，尤其是保护其处于困境的钢铁工业免受国外廉价产品的冲击。因此，日本和其他经济发展迅速的国家，如巴西，强烈要求严格这两类措施的纪律。在多哈会议上，部长们同意对反倾销和反补贴问题进行谈判。第二，关于渔业补贴的世界贸易组织规则。美国、澳大利亚、发展中国家以及一些环保政策的积极拥护者，都强烈要求欧盟和日本取消其渔业补贴，以免过渡捕鱼造成渔产品产量过剩，并造成市场价格扭曲。第三，澄清和改进现有世界贸易组织条款下适用区域贸易协定的规则和程序的谈判。谈判应考虑区域贸易协定的发展问题。

（2）谈判目标。主要是澄清和改进相关协议中的一系列基本的概念和原则，并将考虑发展中成员和最不发达成员的需要。在谈判的初始阶段，参加方将首先指出那些被认为应当加以澄清和改进的条款，从而为第二阶段的谈判做好准备。

6. 争端解决机制。自 1995 年始，争端解决小组已经受理了 250 起案件，但其中有一些案件充分暴露了争端解决体系的漏洞和弱点。因此，必须改革争端解决程序和条款，并在 2003 年 5 月前拿出方案。谈判将在现有工作基础上进行，并将吸收各成员方所提出的建议。在多哈《部长宣言》中还明确指出，关于争端解决机制的谈判也是单独进行的，也就是说，这一谈判将不会受到宣言中所指出的其他谈判成败的影响。

7. 贸易与环境。

(1) 同意进行谈判的事项。为了加强在贸易与环境方面的相互支持，多哈部长级会议同意对下列事项进行谈判，而不预断其结果：第一，现存的世界贸易组织规则和在多边环境协议中列明的具体贸易义务之间的关系。谈判范围应限于现存的世界贸易组织规则在当前正在谈论的多边环境协议的缔约方间的适用性。谈判不应损害任何一非多边环境协议缔约方的成员方在世界贸易组织项下享有的权利。第二，在多边环境协议秘书处和相关的世界贸易组织委员会间正常的信息交换程序和给予观察员身份的标准。第三，对与环境保护有关的商品及服务的关税和非关税壁垒的削减，或者在合适情况下消除。

(2) 贸易与环境委员会在致力于其现有权限范围内议程上的所有事项时，要特别关注：第一，在市场准入方面采取的环境措施的效果，特别是对发展中国家，尤其是对其中的最不发达国家的效果，以及那些因贸易限制和扭曲或减少而使贸易、环境和发展受益的情形；第二，《与贸易有关的知识产权协议》中的相关规定；第三，为环境保护的目的列明的要求。这些方面的工作应包括识别对阐明相关世界贸易组织规则的任何需求。委员会将向第五次部长会议报告，并且在适当的时候就关于进一步行动及谈判的必要性提出建议。工作结果应与多边贸易体制的开放和非歧视性质相一致，不应增加或减少各成员在现存的世界贸易组织协议尤其是《动植物卫生检疫措施执行协议》项下的权利和义务，也不应改变权利与义务的平衡，并且还要考虑到发展中国家和最不发达国家的需求。

8. 政府采购。

(1) 政府采购谈判的目标。在目前的世界贸易组织工作小组中进行谈判，目标是提高政府采购的透明度。

(2) 谈判议程和要求。部长们同意在第五次部长级会议之后举行谈判，谈判以该会议上对谈判方式以明确一致的方式形成的决定为基础。这些谈判应在政府采购工作组所确立的进展的基础上进行，且应考虑参加方的发展优先权，尤其是最不发达国家参加方的优先权。谈判将仅限于透明度方面，因此，不限制国家对国内提供商和提供商的范围做出优先选择。承诺将在谈判期间和谈判结束之后提供充分的技术援助和能力建设支持。

9. 贸易便利化。

(1) 谈判的主要目标。该领域的主要目标是澄清和改善影响海关程序与海关文件的世界贸易组织规则。下一届部长级会议将对具体的新规则进行谈判。

(2) 谈判的基本内容和目的：认识到进一步加速货物（包括运输中货物）的移动、发送和清关，以及有必要在该领域提高技术援助和建设能力，同意在第五次部长级会议之后举行谈判，谈判以该会议上对谈判方式以明确一致的方式形成的决定为基础。在第五次部长级会议前的期间内，货物贸易理事会应当审查，适当时澄清和改进《1994年关税与贸易总协定》1994第5、第8和第10条的相关方面，并确定各成员尤其是发展中和最不发达国家的贸易便利和优先权。

10. 贸易与投资。

(1) 贸易与投资谈判目的。这是欧盟和日本想在新的谈判中充分讨论的问题之一，以制定相关规则保护世界贸易组织成员方中投资的外国投资者。但这一提议遭到贫穷国家的强烈反对。因而决定由世界贸易组织委员会继续研究这一问题，并在两年内做出决议是否在这一领域启动充分谈判。

(2) 贸易与投资谈判的内容重要性。长期跨境投资，特别是外国直接投资有益于扩大贸易，因而，建立一个透明、稳定和可预见的多边框架，显得十分必要。同意在第五次部长级会议之后举行谈判，谈判以该会议上对谈判方式以明确一致的方式形成的决定为基础。

部长级会议认识到有必要在该领域为发展中和最不发达国家提供更多的技术援助支持，包括政策分析和发展，以便它们更好地评价愈加密切的合作对它们发展政策和目标以及人文和制度发展的潜在影响。为此，应与其他相关的政府间组织包括UNCTAD建立合作，同时，通过适当的地区和双边渠道，为这些需要提供支持。

(3) 在至第五次部长级会议前的期间内，贸易与投资关系工作组将要澄清的内容包括：范围和定义；透明度；非歧视；以GATT类型为基础的预设承诺形式；肯定列举式；发展条款；例外与支付均衡保障；成员间磋商和争端解决。任何框架都应均衡反映母国和东道国的利益，并适当考虑东道国的发展政策和目标，及公共利益管理权。应考虑发展中和最不发达国家的特殊发展、贸易和财政需要，并将其作为任何框架的一个不可分割的组成部分，以帮助各成员承担与它们各自的需要及环境相适应的义务和承诺。适当时，应考虑已有的双边和地区性投资安排。

11. 贸易与竞争政策。

(1) 发起人与目的。欧盟是这一议题的主要发动者。欧盟提议制定调整国内竞争政策的规则，以约束地方卡特尔对货物和服务贸易的限制。但这一提议遭到发展中国家的强烈反对。对这一问题的处理方式与投资相同。

(2) 贸易与竞争政策谈判的作用。意识到一个提高国际贸易与发展的竞争政策作用的多边框架的情况，以及为发展中和最不发达成员在政策分析及发展领域中所提供更多技术援助和能力建设的必要性，部长级会议同意在第五次部长级会议之后举行谈判，谈判以该会议上对谈判方式以明确一致的方式形成的决定为基础。

与会成员认识到有必要在该领域为发展中和最不发达成员提供更多的技术援助支持，包括政策分析和发展，人文和制度发展的潜在影响。为此，应与其他相关政府间组织包括 UNCTAD 建立合作，同时通过适当的地区和双边渠道，为这些需要提供强化和充分的资源援助。

(3) 在第五次部长级会议前的期间内，贸易与竞争政策互动工作组的下一步工作将主要澄清：核心原则，包括透明度、非歧视和程序公正及核心卡特尔的规定；自愿合作形式；通过能力建设支持在发展中国家逐步加强竞争机构。应全力考虑发展中和最不发达成员参加方的需要及适当的灵活性。

12. 与贸易有关的知识产权问题。下面所谈的是在与贸易有关的知识产权方面要进一步做的工作。

(1) 会议通过《知识产权与公共健康宣言》（以下简称《宣言》）。各成员同意在重视与贸易有关的知识产权协议的情况下支持公众健康。既要让发展中国家能得到有用的药品，也要照顾到新药的研究与开发。会议为此通过了一个单独的宣言——《知识产权与公共健康宣言》。《宣言》中承认了各国在实施协议时的自由度以及应付公共卫生问题，并进一步明确了 TRIPS 委员会的职责。这一《宣言》是为了满足一些国家尤其是印度的要求。印度称在它们国家许多农民开发的种子却被大的跨国公司申请专利，许多农民因无法生计而自杀。会议强调实施和解释《与贸易有关的知识产权协定》（《TRIPS 协定》）的重要性，通过促进现有药品的获取和新药的研究与开发，支持公众健康。在这方面，会议通过一项单独的《宣言》。

(2) 这一次部长级会议同意在第五次部长级会议之前就建立一个葡萄酒与烈酒地理标识通知和登记的多边体制举行谈判。指出，有关葡萄酒与烈酒之外产品地理标识的保护程度规定，问题将由 TRIPS 委员会根据本《宣言》第 12 条予以处理。

(3) 部长级会议批示 TRIPS 委员会，在完成它在《宣言》中规定的工作时，应特别审查《TRIPS 协定》与《生物多样化公约》的关系，对传统知识和民间文学的保护等方面的工作。在执行该工作时，TRIPS 委员会应以《TRIPS 协定》规定的目标和原则为指导，并充分考虑发展问题。

13. 贸易与债务、金融。探讨发展中国家和最不发达国家外部债务解决问题。

部长级会议同意在总理事会的援助下，以一个工作小组对贸易、债务与金融的关系以及世界贸易组织在其权限和能力的范围内采取的任何可能措施的建议予以审查，来加强多边贸易体制，寻求发展中国家与最不发达国家的外部债务问题持久解决方法的能力，并强化国际贸易和金融政策的统一，以确保多边贸易体制不受财政与金融不稳定性的影响。总理事会将向第五次部长级会议报告审查进展情况。

14. 贸易和技术转让。发展中国家和最不发达国家强烈要求在这一领域进行谈判。为此还设立了独立的工作组，在下一届部长级会议上工作组做出报告。具体所要做的工作包括：多哈部长级会议同意在总理事会援助下，以一个工作小组对贸易与技术转让的关系以及世界贸易组织在其权限内能采取的任何可能措施的建议予以审查，从而促进技术向发展中国家流动。总理事会将向第五次部长级会议报告审查进展情况。

15. 技术合作与能力建设。在《多哈宣言》的总体内容中，世界贸易组织的成员方政府已经对技术合作与能力建设问题做出了许多新的承诺。

（1）世界贸易组织的技术援助应用于帮助发展中国家、最不发达国家和转型中的低收入国家的调整，以适应世界贸易组织规则与制度、履行义务和运用成员资格的权利，包括利用开放的、建立在规则基础上的多边贸易体制的益处。应给予小型的、脆弱的转型经济体优先权。

（2）同时给予世界贸易组织各成员及在日内瓦未设代表的观察员优先权。

（3）强调在一个统一政策框架和时间表下，与在经济合作与组织发展援助委员会和相关的国际与地区政府间机构之间，对给予、接受双方进行技术援助的有效协调传送的迫切必要性。在技术援助的协调方面，指令总干事同其他相关机构、给予方和接受方磋商，以确定加强与合理处理《对最不发达国家提供与贸易有关的技术援助的整体方案》和《联合统一技术援助计划》的办法。

（4）部长级会议同意，有必要让技术援助从可靠的和可预料的基金中获益，为此，指示预算、财务和行政委员会制定一个计划供总理事会在2001年12月采用。这个计划要为不低于当前水平的全方位的世界贸易组织技术援助保证长期的基金，且要与上述活动相称。

（5）部长级会议在这次《部长宣言》的不同条款中已经做出技术合作与能力建议的坚定承诺。重申包含在非农产品市场准入、贸易与投资、贸易与竞争政策、贸易便利化、贸易与环境、技术合作与能力建设等方面做出具体承诺，也在序言的第2条中重申对可维持的财政技术援助和能力建设计划的重要性的理解。并指令总干事向第五次部长级会议报告，并附一份2002年12月向总理事会递交的对特定条款承诺的执行与适当性中期报告。

16. 电子商务。同意电子商务工作组继续工作，并向第五次部长级会议报告情况。

早在1998年5月20日第二次部长级会议即日内瓦会议上所通过的《部长宣言》中，就已敦促世界贸易组织就全球电子商务中所出现的与贸易有关的问题制定一个综合性的工作计划。世界贸易组织总理事会采纳了这一计划，并且货物、服务理事会和与贸易有关知识产权理事会以及贸易与发展委员会均对电子商务与贸易问题发起了谈判。多哈部长级会议同意继续推行《电子商务工作计划》。迄今为止的工作表明，电子商务使各成员方各发展阶段的贸易面临新的挑战，也带来新的机遇。我们也认识到孕育和维持一个有利于电子商务将来发展环境的重要性。部长级会议指示总理事会为《电子商务工作计划》的运行考虑最适合的制度安排，并且就进一步进展向第五次部长级会议报告。并宣布各成员方将保持当前的做法，即在第五次部长级会议前不对电子传送征收关税。

17. 小成员经济。小成员经济提出的目的：不使其成为下属成员，研究其融入世界经济一体化中。

部长级会议同意一个在总理事会的援助下检查与小经济体贸易有关的问题的工作计划。这项工作的目标是汇集各方对与贸易有关的问题的反应，即如何使一个小型的、脆弱的经济体更充分地融入到多边贸易体制，而不产生对世界贸易组织成员进行再次划分的问题。总理事会将审查工作计划并向第五次部长级会议提出行动建议。

18. 最不发达成员。现在许多发达成员对最不发达成员已经显著减少或在事实上降低了关税。在《多哈宣言》中，许多世界贸易组织成员方承诺对最不发达成员方免关税、免配额以及其他额外措施从而促进这些成员的出口，更快吸收非成员的最不发达国家加入世界贸易组织。

（1）必要性。成员方意识到最不发达成员部长2001年7月通过的《桑几巴尔宣言》中所表露的忧虑的严肃性。最不发达国家融入多边贸易体制需要富有意义的实质性的市场准入、对它们生产的出口基地多样化的支持、与贸易有关的技术援助和能力建设。

（2）具体承诺：第一，世界贸易组织成员方在2001年5月联合布鲁塞尔第三次最不发达国家会议之前做出的市场准入方面富有意义的进展。第二，进一步承诺，要为最不发达国家市场准入的逐步提高考虑特殊优惠的措施。保留最不发达国家加入的成员优先权。努力便利和加快与正在加入的最不发达国家的谈判。第三，部长级会议指令秘书处考虑在年度技术援助计划中对最不发达国家加入的优先权。第四，宣言重申部长级会议在联合国第三次最不发达国家会议上做出的承诺，同意世界贸易组织在为最不发达国家制定工作计划时，应考虑《布鲁塞尔宣言和行动计划》中与联合国第三次最不发达国家会议所采纳的世界贸易组织的授权相一致的、与贸易有关的因素。第五，指令最不发达国家的委员会制定一个工作计划，并就已同意的工作计划向2002年第一次总理事会报告。第六，批准《向最不发达国家提供与贸易有关的技术援助的整体方案》（"IF"），把它作为最不发达国家贸易发展的可行模式。部长级会议鼓励发展伙伴增加对IF信托基金和世界贸易组织支持最不发达国家预算外信托基金投入。随着对IF的审查和对在特定的最不发达国家中进行的《试行计划》评定，部长级会议敦促主要的办事机构协同发展伙伴来探索IF的强化，以便解决供应方对最不发达国家的限制和使向所有最不发达国家提供的模式的扩展。随着与其他办事机构总部的协调，多哈部长级会议要求总干事在2002年12月向总理事会提供一份中期报告，并向第五次部长级会议提供一份影响最不发达国家所有问题的报告。

19. 特别和差别待遇。特别和差别待遇是世界贸易组织协议不可分割的一部分，注意到了一部分国家提出的关于特别和差别待遇框架协议的建议。

部长级会议重申特殊和差别待遇的规定是构成世界贸易组织协议不可分割的部分。部长级会议注意到发展中国家尤其是最不发达国家在面临具体强制时就对其履行表露出来的担心。在这一点上，部长级会议也注意到一些成员已经提出一个《特殊和差别的框架协议》。因此，部长级会议同意审查所有特殊和差别待遇规定，使之强化且更正确、更有效和更具可操作性。基于此，部长级会议批准在《对于执行有关事项和关注的决定》中列明的关于特殊和差别待遇的工作计划。

二、多哈回合谈判的进程

（一）坎昆会议及其谈判

2003年9月10~14日，世界贸易组织第五次部长级会议在墨西哥海滨小城坎昆召开。在为期5天的会议上，来自世界贸易组织的140多个成员的近5 000名代表以及非政府组织代表出席了会议。坎昆会议的主要议题有三个，即农产品补贴、货物贸易关税和是否加入四项新的谈判内容。会上还决定了下届部长级会议的举办地。

在坎昆会议期间，与会各成员就农业、新加坡议题等焦点问题进行了激烈的讨论，表达了自己的看法和立场。会场外非政府组织的抗议活动导致流血冲突甚于西雅图会议。由于成员间在农业改革和出口补贴等问题上分歧巨大，谈判各方固守立场，坎昆会议最终未能取得实质性成果，原来准备的宣言草案作废，最终发表了简短的《世界贸易组织坎昆部长级会议声明》。

坎昆会议失败，许多成员并不感到十分意外。事实上，在近两年多哈回合谈判就没能取得实质上的进展，此次会议的失败，实质上是多哈回合谈判的真实写照。究其失败原因，主要有以下三点。

1. 农业谈判模式是农业贸易谈判中各方分歧最大的领域，是导致会议失败的最根本原因。自世界贸易组织成立以来，无论是在西雅图会议上还是在多哈会议上，农产品贸易问题一直是世界贸易组织每次都要讨论的重要问题，但也是无法解决的难题。世界贸易组织新一轮农产品贸易谈判不仅存在着美国与欧盟这两大农产品生产方在诸如农业补贴问题上的尖锐矛盾，同时也面临着来自凯恩斯集团中及其他中小农产品出口国维护本国本地区市场的呼声，加之，诸如环境保护等非贸易问题的不断增多，使世界贸易组织要达成进一步开放农产品贸易的协议困难重重。按照多哈发展议程，各成员应在2003年春天就如何削减农产品补贴达成一致，然而到了2003年10月成员分歧仍太大，尚未能就谈判模式达成一致。本次会议上，各成员及各利益集团更是争论激烈，互不妥协，这是导致会议失败的最根本原因。

2. "新加坡议题"是会议失败的诱因。《多哈部长级会议宣言》规定，在第五次部长级会议上决定是否进行"新加坡议题"的谈判。然而欧盟等提出这一问题时，立即遭到发展中成员的普遍反对，绝大多数发展中成员认为，在"没有明确一致同意"的情况下，不能启动"新加坡议题"的谈判。

3. 美国在会议中未能发挥其积极的作用，也是坎昆会议失败的原因之一。美国历来在多边贸易谈判中起着举足轻重的作用，这一次它未能在农业问题上做出积极让步，也未能在"新加坡议题"上设法缓和欧盟与其他成员的冲突，因而导致会议无果而终。

当然，这次会议失败的最根本问题是发达成员方与发展中成员方利益冲突所造成的。在当今多边贸易体制中，如果没有成员各方妥协，尤其是发达成员与发展中成员之间的妥协，要想达成一项协议，几乎是不可能的。

(二) 香港会议及其谈判

从上述多哈部长级会议上的《部长宣言》中我们得知，多哈回合谈判按最初计划应在2005年1月1日前结束。但2003年9月在墨西哥坎昆举行的第五次世界贸易组织部长级会议上，由于各成员在农业等问题上没有达成一致，会议无果而终，多哈回合谈判随后陷入僵局。经过世界贸易组织和各成员的努力，2004年8月1日，各成员就多哈回合谈判达成框架协议，为削减农业补贴和取消关税、降低工业品关税、推动服务贸易自由化和贸易便利化确定了基本原则，从而使多哈回合谈判重回正常轨道。各成员同意将结束谈判的时间推迟到2006年年底。由于美国和欧盟等一些主要成员迄今未能消除在农业领域的分歧，各成员在香港会议上就多哈回合达成全面协议的难度大大增加。世界贸易组织总干事拉米认为，虽然各成员已降低了对香港会议的预期，但不能降低多哈回合的雄心水平，各成员仍要努力推进谈判，以便在2006年结束谈判。

2005年12月13~18日，世界贸易组织第六次部长级会议在中国香港召开。此次香港部长级会议对2006年终结多哈发展议程谈判至关重要。

香港工商及科技局局长曾俊华担任此次会议主席。世界贸易组织总干事、多哈发展议程贸易谈判委员会主席帕斯卡·拉米在会上发挥了重要作用。会议副主席由奥地利经济和劳工部长 Martin Bartenstein、尼日利亚贸易部长 Idris Waziri、巴巴多斯副总理兼外交和外贸部长 Antoinette Miller 担任。此次香港部长级会议的全体会议向新闻媒体和非政府组织公开。与会的149个世界贸易组织成员将在全体会议上就全球贸易相关事项（如多边贸易体系发挥的作用等）和多哈发展议程谈判的相关事项发表了意见，观察员将在贸易代表发言后阐述意见。但是，全体会议对各成员间的不同意见没有进行磋商。

各成员希望在香港部长级会议上就多哈发展议程达成最终的框架协议，以便在2006年年底终结多哈发展议程谈判。各成员的贸易代表关注的主要议题是关于农产品和非农产品市场准入问题。有关农产品问题，主要包括：扭曲贸易的国内补贴削减公式的要素构成，履行补贴削减承诺的规制；农产品关税削减公式的要素构成，关税削减承诺中需要的灵活性做法；所有出口补贴取消的最后期限需要订立何种形式的协议；解决棉花补贴问题的关键；适用特殊和差别待遇的要素的构成等。有关非农产品市场准入问题，主要包括：各成员的贸易部长能否就相关要素达成一致；各成员的贸易部长能否弥合灵活适用中产生的分歧；如果调高未约束关税水平，能否促成该问题的解决等。此外，服务贸易谈判、发展问题谈判、贸易规则问题谈判等均进入关键阶段。

香港部长级会议刻意避免了坎昆会议的失败，但没有取得任何实质成果。

关于非农产品市场准入问题，宣言文本对于工业品和自然资源的表述仍然延续着错误的方向：强迫发展中成员开放其国内市场，从而对其就业、发展和环境问题带来威胁。发展中成员对此一直持反对态度，但相同的表述却再三出现。过大幅度的关税削减将对发展中成员的工业基础设施建设和自然资源的保护带来致命打击。

关于发展问题，宣言文本很少谈及。

关于棉花问题，《香港宣言》虽然就取消棉花补贴达成了最后期限，但仍然是以美国的利益为转移的。《香港宣言》采纳了美国议员的观点，即棉花问题应当与其他农作物"一视同仁"。

关于服务贸易问题，发展中成员绞尽脑汁，才使得宣言草案原服务贸易附件中的命令性和指示性语言得以弱化。但除此之外，宣言的规定仍然有利于发达成员的服务贸易公司。

关于食品援助问题，宣言对食品援助做出了详细的规定。但是，各成员还将就"以货代款"的食品援助、资金援助及食品援助的转售等问题举行磋商。因此，世界贸易组织是否将做出"取消美国颇受争议的食品援助计划"的决定尚不明确。

(三) 2006年6月日内瓦高层谈判

2006年6月29日，约60名世界贸易组织成员的贸易和农业部长开始在日内瓦展开高层谈判，试图就多哈回合谈判中最关键的削减农业补贴、削减农产品和工业品进口关税问题达成一致。但由于美国、欧盟与由巴西、印度等发展中成员组成的"20国集团"分歧严重，而且各方坚持先前立场，互不让步，致使谈判无法进展，不得不于7月1日提前一天结束。

世界贸易组织总干事拉米在当天的谈判会议结束后表示，"结局很明显，没有进展，我们必须承认谈判陷入了危机。"

这次谈判失败的主要原因有以下四方面。

(1) 发达成员特别是美国和欧盟拒绝在削减农业补贴和农产品进口关税方面做出让步是造成此次高层谈判破裂的主要根源。

农业是世界上许多经济体的敏感领域，像美国和欧盟国家都对该行业实行了相当程度的保护。这次欧美国家出于国家利益的考虑而不肯在农业补贴和农产品进口关税方面做出让步，是日内瓦谈判无果而终的重要原因。此次会议的失败从某种意义上来说是可以预见的，反映了在经济全球化背景下国际社会还缺乏一些有效的、对世界不同类型经济体的约束协调机制。

世界贸易组织总干事拉米曾多次表明，要打破目前的僵局，美国、欧盟和由主要发展中成员组成的"20国集团"都需要各自做出相应的让步，美国需要承诺进一步削减农业补贴，欧盟需要大幅度降低农产品进口关税，主要的发展中成员则需要进一步开放工业品市场。

(2) 从谈判的外围环境来看，经济全球化、贸易自由化的深入发展，使国家间、企业间的贸易关系变得更为复杂，贸易利益变得更为交错，多边贸易谈判就是要试图理顺这些复杂与交错，其艰巨性应在预料之中。

(3) 自由化与弱势部门、行业实施保护主义之间冲突。在看到多哈回合谈判为许多成员提供了增加贸易机会、督促各成员政府开展改革以适应形势发展的同时，也要注意到进一步自由化对弱势部门和行业实施保护主义带来了相反的结果，无疑其间的冲突与阻挡在所难免。

(4) 此轮谈判目标比以往多边谈判目标都高。从谈判本身来看，与以往的谈判相比，此轮谈判是期望达到一个高水平的目标，是一场深入的、庞大的且寻求更加公平的谈判。谈判议题的深入性与复杂性，使谈判任务非常艰巨。参与谈判的成员不断增多且经济水平差异大，明显增大了取得协商一致的难度。谈判力量多极化趋势的初步形成，使得博弈均衡的实现变得愈加困难。而谈判中传统的、标志性的"对方优先"的态度和手法，也助长了各成员"各挖战壕"的行动。这些都表明，要实现香港会议的时间表确非易事。

（四）多哈回合谈判发展趋势

2006年7月1日，世界贸易组织100多个发展中成员发表联合声明，强调多哈回合谈判促进发展的核心任务不能放弃，任何未来协议都必须充分考虑到发展中成员的需要和利益。

2008年7月，代表世界贸易组织153个成员的30多个代表在日内瓦举行部长级磋商，试图为年内完成多哈回合谈判做出关键性努力。结果，在谈判中再次遭遇暂时挫折。

对于世界贸易组织接下来的谈判，发达成员在经济全球化过程中获益颇多，且对当前日益突出的资源和环境问题负有不可推卸的责任，理应在帮助发展中成员更好地融入世界经济一体化方面承担更多的责任。目前，国与国之间发展差距越来越大，多边贸易谈判的目的是使这种差距不断缩小，使发展中成员从经济全球化过程中得到更多的利益，这也符合多哈回合谈判所确立的发展主题。

第六节 世界贸易组织的特点及在世界经贸发展中的作用

一、世界贸易组织的特点

世界贸易组织是在关税与贸易总协定的基础上建立的，并形成了一套较为完备的国际法律规则，它同关税与贸易总协定比较，主要具有以下特点。

（一）组织机构的正式性

关税与贸易总协定是在美国策动下由23个国家于1947年10月30日在日内瓦签订并于1948年临时生效的关于调整缔约方对外贸易政策和国际贸易关系方面的相互权利、义务的国际多边协定。

这个协定原为一个"临时规则"（interim rules），准备以各国政府批准的《国际贸易组织宪章》取而代之。但是，由于《国际贸易组织宪章》没有被有关国家的国会批准，这个总协定就成为缔约方调整对外贸易政策和措施以及国际经济关系方面的重要法律准则。它与联合国有关，但不是联合国的专门机构。

总协定顾名思义只是一项"协定"，但是，随着形势的发展才在总协定的基础上逐渐形成了一个临时性国际经济组织。总协定的最高权力机构是缔约方大会，一般每年召开一次会议讨论和决定有关重大事项，在缔约方大会闭会期间由理事会处理日常和紧急事务。在理事会下还设立各种委员会，如国际收支委员会、关税减让委员会、补贴和反补贴委员会、反倾销委员会、进口许可证手续委员会、海关估价委员会、技术贸易壁垒委员会、政府采购委员会、民用航空交易委员会、纺织品监察机构、牛肉理事会、国际奶制品理事会等。总协定还在日内瓦设立秘书处，除处理有关上述各项会议的准备、记录和编写报告外，还进行总协定必要的各项调查，负责各缔约方间的联络工作等。

总协定一般采用协商"一致同意"（consensus）的方式做出决定，如不能取得一致同意，再采用表决方式，总协定的每个成员有一票表决权，在大多数情况下，以简单多数通过，只是在特殊情况下，才要求以 2/3 的多数票通过。

总协定的宗旨是："缔约方各国政府，认为在处理它们的贸易和经济事务的关系方面，应以提高生活水平，保证充分就业，保证实际收入和有效需求的巨大持续增长，扩大世界资源的充分利用以及发展商品生产与交换为目的。切望达成互惠互利协议，导致大幅度地削减关税和其他贸易障碍，取消国际贸易中的歧视待遇，以对上述目的做出贡献。"但实际上，总协定成立时，在很大程度上由美国控制。随着西欧国家、日本经济的迅速发展，经济实力对比发生了重大变化，总协定逐步成为美国、西欧共同市场、日本之间较量经济实力和争夺市场的场所，所以总协定素有"富人俱乐部"之称。但是，随着第三世界的壮大和发展中国家成员的逐渐增加，情况有所改变。虽然在总协定中谈判的主要对手仍然是美国、西欧共同市场和日本等，但发展中国家在总协定中的发言权也逐步增加，它们的利益受到一定程度的重视，并争取享受有利于发展中国家的优惠待遇。

可见，关税与贸易总协定最初并不是一个组织，也没有常设机构，到 1960 年才有"代表理事会"（council of representative）。在全体缔约方大会休会期间，其事务由代表理事会处理，并由此陆续设立了其他有关机构。但是，由于它是一项临时性决定，学术界至今仍有一种观点，认为关税与贸易总协定不是一个正式的国际经济组织，甚至关税与贸易总协定的小册子也写明："关税与贸易总协定是由一个临时委员会管理的多边条约。"根据《联合国宪章》第 57、第 63 条，关税与贸易总协定不是联合国的专有机构，只能算是一个"联系机构"（related agency），因此，关税与贸易总协定所设立组织机构的法律地位始终是暧昧不清的，它设在日内瓦的总部和秘书处及有关人员，是由瑞士政府参照联合国正式机构的情况，授予外交特权和豁免权的。

世界贸易组织的成立，改变了关税与贸易总协定临时适用和非正式性的状况，根据其协定，建立起一整套的组织机构，成为具有法人地位的正式国际经济组织。从法律地位上来看，它与国际货币基金组织、世界银行具有同等地位，都是国际法主体，其组织机构及有关人员，均享有外交特权和豁免权。

（二）世界贸易组织协议的法律权威性

关税与贸易总协定与世界贸易组织协议都是国际多边协定，但是，法律程序和依据上有所不同。关税与贸易总协定是通过行政程序，由有关国家的行政部门签订的一项临时性协定，并未经过其签字国立法机构的批准。1947年23个创始国政府达成的《临时适用协议书》便是其法律依据。协议书未经各国立法机构通过，是一种规格和权威性较低的外交文件。因此，关税与贸易总协定作为国际多边协定，从法律的角度上来看是不完整的，一般将其视为行政性协定，而非公约。

世界贸易组织协议则要求各国代表在草签后，还需通过立法程序，经本国立法机构批准才能生效。1994年4月15日，在马拉喀什会议上，有7个国家包括美国、日本因国内立法程序的限制，不能当场草签，直到1994年年底美国等国家的议会通过后才生效，因而使世界贸易组织协议更具完整性和权威性。

同样，作为《建立世界贸易组织的马拉喀什协议》的组成部分的《1994年关税与贸易总协定》在法律上也与1947年10月30日签订的《关税与贸易总协定》不同。它以多边货物贸易协定形式纳入附件一，成为其余多边货物贸易协议的法律与原则基础。这些协议有：《农产品协议》、《实施动植物卫生检疫措施的协议》、《关于履行〈1994年关税与贸易总协定〉第六条的协议》、《关于履行〈1994年关税与贸易总协定〉第七条的协议》、《装运前检验协议》、《原产地规则协议》、《补贴与反补贴措施协议》、《保障措施协议》。这些协议的法律基础与坚持的原则应与《1994年关税与贸易总协定》的规定一致。

此外，《1994年关税与贸易总协定》中提出的一些基本原则，也延伸到《服务贸易总协定》和《与贸易有关的知识产权协定》中。

在乌拉圭回合多边贸易谈判中，《1947年关税与贸易总协定》缔约方达成的市场准入承诺，也纳入《1994年关税与贸易总协定》。

（三）管辖内容的广泛性

关税与贸易总协定的多边贸易体制及其所制定的一整套国际贸易规则，适用于货物贸易。

世界贸易组织的多边贸易体制，不仅包括已有的和经乌拉圭回合修订的货物贸易规则，而且还包括服务贸易的国际规则、与贸易有关的知识产权保护的国际规则和与贸易有关的国际投资措施规则，这一整套国际规则涉及货物贸易、服务贸易、知识产权保护和投资措施等领域，表明世界贸易组织所管辖内容更为广泛。

《世界贸易组织协议》由本身案文16条和4个附件所组成。案文本身并未涉及规范和管理多边贸易关系的实质性原则，只是就世界贸易组织的机构、决策过程、成员资格、接收、加入和生效等程序性问题作了原则规定，事实上，有关协调多边贸易关系和解决贸易争端以及规范国际贸易竞争规则的实质性规定，均体现在4个附件中。这4个附件包括13个多边贸易协议、服务贸易总协定（GATS）和知识产权保护协议（这三项构成附件一），争端解决规则与程序谅解（附件二），贸易政策审议机制（附件三）以及诸边协议（附件四）。另外，从广义上讲，《世界贸易组织协议》还包括1994年4月15日马拉喀什会议上所形成的一系列决定、宣言和谅解。

作为世贸组织协议附件一的《1994年关税与贸易总协定》，还包括更为广泛的管辖内容。

《1994年关税与贸易总协定》由四部分构成。

（1）1947年10月30日的《关税与贸易总协定》的各项规定（不包括临时适用议定书），《建立世界贸易组织的马拉喀什协议》生效前所实施的法律文件核准和修正的文本。

（2）在《建立世界贸易组织的马拉喀什协议》生效之前，根据《1947年关税与贸易总协定》生效的下列法律文件，即：有关关税减让的议定书或说明书；加入议定书；在《建立世界贸易组织的马拉喀什协议》生效之日仍在生效的根据《1947年关税与贸易总协定》第25条授予的豁免义务的决定；《1947年关税与贸易总协定》缔约方全体做出的其他规定。

（3）《1994年关税与贸易总协定》做出的谅解。其中包括：关于解释第2条第1款（b）项的谅解；关于解释第17条的谅解；关于国际收支条款的谅解；关于解释第24条的谅解；关于豁免义务的谅解；关于解释第28条的谅解。

（4）1994年《关税与贸易总协定马拉喀什议定书》。

(四) 权利与义务的统一性

关税与贸易总协定体制基本上是以《关税与贸易总协定》文本为主的协议，对有关缔约方权利与义务方面做出了规定和安排，但在 1979 年东京回合谈判中达成的九个协议以及《多边纺织品协议》却是选择性的，成了选择性贸易协议 (pluralateral trade agreement)。即这些协议可由关税与贸易总协定缔约方和非缔约方自行选择签署参加，如果不参加便无须履行该协议的义务，因而缔约方在关税与贸易总协定中的权利与义务就不尽平衡。

乌拉圭回合多边贸易谈判达成的《乌拉圭回合多边贸易谈判成果的最后文件》是一个"一揽子文件"，即必须全部接受或全部拒绝，不能接受一部分，拒绝一部分。

世界贸易组织要求缔约方必须无选择地以"一揽子"方式签署乌拉圭回合达成的所有协议，因为《乌拉圭回合最后文件》包括了东京回合及其他有关协议的内容，因此，它们是完整的、不可选择的、不可分割的统一体，权利和义务的平衡是在所有协议的基础上达成的，从而加强了缔约方权利和义务的统一性与约束性，维护了多边贸易体制的完整性。

(五) 争端解决机制的有效性

关税与贸易总协定原有的争端解决机制存在着一些缺陷，例如，争端解决的时间拖得很长、专家小组的权限很小、监督后续行动不力等，因此，这种争端解决机制不甚健全。

世界贸易组织所实施的综合争端解决机制是一套较为完善的机制。

自 1995 年 1 月 1 日世界贸易组织正式运转以来，争端解决机制已经经历了实践的检验。世界贸易组织的成员纷纷将其争端诉诸新的争端解决机制，以至争端解决机制成为世贸组织中最活跃的机构。截止到 1999 年年底，世界贸易组织共对近 150 起贸易争端使用了争端解决程序，平均每年处理约 30 起争端。而世界贸易组织的前身关税与贸易总协定在近半个世纪的时间里才处理了约 300 起争端，平均每年仅处理 6 起争端。这些数据表明，世界贸易组织与关税与贸易总协定在争端解决效率上形成鲜明的对比。

(六) 与有关的国际经济组织决策的一致性

作为世界贸易组织的职能之一，它应协调与国际货币基金组织、世界银行的关系，以保障全球经济决策的一致性。因此，它将与这两个国际组织在决策方面加强合作和协调，为国际经济和贸易的发展创造更为有利的条件。

二、世界贸易组织在世界经贸发展中的作用

世界贸易组织产生的时间虽然很短,只有短短数年,但是,它在世界经济与贸易中已经发挥了巨大的作用。世界贸易组织继承和发展了关税与贸易总协定的基本原则,成员涵盖了世界主要的经济体,中国加入世界贸易组织之后,可以说全球的大部分经济实体都已处于这一多边贸易体制之内。因此,世界贸易组织对世界经济与贸易的作用及影响力是不可忽略的。可以预见,随着经济一体化程度的不断加深,世界贸易组织将在世界经济发展中发挥更大的积极作用。

首先,世界贸易组织对世界经济与贸易发展的贡献在于它提供了一个统一的规则,使不同体制、不同国家的企业能够在共同规则之下进行竞争。经济全球化发展的一个必然要求是各国经济体制和制度的趋同,从而为经济体的全球化行动提供适宜的制度环境。由于制度的差异很容易在各国之间造成贸易摩擦,使企业的全球化扩展受到阻碍,而世界贸易组织的规则是各成员协商的结果,因此,在共同规则下进行经济和贸易活动,可以减少摩擦,有利于世界经济的发展。

其次,世界贸易组织的争端解决机制也在一定程度上避免了许多"贸易战",减少了贸易纠纷给各方带来的损失。世界贸易组织成立之后,大量贸易争端的顺利解决体现了贸易争端解决机制的效力,促进了世界贸易的发展,避免了各国使用自己的标准强加于贸易伙伴,减少了贸易争端。例如,欧美之间的香蕉贸易纠纷,以及金枪鱼事件、荷尔蒙牛肉事件,都通过世界贸易组织争端解决机制得到调解,从而避免了贸易战的发生。

再次,有利于资源在世界范围内进行重新配置,从而提高全球的经济福利。生产的全球化可以使企业在世界范围内组织生产,寻求最低的生产成本,从而提高资源的使用效率,带来经济发展和收入水平的提高。根据世界贸易组织的估算,由 1994 年乌拉圭回合的影响所带来的世界收入的增加在 1 090 亿~5 110 亿美元之间。从另一个角度来说,市场规模的扩大给消费者提供了更大的选择范围,可以让消费者享受到更多样化的产品与服务,同时,关税水平和产品成本的降低也降低了生产成本,增进了消费者的福利。

最后,世界贸易组织各成员的政策受到了限制。成员应履行《世界贸易组织协定》的责任和义务,在制定政策时不能违背世界贸易组织的协定。这种限制是有利于国际贸易和投资的,它减少了政府政策变动带来的风险。同时,这种限制也会使得各成员方企业面对的政策环境逐步相近,竞争会变得更加公平。

总之,从某种意义上来说,世界贸易组织的建立,为世界经济的全球化和稳定发展奠定了制度基础。

思 考 题

1. 《关税与贸易总协定》的基本原则有哪些？
2. 乌拉圭回合达成的成果有哪些？
3. 什么是世界贸易组织？它有哪些职能？
4. 简述世界贸易组织的基本原则。
5. 世界贸易组织有哪些特点？
6. 简述世界贸易组织决策机制和争端解决机制。
7. 简述多哈部长级会议启动新的多边贸易谈判的主要原因。
8. 试述世界贸易组织在世界经贸发展中的作用。

第十三章 世界主要贸易国家及集团的对外贸易

【本章教学目的】 通过本章的学习，使学生了解二战后世界主要国家和地区的贸易地位、贸易政策、贸易对象及贸易结构等，进而掌握当今国际贸易的格局与发展方向。

第一节 美国的对外贸易

一、二战后美国对外贸易概况

美国是当代最大的发达国家，面积 937.26 万平方公里，名列俄罗斯、加拿大和中国之后；人口为 3.0053 亿（2007 年），名列中国和印度之后。2006 年，美国国内生产总值为 13.244 万亿美元，人均国内生产总值为 44 190.49 美元。

美国拥有先进的科学技术以及丰富的劳动力资源、自然资源和投资资源。高度发展的服务业、工业、农业和庞大的政府采购以及巨额的高消费，使美国具有其他资本主义国家所不能比拟的广阔的国内市场。

1. 二战后美国对外贸易发展的趋势。

（1）美国在世界商品贸易中所占的比重虽呈下降趋势，但仍然是最大的贸易国家。美国在二战后世界商品出口总额中所占的比重高达 32.5%，1960 年降到 11.6%，之后，时降时升。2001 年，美国商品出口额为 7 309 亿美元，占世界出口总额的 11.9%。2002 年，美国商品出口额为 6 935 亿美元，占世界出口总额的 10.8%，均占世界首位。2008 年，美国商品出口额为 13 000 亿美元，居德国、中国之后，占世界第三位。

（2）美国货物贸易由顺差转为逆差并大量增加。在二战后 1946~1970 年这 25 年间，美国的对外贸易一直是顺差。1971 年，美国出现了自 1893 年以来的第一次贸易逆差。1974~1976 年，美国的贸易逆差为 71 亿美元，1987 年高达 1 736

亿美元。自 1988 年起，美国的贸易逆差不断下降，1990 年降为 1 010 亿美元，1991 年进一步降至 662 亿美元，这是 1983 年以来首次低于 1 000 亿美元。但 1993 年以后美国贸易逆差加大，2002 年美国出现 5 090 亿美元的货物贸易逆差；2008 年美国的货物贸易逆差高达 8 162 亿美元。2009 年美国贸易逆差有所回落，为 5 009 亿美元，比 2008 年下降 38.6%。

（3）服务贸易居世界首位。美国是世界服务贸易最大的出口国和进口国。2005 年，美国服务贸易出口额为 3 533 亿美元，美国服务贸易进口额为 2 887 亿美元，均占世界服务贸易排名的第一位，并有大量的服务贸易顺差。

（4）美国拥有世界跨国公司的 70%，而在世界出口贸易额中，与美国跨国公司及其海外子公司有关的出口约占 1/4。

2. 美国对外贸易的方向。二战后，美国对外贸易方向发展不平衡。美国过去主要的贸易对象是西欧和北美。但自 20 世纪 80 年代中期以来，美国的贸易方向发生了深刻的变化。海外市场的重心从西欧向亚太地区转移。20 世纪 90 年代初，美国同亚洲的贸易超过同欧洲的贸易。以中美贸易为例，2008 年双边贸易额达 3 337.4 亿美元，美国是中国的第二大贸易伙伴。美国同加拿大、墨西哥的贸易也因签订自由贸易协定而迅速增长。

（1）美国出口贸易方向。从美国出口贸易方向看，以 2009 年为例，在美国五大类出口商品中，机电产品主要出口到加拿大、墨西哥、中国、新加坡和韩国；运输设备主要出口到加拿大、墨西哥、德国、法国和英国；化工产品主要出口到加拿大、墨西哥、德国、荷兰和日本；光学、钟表、医疗设备主要出口到加拿大、日本、德国、荷兰和墨西哥；矿产品主要出口到加拿大、墨西哥、荷兰、新加坡和巴西。

（2）美国进口来源地。从美国进口来源地看，以 2009 年为例，在美国五大类进口商品中，机电产品主要进口国为中国、墨西哥、日本、加拿大和韩国；矿产品主要进口国为加拿大、委内瑞拉、墨西哥、沙特阿拉伯和尼日利亚；运输设备主要进口国为加拿大、日本、墨西哥、德国和韩国；化工产品主要进口国为爱尔兰、加拿大、英国、德国和法国；纺织品及原料主要进口国为中国、越南、印度、墨西哥和印度尼西亚。

3. 美国进出口商品结构。二战后，美国进出口商品结构发生显著变化。主要表现在：

（1）出口商品结构。美国出口商品主要是工业制成品，所占的比重日益提高。20 世纪 80 年代末以来，制成品在出口中所占的比重一直是第一位，从 1980 年的 64.3% 上升到 2001 年的 81.4%。其中，机械设备占第一位，制成品占第二位，化工产品居第三位，各占美国出口的比重分别为 49.7%、20.0% 和 11.7%。

全部食品出口在整个出口中所占的比重呈下降趋势，1980年占17.9%，2001年下降为7.9%。

目前，美国出口商品主要有机电产品、运输设备、光学、钟表、医疗设备、矿产品等（以2009年为例，上述几项分别占美国出口额的前5位）。

(2) 进口商品结构。

20世纪80年代以来，制成品在进口中一直占绝大比重，并呈上升趋势，1980年占49.1%，2001年上升到76.8%。其中，机械设备上升最快，从同期的25.2%上升到43.1%，燃料在进口中所占的比重从1980年的32.8%降至2001年的10.9%；食品在进口中所占的比重，从1980年的8.1%降到1999年的4.4%。

目前，美国进口商品主要有机电产品、运输设备、化工产品、纺织品及原料等（以2009年为例，上述几项分别占美国进口额的前5位）。

二、二战后美国对外贸易政策的战略调整

1. 美国对外贸易政策的演变及其特点

二战后至70年代中期，美国对外贸易政策的主要倾向是贸易自由化。1947年美国同其他资本主义国家一起签订了《关税与贸易总协定》。美国同意平均降低关税21%，但降低关税的商品主要是美国垄断企业及战略储备所需要的锰砂、镍、铝、云母等工业原料，而对棉布等消费品减税极少。50年代侵朝战争失败后，美国经济力量开始相对衰弱，美国关税对保护本国工业的作用下降，美国国会在各方面的压力下，对1934年的《互惠贸易法案》先后作过11次修改，制定了许多损人利己的例外条款，并对若干商品实行进口数量限制或规定进口配额，使贸易协定给予他国的关税减让或其他优惠很难付诸实现。

1962年10月4日，肯尼迪政府为了迅速摆脱1960~1961年经济危机的影响并企图突破西欧共同市场的关税壁垒，制定并签署了《扩大贸易法》以取代1934年的《互惠贸易法》。该贸易法除了授权总统可削减关税最多50%外，还规定总统可以削减关税50%以上，直至100%，其条件是：第一，美国和西欧共同市场双方出口额合计占世界贸易80%以上的商品；第二，对来自西欧共同市场的农产品也可减免关税，如果这一减免能保证美国同类农产品进入西欧共同市场；第三，对来自发展中国家的热带农、林产品可减免关税，如果西欧共同市场对这类产品也给予相同的减让；第四，对关税不满50%的商品可免除其关税。在1962年《扩大贸易法》的倡议下，美国开始在关税与贸易总协定的主持下同其他国家进行新一轮的多边贸易谈判，即肯尼迪回合。这一谈判从1964年5月开始，于1967年5月结束并达成协议，使工业品关税水平平均削减35%，涉

贸易额400亿美元，分阶段在5年间完成。到1972年年底，当这个协议完全履行后，工业化国家工业品的平均关税率已不到10%，美国自然从减让关税中获益不小。

美国一方面利用1962年《扩大贸易法》促进多边关税减让谈判，以利于美国产品更容易进入别国市场；另一方面不放松保护措施。1962年法案除了保留1934年《互惠贸易法》中的保护性条款外，还增加了"调整援助"条款。该条款规定：当进口商品使国内生产受到严重损害时，政府对受害的企业提供资金援助，促使它们调整生产，增强竞争力。

1974年，美国国会再次对贸易法进行修改，通过了1974年《贸易改革法》，代替了1962年《扩大贸易法》。1974年《贸易改革法》的主要特点：一是新贸易法的重点在于授权总统就消除非关税壁垒与各国进行谈判。而原来的《扩大贸易法》重点在于关税减让，基本上未涉及非关税壁垒的问题。这是由于在肯尼迪回合后，资本主义世界贸易战的重点由关税壁垒转向非关税壁垒。二是美国为了进一步扩大农产品出口，新贸易法强调关税和非关税的消除不仅包括工业品，也应包括农产品，而农产品贸易问题在以前的贸易法中都未占重要地位。三是新贸易法还规定了"进口补救"措施，即当进口商品的竞争发生"严重危害"时，总统有权采取提高关税、设置进口限额等措施。四是新贸易法授权总统在国际收支发生紧急情况或外汇市场上美元汇价过度下跌时，可采取有效期150天的进口限制措施，如进口附加税和临时性的进口限额。这个新贸易法的矛头还直接指向第三世界国家，它规定，对凡是参加石油输出国组织和原料输出国组织以及把美资企业的资金收归国有的国家，一律不给予"关税优惠的待遇"。

1974年《贸易改革法》一方面致力推动东京回合的多边贸易谈判，以进一步削减关税和实行贸易自由化；另一方面，该法又规定有"301条款"，授权总统反对"不公平"贸易，并可以采取提高关税等认为必要的其他措施来反倾销和反补贴，以及直接进行双边谈判来打开贸易伙伴的市场。这是美国外贸政策开始从多边自由贸易转向双边协调和保护的重要信号，其后的实践也证明了这一点。1988年，美国国会通过了《综合贸易法》，明确提倡通过双边谈判来改变不公平贸易的状况，并一改几十年来（自1934年《互惠贸易法》开始）一直力图通过扩大总统总揽贸易权力来促进自由贸易的做法，将总统关于对不公平贸易伙伴实施报复性措施的权力转交给美国贸易代表机构，强化贸易保护主义的影响力。该法继承了1974年《贸易改革法》中的"301条款"，并对此作了重要修订，强化非关税壁垒，使之对所谓"不公平"贸易的国家更具有报复性，等等。如果说，1974年《贸易改革法》只是标志着美国的贸易政策重点已从多边自由转向双边协调和保护的"公平贸易"的话，那么，1988年《综合贸易法》就可以说是美国全面趋向贸易保护主义的重要转折点。

以上，我们对二战后美国外贸政策的演变作了脉络性考察，综观二战后美国外贸政策的演变，有以下两个特点：

第一，美国的外贸政策是为国内经济发展目的服务的。实行保护贸易政策还是奉行自由贸易政策，依本国经济国际竞争力的强弱来决定。

第二，美国高度重视利用法律手段对外贸加以强有力的干预和调节，以使外贸机制得以有序运转。无论是对内加强保护，还是对外推动出口，无不利用法律作为手段。这就保证了外贸政策的系统化、制度化和严肃性。

2. 美国外贸政策的战略调整。20世纪70年代中期以来，特别是80年代以来，美国的外贸政策发生了重大转折，即由二战后竭力倡导自由贸易转而主张"公平贸易"、"对等贸易"、"管理贸易"等。美国采取种种极富进攻性的贸易手段以限制进口，同时千方百计地打入别国市场，其政策具有明显的贸易保护主义的特征。显然，作为资本主义超级大国，美国贸易政策的战略调整，极大地影响了世界经济贸易的秩序和格局的变化。为此，我们有必要进行更为系统的分析。

（1）美国外贸政策调整的背景。美国外贸政策的转变，首先与美国在世界经济贸易中的地位变化有关。二战后较长一段时间内，美国的经济实力在国际上占绝对优势。然而，随着日本、西欧以及一些发展中国家和地区的崛起，美国在经济上的霸权地位受到了挑战，在世界经济贸易中的地位日益下降，对外贸易中的市场份额逐步缩小。美国虽仍未失去对世界经济贸易的影响力，但昔日的霸权地位已不复存在了。与此同时，日本、西欧却稳步上升。

近代国际贸易发展史告诉我们，一个国家经济实力越强，越能在市场上占支配地位，就越主张在世界范围内的自由竞争；而一个国家的经济实力下降，则会倾向于保护主义。当年大英帝国盛极一时，就曾高举自由贸易的大旗，以便自由地越过各主权国家的边界，把工业品输往这些国家，占据其国内市场。而当19世纪后期英国国际垄断地位下降，美、德开始崛起，形成多国争夺和分割世界市场局面的时候，英国就用"公平贸易"的口号代替了自由贸易的主张。美国二战后的贸易政策由自由贸易转向公平贸易，也反映了与当年英国大致相似的情景。

美国经济实力的下降和国际竞争力的减弱，再加上宏观经济政策上的失误，使美国在进出口贸易上出现了持续的巨额贸易赤字。这是美国外贸政策转向贸易保护主义的直接原因。1971年，美国在二战后第一次出现了贸易逆差，其后除1973年、1975年分别有过10亿美元和90亿美元的顺差外，其余都是逆差，且呈逐步上升趋势。因此，20世纪70年代中期，特别是80年代以来，美国的贸易保护主义压力不断增加，直至公开放弃自由贸易的口号，而举起反对所谓"不公平贸易"以实现"公平贸易"的旗帜。美国的外贸政策也因此发生了战略性的转折。

(2) 美国贸易政策的调整及其手段。为实现美国外贸政策的战略转折，20世纪70年代中期至今，美国政府主要采取了以下一些措施和政策手段。

第一，加强外贸立法，为贸易保护政策提供法律依据。1974年《贸易改革法》是二战后第一部有严重贸易保护主义倾向的立法，它首次确定了各种非关税壁垒，如例外条款、反倾销、反补贴等条款在法律上的地位。而1988年《综合贸易法》作为新贸易保护主义形式的法律标志，除了保留以前一些贸易立法中有关非关税限制条款外，还从多方面强化了保护主义措施，这些贸易立法还强化了贸易保护机构，如进一步扩大美国国际贸易委员会的权限并加强向美国贸易代表授权，完善贸易保护程序，如反倾销的"听证会"、"司法审查"等，使贸易立法的贯彻有了组织上和程序上的保证。

第二，利用非关税壁垒加强对进口的限制。由于关税与贸易总协定主持的多边贸易谈判已经将关税降到较低的水平，因此，关税在国际贸易中限制进口的作用已经明显减弱。美国等国家限制进口的措施已从传统的关税壁垒转向隐蔽性较强的非关税壁垒。这种转移始于20世纪60年代末，发展于70年代中期以后，全盛于80年代。

第三，针对所谓进行"不公平贸易"或在自由贸易方面做得不够的国家，进行单方面的贸易报复。20世纪80年代以来，随着美国贸易赤字的急剧增加，越来越多的美国人认为，作为多边自由贸易体制框架的关税与贸易总协定的体系是不健全的。非关税壁垒激增，农产品贸易保护有增无减，劳务贸易和知识产权贸易缺乏约束原则，关税与贸易总协定解决贸易争端的机制又慢又麻烦。因而国际贸易这个"角逐场"实际上是不自由、不公平的，美国的巨额贸易赤字就是证明，因此，自20世纪80年代以来，美国开始从单纯地限制进口转而对贸易伙伴进行报复。一方面，积极发起乌拉圭回合的多边贸易谈判，意在对关税与贸易总协定施加压力以改善美国的国际贸易环境和条件；另一方面，利用1974年《贸易改革法》中的"301条款"以及1988年《综合贸易法》中修订过的"301条款"，对外国企业的不公平贸易行为进行调查、制裁和报复。

1988年《综合贸易法》中的"301条款"包括"超级301条款"和"特别301条款"。"超级301条款"的内容是：从1989年起，指派美国特别贸易代表在每年4月30日以前确定一份美国认为保持很多贸易壁垒的重点国家；制定严格的日程表，对取消这些贸易壁垒进行谈判；如果谈判不成功，请求削减从这些国家的进口来实施报复。"特别301条款"是专门针对知识产权保护问题的，美国认为，它的许多产品包括农药、化肥、书籍、音像资料、计算机软件等知识产品，被进口国大量仿制和复制，从而影响了美国的经济利益。因此，制定了该条款以保护美国人的版权、专利和商标。"特别301条款"与"超级301条款"一样,也是由美国贸易代表在每年 4 月 30 日以前宣布一份在保护美国的知识产权方面做得不够的国家名单,并限定这些国家在一定的时间内与美国谈判,解决纠纷。否则,将对这些国家或地区向美国出口的产品征收高额关税,以示报复。

第四,在不放弃通过关税与贸易总协定这样的多边机制解决贸易问题的同时,将重点向双边协调机制倾斜,推进区域保护主义。二战后,美国一直致力于关贸总协定的多边机制来消除贸易壁垒和解决贸易争端。但由于关税与贸易总协定本身的不完备,更严重的是它对于一些重要的敏感性外贸领域,如农产品补贴和纺织品及服装领域,特别是一些新兴领域,如服务、与贸易有关的知识产权等,并没有限制性规定,这使美国对关税与贸易总协定的作用和效能丧失信心,再加上世界经济贸易集团化浪潮的冲击,促使美国外贸政策的重心从多边向双边转移。

第五,在加强对国内市场保护的同时,更多地将政策重点转向扩大出口,开拓海外市场。20 世纪 80 年代中期以后,美国外贸政策开始转向鼓励扩大出口,并在一些双边谈判中作过某些努力。到了 90 年代,这种趋势又进一步得到加强。美国前总统克林顿曾在 1993 年 2 月 17 日的国情咨文中说:"在我们进入一个新世纪之际,我们知道经济增长从来没有像今天这样赖于开辟海外新市场和扩大世界贸易量。"自 20 世纪 80 年代初以来,美国制造业的任何增长都归因于海外贸易的扩大。但由于各种原因,比如美国公司和产品的海外贸易竞争力下降,贸易伙伴的保护主义政策等,使美国的国外市场贸易额并未达到期望的程度。因此,美国政府采取所谓"干预性外贸"的做法,即通过对有关国家政府施加政治和经济压力,迫使其做出有利于美国的让步,向美国开放市场。近年来,在美国与一些贸易伙伴的双边贸易谈判中,摩擦、协商的重点也已从贸易保护和对不公平贸易行为的报复、制裁转为"市场准入"。

专栏 13-1

美国主要贸易法案

1934 年《互惠贸易法案》

美国的经济危机和美国产品在国际市场上每况愈下的局势引发了美国工业制品与劳务贸易政策的重大改革。1934 年,国会通过了《互惠贸易法案》。该法案颠倒了执法部门和立法部门在贸易政策上的权威地位。它允许总统有权在无须得到国会批准的情况下参与关税削减的双边贸易谈判。国会的限制只是总统在以

《斯穆特——霍利法》关税水平为基础削减关税时不得超过50%，并将总统削减关税的期限延长至3年。国会分别在1937年、1940年和1943年延长了总统削减关税的权威期限，以后将连续执行。到1945年，根据该法案，美国签署了32个双边贸易协定。这些协定降低了64%的进口产品的关税，关税税率平均下降了44%。

1962年《扩大贸易法》

1962年，约翰F.肯尼迪总统成功地说服国会通过了《扩大贸易法》。该法案赋予总统班子更加广泛的权利，尤其是可以参加与欧共体成员的关税削减谈判。《扩大贸易法》还明确并修订了逃避条款。国内寻求补贴的利益集团必须证明美国降低关税造成的进口增加是"产业严重受挫的主要原因"（主要原因是指超过其他所有原因的综合）。如果某个产业通过了这一验证，总统可以做出选择，要么提高关税，要么给予贸易调整方案（TAA）。根据TAA，因进口而受到伤害的企业或工人可以获得资金、技术或再培训援助。该计划的目的是，通过提供有别于进口限制的方案来实现贸易自由化，同时淡化工人的抵抗情绪。

巧合的是，在1962年《扩大贸易法》赋予总统广泛行使权力促进贸易自由化的同时，国会还要求参议院将国际贸易政策制定的责任转交给一个新成立的特别贸易代表办公室（20世纪70年代，该机构改名为美国贸易代表署，USTR）。国会要求USTR的独立性既要超过国务院又要超过商务部。因此，国会规定USTR直接向总统而不是向国内或国外的具体组织汇报。国会还赋予总统更大的对不公平的对外贸易政策行使报复的权力。

1974年《贸易改革法》

由于OPEC石油产量的增加，美国国际贸易和经济体制开始恶化，并导致了国内保护主义情绪的复苏。为了应付这种局面，1974年通过的贸易法案做出的重大修改有：美国关税委员会（负责执行美国贸易法的主要机构）将更加独立于总统并改名为国际贸易委员会；总统的削减非关税壁垒的协议必须提交国会，只有获得多数选票才能通过；建立了与USTR合作进行多边贸易谈判的详细咨询制度。国会制定该法案的宗旨是限制总统在削减关税和非关税壁垒上的自由，但同时也首次声明总统有权参与削减非关税壁垒的谈判。

1974年《贸易改革法》还放松了逃避条款补贴所需的法定考核，简化了美国企业申请保护的程序。该法案的第201条规定，进口产品不再作为受伤害的主要原因（如1962年法案），相反，只要国内利益集团能够证明进口给企业带来重大伤害（重大伤害是指不亚于其他原因造成的伤害），都可以获得补贴。第201

条还撤销了关于伤害必须是美国关税减让的结果的规定。另外，1974年法案放弃了以前规定的进口增加与贸易让步之间的关系，从而降低了调整援助的合格标准。

1974年《贸易改革法》的其他条款允许执法部门参加关税削减的谈判，只要削减幅度不超过60%，或者现有的不足5%的关税削减为零。同时，还授予总统给予发展中国家关税优惠待遇的权利。这个权利与1971年GATT采用的普遍优惠制（GSP）相吻合，GSP允许所有GATT的签署国向发展中国家提供优惠待遇。

1979年《贸易协定法》

1979年《贸易协定法》标志着美国制定贸易政策的历史开始改变。人们普遍认为以前的法案带有强烈的反对保护主义倾向，即使是不合法的倾销或补贴，贸易法赋予执行部门随意处理的权利也很大，竟允许它们忽略企业界为了国家利益而申请帮助和补贴的请求。1979年《贸易协定法》力图消除现有的偏见，将处理倾销和反补贴的权力从以自由贸易为主的财政部转移到更加重视保护主义政策的商业部。该法案还制定了其他措施来削减执法部门享受的贸易政策自由处理权。例如，对外国企业和政府建立复杂的对抗措施所需要的时间规定了更加严格的期限。另外，新法案还给予工会和行业商会申请补贴与救济的权利，而工会和行业商会本身不必是法案的发起者。最后，新法案扩大了援引逃避条款（201条款）的要求，只要企业受到重大的"威胁"，就可以提出申请，不必等到受到伤害之后。

1988年《综合贸易法》

美国贸易赤字严重、产品竞争能力下降的趋势日益明显，这样，贸易成为1988年总统大选的重要议题。民主党代表查德·格普哈特在初选讲演时，大力宣扬保护主义政策使他的地位大增。同时，里根总统为应付外国贸易壁垒的压力，强迫日本、韩国、中国台湾等国家或地区进一步开放市场。

随着美元贬值，出口开始增加，保护主义情绪多少有所减弱。但是，国会决定改变贸易政策的方向。立法部门经过3年的努力，最后完成了1988年《综合贸易法》。政府有效地淡化或取消了保护主义条款，长达1 200页的法律文本对美国贸易法作了许多修改。然而，该法案的实际效力将取决于里根总统当局如何实施。国会使总统更加难以拒绝企业要求保护或对不公平贸易采取报复的请求，但仍继续允许总统自行处理。

该法案的主要特点包括：总统参与双边和多边（GATT）协定谈判的权力得

到加强,时间加快;投资10亿美元的工人再就业培训计划加强了对抗国外不公平贸易做法的"301条款"的实施;知识产权保护得到改善;出口管制的压力减小;外国腐败行为法的范围缩小;关税税则协调制度得到实施。

注:1962年《扩大贸易法》原书译为《贸易扩张法》;1974年《贸易改革法》原书译为《1974年贸易法》;1988年《综合贸易法》原书译为《混合贸易与竞争法》。

资料来源:[美]戴维·B.约菲、本杰明·戈梅斯-卡斯著,周健临等译,《国际贸易与竞争》,东北财经大学出版社2000年版,第489~494页。

专栏13-2

美国贸易法案中的两个重要条款

201条款——免除条款下的进口救济

1974年《贸易改革法》的第201条款,也称免除条款,规定对进口竞争造成的伤害给予救济。免除条款最初是在1943年与墨西哥签订的互惠贸易协定中出现的。此后,又出现在其他许多双边贸易协定以及多边关税和贸易协定中。被编入1962年《扩大贸易法》后,又作为201条款出现在1974年《贸易改革法》中。长期以来,免除条款的总原则没有发生变化,即国内企业如果受到进口竞争的伤害有权要求援助。然而,该条款的法定范围和执行随贸易政策、立法和执法部门观念的变化而变化。

301条款——报复措施

301条款是美国在国际贸易中对其他国家采取报复措施的条款。1962年《扩大贸易法》第252节首次规定:当外国实施不公正或不合理的限制以致影响和损害美国出口贸易时,总统有权撤回对该国的减让、提高其关税或采取其他限制措施。由于该条款不太具体和明确,收效不大。1974年《贸易改革法》在第301节中再度提出这一问题,该节标题为"美国根据贸易协定所享受权利的实施和对某些外国做法的回答",简称301条款。其主要内容有两点:第一,明确界定了"不合理"、"不公正"的贸易做法,即指出由一个外国政府采取的针对美国的种种歧视性、限制性的贸易政策、规定、措施。这些措施剥夺了根据国际协议或国际惯例美国应享有的合法平等权利,损害了美国出口贸易。第二,规定了实施程序。该条款在1979年、1984年、1988年的有关贸易法中都不断被修改。

资料来源:[美]戴维·B.约菲、本杰明·戈梅斯-卡斯,《国际贸易与竞争》,东北财经大学出版社2000年版,第495页;刘绪贻、李世洞,《美国研究词典》,中国社会科学出版社2002年版。

三、美国对外贸易管理和经营体制

(一) 美国对外贸易管理体制

根据美国联邦宪法的规定,美国对外贸易的调节权属于国会,联邦政府则根据国会立法制定和执行外贸政策。但联邦政府内部权力都比较分散,没有一个统一指挥的机构。当然,各部门都很重视对外贸易,它们从不同方面参与对外贸易政策的制定和管理。

1. 美国对外贸易政策的制定和管理。美国对外贸易政策的制定和管理权力集中于联邦中央政府,地方政府均无这种权力。联邦中央政府是通过三个不同级别的跨部门的政策委员会来制定外贸政策的,即贸易政策委员会、贸易政策审查委员会和贸易政策工作委员会。

贸易政策委员会主席是美国贸易代表;副主席是美国商务部部长;成员是联邦政府各有关部门的部长级官员。

贸易政策审查委员会主席是美国副贸易代表;副主席是商务部副部长;委员是贸易政策委员会成员所在部的副部长级官员。

贸易政策工作委员会主席由美国贸易代表助理担任;该委员会成员为美国贸易政策委员会成员所在部门的专家。

上述委员会的工作程序是:首先由贸易政策工作委员会就贸易政策提出制定或修改的报告,经贸易政策审查委员会重新研究和修改后,再送美国贸易政策委员会讨论通过,最后报送总统审定。重大的贸易政策问题,总统决定后还要送国会讨论通过,形成法案。然后交商务部和有关部门执行。在特别情况下,美国国务卿可就贸易政策问题直接向总统提出报告和建议。

美国联邦政府参与对外贸易政策的制定和管理的主要机构有:美国商务部、美国贸易代表、美国农业部、美国进出口银行、美国海外私人投资公司、美国国务院、国际贸易委员会、小企业管理局等。此外,参与对外贸易政策制定和管理的还有国际部、财政部、能源部、内政部、运输部、劳动部、司法部、国际开发署、国家安全委员会等。

2. 美国的进出口管理工作。美国的出口管理工作主要由联邦政府以下几个部门分别负责:原子能委员会和能源部管理原子能方面的出口;国防部和国务院管理军火及直接军用品的出口;商务部则管理军民两用设备和器材的出口。

当某种产品(主要是尖端技术)出口可能被外国用来危及美国安全时,政府则实施管制。国内十分短缺的商品一般也不许出口。对受管制商品的出口,除对极少数国家外，都必须领取出口许可证。

美国对进口管理工作也是高度集中的。负责进口管理的权限属于联邦政府商务部，地方政府和商务部设在各地的办事处都无权参与进口管理。美国的进口管理主要是依靠关税和非关税管理办法实现的，政府一般不采用进口许可证的方式。除商务部外，根据1974年《贸易改革法》，原关税委员会改为国际贸易委员会，作为美国政府的一个独立性政府机构。协助商务部的进口管理工作，其主要责任是：

（1）负责调查并确认是否因某种产品的大量进口而影响了美国同种产品的生产，是否有损于美国工人的就业。调查和确认的结果如果是肯定的，国际贸易委员会则向总统提出报告，经批准后可采取提高关税、规定进口限额、实行关税限额或与出口国达成"自限"协议等，并帮助有关企业的工人解决失业问题，或者发给因此而失业的工人一些补贴。

（2）当外国某种商品在美国市场上使用不当的推销方法或进行不正当的竞争给美国工业造成损失或潜在的威胁时，经有关部门或工商业代表提出申诉，并经国际贸易委员会调查确认，即可向总统提出禁止该项产品进口的报告。60天内总统可否决或修改国际贸易委员会提出的报告。

（3）由于外国政府补贴后向美国出口，在美国市场上低价倾销，影响了美国有关企业的利益时，经商务部确认后，可由国际贸易委员会调查，如情况属实，商务部即可发布命令，对该种进口商品征收反补贴税或反倾销税。

（4）国际贸易委员会还对美国政府同外国签订的政府贸易协定，在进口关税和措施方面对美国经济贸易可能产生的影响提出意见。

总之，由于美国经营进出口的企业很多，其行政管理体制经过多年来不断地改革，目前还是比较集中。这就保证了美国对外经济贸易政策的一致性，也有利于政府在必要时对企业的进口活动进行干预和调节。

（二）美国对外贸易经营体制

美国的所有出口商品都是由私人企业经营，私人企业经营出口的方式或出口经营体制大致可分为出口收购制和出口代理制两种。

1. 农产品的出口经营体制。美国农业部负责推动全国农产品的出口和政策管理工作，研究对农产品进口有限制的国家的情况，并负责收集和研究国外的农业资料及农产品市场情况，帮助农产品生产制定种植和生产计划，提供各种咨询服务。农产品的出口政策由国会和联邦政府有关部门共同协商制定，由农业部贯彻执行。

美国农产品出口，一般由粮商和农场主合作并分割经营出口，无须报农业部批准。但大宗的农产品出口要向农业部报告。

美国农产品出口经营体制,一种是出口收购制,由生产者将农产品出售给当地收购站,这些收购站再转售给集镇上的粮商,然后集中起来运到港口装运出口。实行收购制出口的农产品约占美国全部农产品出口的 90%。另一种出口经营方式是,农场主合作社将生产的农产品直接运到港口集中出运,或是农场主合作社自己直接经营出口,或是委托其他贸易公司代理出口。

目前,美国较大的农产品出口商有 20 多家,其中最大 6 家的出口量约占全部农产品出口量的 50%。由此看来,美国农产品的出口经营是比较集中的。这种集中经营能增强竞争能力,争取好价。

2. 主要工业品的出口经营体制。美国的主要出口商品是工业制成品。全国约有 30 万个制造商,但其中有 10%,约 3 万家制造商经营出口。其中 100 家大厂商的出口额占全国制成品出口额的 50% 左右。可见,美国制成品出口经营的集中和垄断度也是比较高的。

美国制成品的出口,主要是由大厂商自己设立的外销部门经营;生产出口品的中小厂商,有的是自己出口,有的是委托中间贸易商或大厂商的出口部门代为出口。美国的专业出口贸易商统称为出口管理公司,全国约有 1 000 家。以前这些公司同生产厂商的关系多为代理关系,但现在越来越多地改为买卖关系。生产厂商和外贸企业一般都可自由经营出口贸易业务,政府对企业的出口经营权干预较少。企业出口与否,出口多少,政府一般都实行自由选择政策,较少地实施行政干预。如果为了扩大出口额,政府则过多地采用其他性质的扶持办法。例如,为中小企业推销新产品,开辟新市场服务,举办各种业务知识讲座和培训班等。

第二节 日本的对外贸易

一、二战后日本对外贸易概况

日本是一个岛国,由本州、北海道、九州、四国 4 个大岛和 3 900 个小岛组成,总面积为 37.748 万平方公里,2007 年人口为 1.2746 亿。

日本是一个后起的发达资本主义国家,在第二次世界大战中,日本成为战败国,经济遭到了严重破坏。但是,二战后日本经济恢复得很快,日本的国民生产总值和工业生产分别于 1954 年和 1956 年恢复到二战前最高水平。日本的国民生产总值在 1968 年超过原联邦德国,仅次于美国,居资本主义世界第二位。2007

年，日本国内生产总值达 4.9113 万亿美元，人均国内生产总值为 38 533 美元。

1. 二战后日本对外贸易的发展趋势。

（1）对外贸易由迅速增长转向相对缓慢。二战后，日本的对外贸易额增长十分迅速，其中出口贸易额的增长尤为突出。日本出口贸易额由 1950 年的 8.2 亿美元增长到 1995 年的 4 430 亿美元。出口贸易的平均增长率在 1950～1995 年为 15.8%，超过世界和各类国家的出口年均增长率。日本在世界出口贸易中所占的比重从 1950 年的 1.4% 提高到 1980 年的 6.3%，成为仅次于美国和联邦德国的第三大贸易国家。1995 年，这一比重更提高到 8.8%。但自 1999 年起，日本的对外贸易由升转降。2001 年，日本的出口贸易值降为 4 047 亿美元，在世界出口贸易中所占的比重降至 6.6%。1992～2001 年，日本的商品与服务贸易出口贸易量年均增长率为 4.4%，低于世界和各类国家出口年均增长率。2002 年，日本的商品出口贸易额为 4 160 亿美元，在世界出口贸易中所占的比重为 6.5%，增长 3%，低于当年世界年均增长 4.4% 的水平，仍保持世界第三大贸易国家的地位。2008 年，日本商品出口额为 7 822 亿美元，列德国、中国、美国之后，居世界第四位。

二战后日本出口贸易迅速发展的原因有：

第一，高速的经济增长。生产是交换的基础，日本在二战后的经济高速增长为出口贸易迅速发展奠定了基础。由于二战前经济发展的知识和经验；二战后的改革；优秀的劳动者和廉价的原料与燃料；劳资双方的合作；中小企业的活力；积极的技术引进与革新；高储蓄率和银行的积极融资；防卫支出少；朝战和越战"输血"；政府的有效指导与管理等方面的原因，使二战后日本经济持续高速发展。1950～1987 年间，日本国内生产总值年均增长率高达 7.1%，远远高于整个经济合作与发展组织国家平均年增长率的 3.9%。

第二，大力引进国外先进技术，改变出口商品结构。日本由于大力引进国外先进技术，提高了工业劳动生产率，改变了工业结构和出口商品结构，加强了出口商品在国际市场上的竞争能力。例如，1978～1983 年，日本在汽车工业的劳动生产率年增长率为 73.1%，每小时工资为 8.03 美元；而美国同期同一工业的劳动生产率年增长率为 16.8%，每小时工资为 19.21 美元。日本在 20 世纪 50 年代以轻纺工业品出口为主；60 年代钢铁、造船、化工等重化工业品逐渐占优势；70 年代汽车、家电产业得到进一步发展；80 年代集成电路、电子工业等高技术及高技术工业产品的出口不断扩大。

第三，政府的重视和采取促进出口的政策措施。二战后日本历届政府十分重视对外贸易，把"贸易立国"作为"不变国策"，而且一直把重点放在出口方面。政府制定出口战略，从组织机构、政策措施上予以保证。

日本为振兴出口，1954 年根据内阁会议的决定，设立出口会议，由首相和有关省厅大臣及经济界代表人物组成。出口会议是一个官民结合的最高贸易领导机构。每年召开 2~3 次会议，商定年度出口目标，研究扩大出口的政策措施，表彰对扩大出口做出显著成绩的企业和个人。1970 年，出口会议易名为贸易会议，成为制定进口和出口政策的机构。此外，日本输出入银行和日本贸易振兴会是日本政府用来促进对外贸易发展的两个重要机构。

第四，综合商社（跨国公司）在日本对外贸易中起了重要作用。

（2）对外商品贸易保持顺差，而服务贸易则为逆差。日本由 20 世纪 50 年代的商品贸易逆差转变为 60 年代的顺差，在两次石油提价后，又转为逆差，进入 80 年代转为顺差，而且顺差额日益增大。日本商品贸易顺差额从 1982 年的 202.8 亿美元增加到 1999 年的 1 807 亿美元，成为仅次于德国的第二大商品贸易顺差国家。2002 年，日本商品贸易顺差有所下降，为 796 亿美元。2009 年，日本商品贸易顺差为 300.84 亿美元。

与日本商品贸易存在大量顺差情况相反，日本在服务贸易方面有大量逆差。2005 年，日本对外服务贸易总额 2 425 亿美元，其中出口 1 066 亿美元，进口 1 389 亿美元，服务贸易逆差达 323 亿美元。

2. 日本对外贸易商品结构。

（1）出口商品结构。日本出口商品结构的显著特点是工业制成品所占的比重比较大，出口商品结构不断优化，而且出口商品比较集中。在制成品出口中，机械和运输设备所占的比重不断上升，1970 年占出口总值的 40.5%，1980 年为 58.5%，2001 年为 66.9%。其他制成品所占比重不断下降，1970 年为 45.6%，2001 年降为 18.5%，化工品所占的比重 1980 年为 5.1%，2000 年为 7.4%。

目前，日本主要出口商品有机电产品、运输设备、贱金属及制品、化工产品、塑料、橡胶等（以 2009 年为例，上述几项分别占日本出口额的前 5 位）。

（2）进口商品结构。在日本进口商品中，初级产品在 20 世纪 90 年代以前一直超过制成品。此后，随着日本与其他国家国际分工的深化和市场的开放，日本进口制成品增多，1995 年制成品在进口中所占的比重超过初级产品，达 53.0%。

在日本进口的初级产品中，占第一位的是燃料，1970 年占 1/5，1975~1985 年间占 40%~50%，此后下降，2001 年为 20.2%；占第二位的是食品，一直占 12%~15%；占第三位的是矿产和金属，所占的比重从 1980 年的 10.0% 下降到 1995 年的 5.5%；农业原料占第四位，所占比重同期从 10.0% 下降到 5%。

在日本进口的制成品中，20 世纪 80 年代以来，其他制成品的地位日趋重要，所占的比重从 1980 年的 7.7% 提高到 2001 年的 22.3%，机械与设备所占的比重同期为 6% 和 27.2%，化工品所占的比重同期为 4.2% 和 7.2%。

目前，日本主要进口商品有矿产品、机电产品、化工产品、纺织品及原料、贱金属及制品等（以2009年为例，上述几项分别占日本进口额的前5位）。

3. 日本对外贸易地理方向

(1) 出口贸易方向。在日本的贸易伙伴中，20世纪80年代以前，发展中国家居第一位，发达国家居第二位；80年代后，发达国家居第一位，发展中国家退居第二位。发展中国家在日本出口中所占的比重1952年为56.5%，1980年为48.8%，2001年为47.8%；同期，发达国家所占的比重分别为38.1%、47.5%和51.6%。

日本在对发展中国家和地区出口中，东南亚地区始终居第一位，所占的比重从1980年的28.1%上升到2000年的40.3%；同期，对石油输出国组织出口所占的比重急剧下降，1980年为14.0%，2001年下降为3.9%；对拉美国家出口所占的比重同期从6.5%下降为4.0%。

以2009年为例，从日本出口贸易方向看，在五大类出口商品中，机电产品主要出口到中国大陆、美国、中国香港、韩国和中国台湾；运输设备主要出口到美国、巴拿马、中国大陆、澳大利亚和加拿大；贱金属及制品主要出口到中国大陆、韩国、泰国、中国台湾和美国；化工产品主要出口到中国大陆、韩国、中国台湾、美国和泰国；塑料、橡胶主要出口到中国大陆、美国、中国香港、瑞士和新加坡。

(2) 进口贸易方向。在日本进口来源中，发展中国家除个别年份外，一直占第一位，所占的比重1980年为63.4%，2001年为58.3%；发达市场经济国家居第二位，同期所占的比重分别为35.1%和43.0%；东欧国家所占的比重很小，仅1%多一点。

从发达国家进口中，美国与加拿大占第一位，所占的比重1980年为20.8%，2001年为20.5%；欧盟占第二位，所占的比重呈上升趋势，同期所占的比重分别为6.5%和12.8%。

在从发展中国家进口中，东南亚地区为主，所占的比重从1980年的25%提高到2001年的42.4%；石油输出国组织所占的比重急剧下降，从1980年的40%下降到2001年的16.1%。

以2009年为例，从日本进口来源地看，在五大类进口商品中，矿产品主要来源于沙特阿拉伯、澳大利亚、阿联酋、卡塔尔和印度尼西亚；机电产品主要来源于中国大陆、美国、中国台湾、韩国和泰国；化工产品主要来源于美国、中国大陆、德国、法国和爱尔兰；纺织品及原料主要来源于中国大陆、越南、意大利、韩国和印度尼西亚；贱金属及制品主要来源于中国大陆、韩国、美国、印度尼西亚和中国台湾。

二、日本的对外贸易政策及其战略调整

日本贸易立国的国策之所以能够获得巨大的成功，其政府发展外贸的政策和战略起了主导作用。日本外贸政策的一个显著特点是，它不只是一般的商品进出口政策，而是把外贸政策与整个国家的产业政策结合起来，通过扶植本国的产业，提高国际竞争力，以振兴出口，使外贸的扩大能动地促进本国经济的发展和产业结构的优化。二战后日本的对外贸易政策大体经历了三个阶段。

1. 贸易管制政策时期（20世纪50年代）。日本在二战后对外贸易由占领军一手包办。日本政府着手制定对外贸易政策约在20世纪50年代。50年代的日本，经济上百废待兴，基础工业投资大，国内市场供不应求，进口需求旺盛；而出口能力很弱，国际收支连年逆差。在这种情况下，日本政府采取了严格管制的对外贸易政策，其具体办法是：

（1）实施进口保护政策。二战后初期，日本工业还很落后，工业中除丝绸、棉织品、杂货等劳动密集型产品外，其他产品大多无国际竞争实力。为了保护国内脆弱的工业，抵御外国进口产品对本国产业的不利竞争，为本国产业在幼小阶段创造一个提高国际竞争力的良好环境，日本在相当长的时间内采取了广泛的进口限制政策。首先，日本政府对外贸进行直接管理，并实行外汇配额制度。其次，对国内产业进行保护的另一手段是关税。当时，日本技术落后，劳动生产力水平低，产品成本较高，而外国商品则相对价廉质优。如前所述，在很长一段时间内，日本一直利用外汇配额制度这一行政性的措施来限制进口。后来，在国际压力下，这一限制进口的行政性措施被迫废止，关税措施成为抑制进口的主要措施。此外，对外国直接投资进行限制也是日本保护政策的一个重要手段。

（2）制定产业扶持政策。日本一方面对进口实行限制政策；另一方面制定一系列政策措施，对本国新兴产业和幼稚工业进行大力扶持。根据日本的国情，其选择扶持与发展的重点产业有两个特点：一是它们并非是发达国家正在向外转移的产业，而恰好是要与发达国家在获取贸易利益方面进行竞争的产业；二是日本在这些产业上发展并无特殊的自然禀赋优势。因此，要实现这些产业的发展，只有靠保护和扶持。

日本政府扶持这些产业的主要措施有：一是制定发展各种重点产业的战略规划和法规。二是在税收上给重点发展产业以优惠，支付补助金等。三是政策性金融措施。即对要扶植的重点产业、政府金融机构给以优惠的低息商业贷款，如日本开发银行、日本输出入银行、中小企业金融金库等对特定行业的企业提供低息贷款，其中尤以日本开发银行的长期低息贷款最为重要。四是鼓励引进国外先进

技术政策。日本产业政策理论认为,可以直接利用别国的成熟技术是后起国家的一个重要"后发优势"。日本政府在扶持重点产业时,大力贯彻了鼓励技术引进的政策,并鼓励引进后积极消化。

二战后初期,日本几乎各个基础产业的技术水平都远远落后于欧美发达国家。据日本通产省1949年公布的《技术白皮书》估计,当时日本主要使用的递回式轧钢机与美国的带钢连轧机相比,生产效率相差两位数;二战前曾为日本产业界骄傲的造船业与美国相比出现了大约30年的技术差距。在制造业,利用塑性加工提高效率的锻压设备在美国金属加工设备中已占到了26.4%,而日本仅占6.5%;自动控制设备,日本比先进水平落后20年。至于当时的一些新兴产业,如电子工业、合成化学工业等,在日本产业结构中几乎是空白。产业政策的实行(与保护政策配合),使日本的产业结构发生了重大变化,基础产业得到技术改造,新兴产业迅速崛起,很快成长为具有国际竞争力的企业。产业结构的优化推动着日本出口结构由劳动密集型产品为主向资金密集型、技术密集型和知识密集型产品为主迅速转化。

(3) 采取出口鼓励措施。在日本的外贸政策中,出口政策占有突出的地位。没有出口就没有进口,"贸易立国"和经济发展就无从谈起。在日本经济恢复和发展的过程中,直到20世纪60年代中期,一直为国际收支问题所困扰,振兴出口就显得特别重要。日本政府在实行进口限制政策以尽量减少外汇支出的同时,实行了一系列鼓励出口创汇的政策。主要有外汇分配优惠制度、出口优惠金融制度、出口振兴税收制度和出口保险制度等。

从1949年起,日本实行了外汇由政府集中管理的办法,用汇需经政府批准。为了鼓励出口,日本政府在外汇分配上给出口商以某种优惠待遇。

出口优惠金融制度是日本银行对外汇银行的出口汇票以再贴现和贷款担保,并实行比官方基准利率低的优惠利率。

出口振兴税收制度的具体措施包括:实行出口收入扣除制度(1953~1963年),即对企业或个人出口收入的一定比例免征所得税;实行出口加速折旧制度(1964~1971年),比照出口创汇指标,提高出口企业的折旧率以减轻税收负担;实行技术出口收入扣除制度(1959年以后,对技术出口的外汇收入按一定比例减免所得税);实行开拓海外市场的准备金制度(1964~1972年),对企业收入中用于开拓国际市场的再投资按一定比例减免税收,允许按销售额的一定比例算入损失额中。此外,还实行了出口退税制度,即退还投入出口生产的进口原材料的关税负担额。

出口保险制度是指在国外意外事件使出口商遭受损失时,政府予以部分赔偿。从1956年开始,其范围扩大到海外投资。

上述各项贸易政策基本是在二战后初期至60年代初期贸易管制时期实施的，但也有一些是60~70年代以后实施的（如前面所举的一些实例），但它们的共同点是，通过各种措施限制进口，扶持本国企业，进而鼓励出口。

2. 贸易政策自由化时期（20世纪60年代至70年代中期）。进入20世纪60年代以后，严格限制对外贸易的政策措施已与日本经济的高速增长发生矛盾。同时，这一做法也遭到了国际社会的谴责，迫使日本不得不宣布"自由贸易"大纲，着手推行贸易自由化。日本推进贸易自由化的进程，亦有鲜明的特点，就是根据产业的国际竞争力状况陆续开放，扶持成熟一个再开放一个，用实行贸易自由化的产业掩护继续保持扶植的产业，实行所谓有选择、有节制的贸易自由化政策。日本这种有意拖延贸易自由化进程的做法受到了西方国家的强烈反对，在外界的压力下，日本加速了贸易自由化的步伐，到20世纪70年代中期，不仅完成贸易自由化，而且也完成了资本自由化。

应该说，日本的贸易、资本自由化政策是相当成功的。一方面，根据各个产业国际竞争力的状况分期分批实行贸易和资本自由化，有效地保护了本国工业尤其是重要产业的发展；另一方面，对本国产业不是进行无限期的保护，而是有一个可预见的自由化的时间表，给被保护企业以压力和动力，促使日本企业进行大规模的设备投资，积极引进外国先进技术，出口急剧增加，带动了日本经济的增长。

3. 日本对外贸易政策调整时期（20世纪70年代末至今）。日本经济的高速发展迅速增强了其国际竞争能力，对欧美国家的出口剧增。因此，从20世纪60年代起，就不断引起与欧美发达国家的经济贸易摩擦，产品涉及纤维制品、钢铁、彩电、汽车等。解决摩擦的方式一般限于对发生贸易摩擦的商品加以限制。20世纪70年代中期以来，整个世界经济形势和国际贸易环境发生了很大的变化，主要发达国家相继陷入"滞胀"困境，两次石油危机的冲击又雪上加霜，一些发展中国家面临严重的债务危机。世界经济的不振导致了国际贸易的下降，日本无论与发达国家还是与发展中国家贸易摩擦都更加激烈，摩擦的商品也扩及半导体、计算机等高科技产品。一般的限制协议已无能为力，日本只好在对外贸易政策上做出相应的调整。

20世纪80年代中期以来，日本的对外贸易政策调整主要在以下四个方面进行。

第一，扩大内需，力求实现经济结构由"出口主导型"向"内需主导型"转变。日本于1985年4月发表的《对外经济问题咨询委员会报告书》称，要实现以内需为中心的经济增长，促进协调的对外经济关系，并提出增加公共事业的投资，加速住宅、生活环境建设；实行普及一周休息两天制；增加带薪休假日和缩短劳动时间，从而增加消费机会，扩大内需。

第二，进一步开放市场，促进扩大进口。1985年7月，日本政府制定了《改善市场渠道的行动计划纲要》，提出了"原则自由、例外限制"的基本原则，减少对进口的限制，进一步促进贸易自由化。

第三，日元升值。日元升值是1985年9月主要发达国家财长会议提出的，日本被迫同意这一政策建议（当然，日元升值是许多其他因素所决定）。一年多时间里，日元大幅度升值，从1美元等于250多日元上升到1美元等于140日元左右。此后，日元一直呈升值趋势，1988年一度升至1美元等于120日元，1995年4月曾突破1美元等于80日元的大关。这对于日本增加进口、抑制出口会起一定的作用。

第四，促进海外直接投资。为缓解某些商品尖锐的贸易摩擦，日本就通过对外直接投资将摩擦商品在贸易伙伴国生产。这样，既可绕过进口国的关税和非关税壁垒，也可以有助于进口国扩大就业，从而为进口国所乐于接受。20世纪70年代，日本成功地运用这种形式解决了与美国的彩电贸易摩擦。近些年来，日本还增加了对制造业，特别是汽车、电子、家电、半导体行业的对外投资比重。

日本经济政策和对外贸易政策的调整，对于刺激经济增长、缓解贸易摩擦起了一定的作用，但总的来说，日本经济结构、贸易结构调整的任务远远没有完成，与美国、西欧的贸易摩擦愈演愈烈，与发展中国家的贸易摩擦仍有增无减。这主要是由于日元持续升值，一些中小企业出口成本上升，利润下降，处境困难。自1992年起，日本的各种经济问题进一步恶化，"泡沫经济"时呈现的过度虚假繁荣消失，日本经济进入慢性衰退，增长乏力，至今尚未走出低谷。这就决定了日本的对外贸易政策会具有一定的保护色彩，产业结构和贸易政策的调整任务相当艰巨。

三、日本对外贸易的管理和经营体制

（一）日本对外贸易管理体制

根据日本政府1952年制定的《通商产业省设置法》规定，日本外贸管理权属于中央政府，由通商产业省及其派驻国内各地的地区通商产业局负责对外贸实行统一管理。虽然通产省在有些问题上也要同其他部门商量，但执行外贸管理任务的权力集中于通商产业省。由于任务明确、管理集中，因而反应快，办事效率高。通商产业省依照法令和政策，执行管理职能，直接对内阁总理大臣负责。

日本的对外贸易全部由私人企业经营，也允许外国企业经营，对外宣称自由

贸易。但是，政府通过立法和行政手段，对外贸进行的管理是很严格的。通商产业省的贸易局和通商政策局主管进出口贸易。除了提出有关外贸的政策、法令外，在对外贸易管理方面还承担以下具体业务：

（1）批准出口和进口及委托加工和代理贸易等合同（包括签发进出口许可证等）；

（2）负责有关贸易的外汇管理；

（3）批准与贸易有关的非贸易交易；

（4）在进出口业务上，指挥和监督海关长；

（5）指定、监督商品检查机关，决定出口检查标准；

（6）管理出口保险；

（7）审批从事出口和生产出口商品的厂家，进口商所签订的协定以及出口组合、进口组合所规定的组合成员应遵守的事项及团体公约。

（8）根据《出口商品设计法》的规定，指定和监督审定机构。

通产省对企业（包括工业生产企业）进行行政指导，实际上也是按照政府的意图进行的一种管理工作。

通商产业省在全国设有八个地区通商产业局，人员由通商产业省派出，财务开支由通商产业省承担。通商产业局受通商产业省的直接领导，其任务是根据当地情况，具体贯彻执行通商产业省制定的方针、政策，推动出口并承担一定的管理工作。日本的八个地区通商产业局分别设在仙台、东京、名古屋、大阪、广岛、高松、福冈。另外，在横滨、清水、神户和九州分设四个通商事务所。

至于地方政府，即郡、道、府、县政府也设有商工郡，但只限于对企业的外贸活动作指导和服务，不参与对外贸易的管理。中央政府和地方政府的分工是十分清楚的。

从日本政府对外贸易的具体管理工作来看，日本政府对出口只作较小的限制，只有几类商品的出口受到管制；对进口的管理情况是，二战后日本曾在相当长的时间内实施严格的贸易管制，直到20世纪60年代中期才开始逐步实行贸易自由化。但至今日本仍有很大一部分商品的进出口未真正实行自由化。所有进出口许可证的签发，都由通产省负责，地区通商产业局在一定范围内经通商产业省授权也可以签发一部分。地方政府无权签发进出口许可证。

总的来看，在外贸方面，日本政府同企业界有着密切的合作关系，并对企业实行强有力的行政指导和管理。一般来说，各类大中小企业对于政府的行政指导和管理是服从的。政府也采取各种措施，听取民间建议，帮助企业解决各种困难。

日本在管理对外贸易方面还有一个突出的特点，即利用半官方、半民间贸易组织，帮助政府协调和管理对外贸易。在日本有许多半官方性质和民间的贸易团体，它们在协助政府协调和管理进出口贸易，特别是在推进出口的工作中起着重要的作用，这在所有西方国家是绝无仅有的。日本从事外贸的各重要企业，通过上述贸易团体而全部组织起来，从而使各外贸企业互相协调，共同对外，达到了日本政府提出的有秩序的出口和避免出现混乱的要求。这类以官方作后盾、以民间面目出现的组织，其主要干部往往是现职借调来的政府官员，同政府各部门保持着密切的人事、财务等关系，起着非常独特的作用。例如，各种出口协会，不但代表通产省做一些官方活动，如发放配额、签发许可证等，而且日本有关法律允许它们搞协调，如成立出口价格卡特尔等。日本半官方的贸易团体中，较典型的有日本机械输出协会、日本纤维制品输出协会、日本陶瓷器输出协会等。成立这些协会的宗旨都是为了防止不公正的出口交易，建立良好的出口秩序，保护协会成员的共同利益，促进对外贸易的健全发展。从这类贸易团体的工作内容和性质来看，它们确实为通产省做了大量工作。在日本私人企业分散经营外贸的情况下，对各企业进行监督和管理，统一对外，扩大日本出口，避免日本企业在国际市场上自相残杀起了较好的作用。

（二）日本对外贸易经营体制

日本对外贸易全部由私人企业经营，也允许外国企业在日本从事出口贸易。日本对外贸易总额的 65% 左右是以综合商社为主的贸易公司经营的；同时，一部分工厂也直接对外成交，成交额占日本对外贸易总额的 30% 左右；余下的贸易额由中小企业承担。日本对外贸易经营形式基本上属于贸易公司专业经营的方式。

1. 综合商社的经营方式及其功能。日本的综合商社不同于一般的对外贸易公司，它是日本特定历史条件下特有的经济组织，是一种业务经营范围广、经营规模大、具有多种职能的综合性商业机构。在日本数千家综合商社中，影响最大的有九家。它们分别是三菱商事、三井物产、伊腾忠商事、丸红、住友商事、日商岩井、东棉、兼松江商、日棉。现以九大综合商社为例，介绍综合商社的经营功能。

（1）贸易功能。综合商社贸易经营范围很广，包括内贸和外贸两大部分。内贸以批发业务为主，大约占其贸易总额的 40%。对外贸易活动是日本综合商社的主要贸易功能，以至有人把综合商社称为对外贸易商社。九大综合商社以直接或间接的方式参与对外贸易活动，其中主要有出口贸易、进口贸易、三国间贸易以及与贸易有关的辅助业务——海运、外汇、海上保险等。

从进口贸易来看，主要是确保粮食、原材料的稳定供应。二战后初期，日本所需粮食主要靠进口，尽管日本大米从 1955 年起基本上能够自给，但小麦、大豆以及饲料、糖、咖啡等都要继续依赖国外供应，而这些巨额进口任务大部分都操在综合商社之手,这主要是由综合商社本身的优势以及世界粮食交易的特点所决定的。世界谷物的大宗出口集中在少数国家如美国,而美国的谷物出口又大部分为大谷物商控制,为了供应稳定,就必须摆脱这种控制,直接与农场主打交道,但这不是一般商社所能办到的。因为直接向农场主订购,在产地和港口都要有自己的专用运输设备,只有综合商社才有能力从事这项耗资巨大的业务。特别是粮食行市经营受气候和耕种面积变化的影响,再加上运费、汇率、利率等因素,风险较大,只有综合商社才拥有各种人才和经验以及遍布世界各地的情报网来应付这样复杂多变的情况,保持进口的稳定,从而使日本经济能顺利发展。

在原材料进口方面,1973 财政年度日本进口的各种冶金业原材料如铁矿砂、炼焦煤等,由十大综合商社经手的约占 81%。日本经济对进口原料的依赖很大,而且有加深之势,例如铁矿石的进口依存率由 1960 年的 68% 上升到 1972 年的 89.6%;炼焦煤则由 51.6% 上升到 82.1%。当原料供应成为日本经济的严重阻碍时,综合商社就及时采取所谓开发进口方式,即向原料产地进行投资,以确保原料的长期稳定供应。

所谓三国贸易,亦称中介贸易,是指在日本以外的国家采购,然后售往第三国的贸易。日本的综合商社从事这种贸易的历史相当悠久,主要做法有三种:一是空间上和时间上调整供求的三国间贸易。属于这种类型的三国贸易,其商品在品质上日趋标准化,即多属初级产品。二是与成套设备出口相联系的三国贸易。综合商社的三国贸易与日本的成套设备出口有着密切的联系。成套设备出口属于包括各种机械、器材、零件在内的综合性交易。其中有些机械、器材和零件是日本国内厂家难以生产的,有的即使在国内可以生产,但是成本可能较高。在这种情况下,综合商社可以通过从第三国筹措部分机械、器材和零部件来提高成套设备的出口竞争力。三是与对外直接投资有关的三国贸易。综合商社三国贸易的发展与其在国外开办合资企业的增加也有密切联系。上述合资企业所需要的零部件和原料,有许多都是通过综合商社筹措的,其中也包括从第三国筹措的,合资企业的产品也有不少是由综合商社输往国外的。

(2)金融功能。日本综合商社都分别属于日本各个大垄断企业集团,而且是重要一员。而每个企业集团都有自己集团的银行作为商社的金融靠山。因此,综合商社有雄厚的金融实力,能够承担风险。

(3)商业情报功能。情报工作在综合商社的业务中占有极其重要的地位。综合商社的情报工作,主要来自各地的电报、电传和信件以及通过电话、面谈或参加会议等所得来的信息。此外,报纸、期刊、专题报告、说明书等文字资料也是综合商社情报信息的主要来源之一。

(4)产业开发功能。综合商社不仅是日本对外贸易的先锋,同时也是其对外直接投资的尖兵。正由于综合商社在日本的对外直接投资中处于十分重要的地位，所以有人把综合商社称为日本的跨国公司。日本综合商社的对外直接投资几乎都是与贸易相联系的，一开始就以取得投资红利为目的的投资项目很少。其对外直接投资主要有三种类型，即：对海外流通部门的投资、与厂家合作对制造业的投资、资源开发投资。除了由它们自己进行上述不同类型的直接投资外，综合商社还对日本其他企业的对外直接投资以多种形式进行协助。

（5）产业活动的组织功能。日本综合商社在国外参加资源开发、建厂和出口成套设备的规模很大，单一企业甚至单一国家都难以承担其风险。因而，要集合不同国籍的企业，组织企业联合，以承担风险。在这方面综合商社也起到了重要的组织作用。

综合商社的崛起和鼎盛是与二战后日本经济的高速增长相联系的。二战前日本产业结构以轻纺为主，二战后则转向以重化工业为主，并日益成为经济大国。但日本却是个资源小国，这就形成了一个尖锐的矛盾。综合商社对缓解这一矛盾发挥了别人难以替代的作用，因而获得了举足轻重的地位。

然而，进入20世纪70年代，资本主义经济陷入"滞胀"，附加两次石油危机的冲击，主要西方国家的产业结构开始转向以高科技型、信息—服务型为主。在这样的历史条件下，日本经济进入一个低速增长时期，为了应付时代的挑战，日本的产业结构也开始调整和转向，由贸易立国转为科技立国的呼声日高。这一深刻而急剧的变化，使综合商社又面临着严峻的考验。

正当日本出现综合商社之冬的议论时，在其他一些国家掀起了仿效综合商社的热潮。这两种截然相反的现象形成奇异的对照，一时令人大惑不解。其实，这一方面说明，在新的历史条件下，日本综合商社确实走到了十字路口，面临着严峻的考验，需要进行改革；另一方面则说明，日本综合商社曾是成功的榜样，足以吸引其他一些国家相继效仿，这也反映了那些国家力图扩大对外贸易以带动经济增长的迫切愿望。

2. 日本大厂商经营对外贸易的方式。日本大生产厂商的产品销售一般是通过本集团的综合商社来进行的，但每个企业的经营都是自由的。有些产品不适宜商社经营或商社无能力经营的，就由企业自己的销售部门直接进出口。如三井集团的丰田汽车，销售市场是欧美，需要售后服务，就通过自己的汽车贩卖公司出口，而不通过三井物产出口。又如该集团的东芝电器出口家电产品，也需要技术修理服务，三井物产经营有困难，就由东芝自己推销、经营。

在大企业的出口方面，大型成套设备的出口有两种方式：一是综合商社在贸易、手续、人员、资金上给予支持；二是由综合商社牵头组织几个厂商生产供应，以商社为主对外签订合同。而单项机械设备则由商社购买后出口，厂商与商社之间是买卖关系。

3. 日本中小企业经营外贸的方式。日本中小企业在对外贸易中仍占有重要地位。由于中小企业的产品价廉物美、各有特色，在国际市场上具有很强的竞争能力。它们的出口主要是通过综合商社代理进行的；也有少数商品由中小企业自己直接对外成交。

专栏 13-3

日本的综合商社

日本的综合商社是沿着两条路线发展的。一条是以三井和三菱商社为首，以规模稍小的、经营多种产品和服务的一般贸易商社为起点；另一条是沿着伊藤忠、丸红、东棉、兼松、日商岩井、日本现在已经不存在的安宅这些企业的发展为主线。第二次世界大战以后，它们从专业贸易公司转变成综合商社。综合商社和专门商社的历史不长，都与日本的现代工业和产业结构有关。日本引进新生产技术的支付手段形成了综合商社和专门商社的发展模式。现代的第一个综合商社是三井。该商社建立于1876年，是从三井家族分离出的贸易公司。它的出口产品主要是煤，进口产品主要是棉花和纺织机器。后来，日本有能力出口棉布，三井开始向朝鲜、中国出口棉布，与来自英国的印度棉布直接竞争。除了国内外的贸易活动，三井还积极创建各种生产分厂。由于保证了这些工厂产品的销路，三井为幼稚工业的发展做出了很大贡献。随着联合企业三井财阀的诞生与商品经营的增长，三井也在不断壮大。

综合商社的另一个代表是三菱商社。该商社作为三菱的一个市场开发部，建于1889年，但贸易额不如三井大。该公司从向中国出口煤炭开始，逐渐增加了纸浆、纸张、啤酒、玻璃板和其他制成品的出口。第一次世界大战期间，与其他贸易公司一样，三菱已经成为一个真正的综合商社，出口的产品包括大米、小麦、糖、茶、猪油、化肥、木材、水泥、药品。在伦敦、纽约、北京还建立了办事处。三菱是第二次世界大战后崛起的仅次于三井的日本第二大综合商社。

日本纺织机器的发展促使专门从事棉花、棉纱和纤维的国内外业务的专门商社诞生。建于1907年的伊藤忠就是一个专门经营棉纱出口的专门商社。自1920年以来，伊藤忠在北京、马尼拉、纽约、加尔各答建立了海外分公司，与三井、三菱并列，成为日本直接出口棉纱和棉布的主要出口商社。

资料来源：[美] 戴维·B.约菲、本杰明·戈梅斯-卡斯，《国际贸易与竞争》，东北财经大学出版社2000年版，第205~207页。

第三节 欧洲联盟的对外贸易

一、欧盟对外贸易概况

1. 二战后欧洲联盟的对外贸易发展趋势

（1）对外贸易额增长由迅速转向缓慢。1950~1995 年，欧洲联盟 15 国的货物出口与进口贸易额的年均增长率分别为 11.5% 和 11.1%，均高于同期世界贸易出口年均增长 11.1% 和进口年均增长 11% 的增长速度。随着对外贸易的较快增长，它在世界出口贸易中所占的比重显著上升，从 1950 年占世界出口的 30.7% 提高到 1995 年占世界出口的 40%。但自 20 世纪 80 年代起欧盟的出口与进口贸易额的年均增长率均呈下降趋势。1980~1990 年欧盟的出口与进口贸易年均增长率分别为 8.1% 与 7.3%，1990~2001 年欧盟的出口与进口贸易额年均增长率降为 4%，均低于同期世界出口年均增长 6% 和进口年均增长 7% 的速度。2001 年欧盟 15 国的出口与进口贸易额分别为 22 900 亿美元和 23 350 亿美元，分别占世界出口与进口总额的 37% 和 36%。

（2）成员之间的贸易增长迅速，内部贸易所占比重扩大。欧洲联盟 15 国之间的内部贸易额从 1960 年的 103 亿美元增加到 1996 年的 12 184 亿美元。内部出口贸易额占世界贸易额的比重，从 1960 年的 8% 提高到 1996 年的 23.2%；内部贸易占集团出口总额的比重从 1960 年的 34.6% 提高到 1996 年的 60.4%，2001 年提高到 61.2%。

2. 欧盟进出口商品结构。在欧洲联盟的对外贸易商品结构中，工业制成品占主要地位。自 20 世纪 70 年代以来，工业制成品经常占出口的 76% 以上，占进口的 50% 以上；初级产品居次要地位，分别占出口、进口的 30% 和 50% 以下。

在 1994 年的出口总额中，工业制成品占 80%。有的国家工业制成品出口所占的比重比整个贸易集团所占的比重还要大，如德国 2000 年制成品出口占其出口总额的 83.6%。法国 2001 年制成品出口占其出口总额的 81.8%。

在 1994 年进口总额中，工业制成品占了 73.7%，比 20 世纪 70 年代初大大提高。有的国家制成品进口所占比重更大，如法国 1995 年制成品进口占进口总额的 76.4%，2001 年这一比重提高到 77.7%，初级产品进口特别是燃料、食品进口大量减少。

3. 欧盟的主要贸易对象。欧洲联盟全部对外贸易的 80% 左右是与发达国家进行的。其中，除欧盟各成员之间的贸易外，"欧洲自由贸易联盟"国家和美国是欧盟的主要贸易对象。日本在欧盟的对外贸易中所占比重较小。发展中国家在欧盟的对外贸易中仅占15%左右。欧盟与前苏联、东欧国家间的贸易也得到发展。中国改革开放后，与欧盟的贸易发展迅速。

二、欧盟对外贸易政策及其战略调整

1. 共同体时期的对外贸易政策。欧共体成员奉行共同的对外贸易政策。在与其他集团或国家的贸易关系方面协调行动，以保护共同体市场，促进成员国的经济发展。主要有以下两点措施。

（1）欧共体的关税和数量限制措施。从1968年起，欧共体实行共同的对外关税。其关税水平在关税与贸易总协定东京回合谈判期间有所降低。东京回合后，欧共体最惠国平均关税率为7.8%，稍高于美国，但低于日本。欧共体的关税具有明显的累进结构的特点。原材料、燃料、金属等关税税率较低，而制成品关税税率较高，食品为最高。

欧共体及其单个成员对来自特定的第三国进口的工业品如纺织品和服装等以及农产品实行数量限制。从形式上，可分为欧共体范围的限制和单个成员国的限制。欧共体范围的限制包括在多边纤维协定下的进口配额安排和"自动"出口限制安排；至于单个成员的进口限制措施，包括为共同体认可的成员方政府的限制，以及未经共同体许可的亦不牵涉成员方政府的产业之间的出口限制安排。

（2）欧共体的其他贸易政策手段。欧共体贯彻和执行其贸易政策的主要手段包括进口许可证、政府采购、贸易的技术障碍、补贴和抵消关税、海关估价及反倾销等。

欧共体与一些成员采用进口许可证制的办法来控制进口；政府采购政策和贸易技术障碍也保护着欧共体市场免遭外部竞争；反补贴、反倾销以及反对其他不公平贸易政策措施在欧共体与其他国家的贸易关系中所起的作用尤其重要。现以欧共体的反倾销措施为例，稍加展开论述。

欧共体的《欧共体抵制来自非欧共体成员的倾销和补贴进口货物条例》是目前其实行反倾销、反补贴措施最重要的法律依据，并且有一整套相当复杂的法律程序。该条例规定了征收反倾销税需符合的条件以及确定正常值的办法。

对来自市场经济国家的产品，欧共体确定其正常值的方法通常有以下几种：第一，在正常的贸易方式下，该产品的出口价格和国内市场价格实际支付的可比价格，即该产品在进口国和原产国的市场销售价；第二，该产品出口到第三国的最高价格；第三，该产品的价格构成，包括生产成本、管理费用和合理利润；第四，生产国生产同类产品的其他生产者或销售者生产或销售该产品的市场销售价格、出口价格和构成价格。在通常情况下，欧共体可在考虑一些其他客观因素的前提下，选择任何一种方法来确定正常值。对非市场经济国家的产品，欧共体确定其正常值的方法主要有以下三种：第一，参照某个市场经济第三国同类产品的国内市场销售价格或出口价格，包括欧共体的该产品出口价格来确定正常值；第二，参照某个市场经济第三国同类产品的构成价格确定正常值；第三，如上述两种价格难以确定该产品的正常值时，则以欧共体同类产品的实际支付价格来确定正常值。

倾销产品是否对欧共体构成损害，是欧共体是否对其征收反倾销税的重要依据。按照欧共体反倾销反补贴条例的规定，损害是指由于倾销对欧共体有关工业造成危害，或造成危害的威胁实质性地阻碍了该产业的建立和发展。确定倾销造成的损害一般考虑下列因素：第一，在立案调查的前 3 年或 5 年内该产品的进口数量急剧增长，所占欧共体市场的份额出现重大变化；第二，该产品与欧共体同类产品的价格相比，价格下跌幅度大大超过欧共体的同类产品；第三，对欧共体某一工业造成实际和潜在的影响。欧共体在调查上述各种因素的同时，还要调查倾销和损害的因果关系，从而确定是否存在损害。一旦倾销被确定，就要征收反倾销税，并采取所谓"一视同仁"的办法，即对来自任何国家的所有这类商品均征收反倾销税。将本应由某一产品承担的倾销造成的损害责任分摊到从未从事倾销的出口商的产品上，从而加强贸易保护。

2. 欧洲联盟成立后贸易政策的调整。

（1）贸易政策调整与深化的内容。欧盟的贸易政策调整主要体现在关税和非关税壁垒的新变化上。

从关税方面看，按《罗马条约》的规定，共同体应以适用于一切货物贸易的关税同盟为基础。《马斯特里赫特条约》实施后，仍沿用原欧共体这一原则，现行关税的变化只是在原体制框架内为适应经济发展所做出的调整，表现为贸易一体化的程度进一步深化。

第一，最惠国税率继续削减。二战后，关税与贸易总协定多次举行多边贸易谈判，致使西方发达国家的关税税率大幅度地削减。而经历近 8 年反复磋商的最新一轮谈判——乌拉圭回合，对削减关税又提出了更高的目标。依照乌拉圭回合最后文件的规定，欧盟将在今后 10 年内把普通关税的平均税率由目前的 6.8% 降至 4.1%。为使贸易保护防线的缺口得到弥补，欧盟急于寻找其他途径。调整普惠制就是一例。

第二，制定新的普遍优惠制方案。普遍优惠制，简称普惠制，是发达国家对发展中国家出口的制成品和半制成品（包括某些初级产品）给予普遍的、非歧视的和非互惠的优惠关税待遇制度。1970 年第二十五届联合国大会确定 18 个国家为给惠国，限期 10 年。各给惠国制定自己的普惠制方案。现已进入第三个 10 年。普惠制的目标是增加发展中国家的外汇收入，促进发展中国家的工业化水平和提高发展中国家的经济增长率。但为维护自身的利益，给惠国在制定自己的给惠方案时，经常以各种借口对其加以限制。

欧盟 15 国是目前 25 个给惠国中的重要成员。1995 年 1 月 1 日起，欧盟开始实施为期 4 年（1995～1998 年）新的普惠制方案。新方案具有新的特点和操作方法，也增加了一些新的原则。其基本精神是减少对发展中国家的给惠义务。主要包括以下四点：一是采用关税调整机制。即取消原方案普惠制税率为零的政策，将普惠制项下的商品依敏感程度分为五类，实施自主税率和协议税率。二是对受惠国进行了新的分类。第一类为 12 个。据世界银行统计，1991 年年人均国民生产总值超过 6 000 美元的受惠国/地区是香港特区、新加坡、韩国、沙特阿拉伯、阿曼、文莱、卡塔尔、阿联酋、科威特、巴林、利比亚和瑙鲁。第二类为某些出口导向的工业部门，已具有相当竞争力、部分产品对欧出口比重较大的国家/地区。包括第一类的 12 国，也包括中国和印度。第三类是不发达国家。共 49 个，属重点照顾和扶持对象。第四类是 5 个开展禁毒的拉美国家。第五类是一般发展中国家。三是新方案增设了"毕业条款"，分为"国家毕业"和"产品毕业"。如果某个国家/地区的某种产品对欧盟出口超过欧盟普惠制项下总进口额的 25% 时，将被取消优惠待遇，1996 年 1 月 1 日起恢复正常关税。"产品毕业"分两个阶段进行。第一阶段先减少优惠幅度 50%，第二阶段取消全部关税优惠。1997 年欧盟理事会研究决定取消那些发展程度最高的受惠国/地区的全部优惠，即"国家毕业"，即使它们的某些产品尚未达到"产品毕业"的标准。四是新方案附录列举了一些从 1995 年 1 月 1 日起不再享有欧盟普惠制的商品。此外，新方案还设置了"特别鼓励条款"和"保障条款"。

从非关税壁垒看，20 世纪 90 年代以来，欧盟对内部和对外部非关税壁垒均作了调整。在内部，根据 1985 年发表的建立统一的内部大市场的白皮书，欧洲实现四大自由流通有三大内部障碍：其一，有形障碍，即在各国边境检查中实行的对货物和人员出入境的控制；其二，技术壁垒，包括各国技术标准、法则和管理规章的差异；其三，财政壁垒，指各国税制的差异。面对逐渐明朗的欧洲一体化的前景，欧盟成员为取消上述障碍采取了积极的态度。例如，在已经取消过境货物的运输限额等边境控制措施的基础上，曾于 1985 年 6 月签署保证人员自由流动的《申根协定》的法、德等国，1994 年 12 月宣布于 1995 年 3 月 26 日完全放开人员的边境控制。由于成员的分歧，目前，这一开放限于法、德、比、卢、荷、西、葡七国范围内；已经出台的技术法规有欧洲电器电讯产品的新标准；管理规章的相互承认和有限统一的工作已近完成；各国已接受了统一的增值税和跨国公司税，税收边界随之撤销；公共采购市场已经完全放开，实行各国自由竞争。

内部非关税壁垒的取消直接影响到了欧盟对外非关税壁垒。原来，欧盟虽执行的是统一的贸易政策，但许多共同体的贸易政策仅仅由共同体总体上规划而分散到各成员执行。大市场和欧洲联盟运行后，对外非关税壁垒调整的显著特征是把各成员的自有壁垒统一到欧盟共同边界上执行，主要发生如下变化：其一，统一配额的实现。包括两个重要的变动：一方面，大规模地取消配额。欧洲理事会于1995年2月8日宣布取消6 417项配额。另一方面，根据同年3月颁布的《关于从部分第三国进口货物的共同制度》而保留的部分配额制也由国别实施配额改为在欧盟共同边界上执行统一配额。其二，原有的内部三大壁垒在共同体边界上完成了统一。其三，在外围的自由贸易区内尽可能地取消非关税壁垒，并寻求发展统一大市场的新成员。

(2) 贸易政策调整与深化的原因。欧盟贸易政策并不是简单地在形式上加以调整，而是有着深刻的内外原因。

就内部因素而言，过去，共同体实施的贸易政策多局限于贸易创造和贸易转移的得失之中，关税与非关税壁垒自然成为维护自身经济利益的有力武器。依据20世纪80年代以来兴起的新区域经济一体化理论，贸易不仅来自比较利益，更来自于技术创新、产品差异和规模经济。理论上的突破和一体化进程的加快迫使欧盟不得不对某些过时的贸易政策加以调整，以更好地发挥区域一体化的动态效果，促使欧洲联盟目标早日实现，故贸易政策调整主要基于如下考虑：

首先，使贸易政策更有利于欧盟范围内资源的有效配置，为区域内成员间的研究与开发和部门内部分工创造条件。可以说，欧洲统一大市场和《马斯特里赫特条约》的实施是从组织上对上述目标加以保障，但各成员之间的非关税壁垒还严重地阻碍着欧盟经济的发展。因此，将有形限制、技术壁垒和财政壁垒视为实现四大自由流通的三大障碍，要消除这些不利因素，必须有可行的贸易政策加以配合，这正是欧盟贸易政策调整的重要出发点之所在。

其次，使贸易政策向欧盟"东扩南下"及"欧洲经济区"战略所涉及的国家和地区倾斜。为适应经济发展的需要，欧盟不仅注意到区域内一体化的加强，而且还试图扩大经济势力，具体战略就是东扩南下和建立包括欧洲自由贸易联盟在内的欧洲经济区。为确保这些战略计划的实施，欧盟在调整其贸易政策时予以了充分的注意，例如，在对外非关税壁垒政策方面，欧盟实现了真正意义上的统一配额，并着手改革原有的配额制度。此举包括两项变动，其中取消配额一项主要是为了加速与原苏东国家发展自由贸易的进程,因为被取消的6 417项配额,有4 600多项与所谓的"国营贸易国家"有关。

最后,不情愿放弃贸易限制。新形势拓展了欧盟获得经济利益的途径;不完全竞争理论也使欧盟更加重视区域经济一体化的动态效果。这一进步反映在贸易政策调整上就是淡化关税与非关税限制意识,如积极响应乌拉圭回合削减关税的号召,进一步取消内部非关税壁垒和有目的地减少对外部的非关税壁垒等。但为了与美、日竞争,维护自身的经济利益,欧盟并不肯放弃贸易限制这道防线,重新修订普惠制方案就是明显的一例。

欧盟贸易政策调整还得益于有利的外部因素。我们所处的时代是多边贸易体系与区域经济共存的时代。一般来说,随着地区经济一体化的发展,其对外贸易政策也会发生相应的变化:一些有利于全球自由化的政策会出现,地区保护主义也会以新的形式出现。例如,20世纪50年代的欧洲经济共同体要求在成员间实行关税同盟,90年代的欧盟不仅限制非成员进入市场的数量,而且还不愿意与大家一起讨论有关的贸易规则,在统一技术标准等更高层次上推行贸易保护政策。非成员除了面临贸易转移效果的威胁外,还要承受更大的竞争压力和更恶劣的贸易条件。因为,在不完全竞争下,追逐规模效益的大企业通常有一种力量在市场上影响价格,从事企业兼并或部门内部分工。这种经营方式的改变绝不意味着竞争力的削弱,反而是在加强。欧盟的贸易政策调整实质上是为区域内跨国公司从事新的经营活动创造条件。但世界贸易组织有关区域经济一体化的条款根本没有对于这一变化做出反应,还只是停留在对关税同盟或自由贸易区的解释上。这就为欧盟新贸易政策调整开了绿灯。

(3) 取得的成就和存在的问题。任何一个国家或地区要想发展,必须具备一些必要的条件,如必须要有资金即资本,生产出来的商品能够得到实现,不断提高劳动生产率,以及能够正确接受其他国家的经济传递等。对外贸易在取得这些经济发展因素方面,具有不可替代的重要作用。因此,对外贸易在欧盟各国特别是区域经济发展中备受重视。昔日的关税同盟和共同农业政策被认为是《罗马条约》的两大支柱,20世纪90年代的贸易政策调整是对关税同盟的发展,其带来的效果更为可观,具体概括如下。

第一,有助于欧盟整体经济实力的加强。据统计,取消内部三大障碍,全面实现欧洲一体化后,欧盟经济进一步受益。具体表现在:成员间的边界取消限制,商品和人员过境不必再接受检查、缴纳关税和报关手续费。这样每年可节约310亿美元的开支;实现资本的自由流通可为欧盟节约3 315亿美元的转账和境外支付费用;劳务的自由流动可使欧盟降低劳务成本10%~20%,增加约260亿美元的收入。

第二，对外非关税壁垒的统一使欧盟竞争性更强。原有的分割市场，虽然各成员的民族利益得到一定的保护，但带来很多方面的问题，欧盟外部竞争力也受到了一定的削弱。以技术壁垒为例，构筑者会因此把本国的企业和产品关在国内狭小的市场内，消费者则会因缺乏竞争产品而被剥夺选择机会，蒙受价格损失，从而使欧盟整体力量减弱。对内统一、对外歧视的非关税壁垒政策对于实力雄厚的欧盟来说利大于弊，它已使主要竞争对手美国抱怨诸如欧洲统一包装要求这样简单的壁垒措施给它的产品带来的麻烦；在财政壁垒上也存在着这样的效应，这里虽然没有对税制统一的抱怨，但政府公共采购市场集体的对外歧视，例如本地含量在50%以上的产品可优先中标的规定等，已使许多贸易对手失去了竞争机会。

第三，便于欧盟总体经济战略目标的实施。统一欧盟把东扩南下作为下一步的战略目标。调整后的贸易政策充分体现出这一点，把前苏联东欧国家从"国营贸易国家"中排除，并对这些国家大量削减配额，不但会使东扩的进程加快，而且有针对性地加强了对所剩不多的"国营贸易国家"的限制，可谓一箭双雕。为了弥补乌拉圭回合关税减让的损失，欧盟对普惠制方案进行了调整，缩小了给惠程度和范围。这一切，对于受影响的国家，特别是我国，都提出了新的挑战，我们必须对此采取相应的对策。

欧盟虽然可以消除许多区域内贸易方面的限制，从而增强整体经济实力。但有些是难以改变的。例如，语言与生活习惯。英、法虽已打通英吉利海峡的海底通道，但语言不同会使两国在未来几个世纪内彼此分离；同样，英国式的小酒馆在德、法就没有市场。这就决定了欧盟内消费品市场的差异性会长期存在。

第四节　发展中国家和地区的对外贸易

一、发展中国家和地区对外贸易的基本特征

发展中国家和地区过去多是帝国主义统治下的殖民地、半殖民地。第二次世界大战以后，随着殖民体系的瓦解，大批殖民地、半殖民地国家取得政治独立，走上了发展民族经济的道路。

发展中国家和地区数量众多，分布地区辽阔，各国地理位置、自然条件、历史传统、经济发展水平都有很大差别，但发展中国家和地区对外贸易的基本特征是一致的。

1. 发展中国家对外贸易的性质发生变化。第二次世界大战以后，发展中国家和地区对外贸易的性质发生了显著变化。其主要体现在：不少发展中国家和地区收回了外贸主权，建立了自己的对外贸易管理机构和企业，管理和经营对外贸易；根据本国经济发展的需要，制定相应的对外贸易政策和贸易模式，为本国经济发展服务；组织经济贸易集团和原料输出国组织，开展南南合作，维护发展中国家和地区的贸易权益；组成"七十七国集团"，开展建立国际经济贸易新秩序的斗争。

2. 发展中国家已经成为国际贸易的重要参与者。发展中国家在制成品出口不断增长的同时，产品销售市场也在扩大。1981~2001年，发展中国家世界市场所占份额从15%增长到35%。由于不断地开发新产品和新市场，中国和印度等出口迅速增长的国家能够避免贸易条件的不利局面。从市场份额来看，1991~2001年间，所有地区在全球市场上的竞争力都提高了。其中东欧和中亚、拉丁美洲和南亚地区比其他地区提高的幅度更大，所有这些地区都是在挤占富裕国家市场份额的条件下获得这些市场份额的。

3. 进出口商品单一状况开始改变。发展中国家和地区的出口原以初级产品为主，进口以工业制成品为主。自从20世纪80年代初开始，随着发展中国家和地区的经济发展，这种情况已经发生很大的变化。发展中国家已经成为工业制成品的重要出口国（见图13-1）。在高收入国家，制成品出口额所占的比重进一步上升，1981~2001年，这个比例从约70%上升到80%以上。这种变化在中等收入国家和低收入国家中反映得更为明显。中等收入国家同一时期制成品出口额在其出口总额中所占的比重从20%上升至将近70%。在低收入国家，这个比例从20%提高到80%以上。

4. 主要贸易对象是发达的资本主义国家，但比重在下降。发展中国家和地区的出口市场与进口来源主要是发达国家。1990年向发达资本主义国家的出口占发展中国家和地区总出口额的69.6%，2000年下降到53.1%；同期，从发达资本主义国家的进口在整个进口中所占的比重从71.2%下降到61.7%。

5. 对外贸易发展很不平衡。由于经济发展水平和经济结构的不同，由于发达国家需求结构的变化和跨国公司投资方向的变换，发展中国家和地区对外贸易发展很不平衡。

（1）在亚洲、非洲、美洲发展中国家和地区对外贸易中，各洲发展很不平衡。各洲在发展中国家和地区对外贸易地区分布中，20世纪50年代，亚洲第一，美洲第二，非洲第三。20世纪60年代以后，亚洲发展较快，拉开了与拉美的距离；非洲也较快，缩小了与美洲的距离。在2000年世界出口贸易中，亚洲发展中国家和地区占23.4%，美洲占4.9%，非洲占1.2%。

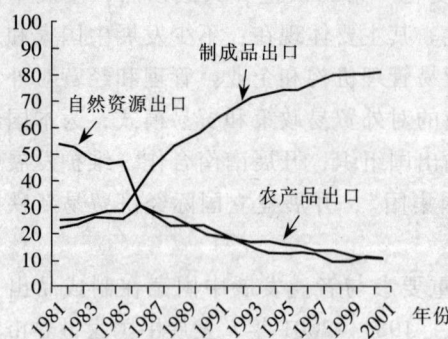

a. 制成品出口目前大约占低收入国家出口的 80%

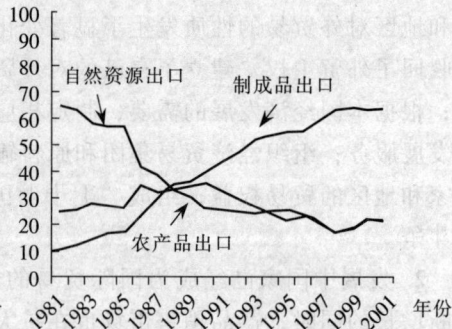

b. 既便不包括中国和印度，其他发展中国家制成品出口依然占其出口总额的 60% 以上

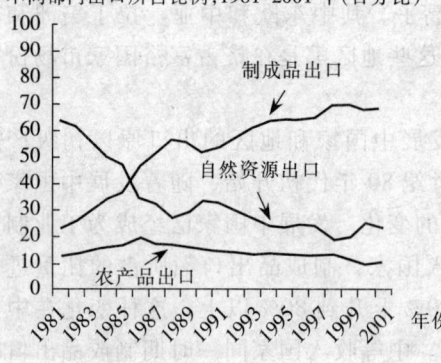

c. 中等收入国家制成品出口占其出口总额的近 70%

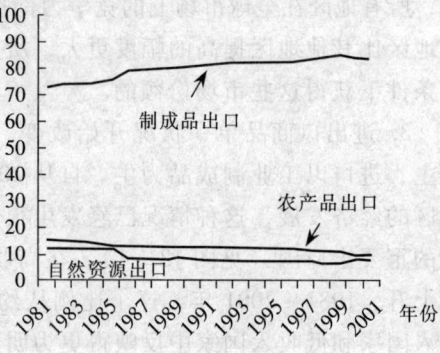

d. 同一时期，高收入国家的出口模式基本保持不变

资料来源：世界银行，《全球经济展望》，中国财政经济出版社 2004 年版。

图 13-1　发展中国家已成为制成品的重要出口国

（2）制成品出口国家的出口在世界贸易地区分布中呈上升趋势，而其余国家呈下降趋势。1950～2000 年，石油出口国家在世界出口贸易中所占的比重从 7.3% 下降到 4.1%，制成品出口国家和地区所占的比重从 8.7% 提高到 18.2%，而其余的发展中国家和地区所占的比重从 17.0% 下降到 6.5%。

（3）制成品出口集中在少数国家和地区，新兴工业化国家和地区在制成品出口中占据主导地位。

（4）发展中国家和地区出口贸易中，制成品出口贸易增长率高于其他商品。

（5）在整个发展中国家和地区贸易中，石油出口国家贸易始终处于顺差地位。石油输出国的贸易顺差 1955 年为 22.90 亿美元，1980 年为 1 827 亿美元，1990 年为 512 亿美元，2000 年为 632 亿美元。

二、发展中国家和地区的外贸发展模式与政策

一般认为,发展中国家有两种经济发展战略方式:一是外向型发展战略;二是内向型发展战略。二战后发展中国家的实践证明,外向型经济发展战略有利于一国迅速摆脱落后,获得发展。

采取外向型经济发展战略,就必须高度重视对外贸易在本国经济发展中的作用,选择较为开放的贸易政策。只要条件具备,国际贸易确实可以对发展中国家的经济起到"增长发动机"的作用。

国际经济学界把发展中国家为促进经济增长而采取的对外贸易政策分为三种类型,即初级产品出口、进口替代与出口替代政策(也可称为三种不同的经济发展战略模式)。

1. 初级产品出口模式。所谓初级产品是指加工程度较低,仍保留自然形态的农、矿产品,其用途主要是供食用和工业原料所用。由于历史上发展中国家就是殖民主义、帝国主义国家的原料产地,加上工业落后、自然禀赋等原因,使发展中国家在经济发展初期阶段不得不采取这种模式。由于各国经济发展的不平衡,这种模式仍为许多发展中国家所采用。国际贸易史表明,发展中国家在一定时期内利用初级产品出口,对于促进这些国家的经济增长有一定的作用。特殊的资源条件和自然环境,使得它们具有供给初级产品的能力,而外部的工业化产生了对作为食品、原料和燃料等初级产品的持续需求。国内供给和国外需求的结合便推动了它们的经济增长。例如,阿根廷是由农畜产品出口促进国民经济增长的,而石油输出国则是靠石油和天然气带动了经济增长。但总的来说,出口农矿产品的贸易条件是不利的,这是因为出口集中在少数初级产品上时,国际市场需求与价格变动对出口收入影响太大,甚至会成为国内经济、政治不稳定的重要根源;而且发展中国家出口的初级产品市场都集中在发达国家,出口受制于人,一旦初级产品的外力需求锐减或消失,经济增长的速度将会迅速下降。由于工业品依靠进口,发展中国家要受发达国家的控制,也影响了本国工业的发展,妨碍了经济多样化。基于上述原因,20世纪50年代末和60年代初,许多发展中国家,特别是那些较大的发展中国家,感觉到出口前景不好,外汇收入将减少,再大量进口工业品有困难,从而对经济增长不利,于是决定采用进口替代模式。

2. 进口替代模式。进口替代是指发展中国家通过严格的贸易政策,立足发展本国日用消费品与工业用品的生产,来替代原先需要进口的同类商品的一种经济发展战略,其目的是减少本国对外国市场的依赖,促进民族工业的发展。进口替代一般分为两个阶段,第一阶段是"初级进口替代",即先建立一般消费品工

业（如纺织品、食品加工、日用消费品、收音机、自行车等），以取代这类消费品的进口。第二阶段是"高级进口替代"。即从一般消费品的生产转向本国工业需要的资本品。发展中间产品（如机械、钢铁、各种工业原材料与设备）及耐用消费品（小汽车及各种高档家用电器等）的生产，以取代这类工业品的进口。

　　进口替代是发展中国家普遍采用过的经济发展战略模式。但在不同的国家中效果并不一样，这一模式对发展中国家经济增长的作用在于保护了本国民族工业的建立与发展，使发展中国家有可能依靠自己的力量走工业化道路，减少对外国的依赖。在进口替代过程中，引进国外先进技术和一部分外资，有助于改善本国落后的技术结构、缓解资金短缺。日用消费品的进口替代，可以减少国民财富的外流，提高国内储蓄率和投资率。同时，发展劳动密集型的日用消费品工业，也能增加就业，发挥劳动力优势。而高级进口替代对经济增长的意义更大，它标志着依靠本国力量建立起一个完整的、自主的工业体系，不仅能生产一般消费品，而且能生产工业制成品，提高生产资料的自给率，使产业结构向高级阶段发展。在条件成熟时，完成高级进口替代的国家很容易转向出口替代，以促进国民经济的迅速增长。其具体表现是：实行进口替代的国家进口的制成品在国内总供给中的比重大大下降，一些国家的设备自给率提高了。从表13-1中可以看出，巴西和菲律宾实行进口替代期间进口制成品占国内总供给的比重变化。

表13-1　　巴西、菲律宾制造业产品进口与国内总供给的比重　　　　　　单位：%

年份	巴西		菲律宾	
	1949	1964	1948	1965
非耐用消费品	3.7	1.2		
耐用消费品	64.5	1.6	30.8	4.7
中间产品	25.9	6.6	90.3	6.2
资本货物	63.7	9.3	89.4	9.9

资料来源：贝拉·巴拉萨，《发展中国家的保护结构》，1971年，第107页。

　　到了20世纪60年代中期，进口替代也出现了一些问题，主要表现在：在保护政策下建立起来的工业，往往成本高、效率低，还会引起社会经济效率的下降和错误的资源分配；在一般情况下较复杂的产品不易替代，还得依靠进口，随着生产设备和原料进口的增加和因高估币值造成的出口恶化，其结果不仅不能平衡外汇收支，反而招致国际收支的恶化；保护措施还会使进口资本、货物或其他投入物的企业受到鼓励，而出口工业因竞争力弱或汇价不利，受到打击，影响了工业的发展，影响了发展中国家的经济增长。因此，60年代中期以后，许多发展中国家转而把贸易自由化和促进出口作为工业化战略的基础，即执行了出口替代的贸易模式。

3. 出口替代模式。出口替代一词的原意是指以劳动密集型的工业制成品出口来替代农产品出口,由美国著名发展经济学家拉尼斯首先提出。但随着这一术语的广泛使用,其含义更为丰富了。用以替代的不仅仅局限于劳动密集型制成品,被替代的也不仅仅是农产品。而且这一名词按现在流行的说法已成为出口导向的同义(尽管两者还有一些细微的差别)。它是外贸带动增长战略中最重要的模式。

出口替代也有阶段性。一般先以劳动密集型产品(如服装、鞋类、纺织品、食品、家用电器等)出口替代传统的初级产品的出口,这是初级出口替代阶段。以后,随着经济的增长和产业结构的升级,便进入到高级产品出口,即以资本密集型产品出口替代劳动密集型产品的出口。从进口替代转向出口替代,发展中国家和地区需要具备一定的条件和做出艰苦的努力。所谓条件主要指政治上的稳定,有效的组织机构和正确的政策,与出口市场在地理位置和经济关系上的接近,有利的国际条件,技术管理人员和劳动力供应的逐步解决等。而后者主要指利用外资,引进技术,实行出口奖励制度,设立出口基地和出口加工区等。在上述条件具备的情况下,一些发展中国家和地区出口替代促进了经济的发展,被称为新兴工业化国家和地区。经过新兴工业化国家和地区的成功实践,出口替代模式带动经济增长的作用已经为越来越多的发展中国家所认识。第一,出口对发展中国家经济结构的改善效果明显,尤其是产业结构的开放和技术结构的更新速度较快;第二,半制成品和制成品的后向连锁效应较强,例如,汽车、船舶的出口,几乎可以带动整个基础工业的发展,如果制成品的原料主要来自本国,则对原料工业部门的带动作用加强,此外,其他各种连锁效应也都优于初级产品的出口;第三,对外贸易发展速度快,制成品在出口中所占的比重迅速提高;第四,出口企业在国际竞争机制的激励下,有技术革新的内在动力,不断提高劳动生产力,降低成本,提高产品质量,经济效益高,并可对其他部门产生"示范效应";第五,出口工业和其他产业的发展,有利于吸收国内的剩余劳动力,增加就业,缩小收入分配的差距;第六,出口产业的建立,有利于吸引外资和引进国外技术,并能使外资与先进技术逐渐向非出口部门扩散;第七,出口的乘数效应将导致国民经济加速增长,例如,1980 年搞出口替代的新兴工业化国家的内部积累率,巴西为 20%,泰国为 22%,菲律宾为 30%,韩国为 23%,墨西哥为 26%,马来西亚为 32%,新加坡为 50%,已经达到甚至超过西方发达国家同期的国内积累率(22%)的水平。20 世纪 70 年代(1973~1980 年)新兴工业化国家和地区的国内生产总值年平均增长率为 6.0%,不仅高于整个发展中国家,而且大大高于发达国家 2.8% 的年平均增长率,进入 20 世纪 80 年代(1980~1986 年),

它们的增长率大大高于整个发展中国家和发达国家。

然而，出口替代也存在着许多困难和问题。首先，严重依赖国际市场，这些国家和地区通过出口替代发展起来的工业多是面向出口的工业，其产品销售和原材料供应严重依靠国际市场。其次，对外资的依赖。这些国家和地区发展经济所需资金，除去扩大贸易、内部积累外，相当部分依靠引进外资与外债解决。对外资的依赖，还使执行出口替代的发展中国家和地区主要经济部门为跨国公司所控制。与此同时，外国资本每年以利润、利息的形式从这些国家和地区转走了大量资金。

思 考 题

1. 发达国家对外贸易的发展有何特点？
2. 二战后美国对外贸易政策有哪些重要调整？
3. 简述日本综合商社的主要功能。
4. 简述欧盟近期对外贸易政策调整的主要内容。
5. 简述发展中国家和地区的贸易发展模式。
6. 试分析导致发展中国家对外贸易发展不平衡的主要原因。

第十四章 区域经济一体化

【本章教学目的】通过本章的学习，使学生了解区域经济一体化的形式、区域经济一体化组织简况，区域经济一体化对国际贸易的影响，以及主要的区域经济一体化理论。

第一节 区域经济一体化的含义

一体化的含义是把各个部分结合为一个整体。一体化概念在很多自然学科和社会学科领域中得以应用。自20世纪50年代初起，一体化被广泛应用于对国际经济活动的研究中，用来形容多个国家独立的经济活动融合为紧密相连的一个整体的经济活动。按照涉及的国家范围来划分，经济一体化可以分为区域性经济一体化和世界性经济一体化。就目前经济一体化的实践和理论来看，经济一体化主要是区域性的。

经济一体化的定义最早是由荷兰经济学家丁伯根（Tinbergen，J.）在1954年提出的。他认为，经济一体化就是将有关阻碍经济最有效运行的人为因素加以消除，通过相互协调与统一，创造最适应的国际经济结构。丁伯根还把经济一体化分为消极一体化和积极一体化。他认为，消除歧视和管制制度，引入经济交易自由化，是消极的一体化；而运用强制的力量改造现状，建立新的自由化政策和制度，是积极的一体化。

美国经济学家巴拉萨（Balassa，B.）在1961年指出，建议把经济一体化定义为既是一个过程，又是一种状态。就过程而言，它包括旨在消除各国经济单位之间差别待遇的种种举措；就状态而言，则表现为各种形式的差别待遇的消失。巴拉萨的定义是从行为或手段的角度来描述经济一体化的，但没有指出经济一体化的目的或效果是什么。为此，另外一位美国经济学家柯森（Curson，V.）对巴拉萨所说的一体化是"过程"解释为：业已一体化的国家间生产要素最佳配置。波兰经济学家查尔斯托斯基（Chelstowski）回避"过程"或"状态"之分，指出经济一体化的本质是劳动分工，即按国际劳动分工的要求来调整各国的经济结构。

国内有学者综合了众家之说，把区域经济一体化定义为：两个或两个以上的国家或地区，通过协商并缔结经济条约或协议，实施统一的经济政策和措施，消除商品、要素、金融等市场的人为分割和限制，以国际分工为基础来提高经济效益和获得更大的经济效果，把各国或各地区的经济融合起来形成一个区域性经济联合体的过程。

国家或地区经济政策和措施的统一，可以分为两个方面的内容：一个方面是内部经济政策和措施的统一，即有关成员之间实施统一的经济贸易政策；另一个方面是外部经济政策和措施的统一，即有关成员之间实施统一的对非成员国的经济贸易政策。在区域经济一体化的实践中，并不是一开始就在这两个方面同时实现统一的。参与一体化的国家往往先在成员之间取消贸易和其他经济活动中的人为限制，逐步实施统一的内部经济政策，然后实现外部经济政策的统一。

区域经济一体化要求成员之间在经济政策上实现一定程度的统一，实质上是成员经济主权一定程度的限制和让渡。这种经济主权限制和让渡的区别，意味着成员之间经济结合程度的高低，从而可划分出不同层次和水平的区域经济一体化。对成员经济主权限制和让渡出来的部分，需要有一个组织机构来管理及行使。因而在较高层次和水平的区域经济一体化中，一般都有一个根据条约或协议而组成的超国家机构，并赋予该超国家机构一定的权力和职能。随着经济一体化水平的提高，各成员逐步向该机构让渡更多的经济主权，由该超国家机构行使更多的共同内部经济政策和一致的对外经济政策。

区域经济一体化包含两层含义：一层含义是指成员之间经济活动中各种人为限制和障碍逐步被消除，各国市场得以融合为一体，企业面临的市场得以扩大；另一层含义是指成员之间签订条约或协议，逐步统一经济政策和措施，甚至建立超国家的统一组织机构，并由该机构制定并实施统一的经济政策和措施。对此，学术界将前者称为功能性一体化，将后者称为制度性一体化。功能性一体化与制度性一体化是经济一体化发展的两种趋势。功能性一体化的发展来自于各国市场经济自发的内在要求，当它发展到一定阶段时必然要求制度性一体化给予保障和促进；而制度性一体化会加深功能性一体化的程度。功能性一体化是制度性一体化的准备，具有一体化的实质性意义；制度性一体化是功能性一体化的阶段性标准，具有一体化的形态性意义。因此，功能性一体化与制度性一体化具有密切的关系。两者既可相互促进，也可相互制约。从世界区域一体化的实践来看，制度性一体化具有更重要的现实意义。因而，人们更多关注的是制度性一体化的进展。

第二节 区域经济一体化的形式

区域经济一体化联合体以一定的组织形式存在着。各参加国根据各自的具体情况和条件以及各自的目标和要求而组成了不同形式的区域经济一体化组织。不同的组织形式反映了经济一体化的不同发展程度，反映了成员之间经济干预和联合的深度与广度。区域经济一体化可从贸易壁垒的撤销程度、一体化的范围以及参加国的经济发展水平等几个方面进行划分。

一、按贸易壁垒撤除的程度划分

按照贸易壁垒取消的程度，经济一体化可分为以下五种形式。

1. 自由贸易区（free trade area）。自由贸易区是较为松散、对成员约束最弱的一体化组织。在自由贸易区中，完全消除了成员之间的全部贸易壁垒，因此，商品和服务可以在各成员之间自由交易，但是，成员之间仍保持各自对来自非成员进口商品的限制政策。最典型的自由贸易区是北美自由贸易区。

2. 关税同盟（customs union）。关税同盟在经济上的一体化程度又前进了一步。与自由贸易区的成员一样，关税同盟的成员取消了各成员之间的商品和服务贸易壁垒，使之可以在成员之间自由流动。另外，成员之间采取共同的对外贸易政策。一般情况下，关税同盟采取统一外部关税的形式，在这种情况下，非成员向关税同盟的任何一个成员出口货物时，均使用相同的关税。税收收入按预先确定的方法在各成员之间进行分配。例如，早期的欧洲经济共同体和东非共同体；目前其他的关税同盟还有安第斯条约等。

关税同盟意味着撤除了成员各自原有的关境，组成了共同的对外关境。这样使成员的商品和服务在区域内部自由流动的同时，排除了来自非成员的竞争。关税同盟开始具有超国家性质，是实现全面经济一体化的基础。

3. 共同市场（common market）。共同市场是更深层次的经济一体化形式。与关税同盟一样，共同市场在各成员之间不设置任何贸易壁垒，并采用共同的外部贸易政策。但除此以外，共同市场还允许生产要素在各成员之间自由流动，这些生产要素包括劳动力、资本和技术。因此，在共同市场内部完全取消了对移民和跨国投资设置的限制政策。要素流动性对于经济增长的重要性不管怎么渲染都不能算过分。在生产要素可以自由流动的前提下，资本、劳动力和技术可以转移到使用效率最高的地方。为了认识生产要素自由流动的重要性，我们可以做一个假设,在美国经济中,如果匹兹堡的失业工人不能移民到经济不断增长的太阳带(sunbelt)地区,到那里寻找更好的就业机会,会发生什么情况呢?换一种说法,我们也可以设想一下,如果纽约银行的储蓄存款不能转移到盈利率更高的芝加哥进行投资会发生什么情况呢?

尽管共同市场存在着上述种种优势,但是,共同市场的各成员必须准备随时在货币、财政和就业政策方面进行紧密的合作。此外,共同市场虽然可以提高成员的整体劳动生产效率水平,但是,我们决不能因此说每一个成员都会从中受益。正是由于这些问题的存在,共同市场的目的性在世界上很多地区还相当模糊,特别是在中美洲和亚洲地区。

4. 经济联盟(economic union)。经济联盟是指成员之间除了商品与生产要素可以进行自由流动及建立共同对外关税之外,还要求成员实施更多的统一的经济政策和社会政策,如财政政策、货币政策、产业政策、区域发展政策等。例如,欧盟在20世纪末已建成为经济联盟。

在理论上,应在多大的经济政策范围内实现统一才能称得上是经济联盟,尚没有明确界定。但是,货币政策的统一作为一个重要标志是具有共识的,即成员国之间有统一的中央银行、单一的货币和共同的外汇储备。

5. 完全经济一体化(complete economic integration)。完全经济一体化是经济一体化的最高级组织形式。区域内各成员在经济联盟的基础上,全面实行统一的经济和社会政策,使各成员在经济上形成单一的经济实体。而该经济实体的超国家机构拥有全部的经济政策制定和管理权。目前世界上尚无此类经济一体化组织,只有欧盟在为实现这一目标而努力。

上述五种形式的区域经济一体化组织是由低级到高级排列的。各种形式的一体化组织之所以可以分级排列是因为上一级形式的一体化组织包含下一级形式的一体化组织的特点。但是,必须要指出的是,区域经济一体化组织形式的分级排列并不意味着一个区域性组织在向一体化深度发展时一定是由低级向高级逐级发展的。从区域经济一体化的实践来看,一体化的起点并非一定是自由贸易区;某个区域经济一体化组织也可能兼有两种组织形式的某些特点。区域经济一体化的组织在实践中也许会产生出更多的形式。

二、按经济一体化的范围划分

按经济一体化的范围,经济一体化可分为以下两种形式。

1. 部门一体化(sectoral integration)。它指区域内各成员把一种或几种产业(或商品)加以一体化,如欧洲煤钢联营(european coal and steel community, EC-

SC）与欧洲原子能联营（european atomic energy community，EAEC），均属此类。

2. 全盘一体化（overall integration）。这就是将区域内各成员的所有经济部门加以一体化的形态，欧洲经济共同体和原经互会均属此类。

三、按参加国的经济发展水平划分

按参加国的经济发展水平，经济一体化可分为以下两种形式。

1. 水平一体化（horizontal Integration）。又称为横向一体化。它是由经济发展阶段相同或接近的国家所形成的经济一体化形式。目前世界上存在的经济一体化，大多属于此种形式的一体化。

2. 垂直一体化（vertical Integration）。又称为纵向一体化，就是由经济发展阶段不同的国家所形成的一体化。

第三节 区域经济一体化组织简介

一、欧洲地区经济一体化组织

1. 欧洲联盟（the European Union，EU）。二战后经济一体化浪潮发端于西欧。1950年5月9日，法国外长罗贝尔·舒曼发表了著名的"舒曼计划"，标志着经济一体化思想的形成并正式开始实践。遵循舒曼计划，比利时、法国、原联邦德国、意大利、荷兰和卢森堡6国于1952年成立了欧洲煤钢共同体（European Coal Steel Community，ECSC）。同时，比利时、荷兰和卢森堡组成比荷卢经济联盟。1958年，《罗马条约》使上述6国成立欧洲经济共同体。英国、丹麦、爱尔兰于1986年，希腊于1981年，西班牙与葡萄牙于1986年，瑞典、芬兰、奥地利于1995年分别加入欧共体，后又有一些中东欧国家加入，到目前为止，其成员已增加到27国，是当今世界最大的地区一体化组织。

欧洲经济共同体主要机构有：部长理事会、执行委员会、欧洲议会、欧洲法院和欧洲理事会。1967年7月，欧洲经济共同体与欧洲煤钢共同体和欧洲原子能共同体合并主要机构，合并后称欧共体。

欧洲经济共同体成立后，不仅提前实现了《罗马条约》的主要条款，而且还逐渐朝着经济货币同盟和政治同盟的方向发展。其一体化进程如下。

（1）关税同盟的建立。关税同盟是欧洲经济共同体的重要支柱。关税同盟的主要内容是：对内在成员之间分阶段削减关税，最终取消关税，达到共同体内部的商品自由流通；对外通过逐步拉平各成员的关税率，筑起统一的关税壁垒，以抵制和排挤共同体以外的商品输入。

（2）共同农业政策的实施。建立农业共同市场，使6国农业走向一体化，是欧洲经济共同体的另一重要支柱。共同农业政策包括的内容如下。第一，实行统一的农产品价格管理制度。在共同体内部，管理价格主要有两种：一种是目标价格或指导价格，它是共同体农业生产者渴望得到的价格，也是市场价格的上限；另一种是干预价格或支持价格，它是生产者保证可以得到的最低价格，是市场价格的下限。一旦市场价格高于目标价格，共同体管理机构即按目标价格出售农产品；反之，当市场价格低于干预价格时，管理机构使用干预价格收购农产品，以保证价格的稳定。第二，实行出口补贴制度。共同体农业生产者出口农产品时，可以得到出口补贴，补贴一般相当于共同体价格与世界市场价格之间的差额。第三，建立欧洲农业指导和保证基金。共同农业政策的实施，提高了农业劳动生产率，稳定了市场价格，稳定了农业生产者的收入，提高了农产品自给率。

（3）欧洲货币体系的建立。欧共体建立经济和货币同盟的问题，是在20世纪60年代末爆发以美元危机为中心的资本主义世界金融危机后提出来的。建立欧洲货币体系的主要目的有两个：一是为巩固和发展经济一体化的成果；二是摆脱美元的影响和控制。1979年3月，欧共体正式建立了欧洲货币体系。这是共同体国家在货币金融领域内加强联合的重要步骤。这个体系包括：创建"欧洲货币单位"；扩大西欧货币的联合浮动体系；建立"欧洲货币基金"，加强共同干预货币金融市场的力量。

（4）政治一体化获得了初步的进展。例如，1972年10月共同体9国首脑会议决定，要在20世纪70年代结束以前，把共同体建设成为一个"欧洲联盟"，1979年6月，共同体欧洲议会进行了直接选举；1984年10月，"西欧联盟"在罗马举行了各成员外交和国防部长联席会议，并发表了"大西洋联盟中"的"欧洲支柱"声明，确定了发展西欧国家防务合作的原则，决定改组和加强联盟的机构，正式批准从1986年1月起取消对联邦德国生产和储存常规军备的一切限制。

（5）统一大市场的建立。20世纪80年代中期以来，欧共体一体化又有了新的发展。1985年6月，欧共体发表《白皮书》，明确提出在1992年年底以前把欧共体建成一个没有国界的商品、人员、资本和劳务完全自由流通的内部统一大市场的计划。1986年2月，欧共体各国签署了《欧洲一体化文件》，该文件规定，在1992年12月31日正式实现12个成员之间以商品、资本、劳务和人员的自由流动为主要内容的统一大市场。具体内容包括：第一，商品自由流动。取消共同体的商品在内部边境的一切检查，统一商品技术、卫生标准，以促进商品流通。第二，资本自由流动。取消本国居民买卖其他成员方股票、债券的限制；公民可在各成员方存款、贷款；取消外汇管制等，以加速资本流动。第三，人员自由流动。允许在成员方之间人口自由流动，对成员方的公民不再检查其身份和财产；公民在共同体内可自由迁徙；他国公民享受本国公民同等待遇；相互承认居留权、工作人员的高等学历及技术职称等，以加强人才交流。第四，服务自由交换。开放服务市场；允许跨国界自由提供金融、保险、运输服务和软件等新技术以及其他服务；经营银行、保险、运输等业务；相互承认专业执照，以促进服务贸易发展。

到 1992 年年底，《白皮书》和《欧洲一体化文件》所规定的欧共体内部消除三大边界障碍、统一大市场的目标已基本实现。例如，1990 年 12 月底以前，已按规定完成 282 项协调法令的提案；1990 年 5 月 18 日，原联邦德国和民主德国两国财政部部长签署了货币、经济和社会联盟条约；1990 年 6 月，法国、比利时、原联邦德国、荷兰和卢森堡 5 国签订了相互取消边检的协议等。自 1993 年 1 月 1 日起，欧洲统一大市场正式运转。

《白皮书》和《欧洲一体化文件》所形成的"冲击波"，不仅促进了欧共体进一步向高层次的一体化方向发展，而且推动了世界经济区域集团化新浪潮的出现。在这次新浪潮中，欧洲自由贸易联盟积极向欧共体靠拢，像奥地利、瑞典、挪威、瑞士等国或直接提出要求加入欧共体，或表示了要求加入的愿望。1991 年 10 月 22 日，两个经济集团经过几个小时的艰苦谈判，达成了建立欧洲经济区的协议。同时，欧洲经济区也正式启动，一个包括西欧、北欧 19 国的自由贸易区将实行局部的"四大自由"。1988 年以来，欧共体还加强了与东欧国家的经济合作。原欧共体主席德洛尔关于未来欧洲三个同心圆的蓝图，已经搭起了现实的构架。第一个同心圆是欧共体，为核心层；第二个同心圆是欧洲经济区，业已确立；第三个同心圆扩大到东欧某些国家，形成所谓欧洲经济圈。可以看出，欧洲经济一体化已经逐步向"洲际化"方向发展。

(6) 欧洲联盟的诞生。在建设欧共体统一大市场的同时，欧共体亦加紧了经济与货币联盟和政治联盟建设的步伐。1991 年，欧共体首脑会议通过了《欧洲联盟条约》，即《马斯特里赫特条约》（简称《马约》），规划了建立欧洲联盟的目标和步骤。

但是，进入 20 世纪 90 年代以来，欧共体一体化进程受到了政治和经济两方面的冲击。在这种情况下，1992 年，丹麦全民公决反对票以微弱优势拒绝《马约》，《马约》命运出现危机，在欧共体内引起广泛的消极影响，并诱发了货币市场的投机风潮。货币金融危机频频袭扰西欧，英镑、里拉被迫退出欧洲货币体系汇率机制,多种弱币一再贬值,使该体系遭到沉重打击,危及建立经济与货币联盟的基础。面对上述危机,一些国家从本国利益出发自行其是(如德国坚持高利率,法国坚持关税与贸易总协定农业问题谈判立场),协调困难,甚至相互指责。凡此种种,使公众对欧共体产生信仰危机。建设统一大市场的目标和经济持续增长曾使1985~1991年支持欧洲一体化建设的人不断增加;1991年通过《马约》后,这种富有活力的局面出现了"卡壳",支持率转为下降。

但是,欧洲走向联合是大势所趋。欧共体的历史已经表明,欧洲的团结与合作,是推动各国经济发展和地区繁荣的重要因素,而分散分裂则不利于各国的发展。1992年,丹麦拒绝《马约》后,政治上陷于孤立,经济上困难加重。丹麦克朗在货币风潮中屡受冲击;外来投资减少一半,出口萎缩;失业猛增,失业率达创纪录的12%。这种严峻局面使更多的公众转向支持《马约》。1993年5月,丹麦再次举行公决,占56.8%的多数选民投赞成票,终于批准了《马约》,使欧共体一体化进程摆脱了一次危机。丹麦自1973年经全民公决加入欧共体,20年来在经济上受益匪浅,它与欧共体已结成紧密的依存关系,这一点对所有成员都具有决定性意义。不仅如此,一体化越紧密,历史上那种毁灭性的民族主义灾难死灰复燃的可能性就越小,而分裂的欧洲将大大增加波黑内战那样的危险性。正是这些政治、经济上的深刻原因,使得欧共体在危机中继续保持某种吸引力和内部凝聚力,因此,欧洲一体化在1992年仍取得了相当大的进展。1993年11月1日,关于欧共体一体化的《马约》开始生效,一个囊括欧共体12国、人口逾3.4亿的欧洲联盟正式宣告诞生。

欧盟成立后,又开始了大规模的东扩。1998年3月,欧盟与中东欧10国(塞浦路斯、匈牙利、捷克、爱沙尼亚、拉脱维亚、立陶宛、马耳他、波兰、斯洛伐克和斯洛文尼亚)开始入盟谈判,谈判持续了4年半时间,到2002年10月结束。2002年11月18日,欧盟15国外长在布鲁塞尔举行会议,决定正式邀请上述10个中东欧国家入盟。2002年12月12日,欧盟哥本哈根首脑会议确定了与上述10国的入盟协议签署日期。2003年4月16日,欧盟与上述10国签署了入盟协议。2004年5月1日,上述10国成为欧盟的正式成员。

2. 欧洲自由贸易联盟(European Free Trade Association,EFTA)。西欧另一个经济一体化组织是1960年成立的欧洲自由贸易联盟。成员开始为英国、丹麦、奥地利、挪威、葡萄牙、瑞典和瑞士7国。芬兰于1961年、冰岛于1970年分别加入。根据《斯德哥尔摩条约》的规定,成员之间的工业品贸易取消关税和其他限制,实行工业品自由贸易。但在农产品贸易上仅有很少几项减少贸易壁垒的措施,对第三国也不实行共同的关税。这是采取自由贸易区形式的经济一体化集团。后来,一些欧洲自由贸易联盟国家陆续离开,转而加入欧盟。欧盟和欧洲自由贸易联盟两个欧洲经济一体化集团在存在着竞争的同时，也加深了经济联系。双方于 1991 年 10 月 22 日在卢森堡达成了建设"欧洲经济区"的协定。按照该协定，欧洲 19 个发达国家将建成一个能保证货物、服务、资本和人员自由流动的贸易集团。1994 年 1 月 1 日，"欧洲经济区"正式启动。

二、美洲经济一体化组织

1. 北美自由贸易区（North American Free Trade Area，NAFTA）。随着欧洲经济一体化的深入发展，以美国为首的美洲自由贸易区正在形成。早在 20 世纪 80 年代初，就有了建立美、加、墨自由贸易区的设想，但由于种种原因，一直未能付诸实施。在欧洲经济一体化的浪潮冲击下，北美自由贸易区加快了启动的步伐。1988 年 1 月 2 日，美国和加拿大正式签署了自由贸易协定。该协定于 1989 年 1 月 1 日正式生效。规定在 10 年内消除两国间仍保留的大部分关税和非关税壁垒。1990 年 9 月，美国总统布什向国会提出开始与墨西哥进行自由贸易谈判的要求，并于同年 11 月访问墨西哥，商谈签订自由贸易协定的有关事宜。1991 年 2 月，加拿大也加入进来，三国就建立自由贸易区问题开始举行谈判。此后，三国政府高级官员举行了 200 多次会谈，最后长达 400 页的《北美自由贸易协定》文本敲定，于 1992 年 12 月 17 日分别由美国、墨西哥总统和加拿大总理签署，经三国国会审议通过，《北美自由贸易协定》于 1994 年 1 月 1 日起正式生效。协定规定，美国、加拿大和墨西哥三国从协定生效之日起在 15 年内逐步取消货物和服务贸易以及资本流动的所有关税和非关税壁垒。协定涉及市场准入、贸易、法规、服务业、投资和知识产权等方面，具体内容主要有：

（1）美国对墨西哥出口的工业品及农产品的 65% 左右立即免税，或在 5 年内免税。

（2）美国对墨西哥出口的汽车整车关税立即减半，5 年内取消美国对墨西哥 75% 的汽车零部件出口的关税。

（3）在原产地规定方面，要求汽车必须包含 62.5% 的北美制造的零部件才可享受减少关税的优惠。

（4）美国公司在 1995 年 7 月前可有 60 亿美元的通信设备及服务自由进入墨西哥市场，取消投资限制。

（5）墨西哥立即取消对美国农产品实行的进口许可证，这项规定涉及美国农产品出口的 25%。

（6）美国立即取消对来自墨西哥的 2.5 亿美元的纺织品和服装的限制，另外 7 亿美元限制将在 6 年内取消，所有纺织品的贸易壁垒将在 10 年内取消。

(7) 开放墨西哥封闭的金融服务市场，允许美国银行及证券公司在墨西哥建立独资分支机构。过渡性的限制在 2000 年 1 月 1 日取消。

(8) 允许美国在墨西哥的合营保险公司到 1996 年拥有 100% 的股权，1998 年前，后来进入市场的美国保险公司的股份可占多数，2000 年前所有资本及市场份额限制均取消。

(9) 墨西哥关于投资的"国内含量"的规定将取消。美国在墨西哥的投资公司将享有墨西哥公司的同等待遇。

(10) 1995 年前，美国卡车运输公司将被允许运送国际货物至与美国毗邻的墨西哥各州，1999 年前跨边境的货物可运至墨西哥各地。

(11) 保护知识产权。

最近，北美自由贸易区协定成员还在酝酿建立共同市场。美、加、墨三国打算用 25~30 年的时间建立共同市场，实现三国统一货币的自由流通，以及人员和资金的自由流动。

2. 美洲其他一体化组织。在美洲，除美、加、墨自由贸易区外，拉丁美洲的经济一体化也有很大发展。1960 年，拉丁美洲形成了两个区域性经济集团。一是拉丁美洲自由贸易协会，成员有阿根廷、玻利维亚、巴西、智利、哥伦比亚、厄瓜多尔、墨西哥、巴拉圭、秘鲁、乌拉圭和委内瑞拉。1980 年，该组织又改组为拉美一体化协会。二是中美洲共同市场。参加国有哥斯达黎加、萨尔瓦多、危地马拉、洪都拉斯和尼加拉瓜（后于 1969 年解体）。1969 年，玻利维亚、智利、哥伦比亚、厄瓜多尔和秘鲁又成立安第斯条约组织。1968 年，加勒比自由贸易协会成立，并于 1973 年转变为加勒比共同体。拉美国家的经济一体化运动几经转折，20 世纪 90 年代又重新活跃起来。

在美、加、墨三国决定开展北美自由贸易协定谈判后，美国政府提出了"美洲倡议"，意在把自由贸易范围扩大至美国的"后院"——拉丁美洲，建立美洲自由贸易区。《北美自由贸易协定》生效后，1994 年 12 月，由美国召集，在美国迈阿密举行了由北美、南美和加勒比海所有国家（除古巴外）共 34 个国家参加的"美洲首脑会议"，讨论建立美洲自由贸易区。会上通过了《原则声明》和《行动计划》，决定在 2005 年完成"美洲自由贸易区"的谈判。此后，这些国家在圣地亚哥和魁北克又召开过两次首脑会议及多次部长级会议。到 2003 年年底，美洲自由贸易的谈判已历经九年，但进展甚微，在消除商品和服务贸易壁垒这个主要目标方面几乎没有达成任何有意义的协议，谈判一直停留在议程和框架层面上，无从深入。2003 年 11 月 19~21 日，美洲第八次部长级会议在美国佛罗里达州的迈阿密举行。此次会议上各成员均采取了较为灵活、务实的态度。经过 4 天讨论，会议达成以下几点共识：(1) 美洲自由贸易区谈判将尊重成员间不同的经济发展水平及各自的敏感商品和服务，允许就开放本国市场做出不同程度的承诺；（2）参与谈判的区域组织将就自由贸易区的基本权利和义务达成协议，但成员可通过双边或区域协定取得某些领域内更大程度的开放；（3）成员的农产品补贴和反倾销问题以及投资、知识产权保护、政府采购等问题将在世界贸易组织或双边、多边框架下商谈；（4）重申最迟于2005年1月启动美洲自由贸易区。

三、亚太经济一体化组织简介

1. 亚太经合组织（Asia-Pacific Economic Cooperation，APEC）。自20世纪60年代中期以来，亚太地区泛区域性南北经济合作机制的形成大体经历了酝酿阶段、民间机构合作阶段、半官方机构合作阶段。

以1965年日本一桥大学教授小岛清关于建立"太平洋自由贸易区"的倡议为起点，亚太各方有关人士相继提出一些建立亚太南北经济合作组织的建议，并进行了初步的探索和研究。1967年，日、美、加、澳、新五国工商界人士组成"太平洋盆地经济理事会"。1968年，日、美、加、澳学者建立了"太平洋贸易与发展会议"。

此后，韩国和中国台湾地区以及东盟国家人士相继参加了这两个组织，标志着亚太地区泛区域性南北经济合作由酝酿阶段进入了民间机构合作阶段。

1980年，在日、澳前总理的倡导下，由官、民、学三方人士组成了"太平洋经济合作会议"（PECC）。这是亚太地区南北方国家探索协调区域经济合作的半官方论坛。几年来PECC通过三位一体的咨询、协调，为亚太地区的南北贸易合作与资源流通发挥了重要作用。

1989年11月，澳大利亚前总理霍克倡议的"亚太经济合作部长会议"（亚太经合组织，APEC）在堪培拉会议上正式成立，从而揭开了亚太地区南北经济官方机构合作的序幕。目前，亚太经合组织共有贸易、投资、通信、运输、技术转让、人力资源开发、能源合作、海洋资源保护以及旅游等10个专题组，每个专题组都有组织机构、工作规划和工作程序。为使亚太经济合作组织开展实质性的工作，各国按国民生产总值的比例缴纳经费，设立基金。从1993年11月在美国西雅图举行的第五届部长级会议起，亚太经合组织又同时召开了领导人非正式会议，至2002年已召开了10届领导人非正式会议。1993年11月，在美国西雅图召开的亚太经合组织领导人非正式会议，通过了《经济展望声明》，宣布了合作的开始。

1994年11月，亚太经济合作组织第六届部长级会议和第二届领导人非正式会议在印度尼西亚雅加达的茂物举行，18个成员全部参加了会议。亚太经合组织领导人非正式会议于 11 月 15 日发表了《亚太经合组织领导人共同决心宣言》，即《茂物宣言》，表示将加强亚太地区的经济合作，扩大乌拉圭回合的成果，以与关税与贸易总协定原则相一致的方式进一步减少相互间的贸易和投资壁垒，促进货物、服务和资本的自由流通。《茂物宣言》宣布"不迟于 2020 年在亚太地区实现自由、开放的贸易和投资这一目标"。鉴于亚太经合组织成员的经济发展水平不同，宣言提出，发达成员和发展中成员分别不迟于 2010 年和 2020 年实现上述目标。

此后，亚太经合组织于 1995 年 11 月在日本大阪召开了第三届领导人非正式会议，通过了《大阪宣言》和《行动议程》；于 1996 年 11 月在菲律宾苏比克召开了第四届领导人非正式会议，通过了《马尼拉行动计划》；于 1997 年 11 月在加拿大温哥华召开了第五届领导人非正式会议，通过了《联系大家庭》；于 1998 年 11 月在马来西亚吉隆坡召开了第六届领导人非正式会议，通过了《走向 21 世纪的亚太经合组织科技产业合作议程》和《吉隆坡技能开发行动计划》；于 1999 年 9 月在新西兰奥克兰召开了第七届领导人非正式会议，通过了《奥克兰挑战》；于 2000 年 11 月在文莱首都斯里巴加湾召开了第八届领导人非正式会议，通过了《领导人宣言》和《新经济行动议程》；于 2001 年 10 月在中国上海召开了第九届领导人非正式会议，通过了《领导人宣言》；2002 年 10 月，又在墨西哥洛斯卡沃斯召开了第十届领导人非正式会议，通过了《领导人宣言》。以上年会都是旨在具体实施和推进《茂物宣言》的战略规划。

APEC 现有 21 个成员，即澳大利亚、文莱、加拿大、智利、中国、中国香港、印度尼西亚、日本、韩国、马来西亚、墨西哥、新西兰、巴布亚新几内亚、秘鲁、菲律宾、俄罗斯、新加坡、中国台湾、泰国、美国和越南。成员占世界总人口的 40%，占世界国内生产总值的 56%，占全球贸易量的 48%。人均 GDP 为 6 529 美元，比世界人均 GDP 高 1 854 美元，是全球最大的区域经济组织。

在亚太经合组织目前的 21 个成员中，大国与小国并存，强国与弱国并存，从人均 GDP 来看，多到近 3 万美元，少到只有 300 多美元，差距巨大。同时，各国的政治制度、文化背景、宗教信仰以及经济发展模式等都存在着很大的差异。这种状况决定了 APEC 合作的多样性，它既是一个区域性经济组织，又包含着某些次区域性经济组织和联合体。因此，APEC 与欧盟的重要区别之一就是，它属于一种多边合作与双边合作交叉并存的经济合作模式。

1993 年 11 月 17～20 日，APEC 在美国西雅图召开了第五届部长级会议和国家领导人非正式会议。江泽民主席出席了西雅图会议。两个会议分别通过了《贸易和投资框架宣言》和发表了《经济展望声明》。《贸易和投资框架宣言》表示，亚太经合组织将"扩大经济活动以及促进商品、劳务、投资和技术在整个地区的活动"。为了解决诸如经济政策、妨碍贸易和投资的障碍以及交易费用之类的问题,部长级会议决定成立一个特别委员会,由该委员会制定推动贸易自由化、扩大贸易、促进投资环境更加开放以及促进商品、劳务、资本和技术交流的计划,并要求其今后一年一度起草一项"战略性计划以推进地区和全球的贸易"。《经济展望声明》提出了"要建立亚太经济共同体"的设想及实现这一设想的具体目标和蓝图,确定了共同体成员之间合作的七项原则。这些原则是:(1)加深开放和伙伴精神,通过成员之间的合作应对全球的经济挑战。(2)亚太市场要为扩大的世界经济做出贡献并支持开放的世界贸易体制。(3)减少妨碍贸易和投资壁垒,以便扩大地区内外贸易,使商品、服务、资本和投资在该地区自由流通。(4)通过提高收入让人民分享共同体内经济发展的好处。(5)改善教育和培训工作,为发展经济提供技术人员。(6)加速发展通信和运输,使商品和人员往来畅通。(7)改善环境,确保经济的持久增长,为人民创造安全的未来。西雅图会议的成功召开和《声明》的发表,标志着亚太经合组织成员之间的协调已上升到最高领导层,建立亚太共同体已进入构想的初级阶段。

2. 东南亚国家联盟(Association of South East Asian Nations, ASEAN)。东南亚国家联盟,简称东盟,是亚洲地区出现的第一个区域性贸易集团。东盟于1967年8月8日在泰国曼谷成立,现有10个成员,即印度尼西亚、马来西亚、菲律宾、新加坡、泰国、文莱(称东盟6个老成员)、越南、柬埔寨、老挝、缅甸(称东盟4个新成员),人口5.47亿,面积450万平方公里。为加强成员之间的贸易关系,东盟在1992年的峰会上达成了深化经济合作关系的框架协议,通过消除关税和非关税障碍,于2003年建立东盟自由贸易区(AFTA),关税从零到5%。

多年来,中国与东盟各国的经贸关系不断发展和壮大。自1991年中国与东盟建立对话伙伴关系以来,双方在经济领域的合作得到极大提升,双边贸易额保持了较高的增速。据商务部消息,自1991年以来,中国与东盟国家双边经贸合作硕果累累,双边贸易额以年均20%的速度递增。2005年,中国与东盟的贸易额达到1 303亿美元,同比增长23%,比1991年增长了15倍多。其中,出口金额553.7亿美元,同比增长29.1%;进口金额750亿美元,同比增长19.1%。东盟继续成为中国第五大贸易伙伴、第五大出口市场和第三大进口来源地。

近几年,东盟国家来华投资的实际投入金额每年在30亿美元左右。截至2005年11月,东盟国家来华投资26 659项,实际投入382.2亿美元。东盟来华投资主要来自新加坡、马来西亚、泰国和菲律宾。相对于东盟来华投资,中国到东盟国家的投资绝对金额较小,但潜力较大,增速较快。近年来,随着"走出去"战略的实施,越来越多的中国企业积极开展对外投资,东南亚国家作为中国的周边邻国,资源丰富,与中国经济的互补性强,是中国企业走出去的重点地区。据不完全统计,截至2005年,经商务部批准和备案,中国企业在东盟10国投资达到12亿美元。

中国与东盟劳务合作也较为密切。截至2005年11月,中国企业在东盟国家签订承包劳务合同总金额341亿美元,完成营业额227亿美元。新加坡、马来西亚、缅甸、泰国和越南是中国在东盟国家开展承包劳务合作的主要国家。其中,新加坡已成为中国对外承包工程第四大目的地和对外劳务合作第二大市场。

2001年11月6日,中国和东盟10国领导人在文莱的东盟—中国领导人会上,决定签署经济合作框架和在10年内建立中国—东盟自由贸易区。2002年11月4日,朱镕基总理和东盟10国领导人共同签署了《中国—东盟全面经济合作框架协议》(简称《框架协议》),总体确定了中国—东盟自由贸易区的基本架构。根据《框架协议》,中国—东盟自由贸易区包括货物贸易、服务贸易、投资和经济合作等内容。其中货物贸易是自由贸易区的核心内容,除涉及国家安全、人类健康、公共道德、文化艺术保护等WTO允许例外的产品以及少数敏感产品外,其他全部产品的关税和贸易限制措施都应逐步取消。

2004年11月29日,中国与东盟签署了《中国—东盟全面经济合作框架协议货物贸易协议》(简称《货物贸易协议》)。根据《货物贸易协议》的规定,从2005年7月20日起,中国与文莱、印度尼西亚、马来西亚、菲律宾、新加坡、泰国6个东盟老成员正式实施中国—东盟自由贸易区降税计划,共涉及7 000种商品。按照规定,原关税水平超过20%的降为20%;原关税水平在15%~20%之间的降为15%;原关税水平在10%~15%之间的降为10%;原关税水平在5%~10%之间的降为5%;原关税水平在5%以下的,则保持不变。2010年中国与东盟正式建立自由贸易区。

四、非洲经济一体化组织简介

在非洲,也存在着一些经济一体化组织,如刚果、加蓬、乍得、喀麦隆和中非共和国组成的东非经济共同体(1997年解体),以及1974年建立的由尼日利亚、马里、毛里塔尼亚、利比亚和塞拉利昂等16国组成的西非经济共同体等。1979年7月举行的非洲首脑会议上,提出了非洲大陆经济一体化的问题。1980年,非统组织首脑会议还通过了著名的《拉各斯行动计划》。但在20世纪80年代,非洲经济一体化并未获得明显的进展。进入20世纪90年代,在内外力量的推动下,"一体化"的必要性和紧迫性为越来越多的非洲国家领导人所共识,在

1991年6月的阿布贾会议上，非洲国家元首、政府首脑和他们的代表签署了《建立非洲经济共同体条约》，要求在未来的34年中分六个阶段具体实施，最终到21世纪30年代在全非洲实现商品、资金、人员和劳务的自由流通，居民可以自由移民，并建立中央银行，发行非洲的统一货币。由于历史、政治及经济等原因，其实际进程可能要花更长的时间，但非洲实际经济一体化的趋势已经非常明显。

从上面的简要介绍不难看出，地区经济一体化已是全球性的浪潮。不仅有发达国家和发达国家之间的一体化，而且也有发展中国家之间的一体化。值得注意的是，发达国家与发展中国家越过经济发展水平较大差距的障碍，也在组建一体化经济贸易集团。

第四节　区域经济一体化对国际贸易的影响

一、区域经济一体化的内部影响

1. 区域经济一体化促进了集团内贸易的增长。首先，通过签订优惠的贸易协定，减免关税，取消数量限制，削减非关税壁垒，取消或放松外汇管制，在不同程度上扩大了贸易自由化，从而促进了集团内贸易的增长。如欧洲共同体通过《欧洲经济共同体条约》，对内在成员之间分阶段削减直至全部取消工业制成品的关税和其他限制进口的措施，实现制成品的自由移动；在农产品方面实行共同农业政策，规定逐步取消内部关税和统一农产品，实现农产品的自由流通。再如，《美加自由贸易协定》在分阶段相互减税方面，除全部取消了第一类货物的关税，并规定时间和比例削减了第二、三类货物的关税。应两国行业部门的要求，在1990年4月至1991年7月间，分别提前取消了胶卷、印刷电路、内燃机车等400个税则项目和包括亚麻籽、砂纸、塑料制品模型、水净化机械等250多个税则项目的关税，前者每年涉及双向贸易额达60亿加元，后者涉及双项贸易额约20亿加元。其结果，促进了美国和加拿大之间的贸易自由化。

加之，集团内国际分工向纵深发展，使经济相互依赖加深，致使成员之间的贸易环境比第三国市场好得多。从而使区域经贸集团内成员之间的贸易迅速增长，集团内部贸易在成员对外贸易总额中所占的比重提高。

2. 区域经济一体化促进集团内部国际分工的深化。区域经济一体化的建立有助于成员之间的协调和合作。例如，鉴于新技术的开发往往需要巨额资金，难度和风险也很大,有时单靠一国力量难以办到;新技术的利用一般需要广阔的市场,更需要真正地消除非关税壁垒、建立统一机构加以推动的特点,为从本质上加强实力,适应外部竞争的需要,欧盟采取了一系列高科技联合与协调政策,从而获得了研究与开发的最佳效益。20世纪90年代以来,欧盟一改过去成员R&D独立进行的做法,把增强整体实力作为高科技政策调整的出发点,并提出了以建设"煤钢联营"和"原子能共同体"的精神从事联合攻关的总体规划。在具体项目上,欧盟强调不必面面俱到,要做成员单独不能做的事情,例如在环境、交通、农业、信息、通信基础设施等方面,要充分利用整体网络化的人才优势、跨学科的研究与开发能力(如信息技术、生物技术等),以及统一技术标准的特殊地位。在调整高科技政策时,欧盟还把未来的研究成果与技术扩散、商业化一并考虑,从而可使"技术领先"适时地转化为商业竞争力,并为欧洲企业创造"欧洲工业平台",与世界经济技术大国美国、日本分庭抗礼。

3. 区域经济一体化加强了企业的融合与竞争。区域经济一体化使经贸集团内部的市场进一步统一,它给企业提供了更多的商机。首先,市场开放度加大。原本受到保护的原成员的市场放开了对外来竞争的限制。比如,1992年之前,欧洲保护程度最高的是法国和意大利,随着欧洲内部市场的进一步统一,联盟其余成员进入这两个市场比以前容易多了。其次,降低了交易成本。在经贸集团内部统一的市场上,产品可以跨越国界自由流动、产品标准的相互协调和税收制度的简化,使经贸集团成员的企业能够将生产活动集中在成本要素和技能组合最佳的地点,从而实现了成本效益;同时,一个企业可以认真挑选某一地点生产产品并向整个一体化组织成员市场提供产品。比如,为了迎接1992年以后欧盟进一步统一带来的挑战,美国的3M公司一直巩固它在欧洲的生产和分销基地以充分发掘规模经济效益。它确定英国的一家工厂为整个欧盟市场生产3M的印刷产品,而德国的一家工厂生产该公司的某种控制材料。3M的最终目标是消除所有的国家差别,在一个"欧洲总部"对每一个产品类别的研究与开发、制造、分销和营销进行指导。

当然,在给企业带来商机的同时,也构成了挑战。首先,地区经济一体化组织内部市场竞争将加剧。国家间货物贸易和投资壁垒的降低会使欧盟内部的价格竞争更加激烈。比如,1992年以前,大众公司生产的一辆都市高尔夫型汽车在英国的售价比丹麦高55%,在爱尔兰的售价比在希腊高29%。1992年以后,在欧洲统一市场上这种价格差异消失,它对任何公司都是一种挑战。为了在竞争激烈的统一市场环境下求得生存,企业和公司必须利用统一市场所带来的机会,实现合理化生产,降低成本,否则将在竞争中处于不利地位。其次,即使在贸易和投资的壁垒解除以后，文化和竞争的手段方面持续存在的差异也限制了企业通过在一个主要地点集中生产，以及为单一的多国市场生产标准产品，从而利用规模经济实现成本节约的能力。本章专栏对荷兰厨房器具制造商——阿太格持股公司（Atag Holding，HV）的案例进行较详细的描述。由于欧洲单一市场内部各国之间持续存在的差异，阿太格公司不得不继续生产各种各样的"国家品牌"，这就明显地限制了该公司取得规模经济的能力。

专栏 14-1

阿太格持股公司

阿太格持股公司是一家荷兰企业，主营厨房器具。阿太格原以为它的位置极佳，必能从单一市场中赢利，但目前它发现情况很不妙。阿太格的工厂距离德国的边境仅有一英里，靠近欧洲人口的中心。这家公司原以为它既能满足"马铃薯"地带的要求，也能满足"意大利面条"地带的要求。"马铃薯"地带和"意大利面条"地带是营销术语，分别指北欧和南欧的消费者。阿太格试图通过生产两种主要产品线，向"欧洲消费者"销售标准化的"欧洲产品"。这种做法的主要收益在于大量标准化产品的生产引起的规模经济。

遗憾的是，阿太格很快就发现，所谓的"欧洲消费者"只是一个神话。各国消费者之间偏好的差别比起阿太格料想的要大得多。比如陶炉的顶部，阿太格原计划在欧洲只生产两种样式，结果却发现需要 11 种。比利时人喜欢使用大壶，就要求特大号的火炉；德国人喜欢椭圆形的壶，需要与之相配的火炉。法国人需要小炉子和温火来煨沙司和肉汤。德国人喜欢烤炉把手置于顶部，而法国人希望放置在前面。大多数的德国人和法国人喜欢黑色与白色的炊具；英国人则需要各种各样不同的颜色，包括桃色、鸽子蓝以及薄荷绿。尽管存在这些问题，阿太格厨房用具的出口销售收入占总收入的比例还是从 1985 年的 4% 上升到欧洲统一市场形成几年后的 25%。但是，现在这家公司对于由文化和传统仍然存在差异的国家集团组成的单一市场所带来的利益有了一个更加现实的评价。阿太格现在相信，不是为"欧洲消费者"设计的"欧洲产品"这一魔术子弹，而是它的式样范围和产品质量将使该公司保持竞争性。但同时，与追求更高的产品标准化相比，阿太格不得不解决成本较高这一问题。

资料来源：[美] 查尔斯·W.L.希尔，《国际商务》，中国人民大学出版社 2005 年版，第 295 页。

4. 区域经济一体化有利于集团整体经济地位的提高。区域经济一体化使得原来一些单个经济力量比较薄弱的国家以整体集团出现在世界经济舞台上，其经济地位显著提高。经贸集团的建立，对成员的经济发展起了一定的促进作用，联合起来的贸易集团其经济实力大大增强。以欧洲共同体为例，1958年建立关税同盟时，6个成员的工业生产不及美国的1/2，黄金外汇储备仅为美国的55%，出口贸易与美国相近。但到1979年，欧洲共同体九国国内生产总值已达23 800亿美元，超过了美国的23 480亿美元的国内生产总值，出口贸易额是美国的2倍以上，黄金储备比美国多5倍多。同时，在关税与贸易总协定和世界贸易组织的多边贸易谈判中，欧盟以集团身份与其他缔约方和成员方谈判，不仅大大增强了自己的谈判实力，也敢于同任何一个大国或贸易集团抗衡，达到维护自己贸易利益的目的。

5. 成员方经贸政策的自主权相应地受到约束。区域经济一体化成立之前，各成员方的贸易政策具有自主性。但成立区域经济集团后，区域性国际协调必然贯穿于其经贸政策的制定过程之中，从而在一定程度上约束了成员方经贸政策制定的自主权。

二、区域经济一体化对区域集团外国家的影响

1. 排他性增强。一般情况下，区域经济集团扩大内部贸易是以牺牲与集团外国家的部分贸易额为代价的，使得区外国家本可以进入区内的商品或服务受到贸易保护主义的打击，这反映了区域经济集团固有的排他性和歧视性特征。随着一体化的深入和扩大，世界范围内的贸易保护主义将随之加强。这就有可能恶化国际贸易环境，尤其使区外发展中国家的贸易环境雪上加霜。

2. 改变了国际直接投资的地区流向。经济贸易集团内部实行贸易自由化，生产要素流动障碍的逐步消除，加强了集团成员之间的内聚力，提高了竞争力。但在贸易自由化进程上，以发达国家为中心的经贸集团贸易自由化的深度和广度大大超过了以发展中国家为主的经贸集团。例如，欧盟和北美自由贸易区成员的货物贸易在世界货物贸易中的比重已占1/2以上，且呈上升趋势。这两个经贸集团货物出口贸易占世界货物出口贸易的比重从1980年的52.9%提高到2001年的55.6%。此外，发达国家经贸集团内部贸易发展速度超过对非集团国家的贸易发展速度，成员内部贸易在成员整个出口中的比重均呈上升趋势。成员内部贸易在成员整体出口贸易中的比重，欧盟从1980年的60.8%提高到2001年的61.2%，北美自由贸易区同期从33.6%提高到54.8%。欧盟和申请加入欧盟的13个国家之间的贸易占它们整个出口贸易的比重，同期从61.6%提高到67.8%。

3. 地区经贸集团对多边贸易体制构成双重影响。地区经济一体化各种安排

的范围已超出了货物贸易自由化，向投资、服务方面延伸，自由化的途径拓宽，朝着协调各国管理规定、采用最低管制标准并相互承认各国的标准和惯例的方向发展。这些趋势将加强地区经济一体化中的"开放地区主义"，有助于加强经贸集团的市场开放。此外，世界贸易组织对地区经济一体化安排的监督也在加强，可以防止经贸集团出现的不利影响。

但与此同时，区域经济一体化对多边贸易体制也产生不利的影响。在1947年关税与贸易总协定和1995年成立世界贸易组织的有关协定和协议中，对地区经济一体化的内部优惠采取例外，即不实施最惠国待遇条款。这实际上对非经贸集团成员构成了不平等待遇。在关税同盟建立后，成员方内部厂商采购产品可能从高成本的集团内部进口，取代了成员方外部更低成本商品的进口，不利于世界性的资源合理配置，违背了世界贸易组织的宗旨。此外，在关税同盟下，成员在关税统一的过程中，决策机构会更多地而非更少地偏向保护或者干预。如欧盟的贸易政策制定具有餐馆账单问题的特点。如果一批人去餐馆就餐，并分摊饭费，每个人都会想点他们各自吃饭时不会去点的价格更高的菜肴，因为在某种程度上都会期待他人能负担部分费用。这在欧盟贸易政策决定中也是同样的。

保护的代价由欧盟所有的消费者承担，与各个国家的国内生产总值成正比。生产商得到的好处与每个国家在欧盟中有关产品的生产份额成正比。如果欧盟内部大国能够使欧盟委员会在某一具体领域内提出保护主义的政策建议，所有的欧盟成员都将有一种愿望想使它们的一些产品也得到保护，势必加重贸易保护的普遍压力，对世界贸易组织的作用构成了严重的挑战。

第五节 区域经济一体化理论

国际经济学界对经济一体化的研究，大多集中在两个方面：一是研究关税同盟对贸易的静态效应（以关税同盟理论为代表）；二是研究共同市场对贸易及经济增长的动态效应（以大市场理论为代表）。后来，日本经济学家小岛清提出"协议性分工理论"，对经济一体化理论又作了一些新发展。经济一体化形式多样，并不限于关税同盟和共同市场。但从对关税同盟和共同市场的研究中概括出的关于经济一体化经济效应的一般理论，是适用于其他经济一体化类型的。另外，国际经济界在研究经济一体化对集团内国家的经济影响的同时，对集团外国家的经济影响问题也有所涉及。

一、关税同盟理论

以范纳（Jacob Viner）为代表的关税同盟理论是区域经济一体化研究的开端。有关研究以静态分析为主。该学说以欧洲煤钢联营及稍后成立的欧洲经济共同体为主要研究对象，通过对关税同盟的经济效益加以静态分析，得出如下结论：各国资源是静态不变的，它们只能依据自己的固有优势，通过对外贸易获得静态比较利益。成立关税同盟的最大益处是，成员之间可以实现自由贸易，在区域范围内合理配置资源，降低生产成本，扩大产品消费，从而在生产和消费之间相互促进。当然，组建关税同盟也可能给各成员乃至世界经济的发展带来某些负面效果。可见，静态效果有积极和消极之分。根据关税同盟理论，静态效果可定义为：假定在经济资源总量不增加，技术条件没有改进的情况下，对集团内国际贸易、经济发展，以及物质福利的影响。这种影响涉及贸易创造、贸易转移、贸易扩大、减少行政开支、减少走私和加强集体谈判力量等各个方面。其中，前两项，即贸易创造效果和贸易转移效果表现较为明显，现举例说明如下。

贸易创造效果（trade creating effect）是由生产利得和消费利得构成的。关税同盟成立以后，在比较优势基础上使生产更加专门化。这样，关税同盟某个成员国的一些国内生产品将被其他生产成本更低的产品的进口取代。致使资源使用效率提高，生产利益扩大；同时，使本国该项产品消费开支减少，社会需求扩大，结果会使贸易量增加。贸易创造效果因此使关税同盟国的社会福利水平提高。现假定在A、B、C三国中，A、B两国成立关税同盟。A、B、C三国钢铁单位生产成本依次为$250、$150、$100。成立关税同盟以前，A国对钢铁征收200%的进口税（从价税），A国自行生产钢铁。因为在A国国内的钢铁价格，以A国产品的$250最低，B国为$450（$150+200%关税），C国为$300（$100+200%关税）。A、B两国成立关税同盟后，对内取消关税，对外共同关税仍为200%，则B国产品价格就是最低的（A国为$250，B国为$150，C国为$300）。因此，A国自B国进口钢铁，A、B两国产生新的贸易。结果，钢铁生产由成本较高的A国移至成本较低的B国，创造出新的国际分工（专业化），这就是贸易创造效果。这时，A国可以用较低的价格（以前为$250，现在为$150）买到钢铁，从而提高了福利。从A、B两国整体来看，由于生产从高成本转向了低成本，节省了资源，故能提高福利。对C国来说，因为它原来就不同A、B两国发生贸易关系，所以仍和新的贸易开始以前一样，没有什么不利。如果把关税同盟国家增加收入、增加进口的动态效果计算进去，C国也会有利可得。因此，它对整个世界是有利的。

贸易转移效果（trade diversing effect）是指在关税同盟成立以前，关税同盟国从世界上生产效率最高、成本最低的国家进口产品；关税同盟成立以后，关税同盟国转从同盟内生产效率最高的国家进口，但如果同盟内生产效率最高的国家不是世界上生产效率最高的国家，则进口成本较前增加，消费开支扩大，使同盟国的社会福利水平下降，这就是贸易转移效果。

假定成立关税同盟以前，A国对钢铁课征100%的进口税，其他条件与前例相同。在此种情况下，关税同盟成立前，A国便自C国进口钢铁，因为C国钢铁在A国的价格为$200（$100+关税100%），较A国的$250和B国的$300（$150+关税100%）为低。A、B两国关税同盟成立以后，若其对外共同关税仍为100%，则A国将改从B国进口钢铁，因为A、B两国的关税废除后，B国产品在A国的价格$150就变为最低（A国产品为$250，C国产品为$200）。结果，钢铁生产乃自成本较低的C国转移至成本较高的B国。这就是所谓的贸易转移效果。A国和C国当然受到了损失，并因不能有效地分配资源而使整个世界（包括B国在内）福利降低。

一般认为，贸易创造型关税同盟有利于世界资源的优化配置，并可扩大自由贸易，对各成员的福利及经济发展的影响是积极的，对集团外国家也不会造成伤害。但贸易转移型的关税同盟则是朝着贸易保护主义的方向发展。它不利于国际分工和贸易的扩大，因而具有消极的影响。通常，关税同盟在下列情况下导致贸易创造，并使各成员的福利增大：（1）结盟前成员的关税壁垒越高，则关税同盟形成后在成员之间创造贸易的可能性就越大。（2）关税同盟与世界其余国家的贸易壁垒越低，贸易转移的损失就越小。（3）形成关税同盟的成员越多，并且它们的规模越大，就更有可能将低成本的生产者吸纳到同盟之中，导致贸易创造的可能性就越大。（4）成员之间的地理位置靠得越近，则运输成本越低，成员国间贸易创造的障碍就越少。（5）同盟前成员间潜在的经济关系越紧密，结盟后更有机会获得显著的静态利益。（6）成员间的竞争性越大，结盟后集团内生产专业化分工就会越发展，贸易创造的机会也就越大。因此，关税同盟宜在资本、劳动禀赋相差不大，经济发展阶段、技术、收入、文化水平、需求结构等类似或接近的国家间产生。

通过上面的分析不难看出，缔结关税同盟前的状况如何，是决定关税同盟产生贸易创造还是贸易转移的关键。若结盟前各国封闭，自给自足，则结盟后产生贸易创造，关税同盟是扩大了自由贸易；若结盟前贸易相对自由化，则结盟后产生贸易转移，关税同盟便成为扩大了的保护主义。当然，在现实经济生活中，情况要比上述简化的例子复杂一些，但这不会妨碍贸易创造和贸易转移的本质规定。

关税同盟不仅有静态经济效益，而且有动态经济效应。在关税同盟理论中，经济学家从关税同盟可使资源合理配置、获取规模经济效益、刺激投资及加速经济发展几个方面阐述了经济一体化的动态效应。关于关税同盟动态效应是否成立，有人认为由于缺少定量分析、研究不够深入，现在还没有令人信服的答案。

二、大市场理论

与关税同盟相比，共同市场的一体化范围又进了一步。共同市场的目标是消除保护主义的障碍，把被保护主义分割的每一个国家的国内市场统一成为一个大市场，通过大市场内的激烈竞争，实现专业化、批量化生产等方面的利益。共同市场理论是超越静态的关税同盟理论的动态的大市场理论，其代表人物是西陶斯基（T. Scitovsky）和德纽（J. F. Deniau）。这一理论不仅对共同市场，对于其他形式的经济一体化也具有普遍意义。根据该理论，经济一体化对集团内成员的贸易和经济发展产生如下积极影响。

首先，能够获得规模经济效益。如果各国为了本国的狭隘利益而实行保护贸易，把市场分得过于细小而又缺乏弹性，就无法实现规模经济效益。组成一体化经济集团后，就能把分散孤立的小市场结成大市场，获取规模经济等利益。当然，一个不参加区域经济集团的小国也可通过扩大出口实现规模经济。但是，在世界市场的激烈竞争中，组建经济一体化可使各成员有一个比较稳定的扩大的市场，而且，由于共同市场内部生产要素可以自由流动，也便于生产资料的集中使用，有利于实现规模节约。

其次，可激化竞争。一体化经济集团形成后，实行自由贸易和生产要素的自由移动，使各成员的厂商面临更加激烈的竞争。在其他条件不变的情况下，市场竞争的程度越高，经济效率就越高，经济资源的分配也就趋于最优状态。西陶斯基曾形容一体化成立前的西欧是"小市场与保守企业家态度的恶性循环"。共同市场成立后，撤除了成员之间的贸易壁垒，各成员的厂商必须迎接来自集团内其他成员的挑战，从而刺激劳动生产率的提高和成本的下降，刺激新技术的开发和利用。产品成本和价格下降了，再加上人们收入水平随生产发展而提高，消费增加，便出现了大市场→竞争激化→大规模生产→大量消费的良性循环。当然，在竞争增强的同时，一体化经济集团往往会出于与集团外国家竞争的需要，促使集团内有关企业联营、合营甚至合并，这就可能导致各成员的厂商之间形成卡特尔一类的垄断组织，致使竞争淡化、效率下降。对此可以通过法律加以限制。

最后，可扩大投资。一体化经济集团内各企业为了应付市场的扩大和竞争的加剧，必然千方百计地增加投资，以更新设备，改进技术，扩大生产，同时，也会吸引集团外国家在一体化区域经济内投资。而投资是冲破贸易壁垒不致被日益壮大的统一大市场排斥在外的有力手段。因此,经济一体化集团的形成不仅刺激了各成员增加投资,而且吸引了大量集团外国家的资金。投资的增加无疑会有力地推动区域经济集团国家的经济增长。当然,一体化组织也要采取必要措施避免因投资不均而导致的经济发展不平衡。

然而,把规模经济、竞争和投资诸因素归因于统一大市场的观点是否真有道理,经济学家没有取得一致的意见。例如,美国经济学家林德特、金德尔伯格(C. P. Kindeberger)认为,究竟有无动态利益,"很难得到确实的验证,相信或不相信动态利益仍然是一种信念行为。"日本经济学家小岛清也认为,组建共同市场之类的经济一体化集团以扩大市场,实现规模经济,并通过激烈的竞争这一手段来促进区域内贸易与分工的创造和扩大,是值得探讨的。小岛清进而指出,为了使经济一体化集团获得规模经济,并能和谐地扩大成员之间的分工和贸易,需要一种新的国际分工原则作为指导,这就是着眼于动态利益的协议性国际分工原理。

三、协议分工理论

日本一桥大学教授小岛清在考察经济共同体内部分工的理论基础后,在其代表作《对外贸易论》(1950年版)中,提出了协议性国际分工的理论。所谓协议性国际分工原理,就是成本长期递减下的国际分工和国际平衡原理。因为经济一体化的目的就是要通过大市场化来实现规模经济,这实际上也就是成本长期递减的问题。

小岛清认为,传统自由贸易理论均假设贸易各国的国际分工是通过自由竞争、自由市场机制来完成的。无论是李嘉图的比较优势理论,还是赫—俄的生产要素禀赋理论,都将私人厂商的自由竞争作为国际分工形成的依据。他认为,随着经济一体化的出现,对于在规模经济条件下生产的商品,完全可以通过国际间政府的协商和调节机制确立国际分工,发展国际贸易,而且,建立在国家协调基础之上的国际分工,会有效地配置国家之间的资源,增加贸易利益。仅靠以完全自由竞争为基础的比较优势和生产要素禀赋分工的理论不可能完全实现规模经济的好处,还可能导致各国企业的集中和垄断,影响分工的和谐和贸易的稳定发展。

他认为,以前的传统的国际分工理论所讲的只是在成本递增下通过竞争原理达成国际分工和平衡,而对成本递减(以及成本不变)的情况却没有涉及。下面以图14-1说明成本递减的情况下进行协议性国际分工的必要性和方法。

图 14-1 画的是 I 国和 II 国 X 与 Y 两种商品的成本递减曲线，实线的高度表示两国分别生产两种商品时的成本。现在假定 X 商品全由 I 国生产，并把 II 国的 X_2 量的市场提供给 I 国；另外，Y 商品全由 II 国生产，并把 I 国 Y_1 量的市场提供给 II 国。两国如此进行集中生产，实行专业化后，如虚线所示，两种商品的成本都明显下降。这只是每种商品的产量与专业化前两国产量之和相同时的情形。如果把随着成本、价格的下降两国需求会跟着增加的情况考虑进去，实际效果会更大。

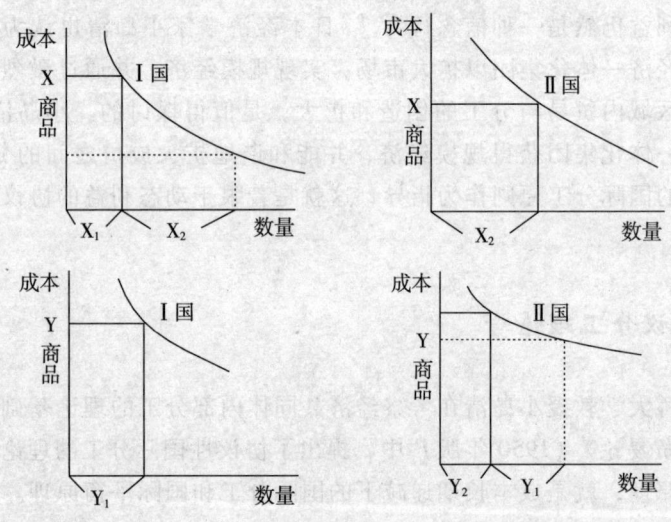

图 14-1

在这里，重要的问题是，I 国要把 Y 商品市场、II 国要把 X 商品市场分别提供给对方，即必须达成互相提供市场的协议。因此，把它称之为协议性国际分工。达成协议的主要条件是：必须是两个（或多数）国家的资本、劳动禀赋比率没有多大差别，工业化水平和经济发展阶段大致相同，协议性分工的对象商品在哪个国家都能进行生产；作为协议分工对象商品，必须是能够获得规模经济的商品；不论对哪个国家，生产 X 商品或生产 Y 商品的利益都应该没有很大差别。

四、综合发展战略理论

一些经济学家认为，发展中国家的区域经济一体化不能简单地用发达国家区域经济一体化理论（关税同盟理论、大市场理论）作为指导，而应根据发展中国家国内和国外的经济与政治环境进行综合考虑，故提出了与发展理论紧密联系的综合发展战略理论。其代表人物是南斯拉夫经济学家鲍里斯·塞泽尔基。他在

《南南合作的挑战》一书的总论中比较完整、全面地阐述了这一理论。

(一) 综合发展战略理论的原则

1. 一体化是发展中国家的一种发展战略，它不局限于市场的统一，也不必在一切情况下都追求尽可能高级的其他的一体化。

2. 两极分化是伴随着一体化的一种特征，只能用有利于发挥较不发达国家优势的系统的政策来避免它，而这就需要有强有力的共同机构和政治意志。

3. 拒绝古典和现代一体化理论中所阐述的一体化成功条件，虽然其中个别部分在某些具体情况下仍然适用。为此，要把一般模式和具体理论有效地应用于特定集团和现存环境中去。

4. 在许多情况下，私营部门在发展中国家一体化进程中占了统治地位，这是一体化失败的重要原因之一。有效的政府干预对于经济一体化的成功是重要的。

5. 鉴于世界被敌对性地划分成了发达国家和发展中国家，因而，要把发展中国家一体化看成是它们集体自力更生的手段和按照新秩序逐渐变革世界经济的要素。

鲍里斯·塞泽尔基认为，发展中国家和地区在制定经济一体化政策时应注意下列问题：各国发展战略和现行经济政策的一体化，必须使各国的发展努力完成一体化；生产和基础设施应该是经济一体化的基本领域，而集团内的贸易自由化应该是这个进程的补充；在形势允许时，一体化应该包括尽可能多的经济和社会活动，以便创立和加强有关国家的区域统一体；应该特别重视通过区域工业化来加强相互依存性，并减少发展水平的差异；通过区域内而不是通过区域间的工业专业化，即通过成员之间的工业部门分工，可以最有效地减少发展水平的差异，加强相互依存的基础；通过协商对待所有成员的外国资本，以协调管理外国经济实体尤其是跨国公司的活动；诸如有利于较不发达国家成员的优惠待遇，包括在集团内以及同第三国贸易中的优惠待遇等条款，将会减轻或充分抵偿一体化的两极分化的影响。

(二) 综合发展战略理论的特色

1. 研究方法有所突破。过去在经济一体化研究中，一种是以生产要素禀赋配置合理化为基础的研究方法，把一体化进程解释为，通过贸易自由化，逐渐把各国市场合并起来，最终目标是建立一个共同市场；另一种方法是以贸易保护主义和干预主义学派为基础的研究方法，把一体化认为是积极建立区域经济的过程，它要求经济和社会政策的协调化，以便建立经济共同体。而鲍里斯·塞泽尔基认为,以自由贸易和保护贸易理论来研究发展中国家的经济一体化过于狭窄,他强调应用与发展理论紧密联系的综合学科的研究方法,把经济一体化认为是发展中国家的一种发展战略,不限于市场的统一,主张经济的相互依存发展必须以生产领域为基础,强调有效的政府干预。

2. 实现一体化的手段有所创新。综合发展战略理论认为,由于私营部门在一体化进程中占统治地位,有效的政府干预是经济一体化成功的重要条件。考虑到发展中国家实现经济一体化过程中的国内外困难,诸如民族经济贸易秩序的软弱、跨国公司的强大作用、经济发展中的两极分化、旧的国际经济秩序的存在,因而,综合发展战略理论把经济一体化看做是集体自力更生的手段和按照新秩序逐渐变革世界经济的重要因素。

3. 确定一体化政策的原则更加全面。在制定经济一体化政策时,要进行综合考虑,一方面要考虑经济因素;另一方面要考虑政治和机构因素,密切结合本国和本地区的实际。例如,应该反对强加的一体化,视生产和基础设施为经济一体化的基本领域,进行区域工业化,协调对待外国资本等。

思 考 题

1. 区域经济一体化有几种主要形式?
2. 试分析区域经济一体化形成和发展的原因。
3. 试论区域经济一体化对国际贸易的影响。
4. 什么是贸易创造效果?
5. 什么是贸易转移效果?

第十五章 国际服务贸易

【**本章教学目的**】通过本章的学习，使学生了解国际服务贸易的基本知识，包括国际服务贸易的概念、分类、特点及二战后迅速发展的原因；了解《服务贸易总协定》的基本内容；在此基础上，学习国际技术贸易、国际工程承包与劳务合作的相关知识。

第一节 国际服务贸易一般概述

一、国际服务贸易的概念、分类及特点

（一）国际服务贸易的概念

据文献记载，"服务贸易"（Trade in Service）这个概念最早出现在1972年经济合作与发展组织（OECD）提出的《高级专家对贸易和有关问题的报告》中。关于国际服务贸易，迄今为止，各国统计和各种经济贸易文献并没有统一的、公认的、确切的定义。目前理论界有以下几种代表性的观点。

1. 国际收支统计对服务贸易的定义。从统计学或传统的进出口角度来分析，以国境为界进行划分，以国民收入、国际收支平衡为出发点，各国的服务进出口活动总和便构成了国际服务贸易。服务出口就是将服务出售给其他国家的居民；服务进口则是本国居民从其他国家购买服务。其中，"居民"是指按所在国家的法律，基于居住期、居所、总机构或管理机构所在地等负有纳税义务的自然人、法人和其他在税收上视同法人的团体，统计学上一般是指在某国生活3个月以上的人（也有的国家认为至少生活1年以上）。

另外，"服务"是任何不直接生产制成品的经济活动，可定义为一系列产业、职业、行政机关的产出。例如，空运业、银行业、保险业、旅馆业、餐饮业、理发业、教育、建筑设计与工程设计、研究、娱乐业、按摩院、旅游业与旅游代

理、计算机软件业、信息业、通信业、医疗与护理、印刷、广告、租赁、汽车出租服务等。因此,"国际服务贸易"定义为这些行业、部门的产出品向其他国家居民的销售。

2.《美国和加拿大自由贸易协定》对服务贸易的定义。《美国和加拿大自由贸易协定》是世界上第一个在国家间贸易协定上正式定义服务贸易的法律文件。

服务贸易是指由代表其他缔约方的一个人,在其境内或进入一缔约方提供所指定的一定服务。"指定的一定服务"包括:生产、分销、销售、营销及传递一项所指定的服务及其进行的采购活动;以商业存在形式分销、营销、传递或促进一项指定的服务;遵照投资规定,任何为提供指定服务的投资,以及任何为提供服务的相关活动——包括公司、分公司、代理机构、代表处和其他商业经营机构的组织、管理、保养和转让活动,各类财产的接受、使用、保护及转让,以及资金的借贷。

进入一缔约方提供服务包括过境提供服务。缔约方的"一个人"指法人或自然人。

3. 联合国贸易与发展会议(UNCTAD)对服务贸易的定义。联合国贸发会议用实际过境现象来定义服务贸易:货物的加工、装配、维修以及货币、人员、信息等生产要素为非本国居民提供服务并取得收入的活动,是一国与他国进行服务交换的行为。这里所指的国际服务贸易,既包括有形的服务输入和输出,也包括服务提供者和使用者在没有实体接触的情况下发生的无形的国际服务交换。包括四种过境方式:(1)商品贸易中服务的过境,如许多国家通过修理、加工、装配货物参与国际货物贸易;(2)货币(资本)的过境,如银行和金融服务;(3)人员的过境,如咨询人员、工程师、医生等到国外提供服务;(4)信息的过境,如通过电信系统或以文件报告的形式提供信息服务。

4.《服务贸易总协定》(GATS)对服务贸易的定义。关税与贸易总协定乌拉圭回合 1994 年 4 月 15 日成功地结束了。此轮谈判的重大成果之一就是达成了《服务贸易总协定》,并对服务贸易下了较为准确的定义。所谓服务贸易被定义为:(1)过境交付(cross-border supply),从一成员境内向任何其他成员境内提供服务。这类服务贸易是指服务的提供者与消费者都不移动。如通过电讯、邮电、计算机网络实现的视听、金融、信息等服务。(2)境外消费(consumption abroad),在一成员境内向任何其他成员的服务消费者提供服务。如接待外国游客、提供旅游服务、为国外病人提供医疗服务、接受外国留学生。(3)商业存在(commercial presence),一成员的服务提供者在任何其他成员境内通过商业存在提供服务。它是服务贸易活动中最主要的形式,这一类是与市场准入和直接投资有关,即服务提供者将自己的生产要素(人员、资金、服务工具)移动到一缔约国内,通过设立机构并提供服务,取得收入。如外国公司在中国开办商店,设立金融机构、会计师事务所、律师事务所等。（4）自然人流动（movement of personnel），一成员的服务提供者在任何其他成员境内通过自然人提供服务。这一类服务贸易是指服务提供者（自然人）的过境移动在其他缔约方境内提供服务而展开的贸易。如一国教师、医生、艺术家到另一国家从事个体服务。该定义已成为有一定权威性和指导性的定义，并为各国普遍接受。

（二）国际服务贸易的分类

由于国际服务贸易的多样性和复杂性，目前尚未形成一个统一的分类标准。许多经济学家与国际经济组织为了分析方便和研究的需要，从各自的角度对国际服务贸易进行划分。分类的角度不同，所获得结果就不一样，下面就一些有代表性的分类作以扼要介绍。

1.《服务贸易总协定》对国际服务贸易的分类。按照服务提供和消费的性质，同时考虑到社会经济统计分类，GATS将国际服务贸易划分为12个大类：

（1）商业服务（business services），指在商业活动中涉及的服务交易活动。这类服务又包括专业性（包括咨询）服务、计算机及相关服务、研究与开发服务、不动产服务、设备租赁服务、其他服务六大类。

（2）通信服务（communication services），主要指所有有关信息产品、操作、存储设备和软件功能等服务。主要包括：邮电服务、信息服务、电信服务等。

（3）建筑及相关工程服务（construction and related engineering services），主要指工程建筑从设计、选址到施工的整个服务过程。具体包括：工程选址服务、建筑项目、建筑物的安装及装配工程，工程项目施工与监理，固定建筑物的维修服务，以及所有这些环节涉及的其他服务。

（4）分销服务（distribution services），指产品销售过程中涉及的各种商业服务，主要包括：批发与零售服务、特许经营服务等。

（5）教育服务（educational services），指国际间在国民教育与非国民教育方面的服务交易和合作，涵盖了高等教育、中等教育、初等教育、学前教育、继续教育、特殊教育等一系列正规教育以及非正规教育环节。

（6）环境服务（environmental services），包括污水处理服务、废物处理服务、卫生及相关的与环保直接联系在一起的服务。

（7）金融服务（finance services）。涵盖了银行与非银行金融的各种主要领域。其中银行金融包括商业银行提供的所有服务，非银行金融则主要包括了保险及其相关服务。

（8）健康及社会服务（health related and social services）。主要指医疗服务、其他与人类健康相关的服务，以及社会服务等。

（9）旅游及相关服务（tourism and travel related services），指旅游业及与之有关联的服务，最主要的有旅馆、饭店提供的住宿、餐饮服务及其他服务，旅行社提供的旅游交通及导游服务等。

（10）文化娱乐及体育服务（recreational, cultural and sporting services）。包括娱乐服务、新闻代理服务、图书馆服务与体育服务等，此外还包括文化交流、文艺演出等服务形式。

（11）交通运输服务（transport services）。从海上运输到内河航运，从陆上各种运输手段（轨道运输、汽车运输与管道输送等）到空中运输，从常规空中运输到现代空间运输与卫星发射，统统归入这个类别。

（12）其他服务（other services not included elsewhere）。凡是无法归入上述任何类别之一的服务贸易，均可归入此类。

2. 国际货币基金组织（IMF）的分类。根据IMF1995年修订的第5版《国际收支手册》，将服务贸易分为11大类：运输；旅游；通信服务；保险服务；金融服务；计算机和信息服务；专有权使用费和特许费；其他商业服务；个人、文化和娱乐服务；其他未提及的政府服务。

3. 以"生产"为核心划分。以"生产"为核心划分，服务贸易可分为：

（1）生产前服务，如研究与开发、设计、市场和可行性研究等。

（2）生产服务，指生产过程中的服务，如生产过程中的质量管理、软件和人力资源管理等。

（3）生产后服务，如广告、营销、包装、运输等。

4. 以服务贸易中生产要素的密集程度划分。以服务贸易中生产要素的密集程度进行划分，服务贸易可分为：

（1）资本密集型服务。这类服务包括空运、通信、工程建设服务等。

（2）技术与知识密集型服务。这类服务包括银行、金融、法律、会计、审计、信息服务等。

（3）劳动密集型服务。这类服务包括旅游、建筑、维修、消费服务等。

（三）国际服务贸易的特点

与货物贸易相比，国际服务贸易的特点可以归纳如下。

1. 国际服务贸易标的一般具有无形性。国际服务贸易属于无形商品贸易，各种服务的基本特征是其产出的无形性。服务提供者无法向服务的消费者介绍空间形态的服务样品，服务的消费者在购买服务之前，往往不能感知服务，在购买之后也只能体会服务的结果而不是服务的本身。而货物是有形的，是看得见、摸得着的，货物的生产和消费伴随着它的空间形态而产生、转移和消失。

2. 国际服务贸易的生产和消费过程具有同步性。大多数服务的生产和消费在时空上不可分离，服务的生产和消费过程往往是同步进行的。也就是说，服务产品价值的形成和使用价值的创造过程，与服务产品价值的实现和使用价值的让渡过程以及服务产品使用价值的过程往往是在同一时间和地点完成的，比如学生听课、病人看病等服务，教师、医生提供服务的过程，同时也是学生和病人接受服务的过程。而商品一旦进入市场，便成为独立的交易对象，其生产过程与消费过程在时间上和空间上是可以分割的。

3. 国际服务贸易的标的是难以储存和反复转让的。从上述特点可知，服务的生产和消费是不能分开的同一过程，对服务提供者（出口国）来说是生产过程，而对服务接受者（进口国）来说是消费过程。因此，大多数产品不能储存、不能运输，也不能包装，更不能反复转让。而货物是可以在时空上分离的物品，它可以储存，可以运输（移位），还可以被包装、被反复转让。

4. 国际服务贸易一般不经过海关，也不显示在海关统计上。而货物贸易必须经过一国的海关，货物的进口反映在一国的海关统计中。一国服务的进出口和货物的进出口构成一国国际收支经常项目的主要部分。

二、国际服务贸易的发展

（一）国际服务贸易的产生和发展现状

国际服务贸易是随着商品经济的出现而产生，在一个国家内服务经济的基础上，通过服务业的国际化和国际分工而发展起来的。在相当长的一段时间内，由于服务贸易商品的特殊性，服务贸易的发展速度很慢，贸易额在世界贸易总额中所占的比重很小。

初期的服务贸易起源于原始社会末期、奴隶社会早期，具有一定规模的国际服务交换始于 15 世纪世界航运事业的兴起和新大陆的发现。但是，从服务贸易的产生到 20 世纪中叶，在当时的社会经济条件下，有形商品的贸易一直占据国际贸易的主导地位，国际服务贸易由于规模太小而未引起世人的关注。

第二次世界大战以后，世界服务市场开始逐渐从世界商品市场与金融市场中分离出来，世界经济也开始从萧条中走出，出现复苏和振兴的迹象。特别是自 20 世纪 60 年代以来，随着高科技迅猛发展和国际经济联系的加强，国际服务贸易在国际经济领域中越来越占据令人瞩目的地位，这主要表现为它在国民收入中所占的比重越来越大，在服务业中就业的人数超过农业和工业，教育、通信、信息、金融和运输向具有统一的服务基础设施方向发展。

进入20世纪90年代，信息高速公路（information highway）、电子商务（electronic business）和多媒体技术（multi-media）出现在信息服务领域，使得信息处理和长距离的电信服务成本大幅度降低，从而带来了服务业的革命，极大地促进了服务贸易的发展。随着多边框架体系《服务贸易总协定》的签署，国际服务贸易进入了一个在规范中向自由方向发展的新时期，并出现了服务贸易略高于货物贸易增长速度的局面。

（二）当代国际服务贸易的特点

1. 国际服务贸易发展迅猛。二战以后，特别是20世纪60年代以来，国际服务贸易发展很快，国际服务贸易赶上并超过国际商品贸易的增长速度。从国际服务贸易额变化的情况来看，1967年从700亿~900亿美元增加到1980年的6 500亿美元，1990年增至7 804亿美元，2000年为28 150亿美元，2007年达到63 164亿美元（根据世界贸易组织的统计）。1990~1998年，世界货物贸易增长速度为6%，而国际服务贸易额增长速度为7%。2007年世界服务贸易额比2006年增长了18%，提高6个百分点；世界服务贸易出口比2006年增长18%，高于同期货物贸易出口15%的增长水平，进口比2006年增长16%，而同期货物贸易进口增长率14%（见表15-1）。

表15-1 世界服务贸易发展情况   单位：亿美元

年份	金额			年增长率（%）							
	1980	2000	2007	2000~2007	2000	2001	2002	2003	2004	2005	2006	2007
服务贸易出口	3 650	14 928	32 600	11	6.2	0.35	7.3	14.6	20	10.9	10.6	18
服务贸易进口	4 024	14 766	30 600	10.4	6.5	1.2	5.9	14	18.9	10.6	10.3	16

资料来源：世界贸易组织秘书处。

2. 国际服务贸易地区分布极不平衡性加剧。国际服务贸易的发展地区分布不平衡性加剧。主要表现为：

（1）发达国家与发展中国家在全球服务贸易中地位相差悬殊（见表15-2）。其中，发达国家在国际服务贸易中所占比重为70%~80%，拥有数以千亿计的贸易顺差。发展中国家作为一个整体在国际服务贸易中所占的份额相当低，大部分国家长期处于逆差的境况。国际服务贸易呈现以欧美为主的格局，美国在国际服务贸易中占最大比重。据世界贸易组织2007年统计数据，全球十大服务贸易出口国（或地区）依次是美国、英国、德国、日本、法国、中国、意大利、荷兰、爱尔兰；十大服务贸易进口国是美国、德国、英国、日本、中国、法国、意大利、西班牙、爱尔兰、荷兰。

表 15 – 2　　　　　　　　国际服务贸易区域分布（2007 年）

	服务出口		服务进口		服务贸易差额（10 亿美元）
	总额（10 亿美元）	比重（%）	总额（10 亿美元）	比重（%）	
世界	3 260	100	3 060	100	200
北美	533	16.35	440	14.37	93
其中：美国	454	13.92	336	10.98	118
中南美洲[a]	91	2.79	97	3.17	-6
其中：巴西	23	0.71	34	1.11	-11
欧洲	1 662	50.97	1 434	46.85	228
其中：欧盟	1 512	46.37	1 337	43.68	175
独联体国家	64	1.96	90	2.94	-26
非洲	84	2.58	97	3.17	-14
中东	79	2.42	125	4.08	-46
亚洲	745	22.85	778	25.42	-33
日本	136	4.17	157	5.13	-21
中国	127	3.90	129	4.21	-2
印度	86	2.64	78	2.55	8
亚洲四小[b]	243	7.45	230	7.52	13

注：a. 包括加勒比地区。
　　b. 中国台湾、中国香港、韩国及新加坡。
资料来源：根据《中国服务贸易发展中报告 2008》（中国商务出版社 2008 年版）第 174 页中数据整理。

（2）发达国家与发展中国家的国际服务贸易业发展水平不平衡。当前服务贸易的发展趋势是以资本密集型和知识、技术密集型为主，技术进步所带来的新型国际服务贸易的发展远远快于传统形式的服务贸易，如通信服务中传真、光导纤维的信息快递服务与传统电话、电报服务，发达国家在这方面占有绝对优势，就是发展中国家占有比较优势的劳动密集型服务项目也难以同发达国家抗衡，比如欧洲旅游业收入占国际旅游总收入的 2/3。

（3）发达国家与发展中国家的服务贸易结构存在较大的差异。在贸易结构上，发展中国家主要依靠旅游运输等传统服务业，尽管在新型服务业"其他民间服务"（主要包括银行、保险、通信、数据处理、技术服务、咨询、广告等服务中与现今科技和物质生产结合最紧密的部分，它们是国家服务市场上有广阔发展前景的行业）方面有所上升，但发展中国家对"其他民间服务"进口的依赖程度在增加。这也是发展中国家与发达国家在服务贸易中差距最大的领域。

3. 世界服务市场呈多元化发展趋势。20 世纪 70 年代以前，西方发达国家是最主要的世界服务贸易市场；70 年代以后，西方经济陷入"滞胀"局面，而中东几个主要产油国依靠其资源优势,大量吸收投资,成为当时劳务输入的主要市场;80年代以来,随着亚太经济的崛起,东南亚劳务输入十分活跃;90年代,随着跨国公司的迅速发展,服务贸易市场已不再限于一两个区域,市场呈现多元化的格局。

4. 国际服务贸易结构发生变化。第二次世界大战以前,服务贸易的主要项目是劳工的输出、运输服务等,二战后随着第三次产业革命的发生和完成,电讯、金融、运输、旅游以及各种信息产业,知识技术等的迅速发展,服务业加快向这些领域扩展,新兴服务贸易所占的比重不断提高,而20世纪90年代以来由于金融、保险、信息等产业的迅速崛起及其快速进入服务贸易领域,在国际运输服务贸易和国际旅游服务比重都下降的情况下,其他服务贸易所占比重则迅速上升,从1990年的37.6%上升到2007年的51%,这种明显的上升是新兴服务贸易行业发展的必然结果,这也说明传统服务贸易的优势,即绝对优势在当代国际服务贸易分工格局中的地位相对下降,如以自然历史文化等资源为基础的传统服务行业,在当前国际服务贸易分工格局中的优势相对降低,但金融、信息服务也在新的科技浪潮的推动下,在世界服务贸易中扮演着越来越重要的角色。

5. 国际服务贸易竞争激烈,保护主义抬头。由于服务市场多元化、国际化趋势的加强,随着服务贸易在各国国民经济中的重要性日益提高,服务贸易市场的竞争就显得尤为激烈。而且在实践中,出于对本国经济的保护,有些国家在服务贸易方面设置壁垒。服务贸易方面的壁垒主要是指WTO成员方未能履行其在服务贸易减让表中的具体承诺,以及不符合GATS有关规定的各种做法或措施。在实践中,造成阻碍国外服务或服务供应商进入本国市场的壁垒措施可能有:(1)准入条件过于严格或缺乏透明度。例如,某国规定,通常情况下不允许外国建筑公司承建公共工程项目,除非本国公司不能承担。(2)冗长的审批程序。例如,某国制定了极为复杂的审批条件和程序,要求国外服务供应商提供过于复杂的资质证明和其他文件,并以其他各种理由拖延审批时间。(3)对服务供应商施加各种形式的限制,或增加其经济负担。例如,根据某国规定,在申请各种电信设施的使用许可时,外资电信运营商的申请条件比国内电信运营商更加严格。(4)外国服务供应商所面临的不公平竞争。如某国禁止外国旅游服务经营商在该国作境外旅游的广告。

6. 服务行业垄断现象比较严重。不论是国家垄断(如邮政、电讯、民航等关系到国家主权与安全的行业)还是私人垄断,服务业的这种现象都比较突出。其中以美、日等国的"垂直集中"和"水平集中"最为明显。垂直集中是指某一服务项目集中在少数几个私人垄断公司的现象。如六大会计师事务所掌握了全球的会计事务,国际影视服务被"美国动画片协会卡特尔"独家垄断。水平集中主要是指服务企业日益扩大其经营范围乃至关联行业,以获取市场垄断地位。如电讯公司将业务范围扩展到数据处理等方面。

(三) 当代国际服务贸易迅速发展的原因

1. 科技进步大大推动了服务业和国际服务贸易的迅速发展。科技进步提高了交通、通讯和信息处理能力,为信息、咨询和以技术服务为核心的各种专业服务贸易提供了可能,从而使国际服务贸易的种类增加,范围扩大。信息和通讯技术的发展还促使银行、保险、商品零售等得以在全球范围内开展业务,为跨国服务创造条件。科技革命加快了劳动力和科技人员的国际流动,特别是促进了专业科技人员和高级管理人才的跨国流动,推动了国际服务贸易流量的扩大。在科技革命的推动下,发达国家的产业结构逐渐向资本密集和技术密集的高科技产业转移,而把劳动密集型产业转移到新兴工业化国家或部分发展中国家,使这些国家和地区能够利用本地廉价的劳动力资源赚取外汇服务收入,形成大规模的境内服务输出。今后,以信息服务为代表的高技术服务在各国服务业发展乃至整个经济发展中的作用会进一步增强。世界服务贸易的核心是技术贸易,这与国际间的技术、产品和产业梯度扩散相关。新技术不仅在原有服务业基础上提供了新的贸易机会,而且使核心服务贸易特别是高新技术服务贸易得到更快的发展。

2. 跨国公司的迅猛发展,加速了服务的国际化。20世纪60年代以后,跨国公司向全球扩张,全世界跨国公司迅速发展。在跨国公司全球经营和发展过程中,许多跨国公司深感服务业对其获取竞争优势的重要性,20世纪80年代以来,跨国公司特别重视发展自己的服务业,从事第二产业,多年来排在世界500强之首的美国通用电器公司前任总裁韦尔奇曾经说过,如果一个以第二产业为主导的跨国企业不拓展第三产业领域,今后它将减弱其竞争力,也无法保持其在世界经济中的原有地位。另外,在整个20世纪,世界500强前10位几乎都由以从事第二产业为主导的公司所占据,但是,进入21世纪以来,世界500强首位已经被从事商业零售服务的美国沃尔玛公司所占据。上面例证体现出,国际服务贸易的国际化步伐加快。国际服务贸易国际化步伐加快的具体原因是:

(1) 跨国公司由于跨越国境的数据资料的流动和世界信息网的建立,为其跨国向各个部门提供各种服务创建了前提条件。

(2) 跨国公司在国际服务市场上提供以前的服务项目,如银行、保险、法律以及咨询等服务。

(3) 大型跨国公司的发展,带动了资本、技术、人才的国际性流动,从而推进了服务贸易的国际化。

3. 国际货物贸易的增长和贸易自由化促进了国际服务贸易的发展。在贸易自由化及全球经济发展的双重推动下,国际货物贸易流量以出口为例,二战后半个多世纪以来增长了近60倍,远远超过了同期世界工业生产和国民生产总值的增长速度。国际服务贸易首先是伴随着国际货物贸易的发展而发展起来的,在货物贸易高速增长的带动下,同货物进出口直接关联的传统服务项目,如国际运输服务、国际货物保险、国际结算服务等,都相应地在规模上、数量上成倍增长,今后这一发展趋势仍将持续。

4. 国际旅游业的兴起带动了服务业的兴旺。随着全球经济的发展和各国人民生活水平的不断提高,旅游业发展迅速,其发展速度超过了世界经济中许多其他部门的发展。1970年以来国际旅游业成为仅次于石油和钢铁业的第三大产业,因此,带动了国际服务贸易发展。

5. 世界经济中的地区经济一体化促进了国际服务贸易的发展。欧盟、北美自由贸易区、亚太经合组织(APEC)、海湾合作理事会(GCC)、东盟(ASEAN)等区域性组织,以经济贸易合作为基本目标,或多或少地都在章程或协定中把投资自由化、服务贸易自由化作为一项内容来表述,以加强合作,从而在一定程度上推动了服务贸易在区域集体内的发展。

除上述几点原因之外,还有诸如:世界贸易组织成员的《服务贸易总协定》的签署,各国政府对服务贸易的支持,发展中国家的积极参与和改善,国际服务合作的扩大,由于个人需求满足、对环境和可持续发展的关注、解决失业和平衡国际收支的需要而引起的各种服务需求的增长等,都对国际服务贸易的增长起到了推动作用。

三、《服务贸易总协定》简介

(一)《服务贸易总协定》的产生

近年来,世界服务贸易有了突飞猛进的发展,其速度远远超过货物贸易的发展。尤其是在发达国家,服务贸易在其经济结构中已经占据了主导地位。发达国家在服务贸易上的竞争优势促使它们进行多边服务贸易谈判,以在这一新的贸易领域尽快制定国际竞争规则;而发展中国家参与制定一个全面的多边服务贸易规则,则有利于在其中体现自身利益,还有助于利用这样的规则预防发达国家在这一新的贸易领域对它们采取单方面的行动,或是防止在区域贸易安排中出现对它们不利的歧视性做法。此外,多边贸易体制为协调世界各经济实体之间的贸易关系,必须扩展其管辖范围,以适应全球经济发展的新趋势,而货物贸易经过多轮多边谈判,磋商空间日渐缩小,服务贸易则代表一种新趋势,方兴未艾,且缺乏既定的游戏规则。在这一背景下,多边服务贸易谈判就被提上了日程。

美国在 1982 年 GATT 部长级会议上提出了进行服务贸易多边谈判的提议，但由于发达国家和发展中国家服务贸易的发展水平不同，对谈判的有关问题争执不下。1986 年 9 月，在发动乌拉圭回合多边贸易谈判的部长级会议上，各国做出相应的妥协，最终一致同意在新一轮的多边谈判中就服务贸易举行谈判，并在其发布的《乌拉圭回合部长宣言》的第二部分中明确表示，服务贸易谈判属于乌拉圭回合的组成部分，但它是独立于 GATT 之外的，谈判将以促进各国经济增长和发展中国家经济发展为宗旨，并将尊重各国有关服务贸易的国内法规，这样就将各国的利益巧妙地协调起来。

1993 年 12 月 15 日，经各成员方的努力，乌拉圭回合谈判最终达成了《服务贸易总协定》（GATS）。1994 年 4 月 15 日，在摩洛哥的马拉喀什由 111 个国家和地区的代表正式签署了这个协定，并规定将于 1995 年 1 月 1 日生效。这标志着国际服务贸易规范体系正式建立起来。

（二）《服务贸易总协定》的结构

1995 年 1 月 1 日正式生效的《服务贸易总协定》由以下三部分组成。

1. 协议条款。协议条款本身有 6 个部分，共 29 条。第一部分（第 1 条）为"范围与定义"。第二部分（第 2 条至第 15 条）为"一般义务和纪律"，包括最惠国待遇、透明度、发展中国家的更多参与、经济一体化、国内法规、承认、垄断和专营服务提供者、商业惯例、紧急保障措施、支付和转移、保障国际收支的限制、政府采购、一般例外、补贴等。第三部分（第 16 条至第 18 条）为"具体承诺"，包括市场准入、国民待遇、附加承诺。第四部分（第 19 条至第 21 条）为"逐步自由化"，包括具体承诺的谈判、具体承诺表、承诺表的修改。第五部分（第 22 条至第 26 条）为"制度条款"，包括磋商、争端解决和实施、服务贸易理事会、技术合作、与其他国际组织的关系。第六部分（第 27 条至第 29 条）为"最后条款"，包括利益的拒给、定义、附件。

2. 附件。总共有 8 个附件：关于第 2 条豁免的附件、关于空运服务的附件、关于本协议下提供服务的自然人流动附件、关于金融服务的附件一、关于金融服务的附件二、关于海运服务谈判的附件、关于电信服务的附件、关于基础电信谈判的附件。

3. 各国的具体承诺表。根据《服务贸易总协定》的规定应附在《服务贸易总协定》之后。

其他有关文件是：关于体制安排和某些争端解决程序的部长决定；关于普遍例外；关于基础电讯、金融服务和专业服务的谈判；关于人员流动和海运服务的谈判以及金融服务承诺谅解书。

(三)《服务贸易总协定》的基本原则和规则

1. 最惠国待遇原则。GATS 最惠国待遇义务适用于服务产品和服务业提供者，要求每一成员给予另一成员方服务提供者的待遇，应立即无条件地以同样的待遇方式给予任何其他成员方同样的服务或服务提供者。但总协定规定，一个成员可以在 10 年的过渡期内维持与最惠国待遇不符的措施，但要将这些措施列入一个例外清单。目前大约有 60 个世界贸易组织成员提出了最惠国待遇例外清单。

2. 透明度原则。GATS 要求成员方应把影响协定实施的有关法律、法规、行政命令及其他规定、规则和习惯做法，无论是中央或地方政府做出的，还是由政府授权的非政府组织做出的，都应最迟在它们生效前予以公布；任何成员方必须公布其已经参加的所有影响服务贸易的其他国际协定。透明度原则的一个例外附则是，对于任何一成员方，那些一旦公布即会妨碍其法律的实施，或对公共利益不利，或损害具体企业的正当商业利益的机密资料，可以不予公布。

GATS 要求每一个成员建立一个或多个服务业政策的咨询点，其他成员可以通过这些咨询点得到对它们的服务部门产生影响的法规的情况。同时，为了帮助发展中国家的服务业提供者，总协定呼吁发达国家成员建立联系点，以便于服务企业直接获取信息，这些信息包括：服务技术的情况、提供服务的商业和技术情况以及如何登记、承认和得到专业资格。

3. 发展中国家更多参与原则。GATS 承认服务业发展不平衡的现状，在协议中考虑到发展中国家的利益，促使发达国家采取措施加强发展中国家的国内服务部门，并允许发展中国家通过向外国服务提供者附加条件以换取市场准入。特别是第 4 条第 1 款指出，根据第三、四部分有关规定，通过不同缔约方协商的具体承担义务增加发展中国家在世界服务贸易中的参与：(1) 通过发展政府及国内服务能力、效率和竞争力的提高，特别是在取获商业性技术方面；(2) 改善它们对分配渠道和信息网络的进入；(3) 各服务部门市场准入的自由化和对它们有力地提供出口服务的方式，这对发展中国家参与国际服务贸易提供了有力的帮助。

4. 市场准入原则。GATS 第 16 条规定，当一成员方承担对某个具体部门的市场准入义务时，它给予其他成员方承担对某个具体部门的市场准入义务时，它给予其他成员的服务提供者的待遇应不低于其在具体义务承诺表中所承诺的待遇，包括期限和其他期限条件。这意味着对于其他成员方以商业存在形式进入的服务或服务提供者，承诺该部门具体开放义务的成员方应在其境内承担义务。如果跨越国境的资本流动是该项服务的主要部分，那么该成员方有义务允许这类资本流动。如果一成员方允许外国服务提供者在其境内开业，那么它就有义务允许有关的资本转移至其境内。由于各国对服务业的保护多是通过国内政策而不是边境措施来实现的,总协定市场准入自由化的承诺应通过修改国内法规政策,在服务贸易所进行的四种交易方式中,为服务产品和服务业提供者提供更多的市场准入机会。这种承诺涉及对于最高外国所有权的限制、对建立某种当地企业实体的限制、对服务业总数的限制或对服务产出总量的限制、对服务提供者选择它们所希望经营的商业行使能力的限制以及对市场内服务提供者总数的限制六个方面。关于发展中国家提出的具体承担义务,GATS 采纳了"肯定清单"方式,将能够开放的部门、下属部门和交易列入目录。

5. 国民待遇原则。GATS 中的国民待遇不是适用于所有部门的,而是只针对每一成员方在承担义务的计划表中所列部门。在总协定中,每个行业规定的国民待遇条款不尽相同,而且一般要通过谈判才能享受,所以各国在谈判中给予其他成员方国民待遇时,都有附加条件。

根据规定,每一成员方应在其承担义务的计划表所列的部门或分部门中,根据该表所述条件与资格,给予其他成员方的服务和服务提供者以不低于其本国相同服务和服务提供者所得待遇。

总协定的国民待遇是从实施的结果来评估的,不管其给予外国服务或服务提供者的待遇形式是否与本国同类服务和服务提供者相同,只要实施结果相同即可;反之,任何成员方对国民待遇措施的修改如果有利于本国服务企业,不管形式上相同或不同,都是违背国民待遇原则的。

6. 逐步自由化原则。GATS 第四部分规定了扩大服务贸易自由化的谈判原则、适用范围、具体承诺减让表和承诺表的修改等。但是,由于服务贸易的一些重要领域涉及一国的主权、机密和安全,因此,服务贸易自由化过程是一个渐进的过程。

GATS 规定,对发展中国家在开放部门及市场准入的程度等方面给予适当的灵活性,并当其有可能向外国服务提供者做出市场准入时,应把重点放在旨在达到发展中国家更多地参与上。

(四) 一些特殊规定

1. 紧急保障措施与保障收支平衡的限制。GATS 第 10 条第 1 款规定,应就紧急保障措施问题在非歧视性原则基础上进行多边谈判。此类谈判的结果应在不迟于《建立世界贸易组织协定》生效之日起 3 年内的某一日起生效。

第 2 款规定,在第 1 款所指的谈判结果生效之前的时间内,尽管有第 21 条第 1 款的规定,但是,任何成员仍可在其一具体承诺生效一年后,向服务贸易理事会通知其修改或撤销该承诺的意向;只要该成员向理事会说明该修改或撤销不能等待第 21 条第 1 款规定的 3 年期限期满的理由。

第 3 款规定,第 2 款的规定应在《建立世界贸易组织协定》生效之日起 3 年后停止使用。

2. 一般例外与安全例外。GATS 第 14 条规定，在此类措施的实施不在情形类似的国家之间构成任意或不合理歧视的手段或构成对服务贸易的变相限制的前提下，应采取以下措施：

（1）为保护公共道德或维护公共秩序所必须的措施；

（2）为保护人类、动物或植物的生命或健康所必须的措施；

（3）为使与本协定的规定不相抵触的法律或法规得到遵守所必须的措施，比如，防止欺骗和欺诈行为或处理服务合同违约而产生的影响，保护与个人信息处理和传播有关的个人隐私及保护个人记录和账户的机密性的安全问题；

（4）与第 17 条不一致的措施，只要待遇差别是为了保证对其他成员的服务和服务提供者平等与有效地课征或收取直接税；

（5）与第 2 条不一致的措施，只要待遇方面的差别是约束该成员避免双重征税的协定或任何其他国际协定或安排中关于避免双重征税规定的结果。

第 14 条的附加条款对安全例外做出了规定：

（1）不得要求任何成员提供其认为如披露则会违背其根本安全利益的任何信息；

（2）不得阻止任何成员采取其认为对保护其根本安全利益所必须的任何行动，如与直接或间接为军事机关提供给养的服务有关的行动、与裂变和聚变物质或衍生此类物质有关的行动、在战时或国际关系中的其他紧急情况下采取的行动等；

（3）不得阻止任何成员为履行其在《联合国宪章》项下的维护国际和平与安全的义务而采取的任何行动；

（4）根据（2）、（3）两项规定所采取的措施及其终止，应尽可能充分通知服务贸易理事会；

（5）与第 2 条不一致的，只要这种待遇差别是源于避免双重征税协议或该成员受其约束的任何其他避免双重征税的国际协议或安排的规定。

专栏 15-1

世界贸易组织成立后 《服务贸易总协定》 发展的情况

从 1995 年 1 月开始，在服务贸易理事会的指导下，服务贸易谈判主要集中在两个方面：试图在基础电信服务、金融服务、海上运输服务和自然人流动的领域改善市场准入条件；通过保障措施、补贴和政府采购等方面的谈判，以及对国内管制约束适时降低，来完善框架协议。

1. 金融服务谈判。

乌拉圭回合之后，WTO 对金融服务贸易进行了两轮谈判。第一轮谈判于 1995 年 7 月底结束，43 个成员将其在乌拉圭回合中所做出的承诺进行了改进，并达成协议（美国因不满其他成员的出价而宣布退出谈判）；第二轮谈判在 1997 年 12 月 12 日达成《金融服务业协议》，将全球 95% 的金融服务贸易纳入逐步自由化进程中。

2. 基础电信服务谈判。

后续的基础电信部门的谈判于 1997 年 2 月结束，达成了定于 1998 年 1 月 1 日生效的《全球基础电信协议》。占全球电信市场 90% 以上的 68 个成员方签署了协议，其中 18 个成员方将完全取消对外国公司进入本国电信市场的限制，47 个成员方允许外国电信公司对本国企业进行控股，而印度等 3 个国家将允许外国资本在本国电信企业中占 25% 的股份。

3. 海运服务谈判。

乌拉圭回合之后，根据《关于海运服务谈判的部长决议》，海运谈判组成立，并依照协议设定的框架基础，就海运服务谈判进行了深入谈判。

此轮货运服务谈判原定于 1996 年 6 月结束，但是，由于各国所提交的初步承诺开价单及最惠国待遇豁免项目清单所列附加条件太多，甚至美国这样积极倡导服务贸易自由化的国家都没有做出任何承诺，反而提出了包括对外国承运人调查和采取行动的权利等多项最惠国待遇的豁免，这使最终协议难以产生。此外，美国和欧盟两大主导成员在海运部门法律与政策方面相差悬殊，二者相持不下的局面使海运谈判一时陷入进退维谷的困境。

"后乌拉圭回合海运服务谈判"并非一无所成，期间也产生了一系列正式和非正式的文件。其中最值得重视的是 1996 年 4 月 15 日公布的《海运服务减让表草案》及 1996 年 6 月 28 日达成的《关于海运谈判的决定》，它们为下一阶段的谈判做出了计划，并为最终协议打下了基础。

第二节 国际技术贸易

一、国际技术贸易概述

（一）国际技术贸易的发展

技术转让是指技术持有者通过各种方式将其拥有的生产技术、销售技术或管理技术及有关的权力转让给他人的行为。超越国境的技术转让行为就是国际技术转让。国际技术转让包括了商业性技术转让和非商业性技术转让。非商业性技术转让是指通过政府援助、技术情报交换、学术交流和技术考察等形式进行的技术让渡。商业性技术转让指技术有偿转让，亦即技术贸易。

  二战后，国际技术贸易随着科技革命的发展而迅速发展。1965 年，世界各国技术贸易额仅为 30 亿美元，20 世纪 70 年代中期便达到 100 亿美元，到 80 年代中期达到 500 亿美元，1990 年已达 1 000 多亿美元。在国际技术贸易中，发达国家间的技术贸易占主导地位，特别是发达国家跨国公司间的技术贸易，几乎占全球技术贸易的一半。此外是发达国家和发展中国家间的技术转让，其中发达国家与新兴工业化国家和地区间的技术转让占重要地位，广大的发展中国家和地区，由于技术条件落后，加之资金缺乏、人才稀缺，致使其在国际技术贸易中居于次要地位。

  国际技术贸易不仅可以给技术出口国带来一笔可观的技术转让费，获得较大的贸易利益，同时它对技术进口国也有利，通过技术进口，可以加速本国国民经济部门的技术改造和提高各经济部门的发展速度，特别是有利于促进产业结构的升级换代和优化组合。此外，可以缩短研制时间，节省研制费用，提高产品质量，增强综合国力和竞争力。

（二）国际技术贸易的特点

  国际技术贸易与国际商品贸易相比，呈现出许多以下不同的特点。

  1. 贸易标的物内容不同。国际技术贸易是一种以无形的技术知识，即知识产权，作为贸易标的物进入市场并进行转让的贸易活动。技术贸易的标的物主要是专利（patent）、商标（trade mark）和专有技术（knowhow）。专利贸易主要指拥有专利权的所有方将其专利技术通过签订专利许可协议或合同方式转让给另一方使用。专有技术通常是生产某种产品所需的不公开的技术秘密和经验。专有技术贸易是拥有专有技术的一方将其专有技术通过签订专有技术许可协议或合同方式转让给另一方使用。在贸易实践中，技术贸易往往是将无形的技术知识和相关的机械设备结合起来进行。在技术贸易中，前者称为软件，后者称为硬件。如果贸易中只有机械设备而无技术知识的转让，这种交易不属于技术贸易。与技术贸易不同的是，商品贸易的标的物是有形商品，如消费品、初级原材料、机械设备等。这些商品均是看得见、摸得着的有形商品。因此，两者的贸易标的物不同。

  2. 贸易标的物的使用权和所有权不同。技术贸易是技术所有方或供应方在一定条件下将技术贸易的标的物的使用权转让给接受方使用，但技术的所有权并没有转移给技术的接受方。技术的接受方只能取得技术标的物的使用权，而不能取得技术标的物的所有权。因此，技术贸易原则上是一种标的物的所有权和使用权相分离的贸易。商品贸易中，商品的使用权和所有权同时转让，卖方一旦失去对商品的所有权和使用权，便无权继续支配和使用该商品。

3. 贸易双方当事人关系存在差异。国际技术贸易双方当事人签订的技术转让合同的履约期一般较长，通常为 5~7 年，长可达几十年。在合同期内，双方当事人在转让和技术使用方面结成了长期的技术合作和技术限制、反限制的关系。与此不同的是，商品贸易合同的履约期通常较短，商品贸易双方当事人不存在技术合同中的那种合作和反限制的关系。

4. 贸易标的物作价原则存在差异。在国际技术贸易中，技术的接受方一般采取利润分成方式进行技术贸易标的物的作价原则，即利润越大，则技术使用费越高；反之，利润越小，则技术使用费越低。商品贸易标的物的价格制定通常在商品成本基础上加上一定数量的利润，与利润的高低并不一定成正比。

5. 贸易所涉及的法律存在差异。国际技术贸易涉及的法律，除了适用于各国货物买卖法、合同法外，还要受工业产权法、专利权法、商标法等国际保护知识产权的公约或法律管辖。商品贸易合同则主要适用于各国货物买卖法、合同法、国际货物销售公约等。因此，国际技术贸易所涉及的法律、公约较之商品贸易合同更加广泛、更为复杂。

6. 国际收支平衡表中存在差异。国际技术贸易的收入和支出属于无形商品贸易，一般不列入该国的对外贸易收支平衡表中，它通常反映在一国国际收支平衡表中的经常性项目中。商品进出口则是一国贸易收支平衡表的重要项目。

二、许可贸易和许可合同

（一）许可贸易的含义及种类

国际技术转让的标的物是一种法定知识产权，而且技术转让，尤其是国际技术转让，一般只是使用权的买卖，技术所有权并不随使用权转让而转移，国际技术转让由于项目复杂，涉及的问题多，交易过程一般都比较长，交易达成以后，技术转让方和技术受让方还需进一步合作。因此，国际技术转让的方式较商品贸易的方式更为复杂、灵活、多样。

许可贸易是国际技术转让中最常见、使用最广泛的交易方式，是技术有偿转让的主要形式。许可贸易是一种交易双方以签订许可协议的形式进行技术使用权让渡的交易方式，许可证交易的卖方成为许可方或出让方，许可交易的买方成为受许可方或受让方。在许可贸易过程中，许可方允许受让方取得其拥有的专利、商标或专有技术的使用权以及产品的制造权和销售权,受让方则根据协议的规定,按时支付技术使用费,并承担保守秘密等项协议规定的义务。

国际技术转让中的许可贸易方式很多,亦十分灵活。从许可贸易的客体来看,有专利使用许可、专有技术使用许可和商标使用许可等方式;从交易中许可方授权大小和受许可方生产经营、使用范围和地域上所受的限制等方面来划分,可以分为独占许可、全权许可、普通许可、从属许可和互换许可等多种方式。达成交易的方式不同,交易双方所承担的义务和所享受的权利不同,由此而产生的技术转让费用也不同。

独占许可(exclusive licence)是出让方给予受让方在合同规定的地区内使用某项商标或者某种技术制造和销售相关产品的独占权的一种交易方式。这种交易方式中所指的地区必须是出让方和受让方经过协商一致同意的,不能是单方的意愿。这种地区可以是一个国家或几个国家,也可以是一个特定的区域,例如,日本、欧洲共同体国家或者东南亚地区等。独占许可合同一经签订,在合同有效期内,出让方不得在合同规定的地区内向第三者出售同一种技术的许可,出让方自己也不得在这一地区内使用该项技术制造和销售产品。受让方不仅有权在这一地区内使用该项技术制造和销售产品,而且还有权在这一地区内出售该项技术,有权对侵权行为起诉。

全权许可(sole licence)又称排他许可,是技术许可方给予技术受许可方在规定的地区内使用某项商标或者某种技术制造和销售相关产品权利的一种交易方式,许可方不得再将此项技术转让给第三方,但他自己保留对此项技术的使用权,所以,排他许可的特点是排除第三方,而不排除许可方自己。这是仅次于独占许可范围的一种许可,转让费仅低于独占许可。

普通许可(simple licence,或 nonexclusive licence)是与独占许可合同相对而言的。出让方给予受让方在规定的地区内使用某项商标,或者某种技术,制造和销售相关产品的权利。但是,这种权利不是独占的,对出让方也没有限制,技术转让给受让方后,出让方不仅可以在该地区继续使用该项技术,制造和销售合同中规定的产品,也可以与任何第三者在该地区签订类似的许可合同。所以,人们通常把这种方式叫做普通许可,也有人称之为非独占性许可。

从属许可(sub-licence)是指技术受许可方将其从技术转让方得到的权力再转让给第三者的交易方式,也有人把这种许可方式叫做分售许可,或者叫做再转让许可。这种从属许可一般都是普通许可的授权,而不是独占许可授权。出让这种从属许可授权的企业大部分是跨国公司或垄断集团的子公司或其驻海外的机构。这些跨国公司或垄断集团由于某种原因不能直接出让许可给第三者,就只好先将技术出让给其子公司或海外机构,然后再由这些子公司或海外机构与第三者签订这种从属许可技术转让合同。

互换许可（cross licence）又称交叉许可，是指技术许可方和受许可方双方将各自拥有的专利权、商标权和专有技术使用权提供给对方使用，其实质就是双方以价值相等的技术，在互利互惠的基础上，相互交换技术的使用权和产品的销售权。互换许可既可以是独占性的，也可以是非独占性的。互换许可一般是在特定条件下采用的，如合作生产、合作设计、共同研究开发等项目中通常会采用这种方式。互换许可的交易双方更多的是合作关系，而不是单纯的买卖关系。

国际许可贸易方式的种类还有很多，我们在这里只介绍了比较常见的几种。另有一些，比如，从受许可方是否有权将获得的使用权再转让的角度划分，还有可转让许可和不可转让许可。上面谈及的独占许可属于可转让许可，普通许可则属于不可转让许可。

（二）国际许可合同

国际许可合同是国际技术转让合同的主要形式。国际许可合同是指双方当事人为共同实现专利权、专有技术使用权和商标权有偿转让的特定目标而规定双方权利和义务的法律性文件。国际许可合同的主体是指合同双方当事人，亦即签订和执行合同者。在国际许可贸易中，签订合同出让专利、专有技术或商标使用权的一方成为许可方，亦称出让方、输出方或售证人；签订许可合同获得专利、专有技术或商标使用权的一方成为受许可方，亦称受让方、引进方、输入方或受证人。国际许可合同的主体一般应是自然人或法人，但是，随着科学技术的发展和国际技术转让的普及，除了自然人和法人以外，某些国家机关或政府机构也参与技术转让活动，成为许可贸易合同的主体。国际许可合同的客体是指许可合同涉及的对象，亦即许可合同准予转让的内容。在国际许可贸易中，许可合同的客体就是指专利、专有技术和商标的使用权。

国际许可合同所包含的内容远比一般商品进出口合同复杂，具有很强的时效性、法律性和技术性。时效性是指国际许可合同项下的专利、专有技术、商标使用期限的长短直接关系到交易双方的经济利益，而且专利保护本身就具有一定的时间性。法律性是指国际许可合同具有一定的法律约束力，此外，国际许可合同必须符合有关国家专利法、商标法、水法、合同法的规定等，否则就不能得到有关法律的承认和保护。技术性是指国际许可合同客体本身技术的复杂性要求合同对技术要求的制定必须明确、具体。有鉴于此，一项许可合同的签订往往需要经过交易双方长期的反复磋商和修改。

国际许可合同的内容一般包括：序言；关键词语的定义；技术转让的范围和内容；价格与支付；保证与索赔；不可抗力；税费；适用法律与争端解决；合同

的生效、期限、续展及终止；附件及其他。这十个方面的内容，每块内容的条款订定都会对交易双方的利益带来影响，在具体洽商和订定过程中都必须反复推敲，谨慎落笔。

三、其他技术贸易方式与合同

除了许可贸易外，国际技术转让还有一些其他的交易方式。比较主要的有以交钥匙工程、合资经营、合作生产、补偿贸易、咨询服务等形式出现的国际技术转让。以交钥匙工程、合资经营、合作生产和补偿贸易形式出现的国际技术转让实质上是将技术使用许可物化在具体合作项目中实现一揽子转让，从技术转让与合作涉及机器设备、劳务合作、人员培训、技术使用权转让、商标使用权转让等多种因素，项目更为庞大、复杂。这方面内容在其他相关教材中均有详细介绍，这里就不赘述了。技术咨询与服务是另一种形式的技术转让。以咨询与服务形式出现的技术转让的一般做法是，雇主与技术咨询公司签订合同，由咨询公司负责对雇主提出的技术课题进行研究，提出建议、意见或解决方案，雇主向咨询公司支付咨询费或服务费。技术咨询与服务的内容十分广泛，几乎所有的技术课题都可以委托咨询公司协助解决。最常见的有：项目可行性论证、技术方案的制定与审核、工艺与产品的改进、人员培训、项目实施的监督与指导、设备采购与安装指导、招标投标文件的研制、企业经营管理等。

第三节 国际工程承包与劳务合作

一、国际工程承包

（一）国际工程承包的含义和分类

国际工程承包是指一国具有法人地位的从事国际建设工程项目的公司或联合体，在国际市场上通过招标或委托等交易方式，与国外业主签订合同，根据合同的要求承担某项工程的建设任务，以取得一定报酬的劳务活动。

国际工程承包采用的方式有以下四种。

1. 总包，指建设单位将一项工程全部发包给一个承包人完成，承包人按照合同规定的设计文件包工包料，保证质量，按期完工交付使用。承包人通过工程师（业主的委托人）对业主负责并承担合同规定的一切经济、法律责任。总包项目一般用于工程规模小、技术难度大的工程项目。

2. 分包。无总包人，各工程项目分为若干个分项目，由建设单位直接包给若干承包人。分包人对合同规定的承包部分项目全面负责。这种方式适用于专用性较强、分包人在这一方面有一定优势的项目。

3. 二包。承包人对一项工程项目总包后，争得业主或其委托人的同意，将工程项目中的一部分项目转包给其他承包人。二包商还可以再转包出去，分为三包或四包。二包人对总承包人负责，听从总包的支配。

4. 联合承包。同一国籍或不同国籍的几家承包公司以合同方式组成联营或合营方式参加某项工程的资格审查、投标签约并共同完成承包工程。一般涉及技术复杂、规模巨大的工程项目。

（二）国际工程承包的基本程序

国际工程承包一般要经过招标、投标、开标、评标、中标、签订承包合同、组织工程实施、竣工付款等程序。

1. 招标。此阶段建设单位（业主）标明拟包工程的项目概况、数量、规模、质量标准、设计图纸规范等，以广告或邀请形式招引对该项目感兴趣的承包人对承包该工程的价格、施工方案等进行报价，则其价低、有信誉的承包人并与之达成交易。

一般可供业主选择的招标方式有：

（1）国际竞争性招标。国际竞争性招标又分为公开招标和邀请招标。公开招标是指在国内外主要报纸和有关刊物上刊登招标广告，凡是对这项招标工程感兴趣的承包人都有均等机会购买招标资料，进行投标。邀请招标又称秘密招标、非公开招标、限制性招标、选择性招标。即业主有选择性地对它认可的业务往来中资信可靠和工作满意的关系户发出个别招标通知，这种方式能减少业主审查投标者的程序，成交快，对履行合同也能有保证，但不足的是业主容易失去在技术和报价上有竞争力的投标者。

（2）协议成交。协议成交指没有竞争对象的招标，通常采用谈判招标，既有招标单位找一家或少数几家公司谈判承包条件及标价，以达成协议的成交方式，习惯上称为"议标"。主要用于：已承包了业主工程的承包商，准备连续承揽新添的工程；援助项目的限购；南南合作中一方要求另一方国家承包工程项目；用于一些难以确定工程量或时间紧迫的项目。

（3）委托新人标，又称商标，是指某些军事项目、保密工程或技术难度大的工程项目，业主认为只有某家承包商才有能力承揽，便直接委托其报价，然后双方协商定价成交。

2. 投标。获悉招标信息又有承包意向的承包商应向业主提出投标申请。在通过资格预审后可获得招标书,按照招标人所提要求和条件对工程项目进行预算,编制投标书,然后按业主的规定时间、地点将投标书递交或送达招标人,这种过程称为投标。其具体工作包括:资格预审;勘查施工现场,确定担保单位;办理公司注册登记手续,取得合法地位;分析研究招标文件,审阅图纸,核定工程量,编制施工规划;编制报价书,这一环节是投标过程的核心;认真编制投标文件并按规定时间送达招标人。

3. 开标。根据招标书规定的开标日期、时间、地点,由招标人委托咨询公司或招标机构组成的招标委员会把所有承包人的报价启封揭晓,又称"揭标"。开标后任何人不得更改其投标的实质性内容,尤其是报价。

4. 评标。开标后即由评标委员会对所投标进行评审,从中选出最佳投标者。评标时,主要对所有投标公司的能力、资信、技术水平、人员配套以及工程质量、工期等各个方面进行综合考虑,就技术、商务、法律和施工管理等方面做出评价,通过比较,从中选出最佳投标人。评标一般是秘密进行的。

5. 中标。经过评标,业主选择评定费用最低、实力强、资信高和工期短的承包商作为"最经济合理、最有成效的投标者",然后与之就附加条件进行磋商,如无异议,即可定标,选定其为中标者。

6. 签订承包合同。承包公司中标后,在规定期内(一般为 45 天)与业主商签合同,并按规定向业主缴纳一定金额的履约担保金,由业主同意的银行或保险公司开出履约保证书,并与业主签订书面合同,作为双方共同遵守的准则和处理双方权利义务问题的法律依据。

7. 组织工程实施。一般两三个月后,业主即向承包公司移交工地,发出开工指令,开始计算工期,承包公司一般应定期向业主提出施工报告。工程完工后,经业主验收合格并发给合格证,承包任务才算完成。

(三) 国际工程承包市场及其特点

1. 国际工程承包市场。随着科学技术的不断进步,各国经济飞速发展,国际工程承包市场已遍及世界各地。就目前来看,国际上已形成了欧洲、亚太、中东、北美、拉丁美洲和非洲六大地区经济市场。

欧洲市场历来都是世界最大承包劳务市场之一,全球 225 家最大的承包商 2008 年该地区的营业额为 1 140.6 亿美元,占它们在国际市场营业总额 3 900.1 亿美元的 29.3%。10 年间曾一度达到 36.29%(2004 年和 2005 年)。随着世界经济一体化大潮的推动,统一大市场的建成和经济的稳步增长,欧洲市场仍保持原有的繁荣。除英国、法国、德国、意大利、荷兰五国之外的其他欧洲国家取得的国际市场总收入从1997年开始也保持着连续七年的持续增长，在2003年达到顶峰后稍有回落，于2005年回升，到2006年已超过300亿美元。如波兰自2004年加入欧盟以来，由于获得了大量经济援助，再加上筹备2012年欧洲杯足球赛，其基础设施建筑市场潜力巨大。2007~2013年，波兰将从欧盟获得近670亿欧元的援助资金，其中210亿欧元拟用于发展基础设施，包括公路、铁路、机场、输气管道等。另外，波兰政府承诺将在2013年前新建300万套住房。而房屋建筑行业集中在德国（20.15%）、英国（11.00%）和法国（9.25%）三大国际承包商，占总体市场的40.4%。但西欧市场历来是一个封闭市场，进入该市场对很多承包商来说都是可望而不可即的。

亚太市场一般是指南亚、东南亚、东亚、西北亚及大洋洲的澳大利亚和新西兰，该市场于20世纪80年代中期之后出现兴旺态势，由于该地区国家大都采用了适宜外资的政策，以及国际金融机构和发达国家投资者对该地区投资的不断增加，亚太市场正在成为具有巨大发展潜力的市场，1996年全球最大的225家承包商在这一市场的营业额为424.53亿美元，几乎占总营业额的33.48%，成为世界第一大市场，但进入21世纪以来由于该地区多数国家受金融危机和经济不景气的影响，建筑业的投资额出现了大幅度下滑，下降到2001年的219.8亿美元，到2003年也仅有260.3亿美元，市场份额下降至17.9%。2002年全球225家最大的承包商在该地区的营业额为226.84亿美元，占它们在国际市场营业总额的16.2%。到2008年，全球225家最大的承包商在该地区的营业额为685.33亿美元，增幅为23.7%，市场份额为17.6%。尽管2008年亚洲建筑市场的投资落后于欧洲和中东地区，但仍有不少机遇。泰国经济处于发展中国家的中上等水平。尽管政局动荡，泰国经济在2005年和2006年仍取得了4.5%和5%的增长。近年来，作为泰国经济发展的重要领域的建筑业逐渐显现出复苏的迹象，并且在缓慢上升。泰政府陆续推出房建、铁路改造、轨道交通、公路桥梁升级改造、水资源管理等项目，但由于政局原因，不少项目计划搁置或推迟。从长远来看，由于此类项目关系到泰国的国计民生，对泰国经济可持续发展意义重大。印度尼西亚的电力市场近年来发展迅速，潜力巨大。由于电网建设相对落后，用电普及率仅为56%，政府已决定从2006年到2015年投资413.7亿美元进行电站和电网建设，预计到2026年电力年均需求增长率为7.1%。印度尼西亚日益增长的电力需求将为各国承包商提供重要机遇。印度经济目前已步入高速发展阶段。据高盛银行预测，未来几十年印度将以5%~6%的速度发展。为了突破道路、电力、通信等基础设施落后而造成的经济发展"瓶颈"，印度政府在未来10年的发展规划中，把加快基础设施建设放在突出位置。前所未有的市场机遇使得越来越多的国际工程承包公司把印度作为目标市场。

中东市场是 20 世纪 70 年代中期随该地区国家石油美元收入的不断增加而发展起来的一个承包市场，进入 80 年代以后，随着中东各产油国石油美元收入的锐减，以及两伊、阿富汗和两次伊拉克战争的冲击，该承包市场出现明显萎缩，随着战争的结束，战后的重建及其他中东国家基础设施建设加快进行，中东市场仍具有一定的发展潜力。中东市场也是一个受油价影响较大的市场，随着世界原油价格创出历史新高，超过 80 美元每桶，中东工程承包市场会进一步活跃，在 2001 年以后全球 225 家最大的承包商在该地区的营业额持续上涨，到 2007 年全球 225 家最大的承包商在该地区的营业额为 608.9 亿美元，增幅高达 52%，2008 年营业额达 774.71 亿美元，增幅达 23.2%，市场份额为 19.9%。但该区令人担心的是这一地区日益紧张的以色列和巴基斯坦问题及恐怖主义威胁。

北美市场由美国和加拿大两个发达国家所组成，工程项目的技术含量一般较高，因此，该市场历来被来自美、英、法、日等发达国家的大公司垄断，就发展中国家的承包公司目前的经济及技术实力而言，在 10~20 年内还很难涉足该市场，北美市场目前不仅是世界上最大的工程承包市场，也是目前世界上最规范的市场。从全球 225 家最大的承包商 2008 年的统计数据来看，该地区的营业额为 551.62 亿美元，增幅达 23.1%，市场份额为 14.1%，为世界第三大市场。

非洲经过了 40 年的政治动荡，其多数国家的政局开始进入稳定，其经济也已结束持续衰退而步入了稳定发展的时期，其各国每年的经济平均增长率保持在 3% 左右，进入到二战后的历史最好时期，因此也给该地区的工程承包市场带来转机，该市场主要集中在北部的阿尔及利亚、摩洛哥、埃及和尼日利亚，以及南部的南非等国。该地区基础设施落后，对天然气、石油和电力的开采与开发有较大的需求，随着该地区国家政治体制的改革和私有化进程的不断加快，非洲市场是有潜力的工程承包市场。从全球 225 家最大的承包商 2008 年的统计数据来看，该地区的营业额为 508.85 亿美元，增幅达 6.7%，市场份额为 13.0%，为世界第四大市场。

拉丁美洲市场一直处于比较消沉的状态，这里基础设施落后，多数国家常年经济萧条，致使拉丁美洲国家在基础设施方面的投资数量极为有限，全球最大的 225 家承包商在这一市场上的营业额 1993~2003 年每年平均值占总营业额的比重在 5%~10% 之间，巴西、墨西哥、阿根廷的工程承包占据了该地区承包总额的一半以上，虽然这些地区各国都在采用能促进本国经济发展的政策，但由于该地区经济基础较差，资金不足，支付信誉不好，以及政治的动荡，令很多承包商望而却步。随着近几年世界经济转暖，拉丁美洲各国政府采取一系列措施来吸引外资以及对基础设施投入的增加，该市场会有一个较大的转机。

根据有关方面的预测，在今后 3~5 年内，世界经济将稳步发展，服务贸易将保持旺盛的发展势头，国际资本流动会更加活跃，全球范围内的投资规模会进一步扩大。因此，国际工程承包市场将会有较大的发展。

2. 国际工程承包市场的特点。自 20 世纪 80 年代初至今，由于经历了各国承包商数量的不断增加和各国因出现不同程度经济困难所导致的发包数量的减少，以及各国对本国承包市场保护的加强，21 世纪初，世界经济恢复及稳步发展，国际工程承包市场出现了以下特点。

（1）竞争激烈，利润下降。由于国际承包市场上承包商数量不断增多，以及发包项目的减少，市场上形成了激烈的竞争态势。在 20 世纪 70 年代，国际承包市场上平均利润在 15%～20% 之间，20 世纪 80 年代以来，国际承包市场上平均利润率不超过 10%。另外，一些国家的承包商为了夺标，常常以低于成本价格投标，中标后靠带动原材料和设备的出口，或借机索赔来争取赢利。

（2）承包商依靠国内市场，但呈现向国际市场扩张的趋势。20 世纪 80 年代到 90 年代初期，由于国际工程承包竞争日趋激烈，难以获利，加之国际金融市场动荡不定，汇率风险较大，许多承包商开始把注意力转向本国的承包市场，如 20 世纪 90 年代初世界排行前 225 名的承包商中有近 90% 是靠本国市场的承包业务赢利。但是，从 1995 年以来，由于经济全球化的压力，发展中国家大力发展本国经济，加快产业升级、加大基础设施建设。全球国内市场营业额只增长了 3.3%，国际市场营业额增长率却高达 13.9%；1996 年国内市场营业额下降了 7.5%，而国际市场取得了 20.7% 的高增长。在这种趋势下，国际工程承包市场占全球市场份额从 1994 年的 23.1% 增长到 1998 年的 33.6%。在经历了前期迅速增长之后，国际工程承包市场占全球市场的比重基本稳定在 31% 左右。详见表 15-3。

表 15-3　　　　　国际工程承包市场份额及盈利状况　　　　　单位：%

年份	1994	1995	1996	1997	1998	1999	2000	2001	2002	2003	2004	2005	2006	平均
国际市场份额	23.1	24.7	29.9	32.7	32.1	33.6	32.2	32.3	31.3	32.1	33.3	33.7	34.5	31.2
盈利率（国际）	8.5	7.6	11.0	10.4	2.6	6.1	4.4	7.0	7.2	6.8	7.6	8.7	7.0	7.3
盈利率（国内）	5.5	8.3	8.4	8.4	3.3	6.3	3.8	7.0	7.7	6.0	5.5	6.5	7.1	6.7

资料来源：历年美国《Engineering News-Record》周刊。

（3）带资承包项目已经成为国际工程承包市场上的主角。从全球角度来讲，基础设施的需求增长和政府财政资源之间的差距越来越大。以世界银行为首的国际金融机构贷款总额中用于资助基础设施等公共投资的项目尚不足 300 亿美元，仅占国际工程承包市场总额的 2% 左右。虽然这部分项目有预付款，但依然需要约占合同总额 15%～20% 的启动资金。即使这样，过去几年国际金融机构在分配资金的时候，也已经开始从支持基础设施投资方面转向。在这种背景下，寻求私人融资成为参与复杂的大型基础设施 BOT/PPP 项目国际竞争的一个关键因素。目前，大多数发展中国家在基础设施建设方面都引进了私人资本。据统计，1990～2002 年，有 136 个发展中国家的 2 600 多项基础设施项目吸引了约 8 000 亿美元的私人投资承诺。专家估算，带资承包项目约占国际工程承包市场的 65%。

(4) 承包和发包方式正在发生深刻变革。随着国际工程承包市场的发展，国际建筑工程的发包方越来越重视承包商提供综合服务的能力，EPC（设计—采购—施工）、PMC（项目管理总承包）等一揽子式的交钥匙工程模式以及 BOT（建设—经营—转让）、PPP（公共部门与私人企业合作模式）等带资承包方式成为国际大型工程项目中广为采用的模式。承包商不仅要承担项目的设计和施工、运作，还要承担工程所需的融资。从美国的情况来看，2003 年美国有一半以上的工程采用 EPC 方式，一些小公司及单一的设计、施工公司因此竞争压力加大，难以为继。国际承包方式的这种新变化，要求承包商必须实现设计和施工结合，设计和前期的研究结合，后期的设施管理和物业管理结合。

(5) 产业分工体系不断深化。在目前国际工程承包市场上，工程管理和工程设计大多是欧美公司，国际设备采购是日本和德国公司，其他国家的公司主要集中在土建领域。欧美等国家的大型跨国建筑企业都有自己的技术和专利，在国际工程承包市场上的优势明显，资金实力、技术和管理水平远远高于发展中国家的企业，在技术和资本密集型项目上形成垄断。发展中国家建筑承包商因为在劳动力成本上具有比较优势，在国际工程市场中承建的工程项目多是相对简单的劳动密集型项目，但近年来已开始向技术密集型项目和知识密集型项目渗透。随着发展中国家承包商不断进入国际市场，国际工程承包市场的竞争日趋激烈。发达国家承包商及其组织，甚至双边和多边开发银行系统，都认为最低价中标的竞争难以产生预期的效果，正在呼吁建立一个透明、高效的投标程序，这个程序要更加重视资格预审，确保只有那些证明自己有能力完成项目的承包商才能通过资格预审。

(6) 国际承包商收购并购活动频繁。国际工程承包市场发包大型、超大型项目增加。大项目、超大项目不断产生，又使大型的、超大型的承包商集团不断诞生。为了整合资源，应对日趋激烈的国际市场竞争，提升国际工程承包企业的本地化运营能力，众多国际工程承包商相继实施业内资产重组，不断扩大企业经营规模。在美国《工程新闻纪录》（ENR）评出的全球最大225家国际承包商中，进行收购和并购的公司比比皆是。今后，随着国际工程项目的大型化和对承包商能力要求的不断提高，国际建筑市场的重组并购将更加活跃。

二、国际劳务合作

（一）国际劳务合作的概念

劳务是指以提供活劳动的形式满足社会和他人的某种需要，索取相应报酬的社会生产活动。国际劳务合作也称为劳务贸易，是指通过劳动力要素在各国流动，为他国的劳动服务需求者提供服务，获取报酬或利益。随着国际分工的进一步深化，此项贸易引起的外汇收支成为各国国际收支中重要的组成部分。

国际上劳务合作的成交形式主要通过两种法律形式，即承包制法律形式和雇佣制法律形式。前者是劳务供应人负责完成约定工程，后者是指由雇主（即劳务输入方）与劳务输出方经过磋商，签订劳务合同，该劳务合同作为约束雇主和劳务人员之间权利与义务的法律文件。

雇佣制法律形式又分为成建制和个别零星两种。

1. 成建制派遣。成建制派遣是指派遣单位根据业主或总承包商的具体要求，以派遣不同工种的技工为主，另外配备领队、工程师、会计、翻译、司机、炊事员等管理人员。这种形式适用于大的工程项目。

2. 零星派遣。零星派遣是指派遣个别或少量的专业技术人员进行服务。这种形式适用于无法计算工程量的零星服务，如技术指导、咨询以及专职工作。例如我国派遣到非洲的医务人员就为零星派遣。

（二）国际劳务合作包括的内容

在国际经济合作活动中，国际承包工程和劳务合作往往是密切联系和相互交织的，这两种活动由其性质和特点所决定，在实践中很难完全区分开来。

国际劳务合作从不同角度可分为若干不同的形式，主要有以下类型。

1. 按劳动力流动的方向来划分，可分为两种：

（1）劳务输出，即一国向他国提供劳动力并收取外汇报酬的活动，它特指劳动力在境外短期居住并有偿提供服务，而非移民。无论是发达国家，还是发展中国家，都在开展劳务输出活动，但两者输出劳务创造的附加值水平有较大的差距。

(2) 劳务输入，即一国接受来自国外的生产技术和劳动的服务活动，各国总是根据自身的需要来选择一定的劳务人员的输入，以达到或降低生产成本，或提高技术和管理水平，或完成某项工程建设的目的。

2. 按劳务合作发挥的作用来划分，可分为：

(1) 生产型劳务合作，即一国向另一国的生产部门提供技术和劳动服务的活动，这主要是在工农业生产领域中的劳务合作，如提供设计人员、工程技术人员、施工人员等，这些人员是在劳务输入国的物质生产部门作为生产要素之一发挥作用的，因而被称为"要素性劳务贸易"。

(2) 非生产型劳务合作，即一国向另一国的非物质生产领域和部门（如饮食业、旅馆、零售业、医院、保险业、银行、咨询业等）提供服务人员的活动，输出人员均从事非直接生产性的工作，故被称为"非要素性劳务贸易"。其合作内容大多为提供服务性技术和管理的人员。

3. 按劳务合作的内容来划分，主要可分为：

(1) 一般劳务输出，即提供简单的劳动力服务，通常与国际承包工程结合在一起。

(2) 特种劳务输出，即提供某些特定行业和满足特定需要的专业劳务，如输出护士、厨师、工程师等专业人员提供服务。

(3) 技术服务输出，即派遣专家和技术人员到国外，与劳务输出国开展技术项目合作，或对其进行技术诊断和技术指导。

(4) 技术人员培训，即劳务输出国为工程所在国的技术人员和操作人员提供工艺流程和操作要领等方面的技术培训，也包括帮助工程所在国进行设备的安装、调式和维修等服务活动。

4. 按劳务输出的方式来划分，主要有：

(1) 通过对外承包工程输出劳务；

(2) 通过业主或第三国承包商开展工程劳务承包；

(3) 通过对外直接投资进行劳务输出；

(4) 成建制的劳务合作；

(5) 政府或有关机构聘请的高级劳务；

(6) 通过招工机构或雇主招募，根据劳务合同输出劳务。

（三）二战后国际劳务合作发展的特点及原因

1. 二战后国际劳务合作发展的特点。

(1) 跨国劳动力总量保持较快增长，国际劳务合作规模将继续扩大。国际劳工组织（ILO）在2004年国际劳工大会的报告中指出，当时世界范围内的外来移民总数约为 1.75 亿，其中活跃在各国的外籍劳工达 8 090 万，国际劳务跨国流动量每年为 3 000 万~3 500 万人次，并且"有现象确切表明跨国劳动力流量在逐年增长"。

（2）普通劳务在国际劳务大军中所占的比重逐步降低，中高级技术工人的比重不断攀升。根据经合组织（OECD）发布的报告，OECD 国家引入的外籍劳动力受教育程度呈由高到低逐渐减少的分布，其中受过高等教育的外籍工人的比例在各国都超过 60%，而受过初级教育的外籍工人比例仅为 10% 左右。

（3）发展中国家间的市场竞争日益激烈，非技术工人的工资呈下降趋势。目前，劳动力资源相对丰富、经济发展水平相对落后的发展中国家均在采取各种办法鼓励本国劳动力的输出集中在非技术工人这一层次，竞争十分激烈，致使劳动力价格一再下跌。

（4）全球范围的人口老龄化加速，劳工短缺现象进一步加剧，老年人服务业将持续走俏。由于生育率和死亡率降低，发达国家人口老龄化现象将更为严重，老龄人口的比例迅速增长。由于老龄人口比例高，潜在供养比低，将产生对医疗卫生工作者和护理者的巨大需求。

2. 二战后国际劳务合作迅速发展的原因。国际劳务合作的产生和发展经历了漫长的过程。二战后初期，劳务输出首先在一定的区域范围内兴起，如墨西哥和加勒比地区数百万劳动人口流向美国，地中海沿岸各国成千上万的劳工流向北欧。到了 70~80 年代，在第三次科技革命的推动下，社会生产力得到了空前的发展，导致世界产业结构的调整和国际分工加快，特别是进入 20 世纪 90 年代以后，区域经济一体化、世界经济一体化潮流的迅猛发展，使民族经济之间的界限开始大规模地消融，以往相对独立的民族经济、社会文化被纳入世界大市场和世界大循环体系之中。当代劳务合作与国际贸易、国际金融、国际工程承包、国际投资等相互依存、相互促进，使国际劳务合作关系产生了新的巨大活力，从而极大地推动了国际经济合作的发展。

当代国际劳务合作的产生具有其特定的历史背景和鲜明的时代特征因素，它是以国际分工进入生产国际化为物质基础的。归纳起来，二战后国际劳务合作迅速发展有如下动因。

（1）经济全球化。经济全球化是当今世界大转折中最突出的特征。经济全球化的迅猛发展，已成为世界经济发展不可逆转的客观进程，它对世界各国的经济和社会生活产生了深刻的影响，同时也推动了当代国际劳务合作的发展。具体表现在三个方面：一是世界贸易的急剧增长。近 25 年来，全球贸易的增长率始终高于生产的增长速度，说明世界经济对世界市场的依存度越来越大，各国的生产和消费相互联系、相互融合，而国际贸易是追求经济利益和财富的手段，也是促使服务贸易产生的重要前提，并将最终导致劳动力流动的产生。因为不仅商品贸易活动要靠劳动力去完成，而且在资源的商业开发中产生劳动力短缺时，自然将劳动力的流动融于商品贸易中去。二是跨国公司的发展。全球目前有6万家跨国公司及其50万家分支机构，它们控制了全世界1/3的生产、2/3的贸易、70%的对外直接投资和70%以上的专利和其他技术转让。集资本、生产、贸易、技术于一体的国际跨国公司的蓬勃兴起，带动了当代国际劳务合作的发展。三是外国直接投资的力度加大。自20世纪80年代以来，国际投资的增长速度高于国际贸易的增长速度。据西方公布的资料预测，今后5年，外国直接投资总额将继续增加，超过20世纪最后5年总额近1万亿美元。不仅发达国家之间的相互投资在增长，而且发达国家与发展中国家、发展中国家之间的相互投资也在增长。通过对外直接投资，使伴有企业经营控制权的生产要素或一揽子资源的移动（如资本、劳动力、技术、管理和信息知识等），从而促进了当代国际劳务合作的发展。

（2）科技国际化。自20世纪50年代以来，以微电子技术、生物工程、航天技术、新能源、新材料为代表的新技术革命方兴未艾。90年代，信息技术、克隆技术等高新技术的发展，加速了科技人员的跨国流动，科技进步决定着社会分工的发展与深化，因为生产力的发展是由科学技术的发展决定的，而科技研究国际化趋势必然导致签订大量双边或多边政府之间国际科技合作协定。从第三次科技革命发生以来，航天技术、计算机及计算机软件技术人员的需求急速增加，生产力发展水平低的国家需要技术劳务，就连发达的工业化大国也需要技术劳务和专家。因此，为了加快自身的发展，重视并注意吸收科技人才已成为各国的一项重要策略，这种策略执行的结果必将加速技术劳务合作的发展。

（3）世界多极化。世界多极化是国际政治经济格局演变的必然趋势。前苏联解体，冷战结束，世界格局出现的重大变化是，以美苏两个超级大国争霸为特征的两极格局完结。多种力量和谐并存以及国际新秩序逐步形成，使世界正向着光明和进步迈进。多极化趋势的出现，促进了经济全球化朝着有利于实现共同繁荣的方向发展，从而也为当代国际劳务合作的发展提供了较为宽松和良好的国际社会环境。正如江泽民同志在"十五大"报告中所作的深刻论述："多极化趋势在全球或地区范围内，在政治、经济等领域都有新的发展，世界上各种力量出现新的分化和组合。大国之间的关系经历着重大而又深刻的调整。各种区域性、洲际性的合作组织空前活跃。广大发展中国家的总体实力在增强。多极化趋势的发展有利于世界的和平、稳定和繁荣。"

（4）经济协调国际化。国际经济协调，是指为达到一定经济目的或解决共同面临的经济难题，不同国家（地区）、国家集团以及国际经济组织通过协商和会谈来制定共同的经济政策，并通过经济一体化组织、政府首脑会议及互访（或称经济外交）以及行业组织等形式，对国际经济关系进行联合调节。国际经济协调既是经济协调客观基础作用的结果，也是新的国际局势使然。国际劳务合作是一项全球性经济合作活动，它的开展和扩大往往要有关各方的经济组织或政府进行卓有成效的协调。这是由于劳务合作各方经济状况、文化背景、劳工政策等之间存在着种种差异，相互之间的合作障碍必然存在，甚至会出现各种各样的劳工纠纷和劳务壁垒，这些摩擦和冲突需要加以及时的处理与解决，否则，将会阻碍国际劳务合作的进一步发展。因此，国际经济协调在全球经济化进程中的地位和作用显得愈来愈重要，它既是国际经济活动的"催化剂"，也是当代国际劳务合作发展的"润滑剂"。

思 考 题

1. 简述国际服务贸易及其特点。
2. 试论当代国际服务贸易迅速发展的原因。
3. 《服务贸易总协定》规定各成员必须遵守的普遍原则有哪些？
4. 国际技术贸易与国际商品贸易相比有哪些不同的特点？
5. 什么是许可合同？它有哪些种类？
6. 什么是国际承包工程？它可分为哪几种？
7. 简述当代国际承包市场发展的特点。
8. 什么是国际劳务合作？它有哪些种类？
9. 试述二战后国际劳务合作发展的特点及原因。

参考文献

1. 中华人民共和国商务部：《中国服务贸易发展报告2008》，中国商务出版社2008年版。
2. 世界银行：《2006年世界发展指标》，中国财政经济出版社2006年版。
3. 世界银行：《全球经济展望》，中国财政经济出版社2006年版。
4. 中国世界贸易组织研究会：《中国WTO报告》，中国商务出版社2006年版。
5. 姚曾荫：《国际贸易概论》，人民出版社1986年版。
6. 石广生：《中国加入世界贸易组织知识读本》，人民出版社2002年版。
7. 薛荣久：《国际贸易》，对外经济贸易大学出版社2003年版。
8. 张二震、马野青：《国际贸易学》，南京大学出版社2003年版。
9. 陈同仇、张锡嘏：《国际贸易》，对外经济贸易大学出版社2005年版。
10. 赵伟：《国际贸易理论政策与现实问题》，东北财经大学出版社2004年版。
11. 张二震：《国际贸易政策的研究与比较》，南京大学出版社1993年版。
12. 韩经纶：《国际贸易基础理论与实务》，南开大学出版社1993年版。
13. 王平：《国际贸易》，中国统计出版社1998年版。
14. 王亚星：《国际贸易原理》，吉林大学出版社1993年版。
15. 薛荣久：《资产阶级经济学家的国际贸易学说介评》，中国对外经济贸易出版社1983年版。
16. 海闻、P. 林德特、王新奎：《国际贸易》，上海人民出版社2003年版。
17. 尹翔硕：《国际贸易教程》，复旦大学出版社2001年版。
18. 朱钟棣：《国际贸易教程新编》，上海财经大学出版社1999年版。
19. 吴国新：《国际贸易理论·政策·实务》，上海交通大学出版社2004年版。
20. 陈宪、张鸿：《国际贸易——理论·政策·案例》，上海财经大学出版社2004年版。
21. 周建平：《欧洲一体化政治经济学》，复旦大学出版社2002年版。

22. 薛荣久：《国际贸易（修订本）》，四川人民出版社 1996 年版。

23. 刘赛力：《中国对外经济关系》，中国经济出版社 1999 年版。

24. 茅岩、毛正言：《八国对外贸易管理和经营体制》，中国对外经济贸易出版社 1983 年版。

25. 王林生、范黎波：《跨国公司经营理论与实务》，对外经济贸易大学出版社 2003 年版。

26. 林康：《跨国公司与跨国经营》，对外经济贸易大学出版社 2000 年版。

27. 张相文：《国际贸易学》，武汉大学出版社 2004 年版。

28. 陈家勤：《国际贸易论》，经济科学出版社 1999 年版。

29. 贾建华、阚宏：《国际贸易理论与实务》，首都经济贸易大学出版社 2002 年版。

30. 陈婷、吴宗金、李建：《国际贸易》，经济科学出版社 2004 年版。

31. 相重光：《国际分工》，经济科学出版社 1984 年版。

32. 卜伟：《国际贸易与国际金融》，清华大学出版社 2005 年版。

33. 温厉：《国际贸易》，电子工业出版社 2003 年版。

34. 王俊宜：《国际贸易》，经济日报出版社 1998 年版。

35. 杨云母：《新时期中国劳务输出的发展与变革》，经济科学出版社 2006 年版。

36. 王云凤、杨云母：《国际经济合作》，经济科学出版社 2008 年版。

37. 时雨田：《世界经济概论》，东北财经大学出版社 2010 年版。

38. [美] 彼得·林德特、查尔斯·金德尔伯格著，谢树森等译：《国际经济学》，上海译文出版社 1985 年版。

39. [美] 查尔斯·W. L. 希尔（Charles W. L. Hill）：《国际商务》（第 5 版），中国人民大学出版社 2005 年版。

40. [美] 戴维·B. 约菲、本杰明·戈梅斯-卡斯：《国际贸易与竞争》，东北财经大学出版社 2000 年版。

41. [美] 罗伯特·A. 帕斯特：《走向北美共同体》，国际商务出版社 2004 年版。

42. [美] 保罗·克鲁格曼：《战略性贸易政策与新国际经济学》，中国人民大学出版社 2000 年版。

43. [美] 保罗·克鲁格曼：《国际经济学》，中国人民大学出版社 1998 年版。

44. [美] 托马斯·A. 普格尔：《国际贸易》，中国人民大学出版社 2009 年版。

45. Alan M. Rugman and Richard M. Hodgetts. *International Business*. McGraw-Hill Inc, 1995.

46. Paul R. Krugman and Maurice Obstfeld. *International Economics*. Harper Collins College Publishers, 1994.

47. Michael R. Czinkota, Ilkka A. Ronkainen and Michael H. Moffett. *International Business*. Cengage Learning Asia Pet Ltd., 2008.

48. Mike Artis and Norman Lee. *The Economics of The European Union*. Oxford University Press, 1994.